LOS DICCIONARIOS DEL ESPAÑOL EN EL UMBRAL DEL SIGLO XXI

GÜNTHER HAENSCH

LOS DICCIONARIOS DEL ESPAÑOL EN EL UMBRAL DEL SIGLO XXI

Problemas actuales de la lexicografía - Los distintos tipos de diccionarios; una guía para el usuario - Bibliografía de publicaciones sobre lexicografía

EDICIONES UNIVERSIDAD DE SALAMANCA

OBRAS DE REFERENCIA
10

1ª edición: febrero 1997
1ª reimpresión: febrero 1999
I. S. B. N.: 84-7481-849-4
Depósito legal: S. 77-1997

Ediciones Universidad de Salamanca
Apartado 325
E-37080 Salamanca (España)

Impreso en España - Printed in Spain

EUROPA ARTES GRÁFICAS, S.A.
Sánchez Llevot, 1
Teléf. (923) *22 22 50. Fax: 22 22 61
37005 Salamanca (España)

♠

CEP. Servicio de Bibliotecas

HAENSCH, Günther

Los diccionarios del español en el umbral del siglo XXI...
/ Günther Haensch. - prólogo José Antonio Pascual. -
Salamanca : Ediciones Universidad de Salamanca, 1997.
(Obras de referencia ; 10)
1. Español (lengua) Lexicografía
I. Pascual, José Antonio
811.134.2'374

ÍNDICE DE MATERIAS

PRESENTACIÓN

Tal vez ni él ni yo éramos otra cosa que un montón de palabras[1].

Tampoco los diccionarios son, en apariencia, más que un montón de palabras. Sobre ellas, y sobre lo que late por debajo de ellas nos orienta este libro, escrito por uno de los lexicógrafos que con más empeño y apasionamiento ha estudiado nuestra lengua y, también, con más rigor y originalidad. Contamos ahora, gracias a él, con un repertorio suficientemente amplio de diccionarios, imprescindible para emprender cualquier investigación en el ámbito de la lexicografía.

Sin embargo, el profesor Haensch no ha reducido su esfuerzo a localizar los diccionarios y a organizarlos después en distintos apartados, sino que ha proporcionado una cuidadosa valoración crítica de ellos. La calidad de este tipo de obras depende del aprovechamiento, mejor o peor, que se haga en ellas de los principios de la lingüística y de lo que ahora se conoce como metalexicografía; pero tiene el trabajo lexicográfico la peculiaridad, frente a otros que se basan en la aplicación de unas determinadas ideas lingüísticas, de requerir serias inversiones y hasta de necesitar de subvenciones públicas. Lo que permite hacer justicia a algunas graves sombras de nuestros diccionarios; pues cuando el lexicógrafo ha de vérselas, en cada uno de ellos, con miles de unidades —que están además fuertemente relacionadas entre sí—, se abre un abismo de dificultades que justifican que en el pasado el único aval que servía para embarcarse en las labores lexicográficas fuera tener un profundo amor al léxico. En el futuro —y esto se deduce con claridad de la lectura de este libro—, quienes se dediquen a este tipo de tareas han de añadir a esta cualidad la de ser especialistas en alguna de las ramas de la lingüística.

El lector adquirirá en esta obra unas oportunas y claras nociones de lexicografía, referidas a los problemas más importantes que se presentan en la confección de los diccionarios; podrá orientarse entre los aspectos descriptivos y prescriptivos del léxico; y encontrar respuesta a algunos asuntos centrales en el quehacer lexicográfico, como lo es el establecimiento de sus unidades. Pero ha tenido el autor, además, la valentía de someter a la lexicografía española a una

[1] C. Riera, *Cuestión de amor propio*, Barcelona, Tusquets, 1988, p. 49.

crítica rigurosa y objetiva entrando incluso en cuestiones enojosas, como la «delincuencia lexicográfica» (p. 19). El afecto —y hasta la pasión— por el español no ha cegado al ilustre lexicógrafo, que ha sabido demostrar que Manuel Seco tenía razón cuando escribía que:

> la producción, en nuestros países, de este género de obras, a pesar de la importancia de la lengua española en el mundo, no es comparable ni en calidad ni en cantidad con la riquísima floración de que disfrutan otros idiomas.

En lo que no puede verse ningún género de victimismo, pues con éste y otros varios libros, el Dr. Haensch ha contribuido precisamente a aumentar notablemente nuestros conocimientos sobre el léxico español.

La obra no está pensada sólo para lexicógrafos, sino para cualquiera que quiera acogerse a unos criterios con que elegir un determinado tipo de diccionario (desde el librero a la persona culta): generales, monolingües (de primera o segunda lengua) y bilingües (uno de los apartados mejor tratados en este libro). No es necesario señalar la importancia que tienen los datos sobre el español americano, campo en el que el profesor Haensch ha demostrado cumplidamente sus profundos conocimientos.

Un profesor salmantino no puede dejar de mostrar su alegría porque el profesor Günther Haensch, que con tantos merecimientos octuvo en 1995 el premio Elio Antonio de Nebrija que concede anualmente el Estudio salmantino, haya querido corresponder a esta distinción escribiendo una obra en la que no ha ahorrado ni jovialidad ni solidez. La cantidad de sus datos y la calidad de sus interpretaciones me llevan a dudar ahora de que Juan de Olavarría tuviera toda la razón cuando escribía que:

> Las empresas lexicográficas son precisamente del número de aquellas obras que menos interesan al bienestar de los humanos[3].

JOSÉ ANTONIO PASCUAL

[2] M. Seco, *Estudios de lexicografía española*. Madrid, Paraninfo, 1987, p. 10.

[3] J. de Olavarría, *Memoria sobre el medio más breve y eficaz de mejorar la condición física y moral del pueblo español*. Madrid, 1834, pp. 145-6.

1. PRÓLOGO

La finalidad de este libro es informar de una manera sucinta, pero al mismo tiempo objetiva y crítica, a los profesores y alumnos de todos los niveles, y además a todas las personas que utilizan diccionarios o se interesan por ellos, sobre las obras lexicográficas de la lengua española disponibles en la última década del siglo XX.

Como se trata de una obra de divulgación (este término no tiene aquí un sentido peyorativo), he renunciado deliberadamente al uso de una terminología científica sofisticada o esotérica que podría hacer difícil su consulta para el lector no experto en la materia. No obstante, es obvio que la explicación de los problemas relacionados con la lexicografía requiere el empleo de un mínimum de términos técnicos imprescindibles, que serán explicados, en parte, en 2.5 o cuando aparezcan por primera vez.

La presente obra, particularmente el capítulo 3, se basa, en parte, en una conferencia inédita que di en el Encuentro Internacional de Hispanistas que se celebró en diciembre de 1991 en Sevilla y, en el capítulo 2, en parte, en una conferencia en catalán inédita hasta 1996 sobre «Misèria i esplendor dels diccionaris». He aprovechado también algunos elementos de publicaciones anteriores mías, lo que se indica cuando un extracto de las mismas pasa de una o dos líneas.

La elaboración de este libro y especialmente la recopilación de datos bibliográficos actualizados en un plazo muy corto hubiera sido imposible sin la generosa ayuda y los sabios consejos de mis colegas españoles, a quienes quiero expresar mi profunda gratitud:

Dr. Humberto Hernández, Universidad de La Laguna (Tenerife)

Dr. Manuel Seco, de la Real Academia Española, Madrid.

Asimismo agradezco la documentación sobre diccionarios actuales que me facilitaron Dña. M.ª Luz González, bibliotecaria de la Real Academia Española, D. Juan Gómez, Universidad de Valencia, los Dres. Roberto A. Galván y Dr. Theodore Beardsley, de la Academia Norteamericana de la Lengua Española (Nueva York), y el Dr. Angel Díaz Arenas, bibliotecario del Instituto Cervantes, Munich; el procesamiento del manuscrito de este libro por ordenador por Dña. Christiane Braun y Dña. Cristina García Valencia y la corrección del texto por Dña. Carmen Lozano Andrés, Universidad de Augsburgo.

La redacción de este libro se concluyó en febrero de 1996, por lo cual las nuevas ediciones de diccionarios, los nuevos diccionarios y otros datos sólo se han podido tener en cuenta hasta esta fecha[1].

Recibiré muy agradecido cualquier sugerencia para enmendar y completar la presente obra.

Salamanca, junio de 1996

GÜNTHER HAENSCH

[1] Sin embargo, véase las págs. 292-293.

2. BREVE INTRODUCCIÓN A LA LEXICOGRAFÍA

Si bien la finalidad principal de esta obra es presentar una panorámica de los diccionarios del español que existen a fines de nuestro siglo, no podemos prescindir de una introducción, aunque sumaria, a los problemas de la lexicografía para que el lector entienda mejor lo expuesto en el capítulo «Los distintos tipos de diccionarios».

2.1. EL USUARIO Y EL DICCIONARIO

«Todos manejamos diccionarios, con mayor o menor frecuencia, ya sea monolingües, para conocer la grafía correcta, el significado exacto, los posibles usos contextuales de una palabra o de una locución en nuestra lengua materna, ya sean bilingües, para conocer los equivalentes españoles de una voz extranjera o viceversa[1]». Raras veces nos preguntamos qué es un diccionario, qué debería ser, cómo se elabora, qué podemos exigirle y qué no podemos encontrar en él. Frecuentemente ignoramos todo el provecho que se puede sacar de un buen diccionario, porque no nos tomamos la molestia de estudiar sus instrucciones de uso[2].

La mayoría de los usuarios tienen que confiar en los diccionarios sin poder juzgar su fiabilidad. Desgraciadamente no todos los diccionarios son buenos y muchos no ofrecen al usuario lo que espera de ellos. Al comprar un diccionario, el usuario se fija en varios aspectos, generalmente en primer lugar en el precio (sin tener en cuenta que muchas veces lo barato resulta caro por no ser de utilidad), a veces también en su tamaño o en la presentación de la portada y de su tipografía. La mayoría de los vendedores en las librerías, por muy buena voluntad que tengan, no pueden asesorar al cliente, a no ser que se hayan enterado, por ejemplo en una librería frecuentada por universitarios, al escuchar los

---

1 Cita tomada de: G. Haensch/L. Wolf/S. Ettinger/R. Werner: *La lexicografía: De la teoría lingüística a la lexicografía práctica*; Biblioteca Románica Hispánica. Gredos III Manuales, 56. Madrid 1982, pág. 11, citado de ahora en adelante como Haensch 1982 a.

2 Véase Enrique Fontanillo: *Cómo utilizar los diccionarios*. Madrid 1983 y Kipfer 1984 b; sobre la función social de los diccionarios, véase Hausmann 1989 a.

- Las citas abreviadas de nombre + año remiten a la bibliografía al final (capítulo 6, pág. 249 ss).

comentarios de éstos, sobre qué diccionarios son buenos y qué otros no lo son. Como veremos más adelante, una crítica objetiva de diccionarios en periódicos y revistas podría ser una ayuda para los usuarios y los libreros, pero esta crítica está poco desarrollada tanto en España como en Hispanoamérica y, cuando existe, es demasiado benévola o no va al fondo de las cosas, como expone acertadamente María Teresa Fuentes Morán en su artículo «Wörterbuchkritik im spanischen Sprachraum. Rezensionen in fünf Fachzeitschriften 1975-1990» en: *Lexicographica* 9/1993, Max Niemeyer Verlag, Tubinga (págs. 36-57). A lo largo del capítulo 3 describiremos algunos de los elementos que todo buen diccionario debería ofrecer al usuario para orientarlo en la elección de la obra más adecuada a sus necesidades. La situación, en parte insatisfactoria, de la lexicografía española actual y la relación problemática entre autores, editores y usuarios se explican, en buena medida, por el largo proceso de maduración y perfeccionamiento de los diccionarios desde sus orígenes hasta hoy (que se expondrá en 2.2.), por las limitaciones materiales de la lexicografía (ver 2.3.), por la comodidad o el espíritu de lucro de ciertos editores y por la existencia del diccionario académico (Ver 3.4.1.1.).

En el capítulo 3. se ofrece al lector un inventario de los distintos tipos de diccionarios, en el que se detallan sus características, sus méritos y sus defectos, el cual, dentro de las limitaciones determinadas por la extensión de esta obra, podrá servir de guía y orientación en el complejo mundo de la lexicografía.

2.2. EL DICCIONARIO, FRUTO DE UNA LARGA EVOLUCIÓN EMPÍRICA

La lexicografía nació y se fue desarrollando en un ámbito precientífico, de una manera empírica, rutinaria, sin una teoría lingüística coherente que pudiera servirle de base, desarrollando sus métodos y sus técnicas, por así decirlo, «sobre la marcha». Si damos un salto adelante hasta hoy, podemos anticipar que, a pesar de ello, los diccionarios han desarrollado bastante bien sus métodos, pero a fines del siglo XX, con la lingüística moderna y la metalexicografía como telón de fondo, tenemos que exigirles, por fuerza, algo más a las obras lexicográficas.

Hay que señalar también que la lexicografía ha estado mucho tiempo sometida a una serie de influencias extralingüísticas: corrientes ideológicas, censura política y eclesiástica, orientaciones de la filología, cánones socioculturales de cada época, como lo fueron el puritanismo o el purismo lingüístico, e incluso a gustos y modas, de modo que los diccionarios no han reflejado siempre fielmente la realidad de la lengua. Para juzgar las obras lexicográficas de cualquier período histórico y de cualquier lengua, debemos tener en cuenta estas restricciones y seguir su trayectoria laboriosa desde los comienzos hasta hoy. Es evidente que no podemos ofrecer aquí una historia de la lexicografía española. Para ello remitimos a los tres panoramas históricos de ésta que se han publicado hasta ahora, el primero en 1990 en alemán[3], el segundo en 1992 en español, y otro en francés[4].

Recordemos tan sólo algunos hechos importantes relacionados con la evolución y con las limitaciones de la lexicografía. En España ésta se inició, en la Edad Media, por glosas marginales o interlineales, aclaraciones de palabras desconocidas que los lectores de textos latinos pusieron en lengua vulgar en el propio manuscrito para hacerlo comprensible, como lo puede hacer hoy en día un estudiante de inglés con las palabras inglesas que desconoce[5]. Desde el siglo X se redactaron también, en la Península Ibérica, glosarios de voces árabes con sus equivalentes en romance, algunos de ellos de plantas y de medicamentos (Ver Niederehe 1995).

Más tarde, las glosas se recopilaron formando glosarios, y de éstos surgieron las primeras compilaciones lexicográficas en latín con explicaciones en este mismo idioma. Como el latín era la lengua de la cultura en la Edad Media, no existían fronteras para el uso de estas obras en toda Europa. Ejemplos de diccionarios ya más extensos son el *Papias*[6] y el *Catholicon* del italiano Balbi de 1460[7].

Dos hechos importantes revolucionaron la lexicografía a comienzos de la Edad Moderna: la suplantación del latín por las lenguas del pueblo en toda clase de publicaciones y la expansión de la imprenta en toda Europa, lo cual ponía los diccionarios, antes copiados a mano y privilegio de una minoría, al alcance de un público más amplio. A fines de la Edad Media ya se sentía la necesidad de añadir, en ciertos diccionarios y vocabularios latinos, los equivalentes castellanos de las voces latinas[8]. El primer diccionario importante latino-español, ya impreso, es el *Universal vocabulario en latín y en romance* de Alfonso (o: Alonso) de Palencia (Sevilla, 1490), una traducción del *Vocabularium* de Papias[6]. Esta obra está todavía arraigada en la tradición medieval. Fue Elio Antonio de Nebrija quien rompió con esta tradición e inició la lexicografía de la Edad Moderna no sólo en España, sino también en Europa con dos diccionarios monumentales: *Dictionarium latino-hispanicum*. Salamanca 1492 (ed.

---

[3] Haensch 1990 a.

[4] Alvar Ezquerra 1992. Del mismo autor: «Panorama de la Lexicographie espagnole»; en: *Cahiers de lexicologie*, 55 (1989), págs. 79-100. De este trabajo existe una versión española: Alvar Ezquerra 1993 a.

[5] Las glosas más conocidas del castellano son las *Glosas Silenses* (del Monasterio de Silos) y las *Glosas Emilianenses* (del Monasterio de San Millán de la Cogolla); ed. crítica y facsímil por César Hernández Alonso y otros, Burgos, Ayuntamiento,1993. Véase Ramón Menéndez Pidal: *Orígenes del español. Estado lingüístico de la Peninsula Ibérica hasta el siglo XI*. 7ª ed. Madrid, 1972; Américo Castro: *Glosarios latino-españoles de la Edad Media*. Madrid 1936; ed. facsímil CSIC. Madrid 1991; Santos García Larragueta: *Las Glosas Emilianenses. Edición y Estudio*. Logroño, 1984; Manuel Díaz y Díaz: *Las primeras glosas hispánicas*. Barcelona, 1978; Eduardo García de Diego: *Glosarios latinos del Monasterio de Silos*. Universidad de Murcia, 1933 y Heinz-Jürgen Wolf: *Glosas Emilianenses*. Hamburgo, 1991.

[6] El *Vocabularium* de Papias se redactó en el siglo XI y se publicó por primera vez en Milán en 1476. Sobre Alfonso de Palencia, que lo tradujo véanse Hill 1957 y Medina 1991.

[7] Giovanni Balbi de Génova (Johannes Balbus de Janua): *Summa quae vocatur Catholicon*. 1286, impreso por primera vez en Maguncia, 1460.

[8] Para más detalles, véase Alvar Ezquerra 1994.

facsimilar con un estudio preliminar de Germán Colón y Amadeu-J. Soberanas, Barcelona 1979) y *Vocabulario español-latino*, Salamanca ¿1495? (citado a veces como *Vocabulario de romance en latín*), ed. facsímil de la Real Academia Española, Madrid 1951. El segundo de estos diccionarios es el primero que presenta como lengua de partida el castellano, novedad a la que hay que añadir el mérito de ofrecer una codificación de la ortografía española. El diccionario español-latino no se contenta con indicar la mera equivalencia en la lengua de destino, sino que añade información sobre la categoría gramatical de las palabras y, lo que supone un paso adelante, explica el uso de las mismas con marcas lexicográficas. Sirvan de ejemplo las siguientes: *barbare* 'vulgar', *proprie* 'conforme a la norma', *improprie* 'no conforme a la norma', *novum* 'neologismo'[9]. Véase una muestra del *Vocabulario* en la pág. 34.

Los diccionarios que se publicaban a fines del siglo XVI y comienzos del siglo XVII correspondían a tres categorías:

1. Los del primer grupo, que tendrán mucha importancia hasta el siglo XIX, pretenden fomentar el conocimiento y el uso correcto del latín según el ideal renacentista y humanista.

2. Los del segundo grupo se proponen simplemente facilitar la comunicación con los hablantes de otras lenguas: comprensión pasiva o producción activa de enunciados lingüísticos escritos y orales. Se trata de vocabularios temáticos y manuales de conversación, obras muy rudimentarias; algunos de ellos ofrecen incluso modelos de cartas comerciales. Una de las primeras obras de este tipo es un vocabulario temático italiano-alemán de un tal Adam von Rottweil, publicado en Venecia con el título: *Introito e porta*[10]. Se había pensado también en los peregrinos que iban a Santiago de Compostela, para los que Arnold von Harff escribió un fragmento de una guía de conversación alemán-vasco, puesto que el Camino de Santiago pasaba por el País Vasco[11]. Así se inició, fuera del mundo de los eruditos, un tipo muy práctico de lexicografía. Pronto aparecerán también diccionarios bilingües más completos, como el *Diccionario muy copioso de la lengua española y francesa* de Jean Palet (París, 1604), superado por la obra maestra del género, el *Tesoro de las lenguas francesa y española* de César Oudin (París, 1607)[12]. Por falta de espacio no podemos entrar en más detalles sobre la evolución de los diccionarios bilingües con el español como lengua de partida o lengua meta. Para ello remitimos a algunas publicaciones sobre este tema[13].

---

[9] Sobre Nebrija véanse: Acero 1985; Allué 1944; Alvar Ezquerra 1992 g; Bustos T. 1983; Fernández-Sevilla 1974 b; García Macho 1987, 1988, 1992 y 1993; González de la Calle 1945; Guerrero 1986 y 1988; Lindemann 1985 y 1987; Lope Blanch 1993; MacDonald 1974; Olmedo 1952; Rodríguez del Pozo 1989 y el estudio preliminar de G. Colón/A. Soberanas en la ed. arriba citada.

[10] Adam von Rottweil (o: Roduila): *Introita e porta de quele che volemo imparare e comprender todesco a latino, cioè italiano*. Venecia, 1477.

[11] Arnold von Harff (1499), reproducido en: Luis Michelena: *Textos arcaicos vascos*. Madrid 1964, págs. 63-65.

[12] Sobre Oudin, véase Lépinette 1991.

[13] Véanse, para la lexicografía francés-español: Alvar Ezquerra 1992 a y 1995 c; Gili Gaya 1951; Lépinette 1990; Niederehe 1987 a y 1988; Verdonk 1991; para la lexicografía inglés-español: Steiner

3. Los inventarios lexicográficos del tercer grupo, aún relativamente poco numeroso en la Península Ibérica hasta fines del siglo XVIII, son repertorios de vocabulario especializado, por ejemplo de navegación, botánica o medicina, precursores de los diccionarios terminológicos modernos[14].

Entre 1520 y 1680 tenía una amplia difusión otro tipo de diccionario, el *multilingüe*, en el que se encuentran, generalmente distribuidos en varias columnas, vocablos equivalentes de tres a dieciséis lenguas para un lema. La mayoría de estas obras son nomenclaturas muy rudimentarias, con los equivalentes de las voces de la lengua de origen en las otras lenguas, pero partiendo de un solo idioma y sin acceso directo a los demás[15].

Como nos explica Manuel Alvar Ezquerra[16], el camino hacia el diccionario monolingüe fue largo. El primer inventario lexicográfico que llegó a publicarse, aunque siglos más tarde, y que da definiciones propias de un diccionario monolingüe es el de Francisco del Rosal, un diccionario etimológico[17]. Este y muchos otros diccionarios monolingües siguen dando equivalentes o explicaciones en latín, lo cual ocurrió también con las distintas ediciones del *Diccionario de la Real Académia Española* hasta su décima edición de 1852[18].

El primer diccionario monolingüe que llegó a publicarse en vida del autor fue el *Tesoro de la Lengua Castellana o Española* de Sebastián de Covarrubias, de 1611, un diccionario con una ordenación alfabética caótica, pero, teniendo en cuenta la época, tenemos que reconocer en él un gran progreso para la técnica lexicográfica. Covarrubias da también etimologías y el equivalente latino de muchas palabras y locuciones[19].

Un año más tarde, en 1612, apareció en Italia el primer diccionario académico, el *Vocabulario degli Academici della Crusca*. En 1694 salió el *Dictionnaire de la Langue Françoise* de la Academia Francesa y, entre 1726 y

---

1970 y 1991; Alvar Ezquerra 1992 a y 1995 c; para la lexicografía italiano-español: Gallina 1957, 1959 y 1991; Alvar Ezquerra 1992 a y 1995 c; Mormile 1993; para la lexicografía alemán-español: Alvar Ezquerra 1995 c; Hausmann 1984 y 1991 b; Schlipf 1956-59; Werner 1986 a; para la lexicografía español-portugués: Alvar Ezquerra 1995 c.

14 Para algunos ejemplos, véase Haensch 1990 a, pág. 1741.

15 Véase Haensch 1991 b.

16 Véase Alvar Ezquerra 1994.

17 Francisco del Rosal: *Origen y Etimología de todos los Vocablos Originales de la Lengua Castellana (posterior a 1611)*. Sobre Rosal véanse Francisco del Rosal (1560?-1610?), *La razón de algunos refranes. Alfabetos tercero y cuarto de Origen y etymología de los vocablos de la lengua castellana*. Ed., introd. y notas de B. Bussell Thompson. Londres, Tamesis Books, 1976 y Enrique Gómez Aguado: *Francisco del Rosal (1537?-1613?), lexicógrafo y humanista*. Madrid 1992. D. Manuel Seco me señala que la fecha de redacción de esta obra (1601) que se ha indicado hasta ahora, no puede ser exacta puesto que su autor cita entre sus fuentes B. de Aldrete (1606) y el *Tesoro* de Covarrubias (1611) y, que hay un vocabulario inédito (manuscrito de Sevilla de 1593) de Diego de Guadix de algunas voces arábigas, que ya da definiciones. Sobre este autor véase; José María Fórneas "Hitos en el estudio de los arabismos hasta el 'Glossaire' de Engelmann-Dozy", en: *Homenaje al Profesor Lapesa*. Murcia, Universidad 1990, págs. 127-155.

18 Véase Lépinette/Civera 1994.

19 Ed. moderna de Martín de Riquer. Barcelona, 1943. Nueva ed. 1977, reimpresión 1987. Otra ed. de Felipe C. R. Maldonado. Ed. Castalia. Madrid 1994. Sobre Covarrubias véanse: Azorín Fernández 1988 a, 1988 b, 1989; Bayliss 1959; Calvo Pérez 1991; Crespo 1992 a y 1992 b; Gemmingen 1992; Hill 1921; Lépinette 1989; Romera Castillo 1984; Seco 1982 b, 1986 y 1988 b.

1739, el diccionario de la Real Academia Española, que después recibió el título *Diccionario de Autoridades*. El mérito de este diccionario consiste en ofrecer documentación del uso de las palabras acudiendo a citas de autores considerados como «autoridades», es decir como representativos del buen uso de la lengua[20].

Hasta el siglo XIX aparecen muchos tipos nuevos de diccionarios. El primer diccionario general de cierta extensión que tiene en cuenta el vocabulario técnico y científico es el *Diccionario castellano con las voces de ciencias y artes y sus correspondientes en las tres lenguas francesa, latina e italiana* de Esteban de Terreros y Pando (Madrid, 1786-1793)[21]. Ya en 1571 se publicó en París la obra *Les épithètes françoises* de M. de la Porte, un primer repertorio de colocaciones formadas por sustantivo + adjetivo, anticipándose en cuatro siglos a los diccionarios de colocaciones modernos. El primer diccionario de sinónimos en español es el de José López de la Huerta (1789)[22]. Desde entonces hasta 1995 han ido apareciendo cada vez más nuevos tipos de diccionarios, cuya tipología será objeto de análisis en el capítulo 3. Véase también pág. 292.

La metodología de los diccionarios también se ha ido perfeccionando a lo largo de la historia de la lexicografía, gracias a las aportaciones y novedades, en este aspecto, de cada una de las obras publicadas. Así encontramos, por ejemplo, en el *Dictionnaire françois, contenant les mots et les choses* de Richelet (Ginebra, 1680), ya más marcas lexicográficas que en sus precursores, como *figuré, comique, burlesque*, y asimismo marcas que señalan la especialidad a la que pertenece una palabra, como agricultura, navegación, medicina, etc.

Antes habíamos aludido ya a factores extralingüísticos que pueden influir en la lexicografía. He aquí algunos ejemplos: entre el siglo XVII y el nuestro hubo muchas influencias de este tipo que han determinado una orientación específica de la lexicografía o han ido reduciendo la función descriptiva de los diccionarios. En el diccionario castellano-latino de Nebrija no existen todavía restricciones en este sentido y encontramos palabras consideradas hoy en día como vulgares o tabúes, por ejemplo *cagar, mear, cojón, teta, tetuda, coño, pixa, puta* (el autor distingue cuatro clases de ellas), *putería, putañero* y *putañear*. 116 años más tarde, Covarrubias registra sólo parte de esas palabras, no da ninguna definición de ellas en castellano, indicando sólo sinónimos latinos, convirtiendo éstos en una especie de eufemismos. Sobre *cojón* dice: « *Algunas cosas curiosas avia que tratar en esta dicción, pero no se ha de dezir todo, especialmente escriviendo en romance*». Sobre *cagar* comenta: « *Es una de las palabras que se han de excusar, aunque sea de cosa tan natural, por la decencia*».

La propagación del ideal cortesano de costumbres refinadas y de una lengua más pulida, el puritanismo protestante, la Contrarreforma católica, la influencia de las Academias de la Lengua y la tendencia purificadora de la

---

20 Sobre los diccionarios de la Real Academia, véase 3.4.1.4., págs. 162 ss.

21 Ed. facsímil con una introducción de Manuel Alvar Ezquerra, Madrid, Arco Libros 1987. Véase pág. 155.

22 José López de Huerta: *Examen de la posibilidad de fijar la significación de los sinónimos de la lengua castellana*, 1789. Sobre el proyecto de un diccionario de sinónimos de Tomás de Iriarte véase Alvar Ezquerra 1985 c.

Ilustración, son factores que, en toda Europa, se van sumando en contra de la función descriptiva del diccionario, el cual, casi hasta la segunda mitad del siglo XX, adquiere un carácter normativo, tan normativo que una buena parte de las voces pertenecientes a la lengua hablada no tiene cabida en sus páginas. La Academia Francesa, por ejemplo, rechazaba los arcaísmos (lo que parece lógico en un diccionario de ese tipo), los «términos de artes y ciencias» (es decir, los términos técnicos), los regionalismos y todo lo que no puede «servir a la nobleza y a la elegancia del discurso», por lo que también era excluido el vocabulario familiar y popular.

El diccionario de Cowell publicado en 1667 en Londres con el título *Interpreter or Book containing the Signification of Words*, fue condenado por el Parlamento inglés y quemado públicamente por el verdugo[23]. La monumental *Encyclopédie* de Diderot y d'Alembert, combatida por la Iglesia Católica y las autoridades francesas por su espíritu progresista y liberal, pudo publicarse sólo con muchas dificultades y con un considerable retraso[24]. En el siglo XIX, fue prohibida en la Austria archiconservadora de los Habsburgo la famosa gran enciclopedia alemana de *Brockhaus*[25] por sus ideas liberales y su ideología protestante.

Son notables también las coacciones por motivos ideológicos, como lo demuestran no sólo las enciclopedias, sino también los diccionarios de la lengua publicados bajo la dictadura nazi o la comunista. Hasta el *Diccionario de la Real Academia Española* definía aún en el siglo XIX el *catolicismo* como 'religión', el *protestantismo*, en cambio, como 'secta de Lutero'[26].

Estudios recientes han demostrado hasta qué punto las ideologías, actitudes colectivas y costumbres pueden influir en la lexicografía. Así, por ejemplo, la situación de la mujer se refleja en los diccionarios. Como señaló Teresa Cabré[27], las frases que se dan como ejemplos en relación con la voz *mujer* se refieren muchas veces a cualidades o actitudes negativas, como ocurre en el *Diccionari General de la Llengua Catalana* de Pompeu Fabra (por ej. en la 5ª ed. de 1968), en el que aparecen como calificativos (traducimos al castellano): *coqueta, frívola, intrigante, graciosa*; la palabra *hombre* (*home*), en cambio, va acompañada de adjetivos como *inteligente, prudente, comprensivo, modesto y sabio*. Otros ejemplos los da Christine Bierbach en su artículo «La lengua, compañera del imperio macho. Was ist sexistischer: die spanische Sprache oder ihre Wörterbücher?», en: *Tranvía. Revue der Iberischen Halbinsel*, núm. 14, sept. de 1989, págs. 7-9.

Fernando Lázaro Carreter demostró en su clásica obra *Las ideas lingüísticas en España durante el siglo XVIII* (Madrid 1949) que en el siglo XVIII una nueva cultura lingüística opuesta a la verbosidad barroca dio lugar a la elaboración y

---

23 Esta información la debo a E. Gullberg: «Some notes on dictionaires and dictionary-making with particular reference to conditions in Scandinavia», en: *Babel*, t. XI, 1965, pág. 168.

24 Véase, por ejemplo, Haensch 1984 b, págs. 42-45.

25 Véase Werner Lenz: *Kleine Geschichte großer Wörterbücher*. Gütersloh 1980.

26 Véase Pascual/Olaguíbel 1992. Véase la muestra de un diccionario politizado en la pág. 79.

27 Cabré 1993 b. Véase también: *Cultures, Ideologies and the Dictionary* (Braj et alii 1995); Beaujot 1989; Catalá 1995; García Messeguer 1993; Girardin 1979 y Hampares 1976.

difusión de los *diccionarios de sinónimos* (págs 78-87). En el siglo XIX y en la primera mitad del siglo XX, se publican muchos diccionarios de acuerdo con la orientación de la filología moderna nacida a fines del siglo XVIII y en la primera mitad del siglo XIX, especialmente *diccionarios etimológicos* y *diccionarios históricos* (éstos últimos primero en Inglaterra y en Alemania). El auge de la dialectología y de la geografía lingüística, especialmente en la filología románica, dio lugar a la publicación de muchos *diccionarios dialectales* y a la admisión de gran número de voces de este género en el diccionario académico. Los diccionarios históricos, etimológicos y dialectales reflejan el progreso de la ciencia del lenguaje de la época, lo cual es de aplaudir, pero, en cambio, hubo pocas innovaciones relevantes en los dos tipos de diccionarios más importantes para el usuario normal y corriente: el *diccionario general monolingüe* y el *diccionario general bilingüe*. Es cierto que algunos diccionarios monolingües representaban ya progresos, por ejemplo los diccionarios franceses de la famosa editorial Larousse, muy «didácticos», más prácticos (con ejemplos de aplicación)[28], y, para el español, el *Nuevo Diccionario de la lengua castellana* de Vicente Salvá (París, 1846)[29].

Para ilustrar otras influencias de la lingüística moderna sobre la lexicografía citaré lo expuesto por mí en *La Lexicografía* (Haensch 1982 a, págs. 124-125):

«Las nuevas orientaciones lingüísticas del siglo XX han tenido también cierta influencia —a veces indirecta— sobre la lexicografía, especialmente la escuela funcional-estructuralista. Esta influencia, según expone L.Zgusta[30], se manifiesta de manera diferente. En primer lugar, las investigaciones sobre campos léxicos (iniciados por J.Trier[31] en 1931) fomentaron el estudio sistemático de palabras, ya no aisladas, sino conforme a otras sinónimas o semánticamente relacionadas con ellas. A estas influencias se debe la publicación de nuevos diccionarios por conceptos como el voluminoso de F. Dornseiff, *Der deutsche Wortschatz nach Sachgruppen*[32], cuyo precursor fue el *Thesaurus of English Words and Phrases* de P.M. Roget[33]. En España fue J. Casares quien propugnó, ya en 1921 (antes que J. Trier), la idea de un diccionario ordenado por con-

---

[28] El primer diccionario de Larousse en español apareció en 1913: Miguel de Toro y Gisbert: *Pequeño Larousse Ilustrado*. París 1912. El primer *Petit Larousse*, su modelo, fue publicado en 1905, pero lleva fecha de 1906. La última edición del *Pequeño Larousse* publicado en 1996, lleva fecha de 1997. Pierre Larouse publicó primero su *Grand Dictionnaire Universel du XIXe siècle* en París entre 1865 y 1876. Sobre el autor véase: André Rétif: *Pierre Larousse et son oeuvre (1817-1875)*. París 1975.

[29] Para la evolución de la lexicografía española en el siglo XIX, véase especialmente: Seco 1987 a, Anglada 1990 y Baquero 1992. Sobre Salvá, véase Reig 1972.

[30] L. Zgusta: «Die Lexikographie und die Sprachwissenschaft»; en: *Probleme der Lexikographie* (Deutsche Akademie der Wissenschaften zu Berlin, Institut für Orientforschung, Veröffentlichung Nr. 73), ed. por K. Riemschneider, Berlín, 1970, págs. 7-22.

[31] J. Trier: *Der deutsche Wortschatz im Sinnbezirk des Verstandes. Von den Anfängen bis zum Beginn des 13. Jahrhunderts*, Heidelberg, 1931; 2ª ed., 1973.

[32] F. Dornseiff: *Der deutsche Wortschatz nach Sachgruppen*, Berlín, 1933; 7ª ed., 1970.

[33] P. M. Roget: *Thesaurus of English Words and Phrases Classified and Arranged so as to Facilitate the Expression of Ideas and Assist in Literary Composition*, Londres, 1852; 6ª ed., reimpresión, 1972, nueva ed. Harlow 1992.

ceptos. J. Casares publicó, en 1942, la primera edición de su *Diccionario ideológico de la lengua española.* En segundo lugar, las nuevas escuelas lingüísticas han hecho hincapié en la importancia del estudio de la lengua contemporánea (frente al peso excesivo que tenía, hasta los años cincuenta de nuestro siglo, la filología histórica), fomentando así la elaboración de diccionarios descriptivos modernos sin criterios restrictivos. Por último, las nuevas ideas lingüísticas han contribuido a atenuar las tendencias excesivamente puristas predominantes en la lexicografía tradicional: «Cuando algo en la lengua cumple una función legítima, útil, es porque es necesario y está sancionado por el uso, ya se trate de un neologismo, de un extranjerismo o de cualquier otra cosa»[34].

Sólo después de la Segunda Guerra Mundial los progresos de la lingüística moderna han ido preparando el terreno para el nacimiento de una nueva disciplina de la lingüística, la *lexicografía teórica* o *metalexicografía.* Si bien los lexicógrafos han ido afinando y perfeccionando sus métodos paulatinamente a lo largo de cinco siglos y han creado obras importantes, hay que destacar, sin embargo, que hasta bien entrado el siglo XX nadie se había planteado el problema de la base teórico-lingüística de las obras lexicográficas. De hecho, la lexicografía era la cenicienta de la ciencia del lenguaje hasta el surgimiento de la metalexicografía en los años 50 (ver 2.4.). Antes de referirnos a la metalexicografía, a sus cometidos y a sus problemas, tenemos que hablar de las posibilidades y de las limitaciones materiales de la lexicografía para entender por qué, a pesar de los progresos de la metalexicografía moderna, aún hay tantas imperfecciones en los diccionarios actuales.

2.3. POSIBILIDADES Y LIMITACIONES MATERIALES DE LA LEXICOGRAFÍA

El léxico de una lengua es inagotable, pero un diccionario, por muy voluminoso que sea, sólo puede ofrecer una selección del mismo, una selección que debería tener en cuenta, mucho más de lo que hasta ahora lo ha hecho, las necesidades específicas de los distintos grupos de usuarios. La tipología de los diccionarios (3.) nos mostrará que de hecho existen ya tipos muy específicos de diccionarios para ciertas categorías de usuarios: diccionarios infantiles, escolares, turísticos, etc, y seguramente se podrá ampliar aún el espectro de la especialización mediante la introducción de diccionarios bilingües monodireccionales (ver 3.4.2.). Sin embargo, no hay que olvidar que la lexicografía tiene también sus limitaciones materiales. La labor lexicográfica realizada con rigor metodológico requiere un enorme despliegue de medios: recogida de materiales, hoy en día, por lo general, en forma de un corpus informatizado; en muchos casos: encuestas orales o encuestas escritas con cuestionarios, aclaración de dudas, selección del léxico para la publicación, redacción del texto

---

[34] Zgusta 1971, pág. 15.

(definición exacta de la palabra en cuestión o de sus distintas acepciones, o, en el caso del diccionario plurilingüe, búsqueda de equivalentes correctos en la o las otras lenguas, indicaciones sobre el uso contextual de la palabra, etc), revisión esmerada, y por último, lectura cuidadosa de las pruebas de imprenta. Para esta labor se necesitan lexicógrafos cualificados que tienen que recibir una remuneración adecuada. A estas necesidades hay que añadir los gastos de papel, imprenta, encuadernación y publicidad, de modo que hay que realizar una inversión considerable en cada edición de un diccionario, especialmente cuando es «de nueva planta". Por esto los diccionarios suelen ser el resultado de una serie de compromisos entre el máximum deseable y el óptimum realizable. Desgraciada-mente demasiados editores se contentan todavía con el mínimum posible. Por todo lo expuesto, la mayoría de los diccionarios están sujetos a tres tipos de limitaciones muy prosaicas:

- **el tiempo**: la elaboración de un buen diccionario y su revisión necesitan tiempo, mucho tiempo, pero los editores quieren siempre que el diccionario en el que se trabaja salga lo antes posible aunque se pueda perfeccionar todavía. Por una parte desean recuperar lo antes posible, los gastos invertidos y recibir beneficios. Por otra parte, esta urgencia en la publicación está motivada, a veces, por el deseo de evitar la competencia de obras similares en vías de elaboración y a cargo de otras editoriales.
- **el problema económico**: disponiendo de más tiempo y de más y mejores colaboradores, se pueden elaborar los diccionarios con mayor esmero.
- **la formación teórica y práctica de los autores o colaboradores**: la labor lexicográfica requiere una buena preparación teórico-científica, preferentemente en lingüística aplicada, y experiencia práctica en la elaboración de diccionarios. Como existen pocas instituciones para la formación en lexicografía[35], los redactores de diccionarios se forman, en el mejor de los casos, en el seno de equipos de lexicógrafos que trabajan en editoriales, universidades, Academias y otros centros, en los cuales los colegas con más experiencia inician a los principiantes en la técnica lexicográfica. Pero ocurre también que los autores de diccionarios trabajan como autodidactas sin más formación que el asesoramiento de algún lexicógrafo competente.

---

[35] En algunas cátedras universitarias se enseña regularmente lexicografía (por ejemplo, en la Universidad de Málaga, en la Universidad Pompeu Fabra de Barcelona y en la de Augsburgo). Hay un *Dictionary Research Centre* en la Universidad de Exeter (Inglaterra) y un *Instituut voor Nederlandse Lexicologie* en la Universidad de Lovaina (Bélgica). En estas instituciones y en algunas otras se escriben tesinas y tesis doctorales sobre temas lexicográficos, sobre problemas metalexicográficos, e incluso trabajos en forma de vocabularios especializados (con una introducción teórico-científica). En Francia, se puede adquirir un diploma en lexicografía en la Universidad de Lille III, en España en la Universidad Pompeu Fabra. La formación de lexicógrafos *in situ* se practica sobre todo en los servicios lingüísticos de las grandes instituciónes internacionales como la ONU y la Unión Europea (aunque se trata aquí más de terminología que de lexicografía), en las Academias de la Lengua, en cátedras universitarias donde se trabaja en proyectos lexicográficos y en grandes editoriales. Sobre la formación de lexicógrafos, véase Gates 1990. Véase pág. 292.

Hemos visto que el factor económico desempeña un papel fundamental en lexicografía. Para hacer buenos diccionarios se necesitan medios económicos considerables o, cosa rara hoy en día, un entusiasmo, un idealismo, una abnegación, como por ejemplo, la de Emile Littré[36] o de Francesc de B. Moll, que dedicó su vida al monumental *Diccionari català-valencià-balear*[37], que no sólo elaboró, sino que también imprimió, corrigió y publicó. Muchos de los grandes diccionarios científicos han recibido subvenciones de organismos oficiales o de fundaciones semioficiales o privadas, por eso el resultado ha sido bueno. En los países ex-comunistas de Europa oriental se han publicado excelentes diccionarios generales elaborados con rigor científico, por lexicógrafos competentes en institutos oficiales de lexicografía o Academias que no necesitaban calcular beneficios, sino tan sólo producir buenos diccionarios. Un buen ejemplo es el diccionario general de la Academia Búlgara[38]. También en Europa occidental y América se han otorgado subsidios de este tipo, pero en el mundo occidental, por lo general, los dos tipos de diccionarios más importantes para la inmensa mayoría de los usuarios, los diccionarios generales monolingües y los bilingües, han recibido en muy contadas ocasiones ayudas de este género, quizás debido a prejuicios según los cuales la elaboración de un diccionario etimológico, histórico o de la lengua antigua es una tarea más científica o más noble que la elaboración de un diccionario bilingüe o de un diccionario general monolingüe[39]. Ahora bien, estas obras, monolingües o bilingües, exigen igualmente un alto nivel de formación de los lexicógrafos, aunque la tarea de éstos es, por lo menos en parte, diferente.

Hoy en día, la mayoría de los diccionarios son publicados por editoriales comerciales que, por no ser instituciones benéficas, siempre tienen como norte la cuantía de los beneficios, un hecho que, en muchos casos, es el mayor obs-

---

[36] Emile Littré (1801-1881): *Dictionnaire de la langue française*. 4 vols. con un suplemento. París 1863-1873.

[37] El *Diccionari català-valencià-balear*, si bien fue concebido e iniciado por Mosén A. Alcover, fue realizado, en su mayor parte, por F. de B. Moll, con la colaboración de otros autores.

[38] Búlgarska Aksdemija na Naukite, Institut za Bulgarski Ezik: *Recnik na bulgarskija ezik*, Sofia 1977; hasta ahora 8 volúmenes publicados (A-L), el último en 1995.

[39] Loables excepciones son los distintos proyectos de diccionarios catalanes, que, debido al deseo de recuperación de la lengua catalana, reciben un apoyo financiero considerable de la Generalitat y de otras entidades.

- Un diccionario normativo elaborado en el Institut d'Estudis Catalans bajo la dirección de Teresa Cabré (el «nuevo Fabra») se publicó en 1995: Institut d'Estudis Catalans: *Diccionari de la llengua catalana*. Barcelona-Palma de Mallorca-Valencia 1995.

- Un diccionario descriptivo: *Diccionari del català contemporani*, cuya primera fase de elaboración es la compilación del *Corpus informatitzat de la Llengua Catalana* (para el cual se han previsto 54 millones de ocurrencias), en vías de elaboración bajo la dirección de Joaquim Rafel i Fontanals.

- El tercer proyecto es ya una realidad: *Termcat*, el centro de terminología del catalán, una institución ejemplar que está codificando y publicando la terminología de todas las materias imaginables, desde los deportes y la informática hasta la gastronomía. Numerosas publicaciones en forma de diccionarios, vocabularios y "hojas de información" dan fe de la meritoria labor de Termcat, que codifica los terminos técnicos no mediante el voto de académicos, sino en colaboración con especialistas en cada profesión o materia.

Últimamente se concedieron también subvenciones a algunos diccionarios generales en España.

táculo para la calidad lexicográfica. Ciertos diccionarios podrían aumentar su calidad si se invirtiera en su elaboración más dinero, más tiempo y sus redactores estuvieran mejor cualificados y remunerados, pero en ciertos casos un perfeccionamiento extremo haría aumentar el precio de las obras de tal manera que no se venderían. En el fondo, la intervención de organismos estatales, universidades y otras instituciones científicas sería necesaria para llevar a cabo los postulados de la metalexicografía moderna en la práctica[40]. De todos modos, muchas editoriales perciben notables beneficios con sus diccionarios y las limitaciones materiales a las que hemos aludido no deben de ningún modo servir de excusa o pretexto para no hacer un máximum de esfuerzos con el fin de publicar buenos diccionarios. Desgraciadamente hay editoriales, también en el mundo hispánico, que por puro espíritu de lucro cometen abusos, que han llegado en ocasiones a merecer el calificativo de «delincuencia lexicográfica»[41]. Estos abusos son, entre otros, los siguientes:

1. *El anonimato*

Cuando un diccionario aparece sin el nombre del autor o de los autores, o, en el caso de obras importantes sin la identidad del director o coordinador y sin noticia de quiénes son los colaboradores, los correctores y los informantes, o bien se comete una injusticia al omitir los nombres de los creadores de tal obra, o bien se está tratando de ocultar, con esta omisión por parte de la editorial, una práctica habitual, como es la de encargar este tipo de obras a estudiantes inexpertos, cuando no a intelectuales de otro campo aficionados a la lexicografía, generalmente mal retribuidos, que copian la mayoría de los materiales léxicos de otros diccionarios, en el ámbito hispánico, sobre todo del *Diccionario de la Real Academia Española* del que se toman a menudo las definiciones literalmente y en el peor de los casos retocándolas y empeorando el original.

2. *Nuevas ediciones y reimpresiones*

Se dan todavía casos en los que cualquier reimpresión de un diccionario se ofrece al público como «nueva edición». En honor a la verdad, hay que distinguir claramente entre simples *reimpresiones* y *nuevas ediciones* y caracterizar estas últimas como «edición revisada», «edición aumentada», etc.

---

[40] Véase Franz Josef Hausmann: «Die zweisprachigen Wörterbücher»; en: *Symposium on Lexicography V.* Proceedings of the Fifth International Symposium on Lexicography, May 3-5, 1990 at the University of Copenhagen. Karl Hyldgaard-Jensen y Arne Zettersten. Max Niemeyer Verlag, Tubinga 1992 (Lexicographica Series Maior 43), págs. 408-411. Este artículo tiene como subtítulo: «La lexicografía bilingüe necesita a la Universidad».

[41] Véase Franz Josef Hausmann: Wörterbuchkriminalität. Lexikographie zwischen Markt und Wissenschaft», en: *Toegepaste Taalwetenschap in Artikelen*, Amsterdam, 27 (1987), págs. 7-17; Id.: «Romanistische Wörterbuchforschung und Gesellschaft. Das Beispiel der Wörterbuchkriminalität», en: *Romanistik. Arbeitsfelder und berufliche Praxis*. Tubinga 1986, págs. 73-78 e id.: «Dictionary Criminality»; en: *Wörterbücher*, tomo I, págs. 97-101.

Ocurre también, aunque cada vez menos, que no se indica en los diccionarios el año de su publicación. Es un dato importante en el que el comprador potencial de un diccionario debería fijarse para no adquirir una obra anticuada.

3. *Cambio de formato*

A veces se cambia el formato de un diccionario y, con él, su maquetación (compaginación; en informática: formateo) para hacer creer al público que se trata de una obra nueva. Por ejemplo, un diccionario bilingüe como es el español-alemán y alemán-español (*Amador Handwörterbuch Deutsch-Spanisch und Spanisch-Deutsch = Diccionario Manual Amador Alemán-Español y Español-Alemán.* Editorial Sopena. Barcelona, nueva edición 1986) se vende como «nueva edición» aunque su texto es absolutamente idéntico al de las ediciones anteriores de 1974 y 1983; lo único que ha cambiado es el formato (y con él la compaginación) del diccionario[42].

4. *Recuento de entradas*

En el recuento de entradas hay también prácticas ambiguas. Ciertas editoriales cuentan cada acepción de un lema polisémico como entrada. Por ejemplo, el lema *pie* tiene en el *Diccionario Manual de la Real Academia Española* (1989) 15 acepciones, las cuales aparecen, en un recuento de este tipo, como 15 entradas.

He aquí un caso concreto. El *Diccionario esencial alemán-español/español-alemán* VOX, publicado por Biblograf, Barcelona (1ª ed. 1993), como ocurre en estos casos, sin el nombre del autor, con un formato 10,5 x 17,4 cms, aparecido en 1993, cuesta 1.350 ptas (en 1995) y no es muy grande. Un cliente potencial que piensa que necesita un diccionario más extenso, no tardará en encontrar en una librería cualquiera otro diccionario de la misma editorial (*Diccionario manual* VOX. *Español-alemán/alemán-español*; 1ª ed., Barcelona, Editorial Biblograf, 1993). Este último es más grande (13,5 x 18,8 cms) y parece más voluminoso (por el uso de un papel más grueso) y vale 2.160 ptas. Nuestro usuario se lleva el segundo diccionario. Lo que no sabe es que, prescindiendo de la introducción gramatical, que tiene tres páginas más, el contenido de los dos diccionarios es absolutamente idéntico, con la diferencia de que en el segundo, «más grande», se han ampliado simplemente las páginas por procedimientos fotomecánicos. En la tapa del diccionario más reducido se dice que tiene «40.000 entradas», en la del más amplio que tiene «80.000 entradas y acepciones». Es obvio que el usuario normal no puede apreciar estos matices y piensa que el «Diccionario manual» contiene unos materiales léxicos que no tenía el otro. Esta práctica se da también en otras editoriales españolas.

---

[42] Sobre este diccionario véase también el párrafo 6, pág. 28.

5. *Venta de resto de ediciones bajo un nuevo nombre por otra editorial*

En Alemania se han dado casos en que ciertas editoriales, cuando publican una nueva edición de un diccionario, venden el resto de la edición anterior (en muchos casos publicada 20 años antes) a otra editorial que cambia las tapas y la página titular (muchas veces, sin indicar la procedencia del diccionario ni la fecha de su publicación anterior). El producto así modificado se vende con un nombre de fantasía y relativamente barato en los grandes almacenes. El pobre usuario, contento de haber encontrado un diccionario más barato, no se da cuenta de que ha adquirido un libro anticuado.

6. *Venta de diccionarios de baja calidad*

Es cierto que los libreros, en la mayoría de los casos, no pueden juzgar la calidad de los diccionarios, pero cuando un diccionario es muy deficiente, en algún momento esto llega a saberse. El más voluminoso de los diccionarios español-alemán/alemán-español publicado en España, de Emilio Martínez Amador, que se ha ido vendiendo durante decenios sin cambios o sin cambios sustanciales, da como equivalentes de palabras españolas en alemán centenares de voces inventadas por el mismo autor, pero que nunca han existido en alemán. Lo peor es que estas palabras alemanas, inventos del autor, aparecen en la parte alemán-español como lemas. La primera edición de este diccionario es de 1955, la última de 1991. ¿No se habrá dado cuenta nadie de que este diccionario es impresentable? Parece que no, que la obra, que tiene otros defectos graves, se sigue vendiendo en librerías españolas (1996).

7. *Falta de actualización de los diccionarios*

Un diccionario general, sea monolingüe o bilingüe, necesita una constante actualización para que sirva al usuario[43]. Ahora bien, ¡cuántos diccionarios se venden durante 15, 20 o más años sin cambios o sin cambios sustanciales! Naturalmente para la editorial el mejor negocio es vender el mismo diccionario durante mucho tiempo porque cada nueva edición supone una nueva inversión, pero aquí también —como en toda la lexicografía comercial— hay que buscar un equilibrio entre la calidad del diccionario y los factores económicos. Otros lexicógrafos recordarán —como yo mismo— que, cuando se componían todavía los textos de los diccionarios con letras de plomo, no podíamos introducir cambios en los mismos que modificaran la compaginación, en otras palabras: para añadir nuevas voces o acepciones había que suprimir algo de lo ya existente. Afortunadamente con el uso del ordenador, el texto del diccionario está en un disquete y su cambio es relativamente fácil y poco costoso. Un buen dic-

---

[43] Sobre el problema de la actualización de los diccionarios, véase Humberto Hernández: «Las lenguas evolucionan, los diccionarios también»; en: *Alacena*, 17, Madrid, 1993, págs. 14-15. Sobre palabras anticuadas, véase Osselton 1970.

cionario debería actualizarse por lo menos cada cinco años y revisarse a fondo cada ocho o diez años.

Me ha parecido importante que alguien saque a la luz de una vez y con toda claridad estos hechos en un libro destinado a los lectores que no son especialistas en lexicografía. Sin duda, las asociaciones de protección al consumidor podrían desarrollar en este campo una labor muy útil, empezando por una información documentada para los usuarios. Como decía antes, esta labor tiene que apoyarse en una crítica objetiva de los diccionarios, sin tapujos y sin miedo de quedar mal con amigos, colegas o editores, para obligar a los autores y editores a mejorar la calidad de los diccionarios. Tampoco quiero dejar de destacar que en los últimos tiempos ha habido ya en España grandes progresos en cuanto a la distinción entre reimpresiones y nuevas ediciones, actualización de los materiales léxicos, mención de autores, directores y equipos lexicográficos, mejoras metodológicas, etc, pero el lector podrá averiguar fácilmente, visitando una librería y hojeando diccionarios, que aún queda mucho por hacer en este campo.

Sería injusto pasar por alto el hecho de que muchos progresos en el campo de la lexicografía se deben a la iniciativa privada, tanto de autores como de editores; entre estos últimos mencionaremos tan sólo a Webster, Collins, Longman y Oxford University Press para la lengua inglesa, a Larousse, Hachette, Robert y Hatier para el francés, y a Bibliographisches Institut para los diccionarios Duden y a Langenscheidt y Klett para los diccionarios bilingües en Alemania[44], lo cual no quiere decir, desde luego, que ciertas obras de algunas de estas editoriales no sean mejorables.

2.4. LEXICOGRAFÍA, LEXICOLOGÍA Y METALEXICOGRAFÍA

2.4.1. Lexicografía práctica y lexicografía teórica

Recordemos sólo de paso que de la lexicografía se sabe tan poco que muchas personas, incluso algunos filólogos, aún confunden *lexicografía* y *lexicología*, y esta confusión se refleja todavía en ciertas bibliografías lingüísticas.

La *lexicología* es el estudio científico del léxico, en realidad es una disciplina que combina en sí elementos de etimología, historia de las palabras, gramática histórica, semántica, formación de palabras y, para algunos, autores también elementos de estructuralismo cuando se estudia el léxico de una lengua como un sistema estructurado.

Es cierto que un buen lexicógrafo necesita saber mucha lexicología, pero su tarea es otra: la de elaborar diccionarios; por otro lado, no se puede concebir una lexicología que no tenga en cuenta datos lexicográficos.

---

44 Este párrafo es cita de Haensch et alii, *La Lexicografía*, 1982 a (ligeramente cambiado).

Hoy en día se distinguen ya claramente la *lexicografía práctica*, la elaboración de diccionarios, de la *lexicografía teórica*, llamada también *metalexicografía*. Esta última estudia la historia de los diccionarios, su estructura, su tipología, su finalidad, su relación con otras disciplinas (lexicología, sociolingüística, semántica, estadística e informática), la metodología de su elaboración y se dedica a la crítica de diccionarios. Naturalmente los metalexicógrafos de hoy tuvieron ya precursores en el pasado[45]. Ya en el siglo XVII aparecieron estudios y reflexiones sobre los diccionarios, en muchos casos se trataba de trabajos biográficos y bibliográficos o de comentarios sobre los materiales léxicos descritos en los diccionarios. En esta fecha son escasos todavía los análisis sobre la estructura y la metodología de los diccionarios. Reflexiones valiosas —que hoy en día llamaríamos metalexicográficas— se encuentran en los prólogos o prefacios de algunos diccionarios de otras épocas.

2.4.2. El surgimiento de la metalexicografía

La metalexicografía propiamente dicha se desarrolló primero con la enseñanza de lenguas extranjeras. En Inglaterra se publicaron los primeros trabajos sobre «learner's dictionaries» (diccionarios de aprendizaje), que indican el uso contextual y la construción gramatical de las palabras, y en ese país aparecieron también los primeros diccionarios de este tipo en los años cuarenta y, sobre todo, cincuenta. Para la elaboración de nuevos métodos de enseñanza de idiomas como el *Basic English*, el *Français fondamental* y después para la elaboración de muchos libros de enseñanza de idiomas, se hicieron estudios sobre la frecuencia de las palabras para no enseñar a las personas que aprenden una lengua un vocabulario de poco uso, encontrado por casualidad en un texto, sino para tener en cuenta las palabras más usuales de la lengua en cuestión. Con la misma finalidad se han ido publicando los *vocabularios básicos* o *vocabularios fundamentales* y los *diccionarios de frecuencia* para las distintas lenguas[46]. También fue importante para el surgimiento de la metalexicografía la nueva semántica.

En los países de Europa oriental se realizaron valiosos trabajos sobre lexicografía. Uno de los primeros fue el del eminente lexicógrafo ruso L.V. Scerba, una teoría general de la lexicografía (1940). En relación con el *Trésor de la langue française*, elaborado bajo la dirección de Paul Imbs y Bernard Quemada, y con el Grand Robert: *Dictionnaire de la langue française*, se publicaron en Francia, desde los años sesenta, excelentes trabajos metalexicográficos. En los

---

[45] Ver Franz Josef Hausmann: «Kleine Weltgeschichte der Metalexikographie»; en: *Wörterbücher in der Diskussion. Vorträge aus dem Heidelberger Lexikographischen Kolloquium*. ed. por Herbert Ernst Wiegand, Tubinga 1989, págs. 76-105 e. id.: «L'essor d'une discipline: La metalexicographie à l'échelle mondiale»; en: *Coloquio de lexicografía*. Santiago de Compostela Universidad. 1988, págs. 79-199 e. id.: «Pour une histoire de la metalexicographie»; en: *Wörterbücher*, tomo I. 1989, págs. 216-244.

[46] Sobre diccionarios de frecuencia, véase 3.3.4.5; sobre vocabularios básicos: 3.3.4.6.

años sesenta aparecieron varios estudios metalexicográficos en los Estados Unidos, entre ellos los importantes trabajos sobre diccionarios españoles de Yakov Malkiel. La publicación del primer manual internacional de lexicografía (en inglés) de Ladislav Zgusta en 1971 marca un hito en la historia de la lexicografía[47]. También fue importante la aportación británica a la metalexicografía, ya no sólo sobre diccionarios de aprendizaje, sino también sobre lexicografía en general. Los alemanes empezaron relativamente tarde (hacia 1967) a ocuparse de metalexicografía, primero los germanistas, después los anglistas y los romanistas. En la década de los años setenta y ochenta esta disciplina ha conocido un auge enorme en Alemania, hasta tal punto que en la última década de este siglo ocupa cuantitativa y cualitativamente uno de los primeros puestos en la metalexicografía mundial. La producción metalexicográfica en alemán ha alcanzado de momento su punto culminante en una monumental enciclopedia de lexicografía en tres tomos con más de 400 artículos (en alemán, inglés y francés) sobre todos los temas relacionados con la lexicografía y sobre la lexicografía de todas las lenguas del mundo: *Wörterbücher. Dictionnaires. Ein internationales Handbuch zur Lexikographie. An international Encyclopaedia of Lexicography. Encyclopédie internationale de lexicographie*, ed. por F. J. Hausmann/ O. Reichmann/ H. E. Wiegand/ L. Zgusta, Berlín y Nueva York, vol. I, 1989; vol. II, 1990; vol. III, 1991. En Alemania están en vías de realización dos importantes proyectos lexicográficos sobre temas hispánicos: el *Diccionario del español medieval*, que llenará un hueco en la lexicografía española, que se está elaborando en la Universidad de Heidelberg desde 1987 bajo la dirección de Bodo Müller, y el *Nuevo Diccionario de Americanismos*[48], en la Universidad de Augsburgo iniciado en 1982 bajo la dirección de Günther Haensch y de Reinhold Werner. En torno a este diccionario nació una escuela de lexicografía que cuenta ya con una serie de trabajos metalexicográficos sobre el español (tesis doctorales, tesinas, ponencias en congresos, etc). En la Universidad de Augsburgo se han organizado ya varios coloquios internacionales sobre lexicografía hispánica.

2.4.3. La lingüística moderna y la lexicografía

Si la metalexicografía no nació antes de los años cincuenta de nuestro siglo, fue porque hasta entonces la ciencia del lenguaje tenía una orientación casi exclusivamente histórica y no se interesaba, en general, por la lengua contemporánea, cuyo estudio se consideraba, incluso, poco científico.

En algunos aspectos la lingüística moderna ha influido en sentido positivo en la lexicografía[49]:

---

47 Zgusta 1971.

48 Para más detalles, ver 3.5.

49 Algunos párrafos de esta enumeración se han tomado de Haensch 1982 b.- Téngase en cuenta, sin embargo, que no todos los postulados de la lingüística teórica son realizables en la práctica lexicográfica.

1. Frente al excesivo peso que ha tenido en los diccionarios del pasado el vocabulario de *la lengua escrita*, hay una tendencia a tener en cuenta mucho más que en épocas anteriores, *la lengua hablada* y *los niveles* «subestándar» de la lengua (llamados coloquial, familiar, popular y vulgar)[50], sea en la selección de voces que se registran en los diccionarios generales, sea mediante la publicación de diccionarios particulares (lengua coloquial, popular, jergal).

2. Haciendo caso a postulados de la lingüística teórica, en ciertos diccionarios se registran ya no sólo unidades léxicas, sino también *elementos productivos de formación de palabras* (prefijos, sufijos, lexemas no autónomos que entran en compuestos como *antropo-*, *osteo-*, *-tomía*, *-arquía*, etc.) con la indicación de sus distintas funciones.

3. Partiendo de la idea de que el enunciado lingüístico es un mensaje que tiene que captar el receptor, se registran cada vez más en los diccionarios unidades léxicas específicas, como *acrónimos*, *siglas*, *palabras truncadas*, etc., sin cuyo conocimiento resulta a veces imposible descodificar ciertos enunciados; por ejemplo, en España: *A.T.S.*, *AVE*, *GAL*, *NIF*, *PNN*, *cole*, *profe*, *dire*, *capi*, etc., o formas elípticas como *la patronal*, *el mundial*, etc. Si la finalidad de un diccionario consiste en ayudar al usuario a descodificar enunciados lingüísticos (o en otros casos a producirlos), el diccionario debe registrar estas unidades léxicas poco ortodoxas, pero tan caraterísticas de nuestra época.

4. La *introducción del ordenador* en el método de trabajo ha revolucionado la técnica lexicográfica desde la recogida de materiales en un corpus informatizado hasta la impresión de los diccionarios. Existe ya una disciplina de la lingüística que estudia, enseña y aplica el uso del ordenador en lingüística (y lexicografía) (Véase, por ejemplo, Dodd 1994 b).

5. *La aplicación de métodos estadísticos a la lingüística* ha tenido como consecuencia que se pueda determinar -mediante el aprovechamiento de un corpus de miles y miles de textos extractados- *la frecuencia* de las palabras, lo cual constituye un criterio importante para la selección de las entradas de un diccionario, aunque no debe ser el único.

6. La lingüística textual ha establecido una división tipológica atendiendo al carácter de los textos (persuasivo, informativo, didáctico, técnico o general). Esta tipología es de una gran ayuda en la selección, hasta cierto punto siempre subjetiva, de los textos de la más diversa índole que han de servir de base para la elaboración de un corpus. Ante la multiplicidad de tipos de textos que reflejan la multiplicidad de los fenómenos lingüísticos, se ha llegado a la conclusión de que en el pasado los textos literarios, muy importantes, por cierto, han tenido un peso excesivo en cuanto a su aprovechamiento como fuente lexicográfica, frente a otras fuentes, por ejemplo periódicos, revistas, catálogos, etc.

---

[50] Estas «etiquetas» se han criticado mucho por ser imprecisas y muy subjetivas; se ha propuesto *subestándar I* para lo que es típico de un lenguaje oral informal, pero no grosero, y *subestándar II* para lo que tiene serias restricciones en cuanto a su uso fuera de la intimidad de la familia o la conversación con amigos, por ser ya claramente grosero. Sobre las marcas *familiar* y *popular*, véase Messelaar 1988.

7. Una clara distinción entre *diacronía* y *sincronía*, es decir, por un lado, *diccionarios etimológicos, históricos y cronológicos* y, por otro, *diccionarios sincrónicos* que pueden describir el léxico de una fase anterior de la evolución de la lengua (por ejemplo, el léxico del siglo XVIII), pero, en la mayoría de los casos, serán diccionarios del español actual.

8. Una clara distinción entre *diccionarios normativos*, que dicen lo que se puede considerar en el uso como conforme a la norma y *diccionarios descriptivos*, que reflejan la realidad de la lengua con sus barbarismos, extranjerismos, palabras malsonantes, etc.

9. Cuando un diccionario no es muy voluminoso, es preferible que no pretenda cumplir demasiadas funciones a la vez: etimología, pronunciación, arcaísmos, regionalismos, régimen y construcción, tecnicismos, sinónimos y antónimos, etc. Por eso se da hoy una clara preferencia a los *diccionarios unifuncionales* o con pocas funciones compatibles entre sí, como ocurre en los diccionarios de aprendizaje y los diccionarios del español como lengua extranjera, etc.

10. En un diccionario para el público general, es muy importante la indicación de los *usos contextuales* de las palabras: régimen y construcción, valencias verbales, colocaciones, modismos, restricciones de uso. Los trabajos teóricos de la lingüística moderna, especialmente sobre valencias verbales, colocaciones y fraseologismos, son una buena base para la introducción o ampliación de indicaciones sobre el uso contextual de las palabras en los diccionarios. En la práctica lexicográfica, los «learner's dictionaries» ingleses, seguidos pronto de diccionarios análogos para el francés, sirvieron de modelo para que se tenga en cuenta, en los diccionarios, el uso contextual de las palabras.

11. *Uniformidad absoluta de la descripción lexicográfica*, imprescindible también debido al uso del ordenador en la lexicografía. Siguiendo el ejemplo de la lexicografía inglesa, se puede subsanar el carácter esquemático de la descripción mediante *usage notes* (observaciones) en las que se explica todo lo que no ha podido tener cabida en la descripción semántica o definición, debido al formalismo de ésta[51].

12. *Incorporación de voces y locuciones tabúes*: Hasta ahora, los diccionarios generales españoles han sido demasiado pudibundos y han registrado muy pocas palabras que se refieren generalmente al metabolismo y a órganos y funciones sexuales. No se trata de hacer pornografía lingüística ni de introducir estas palabras tan frecuentes en boca de los hispanohablantes en diccionarios normativos o escolares, pero un buen diccionario general descriptivo debería registrarlos: *a)* porque son de uso frecuente; *b)* porque existe una fraseología muy rica formada con estas palabras y también hay muchas palabras derivadas de ellas que no se pueden explicar sin registrar también como lema el tabú al que se refieren; *c)* para evitar los tabúes, se usa una serie de eufemismos que

---

[51] Por ejemplo restricciones de uso: palabras aplicadas sólo a personas o animales, adjetivo sólo atributivo o predicativo, adverbios y adjetivos usados sólo en forma negativa, palabras usadas generalmente en plural, voz usada de persona de rango inferior a otra de rango superior, etc.

ca

Cargo cualquier peſo.onus.eris.pondus
Cargada coſa aſſi.oneroſus.ponderoſus.
Cargada coſa eneſta manera.grauis.e.
Cargar deſta manera. onero.as. premo.is.
Carga de ſarcia.ſarcina.ę.
Cargar de ſarcia. ſarcino.as.aui.
Caria region de aſia. caria.ę.
Caridad amor oneſto.charitas.atis.
Caridad miſericordia.miſericordia.ę.
Caritativo miſericordioſo.miſericors.dis.
Caridad lo que aſſi ſe da.elemoſina.ę.
Carixa ciudad fue cerca de arcos.cariſſa.ę.
Carlos nombre de varon.carolus.i.
Carmenar lana o lino.carmino.as.
Carmenador. carminator.oris.
Carmenadura.carminatio.onis.
Carmeſi.purpura.ę.murex.icis.
Carmona villa del andaluzia.carmonia.
Carmones coſa de alli.carmonienſis.e.
Carnaval o carnes tollẽdas.carnis priuiũ.no
Carnaval en griego eſte meſmo. apocreos.i.
Carnal coſa de carne.carneus.a.um.
Carnal coſa no eſpiritual. carnalis.e.
Carnalidad deſta manera. carnalitas.atis.
Carne de animal muerto. caro.carnis.
Carne enel animal que biue. corpus.oris.
Carne de animal fiero.ferina.ę.
Carne de buei o vaca. bouina.ę.
Carne de cordero.agnina.ę.
Carne de oveja.ouilla.ę.
Carne de carnero.arietina.ę.
Carne de cabron.hircina.ę.
Carne de puerco.ſuilla.ę.
Carne de javali. aprugna.ę.
Carne ſin ueſſo.pulpa.ę.oſſa.ę.
Carne eneſta manera.pulpamentum.i.
Carne poca o pequeña.caruncula.ę.
Carnero para caſta.aries admiſſarius.
Carnero cojudo.aries coleatus.
Carnero para comer. ueruex.ecis.aries.etis.
Carnero la meſma carne. arietina.ę.
Carnero donde ſe guarda la carne.carnarium
Carnero dõde echan los ueſſos. xerolophũ.i.
Carne de membrillo.cydonites.ę.
Carnicero que vende la carne.lanius.ij.
Carnicero aqueſte meſmo.lanio.onis.
Carniceria lugar do ſe vende.macellum.i.
Carniceria eſte lugar.forum boarium.
Carniceria eſte meſma.carnarium.ij.
Carnicero coſa cruel.carnifex.icis.
Carnicera coſa cruel. carnificus.a.um.
Carniceria lugar do atormetan.carnificina.ę.
Carnicol de animal grande.talus.i.
Carnicol de animal pequeño.taxillus.i.
Carnicol en griego.aſtragalus.i.
Carnoſo o carnudo.corpulentus.a.um.
Carpe arbol ⁊ madera peregrina. carpinus.i.
Carpintero. faber tignarius. faber lignarius.
Carpintero de carros.carpentarius.ij.
Carpintero de carretas.carrucarius.ij.
Carpintero de arcas.arcarius.ij.
Carpintero de madera precioſa. abietari9.ij.
Carpintero de edificios.archítectus.i.
Carpinteria de aqueſte.archítectonica.ę.
Carpinteria de buena madera.abietaria.ę.
Carpiteria como quiera.ars lignaria.tignaria
Carpinteria aſſi.ars materiaria.
Carpintear.dolo.as. dedolo.as.
Carraſco arbol de bellotas.ilex.icis.
Carraſcal lugar deſtos arboles.ilicetum.i.
Carrança. hamus milli.murex milli.
Carrera o corrida.curſus.us.fuga.ę.
Carrera pequeña.curriculum.i.
Carrera do corren cavallos.hippodromus.i.
Carreta.carrus.i.carruca.ę.plauſtrum.i.
Carreton pequeña carreta.ploſtellum.i.
Carretero.carrucarius. plauſtrarius.ij.
Carril de carreta.orbita.ę.
Carrillo como rodaja.uertebra.ę.
Carrillo de cara hinchado.bucca.ę.
Carrilludo hinchado aſſi. bucco.onis.
Carrizo eſpecie de caña. carex.icis.
Carrizal lugar de carrizos.carectum.i.
Carro para llevar cargos. carrus.i.carrum.i.
Carro deſta manera. uehiculum.i.uectabulum
Carro deſta manera. plauſtrum.carruca.
Carro para pelear o correr. currus.us.
Carro pequeño aſſi.curriculum.i.
Carro con hoces para pelear. currus falcatus
Carro de dos cavallos.bigę.arum.
Carro de cuatro cavallos.quadrigę.arum.
Carro delos dioſes.thenſa.ę.
Carro como andas. rheda.ę. epirhedium.ij.
Carro deſta manera. carpentum.i.couinum.
Carro deſta manara. eſſedum.i.petoritum.i.
Carta por una hoja. charta.ę.pagina.ę.

Vocabulario español-latino de Elio Antonio de Nebrija. Ed. facsímil. Real Academia Española. Madrid, 1989.

no se entienden ni se pueden explicar sin referirse al tabú al que sustituyen, de modo que existe una relación de dependencia recíproca entre la palabra tabú y el eufemismo (por ej. *caray, caramba, canastas, caracho, caracoles* para evitar el tabú del español peninsular *carajo*); *d)* porque las interdicciones cambian mucho entre diversas áreas del mundo hispánico; por ejemplo, palabras inofensivas en el español peninsular pueden estar prohibidas en determinadas áreas del español de América (por ejemplo *bicho, pico, concha, coger, papaya, chile*) o al revés (*joder* tiene en Colombia sólo el sentido de 'molestar', 'fastidiar', 'jorobar' con un matiz popular, pero no el significado primitivo del español peninsular; *coños* es en Chile una designación no insultante de los españoles, etc).

13. Una de las aportaciones más relevantes de la lingüística moderna a la lexicografía han sido y son los *resultados de la semántica moderna*, especialmente para el análisis del significado de las palabras y su descripción lexicográfica. Para el español son importantes los trabajos de Ramón Trujillo y Gregorio Salvador (ver la bibliografía).

2.4.4. La metalexicografía en el mundo hispánico

¿Qué ocurrió en los países de habla española? En éstos hubo también precursores de la metalexicografía moderna, como por ejemplo el gran filólogo colombiano Rufino José Cuervo, que no sólo inició la elaboración de su famoso *Diccionario de construcción y régimen*[52], sino que escribió también un trabajo muy crítico sobre el *Diccionario de la Real Academia Española*[53]. A su vez, el filólogo chileno-alemán Rodolfo Lenz, autor de un diccionario de indigenismos del español de Chile[54], escribió comentarios metalexicográficos.

En España, el gran maestro de la filología española del siglo XX, Ramón Menéndez Pidal, escribió un artículo sobre «el diccionario ideal»[55]. Otros autores españoles e hispanoamericanos que se dedicaron a la lexicografía teórica

---

[52] Véase cap. 3.3.1.1.

[53] Rufino José Cuervo: «Observaciones sobre el Diccionario de la Real Academia Española, undécima edición, año de 1869»; en: *Anuario de la Academia Colombiana*, t. I, 1874, Bogotá, págs. 270-284, reproducido en: *Rufino José Cuervo. Obras. Segunda edición*. Tomo III. Instituto Caro y Cuervo, Bogotá, 1987, págs. 58-84.

[54] Rodolfo Lenz: *Diccionario etimológico de las voces chilenas derivadas de voces indígenas americanas*. 2 vols. Santiago de Chile (1904-1910). Ed. moderna. Santiago s.a. [1979].

[55] Ramón Menéndez Pidal: «El diccionario que deseamos». Prólogo a: *Diccionario general ilustrado de la lengua española VOX*, 1ª ed. Barcelona 1945 (y en todas las demás ediciones hasta la de 1987). No figura, en cambio, en una variante de este diccionario: *Diccionario actual de la lengua española VOX*, 1ª ed. Barcelona 1990; este texto fue reproducido bajo el título «El diccionario ideal», en R. Menéndez Pidal: *Estudios de lingüística*, Col. Austral, núm 1312, Madrid 1961, 2ª ed. 1970, págs. 93-147. - Véase también: Gregorio Salvador: «Don Ramón Menéndez Pidal y el Diccionario», en: *Boletín de la Real Academia Española*, t. LXVIII, cuaderno CCXLV, Madrid 1988, págs. 369-373 y Manuel Seco: «Menéndez Pidal y el Diccionario manual de la Academia»; en: *Sin fronteras. Homenaje a María Josefa Canellada*, ed. por B. Pallares, P. Peira y J. Sánchez Lobato. Madrid 1994, págs. 539-546.

fueron el gran lexicógrafo español Julio Casares[56], el académico español Samuel Gili Gaya[57], el lexicógrafo colombiano Fernando Antonio Martínez[58] , Tomás Navarro Tomás[59] y Rafael Lapesa: *Léxico e historia II. Diccionarios*. Madrid. Istmo 1992 (contiene trabajos de 1953 a 1981).

Algunos autores, ya de otra generación, marcan la transición a la metalexicografía moderna, como Manuel Alvar López con su artículo «La Lexicografía», en: *Enciclopedia de la Cultura Española*, t. 4, Madrid 1963, págs. 38-40 y Fernando Lázaro Carreter con varias publicaciones (véase la bibliografía, capítulo 6). Ambos autores han seguido publicando trabajos sobre lexicografía española.

La metalexicografía propiamente dicha se inició en España en los años setenta con las primeras publicaciones de los autores siguientes: Manuel Seco (1971)[60], Julio Fernández-Sevilla (1974)[61], Manuel Alvar Ezquerra (1976)[62], Germán Colón (1979) y Alvaro Porto-Dapena (1980)[63]. Como ya se señaló, apareció en 1982 el primer manual extenso de lexicografía en lengua española[64]. Después siguieron las publicaciones de otros autores como Enrique Fontanillo[60], Humberto Hernández[60], Ignacio Ahumada Lara[60], Teresa Cabré[60], Emilia Anglada[60] y Leocadio Martín Mingorance[60].

Hoy existen en España varios centros donde se cultiva la lexicografía: el Seminario de Lexicografía de la Real Academia Española fundado en 1946, transformado en Instituto de Lexicografía en 1995, la Cátedra de Manuel Alvar Ezquerra en la Universidad de Málaga (de ésta ya han salido varios discípulos), la Universidad de La Laguna (Tenerife) (donde Humberto Hernández se dedica

---

56 Julio Casares: *Introducción a la lexicografía moderna*. Anejo LII de la Revista de Filología Española. 1ª ed. Madrid 1950, 2ª ed. 1969, última 1989; id.: *Novedades en el Diccionario académico. La Academia Española trabaja*. Madrid 1963; 2ª ed. 1965; id.: «Nuevo concepto del diccionario de la lengua y otros problemas de lexicografía y gramática»; en: *Boletín de la Real Academia Española. XXVIII*, 1948, págs. 7-25 y 177-244; id.: «¿Qué es lo 'moderno' en lexicografía?»; en: *Boletín de la Real Academia Española. XXXI*, 1951, págs. 7-21.

57 Samuel Gili Gaya: *Tesoro lexicográfico (1492-1726)*. 1er fasc. Madrid 1947, tomo I completo 1960 (va de la «A» a la «E», no continuado); id.: «La lexicografía académica del siglo XVIII»; en: *Cuadernos de la Cátedra Feijóo*, Núm. 14, Oviedo 1963; id.: «Siesso de Bolea como lexicógrafo»; en: *Archivo de Filología Aragonesa* 3, 1950, págs. 253-258. Hay que destacar que Gili Gaya inició el *Diccionario general ilustrado de la lengua española VOX*. Ver nota 31, pág. 57.

58 Fernando Antonio Martínez: «Lexicography»; en: *Ibero-American and Caribbean Linguistics (Current Trends in Linguistics*, ed. por Th. A. Sebeok, vol. IV), La Haya-París 1968, págs. 84-105; id.: «Contribución a una teoría de la lexicografía española»; en: *Boletín del Instituto Caro y Cuervo III*, 1947, págs. 60-116.

59 Tomás Navarro Tomás: «Metodología lexicográfica del español hablado»; en: *Noticias culturales* 103, Bogotá 1969, págs. 1-8. Este artículo fue publicado primero en la *Revista Interamericana de Bibliografía*, vol. XVIII, págs. 375-386.

60 Véanse los títulos de las distintas publicaciones de este autor en la bibliografía, capítulo 6.

61 Julio Fernández-Sevilla: *Problemas de lexicografía actual*. Publicaciones del Instituto Caro y Cuervo, Series minor XIX. Bogotá 1974, verdadera obra de un pionero de la metalexicografía española. Véase también: Ignacio Ahumada Lara:«J. Fernández-Sevilla y la lexicografía teórica española», en: *Diccionarios españoles 1992*, págs. 15-33.

62 Ver la bibliografía para las numerosas publicaciones de M. Alvar Ezquerra.

63 Porto-Dapena 1980.

64 Haensch 1982 a. Esta obra se elaboró en la Universidad de Augsburgo.

especialmente al estudio de los diccionarios infantiles, escolares y de aprendizaje, pero también a otros temas lexicográficos), la Universidad Central de Barcelona donde Emilia Anglada Arboix está llevando a cabo un proyecto metalexicográfico[65], y la Universidad Pompeu Fabra (Barcelona), a la que se deben importantes trabajos lexicográficos y metalexicográficos (especialmente a Teresa Cabré), que si bien están dedicados sobre todo al catalán, son de interés para la lexicografía general, y, también para la del español. Sólo de paso queremos mencionar que hay varios proyectos lexicográficos importantes en vías de realización para el catalán, vasco y gallego. El Departatamento de Filoloxia Española e Latina, de la Universidad de La Coruña publicó en 1994-95 el primer número de la *Revista de Lexicografía* bajo la dirección de Juan Gutiérrez Cuadrado. Sobre la Universidad de Tarragona, ver pág. 292.

2.4.5. La metalexicografía actual en otros países

Así pues, la metalexicografía española está en pleno desarrollo. Para ésta es muy importante estar al tanto de las actividades y de las publicaciones metalexicográficas de otros países donde existen centros de lexicografía y metalexicografía, que en varios casos se han formado en torno a una gran proyecto lexicográfico, como ocurrió con las publicaciones de Luis F. Lara[66] y de sus colaboradores en relación con el proyecto del *Diccionario del Español de México* (DEM); en Chile, con los trabajos de Félix Morales Pettorino, autor del *Diccionario ejemplificado de chilenismos*[67] y con las publicaciones que aparecieron en Caracas en torno a los dos diccionarios de venezolanismos[68]. Otros centros son el Dictionary Research Centre de la Universidad de Exeter, Inglaterra (desde 1984), y la Universidad de Augsburgo (desde 1982)[69].

Entre las revistas que interesan a los lexicógrafos se pueden citar, entre otras: el boletín *Euralex* (Universidad de Exeter, Inglaterra); *Lexicographica*, el anua-

---

[65] Véase Anglada 1991.

[66] Ver las publicaciones de L. F. Lara en la bibliografía, capítulo 6.

[67] Félix Morales Pettorino/Oscar Quiroz Mejías/Juan Peña Álvarez: *Diccionario ejemplificado de chilenismos*. 4 tomos, Valparaíso, 1984-1987. Sobre este diccionario véase: Félix Morales Pettorino/Oscar Quiroz Mejías: *Diccionario ejemplificado de chilenismos [...] Estudio preliminar*. Santiago de Chile 1983.

[68] Se trata de: Mª Josefina Tejera (coord.): *Diccionario de venezolanismos*, 1ª ed. (un solo tomo) 1983; ed. completa, 3 tomos, Universidad Central de Venezuela, Caracas 1993; y de: Rocío Núñez/Francisco Javier Pérez: *Diccionario del habla actual de Venezuela*. Universidad Católica Andrés Bello, Caracas 1994. Ver, entre otras publicaciones: Rocío Núñez: «Diccionario del habla actual de Venezuela», en: *Boletín Universitario de Letras*. vol. I, Caracas 1993, págs. 335-341; Francisco Javier Pérez: «Cinco siglos de lexicografía del español de Venezuela», en: *Montalbán*, núm. 24, Caracas 1993; id.: *Situación actual de la lexicografía del español en Venezuela*. 1989; María Josefina Tejera: «Los testimonios como elementos básicos del Diccionario de venezolanismos», en: *Thesaurus*, Bogotá XVII, 1987, págs. 401-409; id.: «Rosenblat y una historia de diccionario», en: *Cultura Universitaria*, núm. 109, 1988, págs. 43-46.

[69] Ver sobre el «Proyecto de Augsburgo», págs. 227-229.

rio de lexicografía publicado por la editorial Niemeyer (Tubinga, Alemania), con una excelente bibliografía de publicaciones lexicográficas y metalexicográficas. Esta editorial publica como anejos a *Lexicographica* valiosas monografías (en alemán, francés, inglés, algunas también en español); la revista *Lebende Sprachen* (Berlín y Munich), que publica artículos sobre temas lexicográficos, así como glosarios especializados y listas de neologismos (español-alemán); el importante boletín *Terminologie et Traduction* de la Unión Europea; la revista francesa *La banque des mots* (París) y las revistas belgas *Le Langage et l'Homme* (Bruselas) y *Terminologies nouvelles* (Bruselas) que publican artículos sobre temas metalexicográficos así como glosarios. Un lugar especial entre las publicaciones periódicas sobre lexicografía ocupan la revista *Dictionaries. Journal of the Dictionary Society of North America*, Indiana (E.E.U.U.), el *International Journal of Lexicography* (Oxford University Press) y los *Cahiers de Lexicologie. Revue Internationale de Lexicologie et Lexicographie.* ed. por Bernard Quemada (Universidad de Besançon), publ. por Didier, París.

Es de esperar que los estudios metalexicográficos influyan positivamente en la metodología de los diccionarios que se irán elaborando de ahora en adelante puesto que —por lo menos en cuanto a ciertos tipos de diccionarios y aspectos formales de la descripción lexicográfica— la lexicografía española, que se ha movido demasiado tiempo, en muchos casos sin profundos cambios desde el siglo XIX, en cómodos cauces rutinarios, necesita urgentemente una renovación metodológica, especialmente en cuanto al diccionario general definitorio y a los diccionarios generales bilingües.

2.5. ALGUNAS NOCIONES BÁSICAS DE LA LEXICOGRAFÍA

Como se señaló ya en el *Prólogo*, es necesario explicar al lector algunas nociones básicas de lexicografía para que pueda entender mejor lo expuesto en el capítulo 3.[70]

2.5.1. La unidad léxica

En los diccionarios no se registran sólo *palabras aisladas* (voces, vocablos) como *ojo, televisión, para,* sino también *unidades léxicas* más amplias o *macrounidades.* La *unidad léxica* corresponde a una *unidad conceptual.* La unidad léxica *en un abrir y cerrar de ojos* se compone de siete palabras (en sentido tradicional), pero es una sola unidad léxica que significa 'en un instante'. Las palabras como *ojo, televisión* son *unidades léxicas univerbales,* pero hay

---

[70] Los términos lexicográficos que no se tratan en este subcapítulo serán explicados cuando aparezcan por primera vez.

muchísimas *unidades pluriverbales* (o: plurimembres) como son sintagmas nominales como *esquí de fondo* y *planta incineradora de basuras*, locuciones adverbiales como *a la buena de Dios*, modismos como *marear la perdiz*. La unidad léxica pluriverbal está fijada por el uso, la combinación de las palabras que la componen está *lexicalizada*, es decir fija. El término jurídico *legítima defensa* (que se considera excusa absolutoria en Derecho penal) no se puede sustituir por *defensa legítima*, que es una combinación posible, pero no lexicalizada y tiene otro sentido, por ejemplo *la defensa legítima de los intereses de los agricultores*... Por tanto, hablaremos en los capítulos que siguen preferentemente de *unidades léxicas* y de *palabras* sólo cuando se trate de unidades léxicas univerbales.

2.5.2. Las colocaciones

Existen combinaciones habituales de palabras fijadas por el uso que en lingüística se llaman *colocaciones*, por ej. la palabra *aplauso* se combina frecuentemente con adjetivos como *frenético, delirante, atronador, cálido, caluroso, prolongado, interminable, espontáneo, entusiástico, rabioso, ruidoso, convencional, débil, tibio*, etc[71]. Un *pasaporte se solicita, se extiende, se entrega, se prorroga, se retira, se anula, se presenta, caduca*, etc. Contrariamente a lo que ocurre con los modismos, la colocación es transparente.

Los diccionarios generales deberían tener en cuenta, mucho más que hasta ahora, las *unidades pluriverbales* y las *colocaciones*, aunque haya que sacrificar palabras aisladas (unidades univerbales) menos usuales.

2.5.3. Macroestructura y microestructura de los diccionarios

Los diccionarios tienen una *macroestructura* y una *microestructura*. La *macroestructura* es la ordenación del conjunto de los materiales que forman el *cuerpo* de un diccionario (por ej. orden alfabético u orden sistemático), conjuntamente con el *prólogo* o *prefacio*, a veces una *introducción fonética y gramatical*, las *instrucciones para el usuario* y los posibles *anexos* (glosarios de nombres geográficos, listas de abreviaturas y siglas, glosarios de nombres de pila, etc.).

El cuerpo del diccionario se divide en *artículos* o *entradas*, que son su más pequeña unidad autónoma dedicada a cada una de las unidades léxicas registradas. Según el tipo de diccionario del que se trata, su extensión puede variar desde una sola línea hasta un párrafo largo. Ejemplo de una entrada (tomada del *Diccionario didáctico de español intermedio*, Ediciones sm, Madrid 1973): «**Leguleyo,ya** s. Persona que se ocupa de cuestiones legales sin tener el conoci-

---

71 He tomado estos ejemplos de Werner Beinhauer: *Stilistisch-phraseologisches Wörterbuch Spanisch-Deutsch*. Max Hueber Verlag, Munich 1978.

miento o la especialización suficientes: *Busca un buen abogado que te aconseje y no hagas caso de leguleyos y aficionados.* | *Su uso tiene un matiz despectivo*»

La entrada va encabezada por el *lema* (palabra-clave, voz-guía), es decir la unidad léxica que es objeto de descripción. En nuestro ejemplo, **leguleyo,ya** es el lema (que suele ir en letra negrita para resaltar sobre el resto del artículo). De paso hay que mencionar que algunos autores usan el término *lema* como sinónimo de 'artículo'[72].

La *lematización* es el sistema o principio según el cual una unidad léxica se convierte en lema de un artículo. Los problemas de lematización más frecuentes son:

a) ¿Cómo lematizar las unidades pluriverbales, especialmente los modismos y las frases hechas? Por ejemplo, *poner entre la espada y la pared* se podría lematizar teóricamente por *poner*, *espada* o *pared*. Lo normal sería, en este caso, lematizar por el primer sustantivo. En las instrucciones para el usuario se debe señalar claramente qué sistema de lematización se ha adoptado.

b) *Homonimia y polisemia*. La palabra *junco* (m) tiene dos acepciones: a) 'planta con tallos largos que abunda en lugares húmedos' (y 'tallo de esta planta'); b) 'embarcación utilizada en el sudeste asiático'. Son dos palabras homónimas, es decir, formalmente idénticas (grafía y pronunciación), pero de origen diferente[73]. El nombre de la planta viene del latín *juncus*, el de la embarcación es de origen chino. Si se parte de la etimología y del hecho de que dos palabras de origen diferente coinciden en su grafía y pronunciación (homonimia), se pueden poner dos lemas:

junco[1] planta...

junco[2] embarcación...

Si se considera que **junco** *m* es una palabra polisémica, es decir que tiene varias acepciones[74], se pone un solo lema que, en este caso, tiene dos acepciones que se definen en la misma entrada, generalmente separadas por cifras arábigas:

junco *m* **1**. planta...; **2**. embarcación...

Para ganar espacio, se reúne a veces una serie de unidades léxicas formalmente parecidas, en un bloque, en el que éstas aparecen, después del

---

[72] Sobre el problema del lema y de la lematización, véase Werner 1982 d, De Kock 1987 y Wolski 1989.

[73] Véase Cifuentes 1990.

[74] Humberto Hernández define el termino *acepción* así: «Acepción es cada uno de los sentidos realizados de un significado, aceptado y reconocido por el uso, que en el diccionario aparece verbalizado por medio de la definición lexicográfica»: Sobre el concepto de acepción, «revisiones y propuestas»; en: *Voz y Letra. Revista de Filología*. II/1, 1991, págs. 127-141. Sobre la delimitación de homonimia y polisemia véase Bergmann 1973 y Messelaar 1985.

lema que las encabeza, como subentradas (generalmente el lema de éstas va también en letra negrita). Este sistema se aplica con cierta frecuencia en los diccionarios bilingües. La tilde reemplaza entonces la palabra-clave o la parte de ésta que todas las subentradas tienen en común.

Ejemplo:

> **basta | nte** *adj* ausreichend, genügend; *adv* genug, ziemlich; **~r** *vi* ausreichen, genügen, langen; **¡~!** genug!, jetzt reicht's!; **~rse** s. selbst genügen, s. selbst zu helfen wissen.
> (Tomado de G. Haensch et alii: *Diccionario moderno Herder español-alemán*. Barcelona 1995)

La *microestructura*[75] de un diccionario es la ordenación de todos los elementos que componen un artículo. Estos son o pueden ser, según el tipo de diccionario del que se trata:

- enunciado del lema
- indicaciones sobre la pronunciación
- indicación de variantes gráficas
- indicaciones morfológicas (declinación de sustantivos, conjugación de verbos, formación del plural, formación de la forma femenina de los sustantivos, formación del comparativo y superlativo de los adjetivos)
- indicación de la categoría gramatical (sustantivo, verbo etc.)
- indicación del género gramatical
- diferentes clases de marcas que sirven para delimitar el uso de las unidades léxicas:

a) *marcas geográficas* que señalan en qué países o áreas geográficas se usa una unidad léxica o una acepción de ella, por ej. *Aragón* o *Chile*.
b) *marcas de especialidad* que señalan que la unidad léxica tratada o una acepción de ella pertenece a una determinada especialidad o campo, por ej. *medicina, agricultura, fútbol*, etc.
c) *marcas estilísticas*. Gran parte de las unidades léxicas que usamos pertenecen al *nivel estándar*, es decir no tienen ninguna marcación ni estilística ni cronológica (arcaísmo o neologismo) ni geográfica. Estas palabras aparecen en los diccionarios sin marca, por ejemplo: *ojo, llorar, después*. Otras unidades léxicas pueden llevar marcas como *literario, coloquial, vulgar* (o tabú), *formal, burocrático, irónico, despectivo, eufemismo, lenguaje infantil, jerga juvenil*, etc.
d) *marcas cronológicas* que especifican si la unidad léxica descrita es *arcaica* (obsoleta), *obsolescente*, es decir cayendo en desuso, especialmente entre los hablantes de las generaciones jóvenes, o un *neologismo*

---

[75] Sobre la microestructura véase Wiegand 1989 a y 1989 b.

(especialmente cuando aún no se sabe todavía si éste será integrado en el léxico de la lengua o sustituido por otra unidad léxica).

Después de todas estas indicaciones que sirven para la «acotación» de las unidades léxicas, aparecen según el diccionario en cuestión, una *definición*[76] o, en el caso de diccionarios multilingües, *equivalentes* en una o varias otras lenguas.

Otras indicaciones posibles son:

- construcción y régimen de sustantivos, adjetivos y verbos
- colocaciones frecuentes (ver 2.5.2.)
- locuciones y modismos
- sinónimos y antónimos
- ejemplos de aplicación
- la etimología
- una observación sobre restricciones de uso

2.6. AMPLIACIÓN DE LA INFORMACIÓN SOBRE LEXICOGRAFÍA

Remitimos a los lectores que desean obtener más información sobre la lexicografía en general (y su terminología) a las obras siguientes: *en español*: Ahumada 1989; Alvar Ezquerra 1980, 1982 b, 1983 b, 1993 a, 1995; Anglada 1994; *Aspectos lexicogr. 1994*; Casares 1950; Fernández-Sevilla 1983; Haensch et alii: *La Lexicografía* 1982 a; Haensch 1982 b; Hernández 1994; Martínez de Sousa 1995; Porto-Dapena 1980; Rey 1988; Seco 1979 b, 1987; *en catalán*: *Lexicografia. Caplletra 17. Revista Internacional de Filologia.* Volum monogràfic coordinat per M. Teresa Cabré. Barcelona 1994 (trata temas de lexicografía general y de lexicografía catalana); *en inglés*: Al 1983 b; Chapman 1948; Hartmann 1983; Householder 1967; Landau 1984; Quemada 1972; Svensén 1993 y Zgusta 1971 y 1980; *en francés*: Collignon 1978; Dubois 1971; Rey 1988; *en italiano*: Migliorini 1951; Massariello 1983; *en neerlandés*: Geeraerts 1984; *en alemán*: Götz/ Herbst 1984; Haensch 1982 a; Schaeder 1981; Voigt 1981. Desde 1995 disponemos de un *diccionario de lexicografía*[77].

---

[76] Sobre la definición véanse entre muchos trabajos generales: Bosque 1982, Mederos 1994, Pottier 1965, Rey-Debove 1967 y Werner 1982 a así como los subcapítulos 3.4.1. y 3.4.1.2.

[77] José Martínez de Sousa: *Diccionario de lexicografía práctica. VOX.* Biblograf. Barcelona 1995. El autor de esta obra, a la vez enciclopédica y lingüística, ha reunido una cantidad impresionante de informaciones sobre lexicógrafos, metalexicógrafos y diccionarios. Su experiencia como colaborador de editoriales, coautor y autor de obras lexicográficas se refleja en los artículos que tienen que ver con los aspectos prácticos de la elaboración y publicación de diccionarios. Sus valoraciones de los distintos diccionarios son, por lo general, muy acertadas. Hay que desearle a este diccionario ya muy útil en su forma actual por su riqueza de datos una nueva edición.

2.7. BIBLIOGRAFÍAS

Hay noticias sobre nuevos diccionarios y sobre trabajos metalexicográficos en las revistas mencionadas (en las págs. 36-37). Para diccionarios de otras épocas son muy fiables las bibliografías de *Viñaza 1893* y *Serís 1964*. En la bibliografía de diccionarios de *Fabbri 1979* faltan muchas obras lexicográficas y abundan los errores y repeticiones, por eso hay que usarla con cautela. Para las obras lexicográficas anteriores a 1600 disponemos ahora de una excelente bibliografía: *Niederehe 1995*. Algunos diccionarios anteriores a 1960 se reseñan en *Rohlfs 1957*. Una bibliografía que reúne diccionarios de más de 500 lenguas y dialectos del mundo entero (con breves caracterizaciones de cada obra) es la de *Zaunmüller 1958*. En la obra de *Bialik 1973* se comentan también diccionarios, si bien sus observaciones no son siempre satisfactorias. Más útil es *Alvar Ezquerra 1982 a* que describe tanto publicaciones metalexicográficas como diccionarios (aunque su crítica sobre algunos de estos diccionarios, especialmente la que se refiere al diccionario académico, es muy discreta). El Instituto Nacional de Libro Español (INLE), Madrid, publicó en 1980 una bibliografía con el título *Diccionarios españoles*, de la que no existe desgraciadamente ninguna edición actualizada. La Librería Herder (C. Balmes 26, 08007 Barcelona) publica cada dos o tres años un catálogo de diccionarios útil por su actualidad: *Herder informa. Diccionarios de idiomas* (última ed. mayo de 1996). La mejor bibliografía reciente de publicaciones metalexicográficas es, en mi opinión, la de *Zgusta 1988* (con resúmenes de las obras citadas), claro está que hay que completarla, en lo que se refiere a los últimos años y a los venideros, con las informaciones bibliográficas anuales de *Lexicographica*.

Una bibliografía de bibliografías de diccionarios es: Margaret Cop: *Babel unravelled. An annotated world bibliography of dictionary bibliographies*. 1658-1988. Max Niemeyer. Tubinga 1990.

3. LOS DISTINTOS TIPOS DE DICCIONARIOS

Observación preliminar

En este capítulo, que constituye la parte principal del presente libro, se caracterizan y se comentan los diferentes tipos de obras lexicográficas del español. Se dan ejemplos de cada tipo de diccionario, si los hay, para el español, en caso contrario, se ofrecen ejemplos de diccionarios de otras lenguas.

Para la elaboración de este libro disponía tan sólo de pocos meses para completar y actualizar la información recogida en 1991 con ocasión de la ponencia que presenté en el Encuentro Internacional de Hispanistas de Sevilla. Por eso es posible que, pese a la información que me han facilitado mis colegas, falten algunos diccionarios nuevos o nuevas ediciones de otros ya publicados, de los que no tuve conocimiento. Mi tarea se hizo más difícil por una práctica censurable de algunas casas editoriales que consiste en publicar diccionarios «nuevos» que son, en realidad, nuevas ediciones (unas veces corregidas, ampliadas o reelaboradas, otras veces no) de ediciones anteriores de la misma obra, si bien aparecen con un título nuevo o bajo el nombre de otro autor o coordinador. Para dilucidar todas estas filiaciones genealógicas, tarea casi detectivesca, por cierto interesante y necesaria en el marco de la lexicografía española, se hubiera necesitado más tiempo.

De cualquier forma es, a todas luces, imposible ofrecer en un libro como éste un repertorio exhaustivo de los diccionarios del español. Se trata más bien de dar ejemplos[1].

En este capítulo menciono también algunos tipos de diccionarios que existen ya para otras lenguas, pero no para el español, con el ánimo de despertar en algún autor o editor la idea de publicar una obra de este carácter dedicada a la lengua de Cervantes.

---

[1] Señalemos de paso que existen tan sólo para el español de América más de 2.500 obras lexicográficas (diccionarios, vocabularios, glosarios, terminologías científicas y tecnológicas) y que el número de los diccionarios y glosarios de términos técnicos y científicos plurilingües, en los que una de las lenguas tenidas en cuenta es el español, sea como lengua de partida, sea como lengua meta, es hoy en día inmenso y difícilmente abarcable.

Con todo, espero haber reunido, en beneficio de los usuarios españoles e hispanoamericanos, un conjunto de informaciones que les permita conocer, o conocer mejor, el mundo de la lexicografía hispánica y sacar provecho de los diccionarios disponibles.

El gran número de obras lexicográficas citadas en este libro, y el reducido espacio del que dispongo para referirme a ellos, no me permiten comentar cada una de estas obras como lo hace, por ejemplo, Manuel Alvar Ezquerra en su obra *Lexicología y lexicografía* (Salamanca 1983). No obstante, no quiero dejar de ofrecer ciertas valoraciones de algunas de estas obras lexicográficas cuando destacan más por su calidad, otras por sus deficiencias o simplemente porque su utilidad, si bien es mejorable en algún aspecto, también es digna de ser reconocida.

Como la finalidad de este libro es antes que nada ofrecer al usuario de diccionarios una introducción y orientación prácticas, no se entra en él en discusiones teórico-científicas de problemas lexicográficos. Para aquellos lectores que deseen informarse más detalladamente sobre el estado de las investigaciones lexicográficas y conocer las opiniones de distintos autores metalexicográficos, ofrecemos en las notas a pie de página, una selección de títulos de publicaciones sobre cada uno de los temas tratados. Como la lexicografía y la metalexicografía pueden cumplir su misión tan sólo en el marco de una cooperación internacional, señalamos también publicaciones de autores que escriben en catalán, inglés, francés, italiano, portugués, neerlandés o alemán.

3.1. IMPRECISIÓN EN LAS DENOMINACIONES DE LAS OBRAS LEXICOGRÁFICAS (DICCIONARIO, VOCABULARIO, GLOSARIO, NOMENCLATURA, ETC.)

Las obras lexicográficas publicadas en los siglos XV y XVI (y algunas incluso en el siglo XVII) tenían títulos muy diversos elegidos de manera arbitraria.

Aparecen denominaciones como *porta, introito, janua* (la idea de «puerta», es decir, acceso a otra lengua), *tesoro, vocabulario, vocabulista, gazofilacio, silva, prontuario, compendio, comprehensorium, índice, declaración de vocablos, colección, nomenclátor* y *diccionario.* Este último término acabó imponiéndose para designar obras de consulta lingüística de cierta extensión. *Tesoro,* o en forma latina *Thesaurus,* se aplica hoy en día o debería aplicarse a diccionarios muy completos que registran un caudal léxico inmenso, como, por ejemplo, el *Trésor de la Langue française* publicado bajo la dirección de Paul Imbs y Bernard Quemada (Gallimard, París 1971-1994) o el *Thesaurus linguae latinae* (Leipzig 1900 ss.).

Por *glosario* se entiende hoy 1., como ya se entendía en la Edad Media, un inventario de palabras que figuran, generalmente, como anexo a una obra literaria para explicar aquellas palabras de las que se supone que el lector desconoce el significado; 2. un repertorio o listado, generalmente no muy extenso, de palabras que pertenecen a un subconjunto del léxico, por ejemplo, terminologías técnicas, palabras coloquiales o jergales. El término *glosario* indica, en este caso, que la colección de vocablos en cuestión no pretende ser ni exhaustiva ni sistemática.

Un tipo de diccionarios multilingües muy difundido entre 1420 y 1580, que, en realidad eran meras listas de palabras, sin más indicaciones gramaticales y lexicográficas que sus equivalentes en otras lenguas, se llama *nomenclatura*[2].

En la lexicografía moderna, el término *nomenclatura* se aplica también a un conjunto de términos técnico-científicos sin más indicaciones.

Desgraciadamente existe a veces aún hoy cierta imprecisión en los títulos de las obras lexicográficas. La *Enciclopedia del Idioma* de Martín Alonso (3 tomos, Madrid 1958, 2ª reimpr. 1982) es en realidad un diccionario de la lengua muy extenso, y no una enciclopedia. Ciertas obras se llaman **diccionario** a secas aunque corresponden al tipo de **diccionario enciclopédico**, es decir, que no toda la información que ofrecen es lingüística, por ejemplo *Diccionario Karten Ilustrado*, Buenos Aires 1977 y *Diccionario básico Espasa*, 5 tomos, Madrid 1980.

No existe ningún nombre genérico (hiperónimo) para designar todos los diccionarios, vocabularios, glosarios, nomenclaturas, etc. Se han usado los términos siguientes:

1. *Obras lexicográficas*, término apropiado para diccionarios y vocabularios de cierta extensión, pero no para un glosario de cuatro páginas.
2. *Repertorios o inventarios lexicográficos.*

Estos dos términos son más neutrales porque pueden aplicarse de la misma manera a un glosario de pocas páginas que a un diccionario voluminoso.

Otro problema es que hay diccionarios cuyo título no corresponde a su contenido. Es el caso de Félix Díez Mateo: *Academo: Diccionario español etimológico del siglo* XX (Bilbao, sin fecha, anterior a 1955) que no da etimologías a pesar de su título. ¡Cuántos «diccionarios escolares» se han publicado hasta hoy que son simples reducciones de diccionarios más extensos, muchas veces ya mediocres, y que no tenían ni un sólo rasgo de un verdadero diccionario escolar! (Para más detalles véase 3.3.4.7.).

Para la información del público es de desear que, en el futuro, los títulos de las obras lexicográficas indiquen de manera clara y unívoca cuál es su contenido, qué funciones pretenden cumplir y a qué tipo de usuario van destinadas.

3.2. CLASIFICACIÓN DE LAS OBRAS LEXICOGRÁFICAS

3.2.1. Problemas teóricos y prácticos de clasificación

La clasificación de las obras lexicográficas dedicadas a la lengua española o, si queremos, el establecimiento de su **tipología** plantea una serie de problemas

---

[2] Véase Ayala 1992 y Alvar Ezquerra 1993 b.

3243 **PÉRDICAS**

PERCOIDEO, A adj. •1 Parecido a la perca. •2 m. pl. *Zool.* **pércidos.**

PERCOLAR v. tr. *Geol.* Atravesar las aguas con movimiento lento un material poroso ya saturado.

PERCOLACIÓN f. *Geol.* Acción de percolar.

PERCOLLAR v. tr. •1 **apercollar.** •2 *Amér.* **acaparar, monopolizar.** •3 *Germ.* **hurtar.**—CONJUG. como **almorzar** (modelo núm. 5).

PERCONTAR v. tr. •1 prov. *Ast.* Poner perconteos. •2 v. intr. prov. *Ast.* Servir de perconteo.

PERCONTEO m. prov. *Ast.* **cuento** (pie-derecho o puntal).

PERCOPSIFORMES m. pl. *Zool.* Orden de peces actinopterigios semejantes a los perciformes, de los que se diferencian por tener las aletas ventrales subabdominales con ocho radios. Son propios de aguas dulces.

PERCUCIENTE adj. Que hiere o golpea.

PERCUDIR v. tr. •1 Ajar la tez o el lustre de las cosas. •2 Penetrar la suciedad en alguna cosa.

PERCUSIO, A adj. *Amér.* **sucio, insignificante.**

PERCUSIÓN f. •1 Acción y efecto de percutir o golpear. •2 *Med.* Método de exploración clínica, consistente en golpear las paredes de una cavidad del cuerpo para apreciar las variaciones de sonoridad de las partes contenidas en ella y deducir su estado.

PERCUSOR m. •1 El que hiere. En el Derecho canónico se halla empleada esta voz al conminar censuras contra los percusores de los clérigos. •2 Pieza que golpea en cualquier máquina; y, especialmente, la llave o martillo con que en algunas armas de fuego se provoca la detonación del fulminante. •3 *Med.* **percutor.**

PERCUTIENTE p. a. de **percutir** Que percute. Ú. t. c. adj.

PERCUTIR v. tr. **golpear** (dar golpes).

PERCUTOR m. •1 *Art. mil.* **percusor** (llave o martillo con que se hace detonar el fulminante en las armas de fuego). •2 *Art. mil.* Pieza que en las modernas armas de fuego sustituye a la llave o martillo

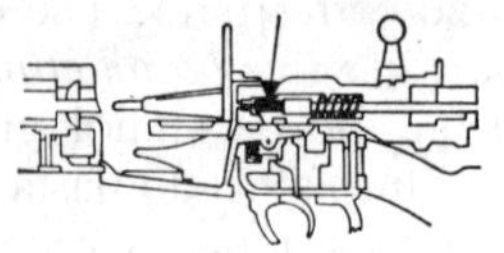

Percutor

usada en las antiguas y que tiene por objeto herir la cápsula fulminante del cartucho para ocasionar el disparo. •3 *Med.* Instrumento propio para practicar la percusión diagnóstica o terapéutica. •4 *Cir.* Instrumento litotritor, hoy desusado.

PERCHA (del lat. *pertica*). f. •1 Palo largo que se suele atravesar en otros para sostener alguna cosa. •2 Pieza larga, con colgaderos, que se clava en la pared y sirve para colocar en ella ropa, etc. •3 Palo largo, con pie, y colgaderos en la parte superior. •4 Acción de perchar el paño. •5 Lazo para cazar aves. •6 Bandolera que usan los cazadores para colgar en ella las piezas que matan. •7 **alcándara** (percha o varal donde se colgaban las aves de cetrería). •8 Pescante, de que los barberos cuelgan las bacías en la puerta de la tienda, como muestra de su oficio. •9 **motón, polea.** •10 *Amér.* Conjunto de personas o de cosas de la misma especie. •11 *Amér.* **rimero.** •12 *Amér.* **boato, fausto, lujo.** •13 *Germ.* Posada o casa. •14 *Mar.* Tronco enterizo de árbol, que sirve para construir piezas de arboladura, vergas, botalones, etc. •15 *Mar.* **brazal** (madero arqueado que va desde la serviola al tajamar). •16 **Percha de carga** *Mar.* **pluma** (percha inclinada, cuya coz descansa sobre la cubierta o sobre herrajes afirmados a los palos machos, y cuya cabeza sale al exterior sosteniéndose por medio de amantes. Lleva aparejos para poder embarcar y desembarcar efectos a bordo). •17 **Perchas de estabilidad** *Mar.* Son las usadas en averías que afecten al casco del buque, y consisten en grandes piezas suspendidas con cadenas o calabrotes a cada banda, de modo que floten en el agua estando lo más tensas posibles las amarras que las sostienen, con lo que se evita que el barco se tumbe.

❷ f. *Zool.* **perca.**

PERCHADO, DA p. p. de **perchar.** •1 adj. *Blas.* Aplícase a las aves puestas en ramas o perchas.

PERCHAR v. tr. Colgar el paño y sacarle el pelo con la carda.

PERCHE *Geog.* ■1 **(El)** Antiguo condado de Francia, repartido hoy entre los deps. del Orne y de Eure y Loir. Su cap. fue *Corbon,* y después *Mortagne.* Es el *pagus Pecticensis* de los antiguos. Es rico en mineral de hierro, y célebre por la cría de caballos, que se distinguen por su corpulencia y por su fuerza. ■2 **(Collado de la)** Collado o garganta de los Pirineos, en el dep. de los Pirineos Orientales, que pone en comunicación el alto valle del Têt o Conflent con la Cerdaña o alto valle del Segre. Altura máxima, 1.577 m.

PERCHEL m. •1 *Mar.* Aparejo de pesca consistente en uno o varios palos dispuesto para colgar las redes. •2 Lugar en que se colocan. •3 Conjunto de perchas en donde se ponen a secar los ceciales. •4 Lugar en donde se colocan. •5 Por ext., nombre de un barrio de Málaga, en la orilla del río, en donde antiguamente estaban situados los percheles. •6 Por ext., barrio de trabajadores en donde abunda la gente maleante.

PERCHELERO, RA adj. Aplícase a la persona que habita en el barrio malagueño del Perchel o lo frecuenta y participa de sus peculiaridades en modales y lenguaje. Ú. t. c. s.

PERCHERO m. •1 Conjunto de perchas o lugar en que las hay. •2 *Amér.* **percha** (mueble con colgaderos).

Percherón

PERCHERÓN, NA adj. Dícese del caballo o yegua perteneciente a una raza francesa de gran fuerza y corpulencia, que puede arrastrar grandes pesos. Ú. t. c. s.

PERCHÓN m. Pulgar de la vid en el cual se han dejado demasiadas yemas.

PERCHONAR v. intr. •1 Dejar perchones en las vides. •2 Armar perchas o lazos para cazar.

PERCHTOLSDORF *Geog.* C. de Austria, en la Baja Austria, a orillas del Liesing Bach. 11.000 h. (fd). Industria local.

PERCHUDO, DA adj. *Amér.* **acicalado,** bien vestido.

PERCHUFAR v. intr. ant. **chufar.**

PERDEDERO m. •1 Ocasión o motivo de perder. •2 Lugar por donde se zafa la liebre perseguida. •3 prov. *Sal.* Matorral, monte bajo y espeso. Dícese así porque con facilidad se pierde de vista la caza.

Instrumentos de percusión: 1. *Carillón.*—2. *Triángulo.*—3. *Batería.*—4. *Pandereta.*—5. *Xilofón.*—6. *Tambor.*—7. *Bongó.*—8. *Timbal.*

PERDEDOR, RA adj. Que pierde. Ú. t. c. s.

PERDER v. tr. •1 Dejar de tener algo que se poseía. •2 Desperdiciar o malgastar una cosa. •3 No lograr lo que se desea o ama. •4 Refiriéndose a juegos, batallas, oposiciones, pleitos, etc., no obtener o lograr lo que en ellos se disputa. •5 Ocasionar daño a las cosas, menoscabarlas. •6 Ocasionar a uno la ruina o daño material o moral, o padecerlo. •7 Decaer del concepto o estimación en que se estaba. •8 Faltar a la obligación de ciertas cosas. **Perder** *el respeto.* •9 v. intr. Desteñirse una tela que se lava. •10 v. r. Errar el rumbo. •11 No hallar camino ni salida en algún lugar. •12 fig. No hallar modo de salir de una dificultad. •13 fig. **conturbarse, arrebatarse, obcecarse.** •14 fig. Entregarse a los vicios. •15 fig. Borrarse la ilación en un discurso. •16 fig. No percibirse una cosa por el sentido correspondiente. •17 No aprovecharse o aplicarse mal una cosa. •18 fig. **naufragar** (irse a pique). •19 Ponerse a riesgo de perecer o sufrir grave daño. •20 fig. Amar ciegamente a una persona o gustar demasiado de una cosa. •21 fig. Dejar de tener uso o estimación de las cosas. Dícese especialmente de la joven que pierde su honra. •22 Ocultarse debajo la tierra o entre peñas o hierbas las aguas corrientes. •23 *Amér.* En el juego del billar, caer la bola del que tiró en alguna tronera. •24 **No se perderá** expr. de que se usa para explicar que uno es inteligente y no se descuida en las cosas útiles y de provecho. •25 **Tener** uno **que perder** fr. Ser persona de estimación y crédito, y que expone mucho si se arriesga.—*Rég.* PERDER **al, en** *el juego;* —*(algo)* **de** *vista.*—PERDERSE *(alguno)* **de** *vista;* —**en** *el camino;* —**por** *temerario.*—CONJUG. como **extender** (modelo núm. 3).

PERDIBLE adj. Que con facilidad puede perderse.

PÉRDICAS *Biog.* ■1 General macedonio, uno de los lugartenientes de Alejandro Magno. Después de servir en la guardia de Filipo II de Macedonia, cuya muerte vengó matando a su asesino Pausanias, siguió a Alejandro al Asia y asistió a los

Muestra de un diccionario enciclopédico: *Diccionario enciclopédico ilustrado Sopena*, t. 4. Barcelona, 1978.

teóricos, como ocurre con cualquier intento de clasificación tipológica en cualquier ciencia. Vamos a dejar a un lado los problemas teóricos que ya han sido tratados a fondo por F.J. Hausmann en su artículo «Wörterbuchtypologie» (tipología de los diccionarios)[3], y también por otros autores[4], y abordar los problemas prácticos.

3.2.2. Criterios pragmáticos de clasificación

Como existen diccionarios que cumplen varias funciones y como en muchos casos los títulos de las obras lexicográficas nos pueden inducir a error (ver 3.1.), lo más acertado es preguntarse en cada caso cuáles son las características de cada obra lexicográfica y qué funciones cumple en realidad. Hay que tener en cuenta que cualquier clasificación de diccionarios se tiene que referir en primer lugar a una determinada lengua, puesto que ciertos tipos de diccionarios no son necesarios en ciertas lenguas (como por ejemplo un diccionario de flexión nominal del español) mientras que en otras pueden ser importantes.

3.2.2.1. *Tamaño, número de volúmenes, número de páginas y número de entradas o artículos*

Estas indicaciones son importantes. Al enterarse de que existe un *Diccionario de refranes* (con un minúsculo aditivo «Mini», de Edmundo Paz, Chimbote, Perú, s.a.), el usuario tiene que saber también que dicho diccionario es del tamaño de una caja de cerillas (3,8 x 5,1 cm) y tiene 63 páginas.

En cuanto al número de artículos y entradas, hay muchas manipulaciones, como se explicó ya en 2.3.

3.2.2.2. *Obras enciclopédicas y obras lingüísticas. El diccionario enciclopédico, forma mixta*

Las *enciclopedias* son, en cierto modo, «diccionarios de cosas», opuestos a los «diccionarios de la lengua» aunque ambos grupos de obras tienen ciertos elementos en común. En la Antigüedad y en la Edad Media, las enciclopedias eran compilaciones de los conocimientos humanos clasificadas por temas (y no por orden alfabético), muchas veces con extractos de obras de otros autores, por ejemplo, la *Naturalis Historia* de Plinio el Viejo, las *Etimologías (Originum sive etymologiarum libri XX)* de San Isidoro de Sevilla († 636) o el *Livre dou Tresor* de Brunetto Latini (1220-1245) redactado en francés.

---

[3] Este artículo figura en el t.II, págs. 968-993 de *Wörterbücher*. En él se ofrece también bibliografía sobre la tipología lexicográfica.

[4] Sobre la tipología de los diccionarios véanse Haensch 1982 c; Hausmann 1989 i; Kühn 1990; Malkiel 1959/60; id. 1967; Rey-Debove 1970.

Estas compilaciones enciclopédicas medievales y renacentistas tenían diferentes nombres, algunos de ellos muy pintorescos, como *hortus, thesaurus, speculum, flores, compendium, epistemon* o *summa.*

La ordenación alfabética de materias, tomada de los diccionarios de la lengua, parece haber sido introducido en las enciclopedias por Domenico Noni Mirabelli con su enciclopedia *Polyantha Nova* (1503). En el mismo siglo aparece por primera vez la denominación *enciclopedia* en Paul Scalich: *Encyclopaedia; seu orbis disciplinarum tam sacrarum quam prophanum epistemon* (Basilea, 1559)[5].

Mientras que los resultados de las investigaciones científicas que permiten profundizar y ampliar nuestros conocimientos se publican en obras especializadas, revistas y monografías técnicas o científicas, el cometido de las enciclopedias consiste en describir y explicar los conocimientos humanos en una amplia síntesis y en forma comprensible para el usuario común. Aún hoy en día existen *enciclopedias temáticas y enciclopedias con ordenación alfabética*[6], ambas muy diferentes de los *diccionarios de la lengua.* Existe, sin embargo, especialmente en España y en Francia, un tipo mixto de enciclopedia y diccionario lingüístico, el llamado *diccionario enciclopédico*[7], que combina en sí mismo, en un único cuerpo, una enciclopedia de la extensión que sea con un diccionario lingüístico, generalmente monolingüe definitorio. En España existe cierto número de obras de este tipo, a mi juicio más útiles en el aspecto enciclopédico que en el lingüístico-lexicográfico. Sólo de paso quiero recordar que existen obras de consulta que tienen dos partes separadas, una enciclopédica y la otra diccionario de la lengua, como por ejemplo el *Pequeño Larousse Ilustrado* o la *Enciclopedia Teide,* fácil de consultar por el usuario[8].

Como veremos más adelante, hoy se exige a un buen diccionario general que dé, además de las indicaciones gramaticales mínimas y la definición del lema, explicaciones semánticas muy matizadas (nivel de estilo, restricciones de uso) e indicaciones sobre el uso contextual de las unidades léxicas: compuestos, sintagmas lexicalizados, valencias verbales, colocaciones frecuentes, construcción y régimen y, en una obra más completa, sinónimos y antónimos.

Parece difícil que se pueda combinar toda esta información lingüística con una detallada información enciclopédica (con muchos nombres propios) de tal forma que sea fácil de consultar por el usuario[9].

---

[5] Véase Alvar López 1963 a, Haensch 1984 b, Lenz 1980, Martínez de Sousa 1995, s.v. «enciclopedia», y Rey 1982.

[6] Aquí hay que mencionar también que existen enciclopedias, a veces muy extensas, para determinadas materias, por ej.: Derecho, arqueología, química, etc.

[7] Sobre lexicografía enciclopédica y lexicografía lingüística véanse Alvar Ezquerra 1992 c, Haensch 1982 a; id. 1982 b, Hupka 1989 a y 1989 b, Lara 1989, Martínez de Sousa 1995, s.v. «diccionarios enciclopédicos», y Rey 1982. Véase un ejemplo de diccionario enciclopédico, pág. 48.

[8] *Pequeño Larousse Ilustrado,* ed. por Claude Auger, redacción a cargo de Miguel de Toro y Gisbert, 1ª ed. París 1912, muchas nuevas ediciones; las últimas eran de Ramón García-Pelayo y Gross. París-México-Buenos Aires. La más reciente, dirigida por María José Sarto, lleva fecha de 1997, pero, en realidad, fue publicado en 1996. *La Enciclopedia Teide, t.I.: Lengua, t.II. Arte, geografía, ciencia, historia,* Barcelona 1977 no ha sido reeditada.

[9] Sobre el uso combinado de un diccionario general de la lengua y un diccionario enciclopédico, véase 3.4.1.3.

El más antiguo de los diccionarios enciclopédicos del español que lleva este nombre parece ser: Eduardo Chao: *Diccionario enciclopédico de la lengua española [...]*, 2 tomos, Madrid 1853-1855.

Sin el nombre de «enciclopédico», el más antiguo es, en realidad, el de Ramón Joaquín Domínguez: *Diccionario nacional o gran diccionario clásico de la lengua española*, 2 vols. Madrid 1846-1847. Entre los diccionarios enciclopédicos actuales de un tomo podemos destacar:

- *Diccionario enciclopédico básico*. Ortells Ed. revisada. Valencia 1982 (808 págs.).
- *Diccionario básico enciclopédico*. Ed. Carroggio. 4 vols. Barcelona 1992 (1.536 págs.).
- *Diccionario enciclopédico Espasa 1*. Espasa-Calpe. 11ª ed. Madrid 1994 (1.789 págs.).
- *Diccionario Enciclopédico Grijalbo*. Nueva ed. Barcelona 1994 (2.061 págs.).
- *Diccionario Kapelusz de la lengua española y enciclopédico*. última ed. Buenos Aires 1994 (1.888 págs.).
- *Diccionario enciclopédico Planeta Agostini*. Ed. Planeta-De Agostini. Barcelona 1995, 2 vols. (1.186 págs.).
- *Diccionario enciclopédico universal Aula*. 3ª ed. Cultural. Madrid 1994. 1 ó 3 vols. (1.170 págs.).
- *Diccionario ilustrado A-Z*. Euroliber. 1995 (1.856 págs.).
- *Diccionario enciclopédico ilustrado Danae*. Ed. Océano 1995 (1.042 págs.).
- *Diccionario Enciclopédico Ilustrado Cosmos*. Librerías Sánchez. Madrid 1995 (1.922 págs.).
- *Diccionario Enciclopédico*. Olympia Ediciones. Barcelona 1995 (1.520 págs.).
- *Diccionario Enciclopédico Práctico*. Ed. Parramón. Barcelona 1993 (1.724 págs.).
- *Diccionario Enciclopédico Salvat*. Barcelona 1993 (2.063 págs.).
- *Diccionario Enciclopédico Universal Santillana*. Madrid 1992 (1.568 págs.).
- *Diccionario Sopena Enciclopédico Ilustrado. La Fuente*. Barcelona 1987 (1.056 págs.).
- *El Pequeño Espasa. Diccionario Enciclopédico*. Espasa-Calpe. Madrid 1994 (1.472 págs.).
- *Sopena color. Diccionario Enciclopédico Ilustrado*. 1ª ed. 1986. Nueva ed. Barcelona 1991 (1.056 págs.).
- *Diccionario enciclopédico ilustrado Alfa Nauta*. Barcelona. últ. ed. 1995 (680 págs.).
- *Diccionario enciclopédico ilustrado más actual*. Aglo Ediciones. Madrid 1995 (sin indicación de páginas, dibujos poco adecuados, papel de mala calidad).
- *Nauta Maior. Diccionario Enciclopédico*. Ed. Nauta. Barcelona. últ. ed. 1995 (1.328 págs.) (con equivalentes en alemán, francés, inglés e italiano, sinónimos y antónimos, gran número de ilustraciones).

Un diccionario enciclopédico, por bueno y extenso que sea, no podrá, de ninguna manera, ofrecer la información sobre el uso contextual de las unidades léxicas que contiene un diccionario de la lengua[10], pero sí puede completarla en otros varios aspectos. Para que el diccionario enciclopédico pueda prestar los servicios que se esperan de él, es de aconsejar que el usuario adquiera una obra de cierta extensión, como por ejemplo, los diccionarios de Grijalbo o Salvat (que pasan de 2.000 págs.).

Muy rico en datos, actualizado y fácilmente manejable es el *Diccionario Enciclopédico Espasa*, 2 tomos. Espasa-Calpe, Madrid 1996, con un total de 3.277 páginas que puede completar los diccionarios generales monolingües en cuanto a términos técnicos y científicos, nombres propios de países, gentilicios y nombres de persona.

3.2.2.3. *Número de lenguas: diccionario monolingüe o plurilingüe (bilingüe o multilingüe)*

Un tercer criterio de clasificación es el número de lenguas. ¿Se trata de un diccionario monolingüe o plurilingüe? Los diccionarios plurilingües se subdividen, a su vez, entre *bilingües* (dos lenguas) y *multilingües* (más de dos lenguas). Los diccionarios multilingües se llaman también *diccionarios políglotas*. El tipo más conocido de diccionarios bilingües es el *diccionario general bilingüe*, como sería un diccionario español-inglés. Hay relativamente pocos *diccionarios generales multilingües*. Estos dos tipos de obras lexicográficas se tratarán más detenidamente en los capítulos 3.4.2. y 3.4.3. Existen también otros tipos de diccionarios bilingües y multilingües: diccionarios especializados (técnico-científicos), diccionarios de modismos, diccionarios por la imagen, diccionarios de refranes. A todos ellos me voy a referir en los artículos dedicados al correspondiente tipo monolingüe.

3.2.2.4. *Grupo de destinatarios*

Otro criterio de clasificación es el *grupo de destinatarios* en el que se ha pensado al elaborar el diccionario. Generalmente éste es difícil de determinar para muchos diccionarios. Existen ya algunos tipos de diccionarios cuyos destinatarios están bien definidos: diccionarios infantiles, diccionarios escolares, diccionarios del español como lengua extranjera, diccionarios turísticos, guías lingüísticas para automovilistas, etc. Hoy en día hay que exigir una determinación exacta de los usuarios potenciales.[11] Se criticó mucho en este sentido la propaganda que se hizo para un diccionario escolar que pretende servir «desde la infancia hasta los umbrales de la Universidad»[12].

---

[10] Sobre las deficiencias lingüísticas de algunos diccionarios enciclopédicos, véase Humberto Hernández: «Diccionarios enciclopédicos»; en: *Aspectos lexicogr. 1994*, págs. 61-70.

[11] Sobre los usuarios de diccionarios, ver, por ej. Ripfel/Wiegand 1988 y Hartmann 1990.

[12] Citado por Martínez Marín 1992, pág. 61.

Asimismo se pide que, al elaborar un diccionario, se piense mucho más que hasta ahora en el usuario y sus necesidades[13].

De todos modos habrá muchos diccionarios, especialmente generales monolingües que van dirigidos a un «público culto» difícil de definir[14].

3.2.2.5. *Soportes informáticos de los diccionarios*

Hoy en día los inventarios lexicográficos se pueden presentar en varias formas:[15]

- como *libro*, la forma más antigua de los diccionarios.
- como *fichero*. Existen algunos diccionarios inéditos en forma de fichero. Es el caso de un diccionario regional y folklórico del español argentino de Berta Elena Vidal de Battini, en el Consejo Nacional de Educación en Buenos Aires, que nunca ha llegado a publicarse.
- en forma de *microfichas*. Este sistema se usaba más antes de la generalización de los ordenadores.
- como *calculadora de bolsillo o de sobremesa*.
- en forma de *disquetes* y, recientemente, en *CD-ROM*. La Real Academia Española publicó en 1995 su *Diccionario* en CD-ROM. En 1996, la Editorial Gredos ha publicado, a su vez, el *Diccionario de uso del español* de María Moliner[16] en la misma forma.

Actualmente hay ya grandes enciclopedias monolingües y diferentes tipos de diccionarios en CD-ROM y se ofrecen programas combinados de diccionarios bilingües. Por ejemplo, la Editorial Langenscheidt publicó en 1995 un CD-ROM que contiene una enciclopedia, un diccionario ortográfico, un diccionario de extranjerismos y cultismos greco-latinos y un diccionario de sinónimos (todos en alemán) combinado con un diccionario bilingüe inglés-alemán y alemán-inglés. Este CD-ROM presenta videoclips, dibujos y fotos en la parte enciclopédica y se puede escuchar en el diccionario inglés-alemán la pronunciación de las palabras inglesas en su variante británica y norteamericana[17]. La pronunciación la presentan también otros diccionarios bilingües en CD-ROM de la misma editorial, y de otras, lo cual supone un gran progreso porque para el usuario común la transcripción fonética que ofrecen muchos diccionarios es algo abstracto, el poder imitar la pronunciación que le ofrece el CD-ROM es más fácil y resulta más ameno. Para dar otro ejemplo: Del diccionario español-alemán/alemán-español: *PONS Standardwörterbuch. Spanisch-Deutsch/Deutsch-Spanisch*. Klett, Stuttgart. Nueva ed. 1994, existe también una versión en CD-ROM.

---

[13] Volveremos sobre este tema al referirnos a los diccionarios generales bilingües.

[14] Sobre el «público culto», véase Haensch 1982 a, págs. 397-398.

[15] Sobre este tema, véanse Duval 1992 y Poirier 1989.

[16] Sobre este diccionario, véase 3.4.1.5.

[17] *LexiROM (1 CD-ROM)*. Microsoft Corporation, Bibliographisches Institut y Brockhaus. Mannheim 1995.

3.2.2.6. *Diccionario normativo o diccionario descriptivo*

Aquí hay que recordar, en primer lugar, que cualquier diccionario, normativo o descriptivo, bueno o malo, por el mero hecho de su publicación y difusión produce, hasta cierto punto, un efecto normativo. Los *diccionarios normativos* parten de un determinado ideal de lengua considerado como norma y rechazan, por lo general, las unidades léxicas contrarias a la norma preceptiva que suele ser la de las Academias de la Lengua. Por eso es lógico que un diccionario normativo, por ejemplo, un diccionario académico o escolar, adopte una actitud expectativa ante los neologismos y los extranjerismos. En cambio, el *diccionario descriptivo* refleja, lo mismo que una fotografía o una grabación de sonido, la realidad de la lengua con sus barbarismos (o supuestos barbarismos), extranjerismos, vulgarismos, etc.[18] Algunos diccionarios como el *Diccionario de la Real Academia, El Diccionario general ilustrado de la lengua española* VOX y el *Diccionario actual de la lengua* VOX[19], que han admitido en los últimos años cientos de extranjerismos, voces familiares, populares y hasta vulgares y palabras de jergas de grupos, tienen por eso ya un carácter mixto: normativo con ciertos rasgos descriptivos, pero con claro predominio del criterio normativo. En este sentido se espera con mucho interés la aparición del *Diccionario del español actual* de Manuel Seco que será un verdadero diccionario descriptivo.

Para conocer toda la realidad del español actual con sus regionalismos peninsulares, americanismos, barbarismos, extranjerismos, palabras de distintas jergas (juvenil, del hampa, de narcotraficantes y drogadictos, estudiantil, etc.), coloquialismos y tabúes, hay que acudir todavía a una serie de *diccionarios y glosarios parciales* que registran estos subconjuntos del léxico, completando así la información de los *diccionarios generales.*

3.2.2.7. *Sistema lingüístico en que se basan los diccionarios*

Para una clasificación rigurosa resulta también útil preguntarse en qué «*corpus*», es decir, en qué conjunto de materiales recogidos para su elaboración, se basa una obra lexicográfica. En este aspecto existen varias posibilidades.

a) *El diccionario se basa en un «corpus»* realizado mediante el aprovechamiento de gran número de textos escritos y grabaciones de enunciados orales espontáneos, de radio y de televisión, a veces completado por los resultados de encuestas orales y escritas (generalmente con ayuda de cuestionarios). Es el sistema ideal que ya se ha llevado a la práctica en la elaboración de obras lexicográficas extensas, hoy en día naturalmente con ordenadores.

---

18 Sobre la selección del léxico para un diccionario descriptivo, véase Haensch 1985.

19 Ver los datos de estos diccionarios en 3.4.1.5., los de VOX también en la nota 31, pág. 57.

b) *El diccionario ha aprovechado los materiales de otros diccionarios* y, por eso, carece de originalidad a no ser que se añadan muchos materiales nuevos y se eliminen palabras caídas en desuso. Como ya hemos destacado y lo haremos también más adelante, ésta es la peor de las bases de una obra lexicográfica. Desgraciadamente es una práctica muy frecuente en la elaboración de diccionarios en España, especialmente de diccionarios generales monolingües.

Naturalmente se deben tener en cuenta los diccionarios existentes y aprovechar hasta cierto punto sus materiales, pero averiguando:

- si una unidad léxica se usa todavía o ha caído en desuso. En este caso, según el tipo de diccionario, se eliminará o se le pondrá una marca cronológica (arcaísmo o palabra desusada).
- si la unidad léxica en cuestión no ha cambiado de registro (nivel de estilo). Una palabra coloquial puede pasar al estándar, muchas palabras jergales pasan al nivel coloquial como por ejemplo, *chaval, chiflado.*
- si la palabra tiene hoy en día nuevas acepciones, por ejemplo, *el ratón* (de los ordenadores).
- si la finalidad del diccionario del que se trata justifica la inclusión de una unidad léxica o su rechazo ateniéndose a razones diversas: espacio disponible, frecuencia en el uso actual, grupo de destino, etc.

En muchos casos hay que definir las unidades léxicas nuevamente porque no pocas definiciones de los diccionarios españoles, también del *Diccionario de la Real Academia,* son insatisfactorias.

c) Un diccionario o vocabulario puede basarse también en un *idiolecto,* es decir el sistema lingüístico individual de una persona. Éste es el caso de vocabularios que registran el léxico usado por un novelista, por un poeta o por un político en todas sus obras o en una de ellas[20].

Algunos diccionarios generales monolingües y bilingües se basan únicamente en el idiolecto del propio autor. Es cierto que la competencia lingüística de un lexicógrafo es importante, pero no se puede elaborar un diccionario sin tener una documentación sobre cada una de las unidades léxicas que se registran y sin una revisión por otras personas.

d) Un diccionario puede basarse también en la suma de idiolectos de un grupo de personas.

El caso clásico es el de las Academias de la Lengua cuyos miembros deciden la incorporación de una palabra en el diccionario académico, su rechazo o la remisión del asunto a una comisión.

Algunos autores han manifestado dudas en cuanto a la validez de este método en la época actual en que la lengua está cambiando a un ritmo vertiginoso y en que el léxico estándar es como una encrucijada de palabras procedentes de léxicos parciales (jergas, lenguaje técnico-científico, etc.)[21].

---

20 Sobre este tipo de vocabulario véase 3.3.3.8.

21 Véase, por ejemplo, Seco 1992 b.

3.2.2.8. *Ordenación de materiales*

Sobre este problema existe una amplia bibliografía[22].

Los tipos más frecuentes de ordenación de los materiales de un diccionario son los siguientes:

- *el diccionario semasiológico,* que parte del significante. Su ordenación es generalmente alfabética. Es la más frecuente y tiene muchas ventajas para el usuario por permitir una consulta rápida.

- *el diccionario onomasiológico,* que parte del significado o de campos léxicos, generalmente tiene una clasificación sistemática o por temas. Esta ordenación es la más recomendable para los diccionarios técnico-científicos y los vocabularios básicos.

- *el diccionario inverso*[23]

- *el diccionario por la imagen o diccionario pictórico.* Este tipo de ordenación de los materiales léxicos se basa en dibujos y fotografías[24].

- *el diccionario de familias de palabras*

- *diccionarios cuyos materiales están ordenados por situaciones de comunicación*

No existe de momento, para el español, un tipo «puro» de diccionario cuyos materiales estén ordenados por situaciones de comunicación. Hasta cierto punto, en las guías de conversación para turistas, los materiales léxicos y frases completas están clasificados según situaciones de comunicación, por ejemplo: *la peluquería, la estación de servicio, llegada al hotel,* etc. En 1991 salió un diccionario elemental no muy extenso cuyos materiales están ordenados por situaciones de comunicación: Jesús Hernández Cinto: *Actos de habla de la lengua española.* Repertorio; Edelsa-Edi6, Madrid 1991. Más extensa es la obra de M.J. Gelabert/ E. Martinell/ M. Herrera/ F. Martinell: *Repertorio de funciones comunicativas del español.* SGEL. Madrid 1990; 2ª ed. 1993.

3.2.2.9. *Léxico que se registra: diccionario general o diccionario que registra un subconjunto de unidades léxicas (vocabulario parcial)*

El criterio más importante es, naturalmente, combinado con los otros criterios, el del tipo de léxico que se registra: *diccionario general* o bien *dicciona-*

---

22 Aquí citaremos tan sólo las publicaciones siguientes: Baldinger 1954; Baldinger 1971; Bornäs 1986; Gold 1979; Saez Godoy 1986 y Tollenaere 1960.

23 Véase 3.3.2.6.

24 Véase 3.3.2.7.

rio que registra un subconjunto determinado de unidades léxicas, es decir, un *léxico parcial*. El diccionario general, a su vez, puede ser monolingüe o bilingüe. Menos frecuente es el tipo del diccionario general multilingüe[25].

Dejando a un lado los diccionarios generales multilingües, se puede afirmar que los dos tipos de diccionarios más importantes para el usuario común y corriente son el *diccionario general monolingüe*[26] y los *diccionarios generales bilingües*[27]. Por esto los voy a tratar más a fondo después de haber pasado revista a los demás tipos de diccionarios. Lo hago también porque un buen diccionario general muy extenso (sea monolingüe, sea bilingüe) tendría que ofrecer al usuario muchos de los elementos que encontramos en una serie de diccionarios que registran un vocabulario parcial, como luego veremos.

3.2.2.10. *Diccionario integral, representativo o selectivo*

Según el volumen del material léxico registrado podemos distinguir:

- *diccionarios integrales o exhaustivos* que registran todo el caudal léxico de una lengua o de un subconjunto de ella. Si el ideal del diccionario integral se puede realizar en cuanto al léxico de determinadas materias técnicas, por ejemplo meteorología o relojería, o sea en un léxico parcial, prácticamente es inalcanzable en cuanto al diccionario general. La obra que probablemente más se acerca a este ideal, por ser de una lengua muerta, es el *Thesaurus linguae latinae*[28] y lo será, en cuanto al español, el *Diccionario histórico de la lengua española*[29] en vías de elaboración. Como se señaló, el tipo de diccionario (casi) exhaustivo se llama también *Thesaurus* o *Tesoro*.

- *diccionarios representativos* son aquellas obras que, sin pretender ser exhaustivas, registran un caudal muy extenso de una lengua, como el *Diccionario de la Real Academia Española*[30] y el *Diccionario* VOX[31].

---

25 Véase 3.4.3.
26 Véase 3.4.1.
27 Véase 3.4.2.
28 *Thesaurus linguae latinae*. Teubner, Leipzig 1900 ss., a partir de 1991 en Teubner, Stuttgart.
29 Sobre este diccionario, véase 3.3.4.2.2.
30 Véase 3.4.1.4.
31 *Diccionario general ilustrado de la lengua española*, publicado bajo la dirección de Samuel Gili Gaya. 1ª ed. Barcelona 1945. Varias reediciones. La llamada 4ª ed. de 1980 es, en realidad, una simple reimpresión de la 3ª ed. La nueva redacción dirigida por Manuel Alvar Ezquerra, en realidad la verdadera 4ª ed., se publicó, en un formato bastante grande, en 1987. Paralelamente a esta obra se publicó con materiales de la misma: *Diccionario actual de la lengua española*, publicado bajo la dirección de Manuel Alvar Ezquerra, 1ª ed. Barcelona 1990, reimpr. de la 1ª ed. en enero de 1995. A su vez, el *Diccionario general ilustrado de la lengua española*, de formato grande (23x30 cm), apareció nuevamente como 1ª ed. (Barcelona 1995), pero en realidad es una reimpresión de la última edición de 1987 con una cubierta y encuadernación nuevas.

- *obras lexicográficas con una selección más reducida de unidades léxicas* son muchas veces versiones abreviadas de diccionarios más voluminosos. Sobre este problema volveremos en 3.4.1.5.

3.2.2.11. *Diccionarios de recepción y diccionarios de producción*[32]

Según las posibilidades de uso, se distinguen también los *diccionarios de recepción* de los *diccionarios de producción.*

El *diccionario de recepción,* llamado también *diccionario pasivo* (especialmente cuando es bilingüe), sirve, en primer lugar, para la comprensión escrita. Su función es dar al lector un máximum de información para entender un texto, por eso se trata, en la mayoría de los casos, de diccionarios definitorios, a veces con algunos otros rasgos.

El *diccionario de producción,* o *diccionario activo,* en cambio, sirve para generar textos. A este grupo pertenecen, entre otros, los diccionarios del español como lengua extranjera. En este tipo de diccionarios las indicaciones sobre el uso contextual de las palabras, sobre construcción y régimen, restricciones de uso etc. son esenciales. Hoy en día muchos diccionarios cumplen o pretenden cumplir, a la vez, las funciones de un diccionario productivo y de un diccionario de recepción, lo cual supone, evidentemente, que su microestructura sea muy completa.

Los diccionarios de aprendizaje («learner's dictionaries») corresponden a los dos tipos: activo y pasivo.

3.2.2.12. *Repertorios lexicográficos no autónomos y materiales léxicos «escondidos»*

Muchos materiales lexicográficos interesantes no aparecen en diccionarios, vocabularios o glosarios fácilmente identificables como repertorios lexicográficos, sino que forman parte de otras publicaciones, por ejemplo, glosarios que figuran como anejos a una obra literaria o en un trabajo lexicológico o dialectológico.

Otros glosarios, especialmente de términos técnicos y científicos, se publican en revistas especializadas, por ejemplo, de medicina, biología, arquitectura, etc. y son, por esto, difícilmente accesibles a los lingüistas, lexicógrafos o traductores. Por esta razón se les ha llamado «hidden glossaries» (glosarios escondidos)[33]. Gran número de estos inventarios lexicográficos pueden ser útiles, pero como no aparecen en las bibliografías de diccionarios, se ignora su existencia. Sería una tarea interesante localizar estas fuentes lexicográficas, nor-

---

32 Véase Calderón 1994.

33 Este término aparece por primera vez en «Lexicographical Information»; en: *Babel. Revue internationale de la Traduction,* núm. 3/1959, pág. 102.

malmente compiladas por especialistas, e incluirlas en las bibliografías. Glosarios de esta índole ofrecen muchas veces materiales léxicos cualitativamente superiores a los registrados sobre el mismo tema en diccionarios generales[34]. Otras fuentes lexicográficas subsidiarias pueden ser manuales de botánica y zoología, que indican el nombre popular de las distintas especies animales y vegetales junto al nombre científico, reglamentos de fútbol, catálogos de mercancías, etc. Incluso, se puede obtener información lexicográfica «escondida», de diccionarios ya publicados, por ejemplo, del metalenguaje de la definición y explicación de un diccionario monolingüe, lo cual fue demostrado en un trabajo sobre información escondida en un diccionario del alemán de los siglos XV y XVI[35].

3.2.2.13. *Ilustraciones en los diccionarios*

Otro rasgo diferenciador para la clasificación de las obras lexicográficas es el hecho de que tengan ilustraciones (dibujos, fotografías) o no. Si dejamos a un lado el caso del *diccionario por la imagen* (o: *diccionario pictórico*), cuya estructura está determinada por láminas con dibujos, la ilustración puede cumplir una función importante en ciertos tipos de diccionarios, especialmente los generales monolingües (poco frecuente en los generales bilingües), toda clase de diccionarios especializados (por lo general, técnico-científicos), los diccionarios de gestos, los diccionarios escolares, los diccionarios del español como lengua extranjera y los diccionarios humorísticos.

Las ilustraciones pueden ser *individuales*, por ejemplo, junto al artículo dedicado a la palabra *cisne* aparece el dibujo de un cisne, o *colectivas*, por ejemplo, un paisaje, una granja, las herramientas del carpintero, como las del primer diccionario pictográfico de Comenius (ver 3.3.2.7 y pág. 78).

La ilustración completa y, en ciertos casos como el de los diccionarios infantiles, sustituye a la definición. En efecto, es más fácil explicar diferentes tipos de *tuercas* y *tornillos* o algunas figuras geométricas como *cono, tronco de pirámide,* o *rombo* con un dibujo de pocos trazos que por una definición verbal de varias líneas. Según nuestra experiencia, por lo general los dibujos son más útiles que las fotografías. Aquí hay que mencionar que las ilustraciones tienen que cumplir ciertas normas para ser un complemento útil de la definición verbal.[36] No se deben poner en un diccionario dibujos puramente decorativos para poder decir en la propaganda del mismo: «con ilustraciones», lo que ha ocurrido con diferentes diccionarios en varios países.

---

34 Recuerdo, por ejemplo, un glosario multilingüe de peletería, publicado en una revista del ramo, cuyas unidades léxicas conocidas incluso del usuario no especialista (por ej. los nombres de los distintos abrigos de piel) se buscarían en vano en los diccionarios generales.

35 Véase Goebel 1995.

36 Para más detalles sobre las ilustraciones en los diccionarios, véase Hupka 1989 a; Ilson 1987 y Werner 1982 b y 1983 b.

3.2.2.14. *Aplicación de estos criterios*

Aplicando estos criterios y la tipología que sigue —en muchos casos con información complementaria— podemos caracterizar cualquier obra lexicográfica. Así, por ejemplo, los llamados *diccionarios escolares* suelen ser diccionarios lingüísticos, monolingües, definitorios, normativos, con ordenación alfabética. Son selectivos y sus bases pueden ser un «corpus» o bien otros diccionarios. Muchos de ellos tienen ilustraciones. Deberían indicar el uso contextual del lema, especialmente régimen y construcción, restricciones de uso, y ofrecer también sinónimos y antónimos[37]. Además son pasivos y activos a la vez.

3.3. LOS DISTINTOS TIPOS DE OBRAS LEXICOGRÁFICAS

Siempre dentro del sistema de lo que podríamos llamar **lengua general** se mueven los otros grupos de diccionarios: los **sintagmáticos** y los **paradigmáticos.**

3.3.1. Diccionarios sintagmáticos

Éstos tratan las unidades léxicas en su aplicación contextual, la cual se ha descuidado generalmente en la mayoría de los diccionarios generales hasta nuestro siglo.

3.3.1.1. *Diccionarios de construcción y régimen*

En español existe una sola obra que corresponde plenamente al tipo del diccionario de construcción y régimen y que lleva precisamente este nombre, el famoso *Diccionario de construcción y régimen* del ilustre filólogo colombiano Rufino José Cuervo, que, debido a las corrientes filológicas de la época, es al mismo tiempo un diccionario histórico, pero con la particularidad de que sólo las palabras que presentan algún problema de construcción y régimen aparecen en él como lemas[38]. Un subtipo de los diccionarios de construcción y régimen

---

[37] Para describir aún más detalladamente los distintos tipos de obras lexicográficas, propuse un catálogo más amplio de características en: Günther Haensch: «La crítica de diccionarios»; en: *Boletín de la Academia Norteamericana de la Lengua Española*, 6-7 (1985-1986), que será reproducida en el capítulo 4.

[38] Rufino José Cuervo: *Diccionario de construcción y régimen de la lengua castellana*. Nueva ed. Bogotá, t.I, A-B, 1953, t.II, C-D, 1954; continuado bajo el mismo título por el Instituto Caro y Cuervo de Bogotá, t.III, E, Bogotá 1987, concluido en 1995 (8 tomos). Ver sobre este diccionario: José-Alvaro Porto Dapena: *Elementos de Lexicografía. El diccionario de Construcción y Régimen de R.J. Cuervo*. Publicaciones del Instituto Caro y Cuervo LV, Bogotá 1980; Günther Schütz: «Sobre la

es el *diccionario de valencias verbales*[39]. Desde 1995 existe un diccionario de régimen preposicional:

- Emilio Náñez Fernández: *Diccionario de construcciones sintácticas del español. Preposiciones.* Ediciones de la Universidad Autónoma de Madrid. Madrid 1995. La obra no es más que una lista de los posibles regímenes de sustantivos, adjetivos y verbos, sin más explicaciones.

Que yo sepa, no existe (aparte del Diccionario de Cuervo) ningún diccionario de valencias para el español, pero sí un diccionario alemán-español de valencias con ejemplos, que podría servir de modelo para una obra monolingüe de este género para el español[40]. De paso quiero señalar que, aparte de las indicaciones generalmente no exhaustivas sobre construcción y régimen que encontramos en los grandes diccionarios generales, se encuentran muchas indicaciones de esta índole en el *Diccionario de dudas y dificultades* de Manuel Seco[41]. Hoy en día hay que buscar estas indicaciones en los diccionarios de uso y los escolares (Ver 3.3.4.7. y 3.4.1.2.).

3.3.1.2. *Diccionarios de colocaciones*

Actualmente no existe un *diccionario de colocaciones* del español. La única obra que ofrece un gran número de colocaciones en cada entrada es el *Diccionario fraseológico-estilístico español-alemán* de Werner Beinhauer[42]. Los diccionarios de colocaciones pueden ser monolingües o bilingües.

Un excelente diccionario de colocaciones bilingüe que puede servir de modelo para otras lenguas es: Peter Ilgenfritz/ Nicole Stephan-Gabinel/ Gertraud Schneider: *Langenscheidts Kontextwörterbuch Französisch-Deutsch*, Berlín y Munich 1989. Sobre los diccionarios de colocaciones, véase también: Franz Josef Hausmann: «Le dictionnaire de collocations»; en: *Wörterbücher.* t.II, 1990, págs. 1010-1018.

---

interrupción del Diccionario de construcción y régimen»; en: *Homenaje a Fernando Antonio Martínez. Estudios de lingüística, filología, literatura e historia cultural.* Publicaciones del Instituto Caro y Cuervo LVIII. Bogotá 1979, págs. 167-169; Manuel Seco: «Cuervo y la lexicografía histórica»; en: *Thesaurus. Boletín del Instituto Caro y Cuervo.* t. XXXVII, 3, 1982, págs. 652-674; José Alvaro Porto Dapena: «En torno a las entradas del "Diccionario" de R.J. Cuervo»; en: *Thesaurus.*XXX, 1975, págs. 113-152, y además Schütz 1990, Montes 1991 y Restrepo 1945. Sobre este tipo de diccionario véase también Zöfgen 1989.

[39] La valencia de un verbo es su capacidad de regir actantes. En la frase: *El embajador entregó una nota al ministro,* el verbo *entregar* tiene la valencia 3.

[40] Dietrich Rall/ Marianne Rall/ Oscar Zorrilla: *Diccionario de valencias verbales. Alemán-español.* Tubinga 1980. Otro buen ejemplo de un diccionario de este tipo es: Winfried Busse/ Jean-Pierre Dubost: *Französisches Verblexikon. Die Konstruktion der Verben im Französischen.* Stuttgart 1977. Véase el importante trabajo de Martín Mingorance 1994 b sobre los diccionarios de valencias.

[41] Manuel Seco: *Diccionario de dudas y dificultades de la lengua española,* 9.ª ed. Madrid 1986, última reimpresión 1995.

[42] Werner Beinhauer: *Stilistisch-phraseologisches Wörterbuch spanisch-deutsch.* Munich 1978. Para la definición de «colocación», véase 2.5.2. Ver una muestra en la pág. 151.

coleto

decir/pensar u. p. algo para su coleto (inf.). *Decir o pensar para sí, en su interior:* «No me atreví a decirle nada, pero dije para mi coleto que estaba rematadamente loco».

echarse u. p. al coleto algo (inf.).

A: *Comer o beber algo:* «Tenía tanta hambre, que me eché al coleto un conejo asado entero».

B: *Leer desde el principio al fin un libro o escrito:* «Es una novela tan apasionante, que te la puedes echar al coleto en dos o tres días».

colmillo

escupir u. p. por el colmillo (inf.). *Fanfarronear:* «Se pasa el día escupiendo por el colmillo y asegurando que ha conquistado a todas las chicas del pueblo».

colmo

(y) para colmo (de males/desgracias) (f.). [*Expresión de contrariedad o enojo utilizada al mencionar una desgracia superior a la que se acaba de mencionar*]; *además de (todo) éso:* «Nunca he visto llover tanto como hoy; y para colmo me he dejado el paraguas en casa».

Colón

[ser u. c.] como el huevo de Colón (inf.). [*Ser*] *sencillo, evidente, fácil:* «¡Qué va a ser complicado el problema, hombre! ¡Si es como el huevo de Colón, ya lo verá Vd.».

color

[tener u. p.] buen/mal color (f.). *Aspecto saludable/de enfermo:* «No sé qué le pasa: a pesar de seguir el tratamiento médico, sigue con el mal color de siempre».

[estar/ser u. c.] subida de color (inf.). [*Ser*] *picante, obsceno:* «Ya sabes que Manolo es un tanto atrevidillo y cuenta chistes subidos de color en presencia de las mujeres».

de color (de) rosa (f.).

A: [*Ver u. p. algo*] *con optimismo:* «Jamás he visto persona más alegre y despreocupada; todo lo contempla de color rosa».

B: [*Ser u. c.*] *agradable, halagüeño:* «A tu edad, todo en la vida es de color rosa; con los años verás la realidad de otra manera».

írsele a alguien un color y venir(se)le otro (color) (inf.). *Turbarse de vergüenza:* «Le sorprendieron cuando intentaba guardar en el bolsillo unas latas de conserva y al pobre hombre se le iba un color y le venía otro».

írsele y venírsele los colores a alguien. *Ver registro anterior.*

pintar u. p. algo con negros colores (inf.). *Hablar de algo desfavorablemente:* «Tú siempre pintas tu trabajo con negros colores. Da la impresión de que quieres disuadirme de que escoja ese oficio».

poner u. p. de todos los colores a alguien (inf.). *Avergonzarle la conducta a alguien:* «Como nos descubran charlando en horas de trabajo, nos van a poner de todos los colores».

ponerse u. p. de mil colores (inf.). *Cambiar el color del semblante por vergüenza o por cólera reprimida:* «Le sorprendí mintiendo y se puso de mil colores».

sacarle u. p. a alguien los colores (a la cara) (inf.). *Avergonzar a alguien:* «No quisiera tener que afearle a Vd. su conducta en presencia de todo el mundo, porque no me gusta sacarle los colores a la cara».

salir(se)le/subírsele los colores a alguien (inf.). *Ponerse u. p. colorada de vergüenza:* «Al niño se le subieron los colores cuando fue sorprendido por su padre en el cine a una hora en que tenía que estar en el colegio».

columna

quinta columna (f.). *Grupo de personas que, desde las propias filas, apoya al enemigo:* «Nuestro ejército no era superior al del enemigo, pero alcanzamos la victoria gracias a la existencia de una quinta columna entre nuestros adversarios».

coma

sin faltar una coma (f.). *Sin faltar/olvidar detalle:* «Tiene una memoria fabulosa; pudo resumir una conferencia de prensa de noventa minutos sin faltar una coma».

combate

[estar/quedar/poner u. p./u. c.] fuera de combate (inf.). [*Quedar*] *vencido/vencer en lucha o en algún género de competencia:* «Esta empresa quería adueñarse del mercado, pero sus competidores fueron más fuertes que ella y en poco tiempo quedó fuera de combate».

Muestra de un diccionario de modismos: F. Varela/H. Kubarth: *Diccionario fraseológico del español moderno*. Gredos. Madrid 1994.

3.3.1.3. *Diccionarios de locuciones y modismos*

Los *diccionarios de locuciones y modismos* también pueden ser monolingües o plurilingües. Como la fraseología y los modismos también cambian, una actualización de este tipo de diccionarios parece muy necesaria.

Entre las pocas obras plurilingües sobre modismos cuya lengua de partida es el español se pueden citar:

- Yvonne P. de Dony: *Léxico del lenguaje figurado*. Buenos Aires 1951 (Español-inglés-francés-alemán).
- Mariano Anaya: *Mil modismos y expresiones españolas con la equivalencia en francés y en inglés*. Salamanca 1985.
- Ulrich Florian/ Fernando Martínez: *Spanische idiomatische Redewendungen*. Verlag Enzyklopädie. Leipzig 1985. (registra modismos españoles y cubanos con sus equivalentes alemanes, da marcas estilísticas).
- Felipa Moreno Torres: *Expresiones idiomáticas. Lexikon der spanischen Redewendungen*. Eltville 1990.
- Francisco Sánchez Benedito: *Diccionario conciso de modismos inglés-español-inglés*. Alhambra-Longman. 4ª ed. Madrid 1988.
- Christof Keler/ Ana Rodríguez-Lebrón: *Dichos y frases. Der Schlüssel zu den spanischen Redewendungen*. Rowohlt. Hamburgo 1993 (español-alemán).
- Evamarie Renner de Hernández: *Diccionario de modismos y lenguaje coloquial. Español-alemán*. Paraninfo. Madrid 1991.
- Delfín Carbonell: *Diccionario fraseológico inglés-castellano, castellano-inglés*. Ediciones del Serbal. Barcelona 1995.
- Adriana Pintori Olivotto: *Modismos, locuciones, expresiones idiomáticas. italiano-castellano*. Universitat Autónoma de Barcelona 1991 (microficha).
- Werner Beinhauer: *1000 idiomatische Redensarten Spanisch*. Langenscheidt. Berlín - Munich 1960, varias reimpresiones, 7ª ed. 1991 (obra útil, pero ya en parte anticuada; español-alemán).

Entre las obras monolingües se pueden señalar:

- Ramón Caballero y Rubio: *Diccionario de modismos (Frases y metáforas), primero y único en su género en España*. Madrid 1899, otras ed.: Madrid 1905, Buenos Aires 1942.
- José Ma. Iribarren: *El porqué de los dichos*. 1ª ed. Madrid 1955, 6ª ed. Pamplona 1994.
- José María Domínguez: *Fraseología española en su contexto*. Munich 1975 (da una definición de las frases y modismos y citas de textos como ejemplos de aplicación).
- Fernando Varela/ Hugo Kubarth: *Diccionario fraseológico del español moderno*. Gredos. Madrid 1994 (ver una muestra, pág. 62).
- Pablo Domingo González: *El español idiomático. Frases y modismos del español*. Ed. Ariel. Barcelona 1988.
- Margarita Candóu/ Elena Bonet: *A buen entendedor... Diccionario de frases hechas de la lengua castellana*. Anaya. Madrid. 1ª ed. 1993, 5ª ed. 1994.

(Explica detalladamente el significado, el uso contextual y el origen de modismos, refranes, sintagmas lexicalizados a frases).

- Enrique Fontanillo Merino: *Larousse. Diccionario Práctico Larousse*. Ed. Larousse-Planeta. Barcelona 1993 (obra útil).
- Alberto Buitrago Jiménez: *Diccionario de frases hechas*. Espasa de Bolsillo. Ed. Espasa-Calpe. Madrid 1996 (a pesar del título, registra en primer lugar fraseologismos, da en parte la etimología de los lemas, define y comenta los modismos y ofrece ejemplos; tiene un índice alfabético; obra útil).

Aunque, de algún modo, todos estos diccionarios se completan unos a otros, me parece que la obra de Varela/ Kubarth es la mejor en cuanto a método y presentación tipográfica de los fraseologismos. Véase también pág. 292.

3.3.1.4. *Diccionarios de refranes*

Los *diccionarios de refranes o refraneros* tienen una larga tradición. Disponemos de algunos diccionarios monolingües de este tipo en español. El principal problema de los diccionarios de refranes es que no indican cuáles entre los miles de refranes que registran se usan o tan sólo se conocen todavía en nuestra época, en que la se usan cada vez menos refranes.

Los más importantes del siglo XX son:

- José María Sbarbi: *Diccionario de refranes, adagios proverbios, modismos y locuciones proverbiales*. 2 tomos, Madrid 1922, reimpresión Buenos Aires 1943.
- Francisco Rodríguez Marín: *Más de 21.000 refranes castellanos*. Madrid 1926.
- José Bergua: *Refranero español. Colección de ocho mil refranes populares, ordenados, concordados y explicados*. 3ª ed. Madrid 1945.
- Guillermo López Hipkiss: *1000 Refranes, Proverbios y Adagios. Sabiduría popular*. Barcelona, s.a. [hacia 1950].
- Luis Martínez Kleiser: *Refranero general ideológico español*. Madrid 1953, reimpresión 1993.
- Felipe C.R. Maldonado: *Refranero clásico español y otros dichos populares*. Madrid 1960.
- Juana G. Campos/ Ana Barella: *Diccionario de refranes*. Anejo XXX del *Boletín de la Real Academia Española*. Madrid 1975 y Espasa-Calpe, Madrid, 2ª ed. 1993, 3ª ed. 1995.
- *Iter Sopena de refranes con una cómoda guía para su localización*. Barcelona 1983.
- Juan Manuel Oliver: *Refranero español*. Madrid 1983.
- Mauro Fernández: *Refranero español*. Madrid 1989.
- Mauro Fernández: *Diccionario de refranes*. Ed. Alderabán. Madrid 1994.
- F. Daudet: *Los mejores refranes españoles*. Madrid 1988.
- Ernesto Baraibar Gardoqui: *Lo primero, el refranero*. Guadalajara (España), 1977.
- *Iter Sopena de refranes*. Barcelona 1991.

- *El libro de los refranes*. De Vecchi. Barcelona 1991 (clasificación temática).
- Adela Iglesias: *Del dicho al hecho... Los más selectos refranes prácticos*. 1ª ed. México 1989. 2ª reimpresión 1990 (clasificación temática).
- María Carmen Santos González: *Citas y refranes celébres*. Barcelona 1973.
- Gabriel Ma. Vergara Martín: *Refranero geográfico español*. Madrid 2ª ed. 1986 (registra refranes que se refieren a las distintas regiones de España y sus poblaciones).
- Luis Junceda: *Diccionario de refranes*. Espasa-Calpe. Madrid 1996.

También registran refranes:
- Antonio J. Onieva: *Diccionario múltiple*. Paraninfo. Madrid. 5ª ed. 1994.
- *Diccionario manual de aforismos, proverbios y refranes adaptados a las normas de la Real Academia Española*. Ed. Plaza del Amo. Madrid. 1ª ed. 1991.

Un refranero hispanoamericano es:
- Washington Escobar: *Refranero uruguayo*. Tacuarambó 1974.

3.3.1.5. *Diccionarios de citas*

Los *diccionarios de citas* cumplen una función práctica. Existen algunas obras de este tipo para el español[43]. Aquí hay que mencionar también los diccionarios de máximas, sentencias, aforismos, etc.

Diccionarios de citas y frases célebres son, entre otros:

- José Borrás: *Diccionario citador. Máximas, proverbios, frases*. Barcelona 1836.
- Juan Mir y Noguera: *Frases de los autores clásicos españoles*. Madrid 1899: nueva ed. con el título: *Diccionario de frases de los autores clásicos españoles*. Buenos Aires 1942.
- Elio Fabio Echeverri: *Diccionario del pensamiento, refranes, máximes, aforismos, sentencias*. Bogotá 1942.
- Cesáreo Goicoechea Romano: *Diccionario de citas [...]*. Ed. Dossat 2000. Barcelona. 1ª ed. 1952; 2ª ed. 1962; 7ª ed. 1995.
- Jorge Sintes Pros: *Diccionario de máximas, pensamientos y sentencias*. Ed. Sintes. Barcelona 10ª ed. 1992.
- María Carmen Santos González: *Citas y refranes célebres*. Barcelona 1973.
- Jorge Sintes Pros: *Diccionario de frases célebres*. Ed. Sintes. Barcelona. 1ª ed. 1957; 4ª ed. 1972; nueva ed. 1992.
- Vicente Vega: *Diccionario ilustrado de frases célebres y citas literarias*. Barcelona 2ª ed. 1952. Nuevas eds. 1955, 1962 y 1966.
- Agustí Bartra: *Diccionario de citas*. Madrid 1986.

---

[43] Sobre la problemática de los diccionarios de citas véase Franz Josef Hausmann: «Das Zitatenwörterbuch»; en: *Wörterbücher*, t.II, 1990, págs. 1044-1049. Martínez de Sousa 1995 indica más títulos de obras de este tipo (s.v. *diccionarios de citas* y *diccionarios de frases célebres*.)

- Florence Montreynaud: *Diccionario de citas literarias*. Ed. Everest. León 1990.
- Josep Albaigès Olivert/ Ma. Dolors Hipólito: *Gran diccionario múltiple de citas*. Círculo de Lectores. Barcelona 1991 (Ver pág. 292).
- Wenceslao Castañares/ José Luis González-Quirós: *Diccionario de citas*. Ed. Nóesis. Madrid. 1ª ed. 1993 (clasifica las citas por nombres de autores).
- Gregorio Doval: *Diccionario general de citas*. Ediciones del Prado. Madrid 1994.
- *Sopena. Mega. Frases célebres y citas* (sin autor). Ed. Sopena. Barcelona 1994.
- José Luis Díaz/Vicente González: *Gran Enciclopedia de frases célebres*. 2 vols. Giner. Madrid 1967 (ordenación alfabética; obra muy completa).
- Alain Mackay: *Diccionario de citas científicas*. 1ª ed. Ediciones de la Torre. Madrid 1992.

Las citas registradas pueden ser únicamente literarias como en la obra de F. Montreynaud. Por lo general, los diccionarios de este tipo ofrecen citas (y «frases célebres») de filósofos, hombres de Estado, sabios, artistas, y también de obras literarias. Cuando las citas proceden de otra lengua, interesa siempre la versión original y el equivalente español, distinguiendo aquellas citas cuya versión española esté consagrada por el uso (como la cita de Descartes: «Pienso, luego existo»; en francés: «Je pense, donc je suis»; en latín: «Cogito, ergo sum») de las que son una traducción *ad hoc* para explicar la cita original. Seguramente estos diccionarios deberán completarse con nuevas citas que, en gran parte, faltan todavía, por ejemplo, de Churchill, de de Gaulle, de la Pasionaria, etc.

3.3.1.6. *Diccionarios de frases*

El *diccionario de frases* que suele ser bilingüe o multilingüe; ofrece una colección de frases completas con su traducción en una o más lenguas. De momento existen obras de este tipo para la *correspondencia mercantil* y un repertorio de frases con su traducción en otra lengua suele figurar también en las *guías de conversación para turistas*.

Obras de correspondencia comercial que ofrecen frases con su traducción a otra lengua son por ejemplo:

- H. Burfeindt-Moral/ J. A. Moral Arroyo: *Langenscheidts Satz-Lexikon des spanischen Geschäftsbriefes. 15000 Mustersätze von A-Z.* Berlín - Munich - Zurich 1972 (alemán-español)
- Derrick Ferney/ Paul Hartley/ Angela Villa/ McLoughlin/ Gareth Thomas: *The Multinational Business Handbook. A Guide to International Correspondence.* 1983. De esta obra existe una versión para España bajo el título: *Guía multilingual de los negocios. Un completo manual de correspondencia internacional. Alemán-Español-Francés-Inglés-Italiano.* Barcelona 1983; la combinación español-alemán está representada por Birgit Abegg/ Julián E. Moreno:

Spanisch für Kaufleute. Berlín - Munich - Viena - Zurich - Nueva York 1990. Nueva ed. 1995.

Ejemplos de guías turísticas y obras muy similares que ofrecen una serie de frases con su traducción en otra lengua son entre otras:

- Alejandro Fajardo Aguirre: *Spanisch fürs Gespräch. Ein modernes Konversationsbuch*. Langenscheidt. Berlin - Munich 3ª ed. 1991.
- Marina Dueñas de Haensch: *Langenscheidts Sprachführer mit Reisewörterbuch Deutsch-Spanisch*. Berlín - Munich - Viena - Zurich 1988 (combina un vocabulario sistemático con frases en ambas lenguas y un glosario alfabético alemán-español); nueva versión por Francisca Pichardo Castro. 1ª ed. 1995.
- F. Ferdinand Siebert/ Tilla Siebert/ Carlos Segoviano: *Pons Reisewörterbuch Spanisch*. 1ª ed. Stuttgart 1980 (tiene la misma estructura que la obra anterior).

Mucho más reducido es *Harper's Spanish Phrasebook*, de F. R. Harper/ J. I. de Corvera, Londres 1963 (inglés-español).

Las frases típicas de la comunicación telefónica registra la obra: *T. Bordón: Al teléfono. Comprensión y expresión oral*. Ed. SM. Madrid 1994. Ed. alemana Langenscheidt. Berlín - Munich 1995. Esta obra como otras va acompañada de una casete.

3.3.1.7. *Diccionario de uso*

El diccionario de uso se tratará en 3.4.1.

3.3.2. Diccionarios paradigmáticos

Este tipo de diccionario reúne las palabras en paradigmas que pueden ser paradigmas de contenido (como en los casos de los diccionarios onomasiológicos, los de sinónimos y de antónimos, los diccionarios por la imagen y el diccionario de gestos) o bien paradigmas de expresión (como en los diccionarios de homónimos y parónimos, diccionarios de rima y diccionarios inversos).

3.3.2.1. *Diccionarios onomasiológicos*

Los *diccionarios onomasiológicos* parten de la perspectiva del «significado al significante». Su ordenación puede ser por temas, como ocurre en el famoso «Begriffssystem» (sistema conceptual) de Hallig/ von Wartburg[44] y con muchos

---

[44] Rudolf Hallig/ Walther von Wartburg: *Begriffssystem als Grundlage für die Lexikographie. Versuch eines Ordnungsschemas*. Abhandlungen der Deutschen Akademie der Wissenschaften zu Berlin. Klasse für Sprache, Literatur und Kunst. Año 1957, núm. 4. Véase también Oskar Reichmann:

vocabularios básicos[45] o bien, partiendo de lemas ordenados alfabéticamente que encabezan un grupo de palabras que corresponden a un determinado campo léxico como el famoso *Diccionario ideológico* de Julio Casares, 1ª ed. Barcelona 1942, 2ª ed. Barcelona 1959 (No hay ninguna otra ed.; sólo reimpresiones), prototipo del género. Lo que se llama en español *diccionario ideológico* corresponde en otras lenguas, por ejemplo en francés, al *diccionario analógico*. De publicación reciente es el *Diccionario ideológico de la lengua española VOX*. Ed. Biblograf. Barcelona, 1995 dirigido por Manuel Alvar Ezquerra (1.625 págs.). En otras lenguas, en cambio, por ejemplo, en inglés, se entiende por «diccionario ideológico» un diccionario clasificado por temas como lo es el modelo de todos estos diccionarios: Peter M. Roget: *Thesaurus of English Words and Phrases*. Londres 1852[46]. A este grupo pertenece el *Diccionario temático de la lengua española VOX*. Barcelona 1975.

Existe un diccionario onomasiológico comparado de las lenguas románicas (en vías de publicación):

- Henri Vernay: *Dictionnaire onomasiologique des langues romanes (DOLR)*, 6 vols. publicados (1996), Ed. Niemeyer. Tubinga 1991 ss.

La Editorial Verbum (Madrid) anuncia para 1996 un *Diccionario temático del español* de Rafael del Moral Aguilera.

Los diccionarios que acabamos de mencionar registran el léxico de la lengua general, pero la clasificación temática (y no ideológica = analógica) es muy usual en terminologías especializadas monolingües y bilingües como muestra la página de una terminología económica bilingüe que reproducimos en la pág. 103.

3.3.2.2. *Diccionarios de sinónimos*

Ciertos autores niegan que existan sinónimos porque, aunque un significado básico, la *denotación*, puede corresponder a varias palabras, siempre hay un matiz (nivel de estilo, extensión geográfica, etc.), una *connotación* que las distingue, por lo cual, en muchos casos, no son sustituibles. Otros autores afirman que sí hay sinónimos[47]. De todos modos, el límite entre lo que se podría aún llamar *sinónimo* y lo que ya es *palabra afín* es vago, impreciso. Desgraciadamente la mayoría de los diccionarios de sinónimos se contentan con una mera enumeración de éstos, lo cual es una ayuda nemotécnica y supone la correspondiente competencia lingüística del hablante, pero al usuario no se le dice cuándo es apropiado el uso de uno u otro sinónimo. Estos diccionarios de sinónimos se llaman *acumulativos*. Lo que necesita el usuario, especialmente cuando su lengua materna no es el español, son *diccionarios de sinónimos dis-*

«Das onomasiologische Wörterbuch. Ein Überblick»; en: *Wörterbücher*. t. II, págs. 1057-1067 y Martín Mingorance 1994 a.

[45] Véase 3.3.4.6.

[46] Numerosas reediciones; última ed. Harlow 1987.

[47] Véase Gregorio Salvador: «Sí hay sinónimos» (Salvador 1985 a).

XXIX.

Estrangero, Forastero.

Segun la acepcion autorizada de estas dos voces, parece que *forastero* debe llamarse la *persona que vive, ó está en un lugar ó pais de donde no es vecino: y estrangero se toma por el que no es de aquella tierra ó pais donde está, y donde vive.* Pero si queremos conformarnos á estas definiciones, será preciso convenir en que un valenciano, que se halla en Madrid, es

[44]

tan *estrangero* como un ruso, porque *no es de aquella tierra ó pais donde está, y donde vive.*

La aplicacion que generalmente se hace de estas voces, distingue perfectamente dos diferentes ideas. *Estrangero* es el vasallo de otro soberano, aunque no *esté ni viva en nuestro propio pais. Forastero* es el que no está avecindado en el pueblo en que se halla, siendo vasallo del mismo soberano. Un ingles es *estrangero* respecto de un español, aunque no esté ni haya estado en España. Por eso decimos: los *estrangeros* critican las cosas de nuestro pais sin haberlas visto. Un burgalés, un toledano son *forasteros* en Madrid; pero no se les da este nombre sino en el hecho de estar en Madrid, y asi no seria bien dicho: Hay muchos *forasteros* que no han estado en Madrid.

Un mahones que es ahora *forastero*

[45]

en Madrid, era *estrangero* antes, variando esta calidad, no obstante ser antes y despues de la conquista de Menorca, *una persona que no es de aquella tierra y pais donde está, y donde vive.*

Muestra del primer diccionario de sinónimos españoles: José López de Huerta: *Examen de la posibilidad de fijar la significación de los sinónimos de la lengua castellana*. 4.ª ed. Barcelona, 1819.

tintivos, es decir, inventarios que le digan en qué se distinguen los diferentes sinónimos y que le den ejemplos de aplicación.

El más antiguo de los diccionarios de sinónimos españoles que ya da explicaciones sobre el uso de éstos es: J. López de Huerta: *Examen de la posibilidad de fijar la significación de los sinónimos de la lengua castellana.* 1ª ed. Viena 1789, varias reediciones en el siglo XIX. También es distintivo: José Joaquín de Mora: *Colección de sinónimos de la lengua castellana*. Madrid 1854. Con un prólogo de J. E. Hartzenbusch en la primera edición y otro más en la última de Manuel Alvar Ezquerra. Visor Libros. Madrid 1992.

Entre los diccionarios de sinónimos de los últimos años se pueden citar:

- Julio de la Canal: *Diccionario de sinónimos e ideas afines.* México 1961.

- Mario Frias Infantes: *Diccionario de sinónimos*. La Paz 1987.

- Géminis. *Diccionario de sinónimos y antónimos.* Bogotá 1988 (con definiciones).

- Roque Barcia: *Sinónimos castellanos.* Buenos Aires 1977 (reedición de una obra ya muy antigua, pero distintiva). Nueva reimpr. Colofón. México 1994.

- J. Barnat (dir.): *Gran diccionario de sinónimos y antónimos de la lengua española.* Ed. Nauta. Barcelona 1988, últ. ed. de 1994 (contiene un diccionario de sinónimos y antónimos españoles, ambos con indicación de usos contextuales, cortas, pero útiles y un diccionario de sinónimos ingleses de las mismas características).

- Luis Salgado Dapie: *Diccionario ilustrado de la lengua castellana y de sinónimos.* Edicomunicación. Barcelona 1993 (obra con definiciones escuetas e insatisfactorias. Por indicar, en algunos artículos, unos cuantos sinónimos, no se justifica el título »... y de sinónimos»).

- Mariano Orta Manzano: *Diccionario de sinónimos.* Ed. Juventud. Barcelona 1980; 2ª ed. 1985; 3ª ed. 1990. (acumulativo).

- *Aristos, Sinónimos. Antónimos. Parónimos.* Barcelona 1987. (acumulativo).

- *Diccionario Encasa Sinónimos y Antónimos* (sin autor). Lima 1990.

- Angel López García: *Diccionario de sinónimos y antónimos de la lengua española*. Ortells. Valencia 1985. Otra ed. en 3 vols. Valencia 1995 (Sobre el método de esta obra, ver pág. 73).

- *Diccionario de sinónimos y contrarios.* Ed. Teide. 14ª ed. Barcelona 1991.

- *Diccionario de sinónimos y antónimos de la lengua española. Manual básico.* Verón. Barcelona 1994. (da una breve definición del lema y luego los sinónimos, acumulativo).

- *Diccionario Everest de Sinónimos y antónimos.* León 14ª ed. 1995 (da definiciones del lema y sinónimos, acumulativo).

- Fernando Corripio: *Diccionario práctico. Sinónimos. Antónimos.* Larousse-Planeta. Barcelona 1992 (acumulativo).

- Fernando Corripio: *Gran diccionario de sinónimos, voces afines e incorrecciones.* 1ª ed. 1974, últ. ed. Barcelona 1991 (muy completo, acumulativo).

- *Espasa. Diccionario de sinónimos y antónimos.* Espasa-Calpe. Madrid. 2ª ed. 1994 (acumulativo).

- *Espasa de Bolsillo. Diccionario de sinónimos y antónimos.* Espasa-Calpe. Madrid. 1ª ed. 1994, nueva ed. 1996 (acumulativo).

- Manuel Giménez: *Diccionario lógico de sinónimos y antónimos*. Ediciones 29. 1ª ed. Barcelona 1995 (acumulativo).

- Joaquín Horta Massanes: *Diccionario de sinónimos e ideas afines y de la rima*. Ed. Paraninfo. Madrid. 5ª ed. 1994 (acumulativo, la segunda parte es un diccionario de la rima).

- *Mega Thesaurus Sopena. Sinónimos. Antónimos. Parónimos e ideas afines.* Edicomunicación. Barcelona 1994 (acumulativo).

- Federico Carlos Sainz de Robles: *Diccionario español de sinónimos y antónimos*. Aguilar Madrid, 1ª ed. 1946, última reimpr. 1993 (acumulativo).

- *Sinónimos Iter 2000. Diccionario de sinónimos, antónimos, ideas afines, parónimos. Gentilicios*. Sopena. Barcelona 1991 (acumulativo).

- Miguel Subercaseaux: *Gran Diccionario. Sinónimos, Antónimos y Parónimos e ideas afines*. Programa Educativo Visual. Colombia 1991 (acumulativo).

- *VOX Diccionario Manual de sinónimos y antónimos*. Biblograf. 8ª ed. Barcelona 1991, reimpr. 1995 (explica las diferencias entre los sinónimos, pero no en todas las entradas). La obra es una ampliación y revisión del *Diccionario de Sinónimos* de Samuel Gili Gaya dirigida por José Manuel Blecua Perdices.

- *VOX Diccionario esencial de sinónimos y antónimos*. Biblograf. Barcelona. 1ª ed. 1992.

- Samuel Vila: *Diccionario etimológico de sinónimos. Adaptación a la predicación y la literatura evangélica*. Barcelona 1986 (distintivo).

- José Ma. Zainqui: *Diccionario razonado de sinónimos y contrarios*. De Vecchi. Barcelona 1989; nueva ed. 1991 (distintivo, con un índice separado).

- Michel Doezis: *Diccionario de sinónimos, antónimos y parónimos*. Ed. Libra. Madrid 1994 (existen dos versiones de esta obra, una de formato más reducido, otra ampliada; el contenido es el mismo; obra acumulativa).

Otros diccionarios de sinónimos que están actualmente en el mercado, por lo general acumulativos, son:

- *Alfa Nauta. Diccionario de sinónimos*. Ed. Nauta. Barcelona. 1ª ed. 1994.

- *Diccionario Océano de sinónimos y antónimos. Locuciones usuales. Voces extranjeras. Frases célebres*. Ed. Océano. Barcelona, últ. ed. 1995.

- Joaquín Mateo Blanco: *Diccionario de sinónimos de la lengua castellana*. Ed. Antalbe. Barcelona 1988.

- *Diccionario conciso de sinónimos y antónimos*. Ed. Océano. Barcelona. 1ª ed. 1994.

- *Diccionario de sinónimos, antónimos y parónimos. Cosmos*. Librerías Sánchez. Madrid. 1ª 1993.

También registra sinónimos y antónimos:

- Antonio J. Onieva: *Diccionario múltiple*. Paraninfo. Madrid, 5ª ed. 1994.

- Martín Alonso Pedraz: *Diccionario de sinónimos explicados. Matización, aclaración, antónimos y frases*. EDAF. Madrid 1984[48].

---

[48] Martínez de Sousa 1995 da más títulos s.v. *diccionarios de sinónimos*.

Oportuno

Adaptado, adecuado, apropiado, a propósito, apto, cómodo, conforme, congruente, congruo, conveniente, chistoso, donoso, gracioso, indicado, ocurrente, pertinente, propicio, propio, providencial, tempestivo.

Oportuno se aplica a lo que se hace o sucede a propósito y conveniente en el tiempo, lugar o circunstancia: «Para ensalzar a la patria entre hombres fuertes y leales son *oportunos* todos los momentos» (J. Martí). Lleva a su vez consigo el sentido de ingenioso, ocurrente: «La rara volubilidad con que... mezclaba en una súplica ardiente la sal de un dicho *oportuno*, la hacía irresistible» (Menéndez Pidal). *Adaptado* se nombra y se dice de lo acomodado, bien aplicado y con proporción a sus elementos: «La Salve Regina que compuso don Pedro Compostelano, Arzobispo de Santiago, es una oración muy *adaptada* al oficio de nuestra señora» (Alexo Venegas). *Adecuado* se dice de lo conveniente y oportuno. «El sitio escogido... era el más *adecuado* para disfrutar del baño» (J. Isaacs). *Apropiado* es lo adecuado para el fin a que se destina: «No creo hoy exacto el nombre que empleé hace una década, y menos *apropiado* me parece aún el lanzado por Castro» (Sánchez Albornoz). *A propósito* comprende toda cosa oportuna o adecuada para lo que se desea o para el fin a que se destina: «María era una joven de mucho talento y gran imaginación *a propósito* para bailar en el mundo o para acometer cualquier empresa» (Palacio Valdés). Si se habla de los racionales, *apto* equivale a idóneo, hábil y capaz; referido a los brutos y cosas inanimadas es sinónimo de conveniente, oportuno, acomodado para el fin que se desea. *Cómodo* es lo que se presta al uso necesario sin ningún inconveniente o molestia: es pues, algo oportuno, fácil, acomodado: «La situación del catolicismo en España será menos *cómoda* de lo que ha sido en estos últimos tiempos» (J. L. L. Aranguren). *Conforme* representa lo acorde con otra cosa tomada como término de la comparación, que se corresponde con ciertos principios, costumbres, con lo que ha sido ordenado por alguien. *Congruente* y *congruo* presentan el mismo significado de conveniente, oportuno: «Más *congruente* con los hechos es pensar que no hay ningún progreso seguro» (Ortega y Gasset). Se dice que algo es *conveniente* cuando su realización trae cualidades buenas, oportunas, en conformidad con un criterio o modo de vida: «Cada cuadro animado busca la luz *conveniente* que le va bien» (Mesonero Romanos). *Chistoso* hace referencia a la persona que acostumbra a decir chistes. «Le halaga que se la encuentre encantadora cuando le da por ser *chistosa*» (V. Ocampo). Llámase *donoso* lo que se presenta con gracia y donaire en sus hechos, acciones, dichos o demás manifestaciones. *Gracioso* es igual que chistoso, agudo, lleno de donaire y gracia. *Indicado* es sinónimo de conveniente o adecuado. *Ocurrente* equivale a gracioso, oportuno: «Era todavía un anciano muy animado y *ocurrente*» (Rubén Darío). *Pertinente* vale tanto como oportuno, adecuado: «Sería *pertinente* recordar también algunos otros autores para las restantes obras de Valle-Inclán» (Amado Alonso). *Propicio* equivale a favorable, adecuado para cierta cosa: «El mismo creía que eran los veinticinco años la edad *propicia* para el matrimonio» (G. Marañón). Propio es lo apropiado y adecuado para lo que se expresa. *Providencial* se refiere al hecho o suceso que libra de un peligro o una desgracia inminente: «Aquel verano, el tren mató dos vacas y atropelló a dos automóviles. Fue *providencial* que a quienes iban dentro no les pasase nada» (C. J. Cela). *Tempestivo* alude a lo que viene y ocurre en tiempo y ocasión oportunos.

Anacrónico, extemporáneo, improcedente, inadaptado, inadecuado, incongruente, inconveniente, inoportuno, intempestivo, patoso, pelma, soso.

Oración

Antífona, conjuro, deprecación, devoción, exorcismo, instancia, invocación, jaculatoria, letanía, padrenuestro, petición, plegaria, preces, recomendación, rezo, ruego, salmo, súplica.

La *oración* es una súplica, deprecación y ruego que se dirige hacia otro ser en demanda de auxilio y perdón. «Habiendo caído malo de una enfermedad muy peligrosa, por las *oraciones* de Santo Domingo le sanó la Virgen» (P. Pedro de Ribadeneira). La *antífona* está formada por un estribillo que acompaña al canto o a la recitación de un salmo, repitiéndose al principio y al final del

José M.ª Zainqui: *Diccionario razonado de sinónimos y contrarios*. Barcelona, 1985.

Sinónimos hispanoamericanos registran:

- Darío Espina Pérez: *Diccionario de sinónimos hispanoamericanos. Términos de estructura semejante.* Caracas-Barcelona 1969.
- Gabriel María Vergara y Martín: *Diccionario hispanoamericano de voces sinónimas y análogas.* Madrid 1930.

En Alemania se publicó en español: Felipa Moreno Torres: *Lexikon der spanischen Synonyme.* Bechtermünz. Eltville 1992 (acumulativo y poco útil). En Panamá apareció el *Diccionario de sinónimos EASA con antónimos y parónimos.* Editorial América. Panamá 1985. En esta obra se define primero el lema, luego se indican varios sinónimos y antónimos (acumulativo).

Conclusión: los primeros diccionarios de sinónimos, menos extensos que los de hoy, daban por lo general, más indicaciones útiles para el usuario que los actuales. Sirva de ejemplo el artículo *Extranjero, Forastero* del diccionario de sinónimos de J. López de la Huerta (véase más arriba) que reproducimos en la pág. 69.

El diccionario de sinónimos tradicional no puede resolver todos los problemas de la sinonimia. En primer lugar, debido a la polisemia (diferentes acepciones) de la palabra. La voz *rico* requiere sinónimos diferentes según significa 1. que tiene mucho dinero, acaudalado; 2. abundante (*alimentos ricos en proteínas*); 3. de sabor agradable, sabroso: *un rico helado*; 4. simpático, agradable (familiar): *un niño muy rico*; 5. como apelativo: *Oye, rico, ¿qué te pasa?*

Esto supone que haya definiciones para cada acepción de una palabra.

En segundo lugar, una palabra puede tener dentro de la misma acepción sinónimos limitados a un determinado contexto (a ciertas colocaciones). Los casos de sinonimia tratados en los diccionarios distintivos pueden tener en cuenta tan sólo un número limitado de contextos. En todo ello hay que tener en cuenta también los niveles de estilo (literario, estándar, coloquial) y ciertas connotaciones (matiz despectivo, eufemístico, grosero, insultante, burocrático, etc.), lo cual hace muy difícil las explicaciones de sinónimos para la producción de textos.

En un interesante artículo (López García 1991), el autor explica que buscó una serie finita de contextos generalizados para limitar las series sinonímicas, y afirma que «los rasgos contextuales de la sinonimia intra e interlingüística suministran una base suficiente para diferenciar los distintos casos entre sí.»

Algunos de estos contextos son: perdurabilidad, negativo/positivo, concreto/abstracto, referente: objeto, animal/humano. El autor aplica este método en el ya mencionado diccionario de sinónimos de la editorial Ortells, limitando de hecho los sinónimos adecuados a cada caso. El único inconveniente de este sistema para el usuario «normal», que no es un lingüista, puede ser que el método sea un poco laborioso y abstracto, pero, salvo los casos de sinonimia distintiva en contextos muy limitados, no existe todavía ningún método mejor.

Los *diccionarios de ideas afines* representan un tipo intermedio entre el diccionario de sinónimos y un diccionario onomasiológico con clasificación temática. Ejemplo: Fernando Corripio: *Diccionario de ideas afines.* Herder. Barcelona 1985, última reimpresión 1994.

Más antigua es la obra:

- Carlos Kalveram: *Diccionario de ideas y expresiones afines.* Madrid 1956.

Un diccionario bilingüe de sinónimos *sui generis* es:
- R.E. Batchelor: *Using Spanish Synonyms.* Cambridge University Press. Cambridge 1994 (obra muy útil, que parte de un campo semántico, enumerando en una primera columna las palabras españolas que pertenecen a éste; en una segunda columna ofrece la definición exacta de cada palabra en inglés y, en la tercera, da ejemplos de aplicación en español.

A la hora de comprar un diccionario de sinónimos, el usuario deberá preguntarse si necesita sólo una enumeración de sinónimos, en cuyo caso el diccionario acumulativo le bastará, o bien si prefiere que le expliquen los matices del uso de los distintos sinónimos mediante definiciones y ejemplos, para lo que tendría que echar mano de un diccionario distintivo de sinónimos o del diccionario de A. López García con contextos generalizados (véase pág. 292).

3.3.2.3. *Diccionarios de antónimos*

No conozco ningún diccionario del español que ofrezca sólo antónimos. Los antónimos suelen estar incluidos en los diccionarios de sinónimos como ocurre también en los diccionarios de otras lenguas. Hay pocos diccionarios «puros» de antónimos, por ejemplo, para el alemán:
- Christiane Agricola/ Erhard Agricola: *Wörter und Gegenwörter. Antonyme der deutschen Sprache.* Leipzig 1984.

3.3.2.4. *Diccionarios de homónimos y parónimos*

Homófonas son las palabras que se pronuncian de la misma manera si bien pueden tener una grafía diferente y un significado diferente, por ejemplo, *hecho/echo, graba/grava.*

Por *homógrafos* se entienden los vocablos que se escriben igual y en español se pronuncian igual aunque tengan diferente etimología y diferente significado, por ejemplo, *junco* 'planta de tallos lisos que crece en terrenos pantanosos'y 'barco de vela en los mares del Este de Asia'.

Por *homónimas* se entienden las palabras que se escriben y se pronuncian igual, pero que tienen significados diferentes. En español, debido a la relación que existe entre la grafía y la pronunciación, prácticamente no hay diferencia entre *homógrafo* y *homónimo.*

En español peninsular hay pocos homófonos que pertenecen a la misma categoría gramatical, por ejemplo, sustantivos como *atajo/hatajo, aya/haya, baca/vaca, balón/valón, baqueta/vaqueta, basca/vasca. honda/onda; gira/jira*; verbos como *grabar/gravar, atajar/hatajar; ojear/hojear;* adjetivos como *basto/vasto.*

Como se desprende de estos ejemplos, se trata siempre de palabras que se escriben con o sin *h* inicial o en las que hay oposición gráfica entre *b* y *v* o entre *g* y *j*. La lista de homófonos se puede naturalmente ampliar si se tienen en cuenta sintagmas, locuciones, formas conjugadas de verbos, etc. como *a bordo/abordo* (del verbo *abordar*), *menosprecio/menos precio*. En el español de América en cambio, hay muchos casos más de homofonía debido al seseo y al yeísmo (por ejemplo, *ciervo-siervo; se calló-se cayó*).

Curiosamente tres de los cinco diccionarios de homónimos españoles que conozco están publicados en Hispanoamérica, lo cual se explica por el hecho de que —debido al seseo y al yeísmo— hay en el español de América más palabras homófonas que en español peninsular. Se trata de:

- Jesús Guzmán/ Raz Guzmán: *Voces homófonas*. México 1919.
- José Cruz Aufrère/ Mary O. de Cruz: *Diccionario de homónimos castellanos*. Cochabamba (Bolivia) 1969.
- José López-Loñes: *Vocabulario de infinitivos homófonos*. Madrid 1976.
- Alvaro J. Moreno: *Voces homófonas, homógrafas y homónimos castellanos*. México 1ª ed. 1975, 2ª ed. Madrid 1977.
- Jacinto Gutiérrez Molino: *Diccionario de palabras homónimas*. Ed. Gutiérrez. Madrid. 1ª ed. 1994.

Los *parónimos* son palabras formalmente parecidas a otras y que por eso se pueden a veces confundir, por ejemplo, *síncopa/síncope* y *adición/adicción; dominico/dominicano*. Algunos diccionarios que registran sinónimos, dan también parónimos, pero hay pocos ejemplos de diccionarios que registren sólo parónimos, todos ellos publicados en Hispanoamérica:

José Cruz Aufrère: *Diccionario de parónimos o voces de dudosa ortografía*. Publicaciones de la Universidad Pedagógica y Tecnológica de Colombia. Tunja 1972.

Santiago Lazzati: *Diccionario de parónimos castellanos*. Buenos Aires 1956.

Victoriano E. Montes: *Parónimos de la lengua castellana*. Buenos Aires 1893.

En España se publicó:

B. Blanco: *Tratado de ortografía castellana, con un diccionario de voces parónimas [...]*. Madrid 1910.

También registra palabras homófonas y parónimas: Antonio J. Onieva: *Diccionario múltiple*. Paraninfo. Madrid, 5ª ed. 1994 y algunos diccionarios de sinónimos.

3.3.2.5. *Diccionarios de la rima*

Este tipo de diccionario[49] es ya antiguo. En el siglo XIX se publicaron varios diccionarios de la rima. Por la ordenación de sus materiales, los diccionarios de la rima son los precursores de los diccionarios inversos.

Diccionarios de la rima anteriores al siglo XX son, entre otros:

---

[49] Véase Celeyrette 1989.

- Eduardo Benot: *Diccionario de asonantes y consonantes.* Madrid 1893. Este diccionario, el más completo del género, se publicó más tarde con el título: *Diccionario de frases rimadas [...].* Buenos Aires 1941.
- Juan Peñalver: *Diccionario de la rima de la lengua castellana.* Madrid 1842. Se publicó primero en el *Panléxico* de Santos López Pelagrín, y luego en numerosas ediciones separadas hasta el siglo XX, nueva ed. Buenos Aires 1940.
- A. Tracia (seudónimo de Agustín Aicart): *Diccionario de la rima o consonantes de la lengua castellana [...].* Barcelona 1829.
- *Diccionario de la rima*, por una Sociedad de literatos. París 1852.

En el siglo XX se publicaron:
- José Pérez Hervás: *Manual de rimas selectas.* Barcelona 1910.
- Pascual Blaise Campoy: *Diccionario de la rima. Tratado de versificación.* Madrid 1946, nueva ed. 1952.
- A. García Oliveros: *Diccionario de la rima.* Oviedo 1947 (en bable).
- Domingo García Bellsolá: *Diccionario de la rima.* Madrid 1973.
- Adolfo L. León: *Nuevo diccionario de la rima.* Miami 1976.
- J. Horta Massanes: *Diccionario de sinónimos e ideas afines y de la rima.* Ed. Ayma. Barcelona. 1ª ed. 1991.

3.3.2.6. *Diccionarios inversos*

El *diccionario inverso*, que puede servir igualmente de diccionario de la rima, se usa generalmente con fines científicos, por ejemplo para estudiar los distintos sufijos. Actualmente existen varias obras de este tipo para el español, siendo la mejor de ellas la de Bosque/ Pérez Fernández.[50]

Hoy en día disponemos de las obras siguientes:
- Ignacio Bosque/ Manuel Pérez Fernández: *Diccionario inverso de la lengua española.* Gredos. Madrid 1987.
- David Mighetto/ Per Rosengren: *Diccionario reverso.* Göteborg 1985.
- Fred A. Stahl/ Gary E. Scavnicky: *A Reverse Dictionary of the Spanish Language.* University of Illinois. Urbana 1973.
- Silvia Faitelson-Weiser: *Dictionnaire inverse et analyse statistique de la langue espagnole.* Université de Laval. Québec 1987.
- Kim Woo-Joong: *Diccionario inverso español-coreano.* Hyosung (Corea del Sur) 1991. (Diccionario inverso del español con equivalentes de las palabras en coreano).
- Hermenegildo de la Campa: *Diccionario inverso del español. Su uso en el aula.* Ed. Narcea. Madrid 1987.

---

[50] Véase Kurt Gärtner/ Peter Kühn: «Das rückläufige Wörterbuch»; en: *Wörterbücher.* t.II, 1990, págs. 1131-1143; además: Stindlova 1960 y Verd 1993.

- Hermenegildo de la Campa/ Esteban de Manuel/ Antonio Romero/ Francisco Romero: *Diccionario escolar inverso de la lengua española. Implicaciones didácticas*. Universidad de Granada 1991.

3.3.2.7. *Diccionarios por la imagen*

El *diccionario por la imagen* (o *diccionario pictórico, diccionario pictográfico* o *diccionario visual*) es ya muy antiguo. La primera obra de este tipo, que tuvo un éxito enorme (más de 233 ediciones plurilingües) es la de J.A. Comenius: *Orbis sensualium pictus*, publicada por primera vez en latín en 1658. Luego se sucedieron las ediciones bilingües y multilingües[51]. El diccionario de Comenius parte de cuadros, toma, por ejemplo, un paisaje y explica los nombres de las personas y cosas que aparecen en éste[52]. En 1935 salió la primera edición del *Bildwörterbuch* de Duden en Alemania y fue un éxito mundial. Se adaptó a una serie de otras lenguas (inglés, francés, español, italiano, sueco, etc.). El primero de los diccionarios en español se publicó en 1940: Th. Scheppelmann: *Duden español. Diccionario ilustrado de la lengua castellana*, Leipzig 1940; el segundo: *Duden español. Diccionario por la imagen*, Barcelona y Mannheim, 2ª ed. 1963; el tercero: *Oxford-Duden Bildwörterbuch Deutsch und Spanisch* en colaboración con M. Alvar Ezquerra. Mannheim-Viena-Zurich 1983. De este diccionario existen ediciones paralelas español-francés y español-inglés, ambas Mannheim-Viena-Zurich 1985. El diccionario por la imagen tiene grandes ventajas. Para distinguir, por ejemplo, los diferentes tipos de tornillos, tuercas y pernos, un dibujo dice mucho más que una definición verbal. Los diccionarios que son adaptaciones de una obra de otra lengua, (la mayoría lo son efectivamente) tienen el inconveniente de que en muchos casos el mundo representado en ellos (por ejemplo una granja alemana) no corresponda a la realidad del medio ambiente en que se habla otra lengua. Hay diccionarios pictóricos más modestos que los de la serie Duden, por ejemplo R. Kerler: *Conozca y hable 5 idiomas a la vez* (Barcelona 1972).

Muy bien presentadas están las láminas con dibujos y fotografías en color en un diccionario visual multilingüe: *PONS Bildwörterbuch*. Alemán-inglés-francés-español. Klett. Stuttgart. 1ª ed. 1992, que, a su vez, es la adaptación de una obra trilingüe (inglés, francés, español), publicada en 1992 en Québec (Canadá) por Editions Québec/Amérique.

La adaptación de un diccionario visual a otra lengua plantea siempre problemas. En el diccionario Duden-Oxford de 1993 (bilingüe alemán y español) aparecen en el cuadro 96 «Carnicería» rótulos en alemán («Fleischwaren»,

---

[51] Véase sobre el diccionario de Comenius: G. Haensch: «Die mehrsprachigen Wörterbücher und ihre Probleme»; en: *Wörterbücher*. t.III; y Kurt Piez: *Johann Amos Comenius. Die Ausgaben des Orbis Sensualium Pictus. Eine Bibliographie*, Nuremberg 1967. Ver una muestra, pág. 78.

[52] Sobre el problema de las ilustraciones en los diccionarios y los diccionarios por la imagen véanse Hupka 1989 a y Werner Scholze-Stubenrecht: «Das Bildwörterbuch»; en: *Wörterbücher*, t. II, 1990, págs. 1103-1112.

(78)

XXXVII.

Membra Hominis Externa.	Die äusserlichen Glieder des Menschen.

Caput 1 est suprà;	Das Haupt 1 ist oben;
infrà, Pedes. 20	unten/ die Füsse. 20
Colli	Des Halses
(quod desinit	(der sich endet
in Axillas 2)	in die Achseln 2)
pars anterior,	Vördertheil/
est Iugulum; 3	ist die Kähle; 3
posterior;	das Hintertheil/
Cervix. 4	der Nacken. 4
Pectus, 5	Die Brust/ 5
est antè;	ist vornen;
retrò, Dorsum: 6	hinten/ der Rucken: 6
in illo,	an jener/

sunt

(79)

sunt Fœminis,	haben die Weibsbilder/
binæ Mammæ 7	zwo Dutten (Brüste) 7
cum Papillis.	mit Warzen (Zitzen.)
Sub pectore	Unter der Brust/
est Venter; 9	ist der Bauch; 9
in ejus medio,	in dessen Mitte/
Umbilicus; 10	der Nabel; 10
subtus Inguen, 11	darunter/der Schmerbauch/
& pudenda.	und die Scham. (11
A tergo,	Auf dem Rücken
sunt Scapulæ; 12	sind die Schulterblätter; 12
à quibus pendent	an welchen hangen/
Humeri; 13	die Schultern. 13
ab his, Brachia, 14	an diesen/ die Arme/ 14
cum Cubito; 15	mit dem Ellnbogen; 15
inde, ad utrumq; latus,	alsdann/ zu beyden Seiten/
Manus, Dextera 8	die Hände/ die Rechte 8
& Sinistra. 16	und die Linke. 16
Humeros, excipiunt	Auf die Schultern/folgen
Lumbi 17	die Lenden/ 17
cum Coxis, 18	mit den Hüften; 18
& in Podice (culo)	und am Hintern
Nates. 19	die Arsbacken. 19
Pedem absolvunt:	Das Bein machen:
Femur; 21	die Oberschenkel; 21
tum, Crus, 23	dann/ die Unterschenkel/ 23
(intermedio Genu 22)	(darzwischen die Knieh) 22
in quo Sura, 24	an welchem die Waden/ 24
cum Tibiâ; 25	samt dem Schinbein; 25
abhinc Tali, 26	alsdann/ die Knorren/ 16
Calx (Calcaneum) 27	die Versche/ 27
& Solum; 28	und die Sole; 28
in extremo	im Ende/
Hallux 29	die grosse Zehe/ 29
cum quatuor Digitis.	mit den vier andern.

Caput

Muestra del diccionario pictórico más antiguo del mundo: Johannes Amos Comenius: *Orbis sensualium pictus* (1657)

1 die Fahne	**1** la bandera
2 die Fahnenstange, der Fahnenmast	**2** el asta *f* de la bandera
3 die Tribüne	**3** la tribuna
4 die Losung	**4** la consigna
5 die Ehrengäste	**5** los huéspedes de honor
6 der Redner	**6** el orador
7 das Mikrophon	**7** el micrófono
8 die Girlande	**8** la guirnalda
9 der Trommler	**9** el tamborilero, tambor
10 die Trommel	**10** el tambor
11 der Trommelstock	**11** los palillos, las baquetas
12 der Fanfarenbläser	**12** el trompeta
13 die Fanfare	**13** la trompeta
14 der Fahnenträger	**14** el abanderado
15 der Ordner	**15** el mantenedor del orden
16 der Lautsprecher (*hier:* die Tonsäule)	**16** el altavoz, altoparlante (*aquí:* el poste de altavoz)
17 das Firmenschild	**17** el letrero *o* rótulo de empresa
18 die Marschkolonne	**18** la columna de marcha
19 das Transparent	**19** el cartel, la pancarta
20–31 die Fernsehaußenaufnahme	**20–31** la toma exterior de televisión
20 die Parabol(spiegel)antenne (Deziantenne)	**20** la antena parabólica (antena de micro-ondas)
21 der fahrbare Dezisender	**21** la emisora transportable de micro-ondas
22 das Kabel	**22** el cable
23 das Podest	**23** la tarima
24 die Stativverankerung	**24** la sujeción del trípode
25 die Fernsehkamera	**25** la cámara de televisión
26 der Objektivrevolver	**26** la torre de lentes, el portaobjetivos giratorio
27 die Signallampe	**27** la lámpara de aviso
28 der Schärfentieferegler	**28** el regulador de la profundidad de nitidez
29 der Sucherschacht	**29** el visor, enfocador
30 der Kameramann	**30** el operador
31 der Kopfhörer	**31** el auricular, los auriculares
32 die Zuschauer	**32** los espectadores
33 das Fähnchen	**33** la banderita, el banderín
34 die Gesundheitshelferin	**34** la enfermera
35 die Armbinde	**35** el brazal
36 der Pressephotograph	**36** el reportero fotográfico, fotorreportero
37 der Rundfunkreporter	**37** el reportero de radiodifusión

106 Manifestación

Demonstration 106

Diccionario pictórico de la ex República Democrática Alemana: Franz Danzer: *Bildwörterbuch Deutsch-Spanisch. Diccionario Ilustrado Alemán-Español.* VHB Verlag Enzyklopädie. Leipzig, 3.ª ed. 1968.

«Konserven», etc.). En la versión catalana (monolingüe) de este mismo diccionario[53] los rótulos alemanes han sido sustituidos por otros en catalán («Carnisseria», «embotits», etc.), un paso más hacia una adaptación completa.

Copias o plagios del *Duden* fueron J.Gibert: *La palabra por la imagen (sistema Duden). Diccionario gráfico y etimológico de la lengua española.* Barcelona 1946 y dos diccionarios visuales publicados en la ex-República Democrática Alemana: Vladimiro Macchi: *Bildwörterbuch Deutsch und Spanisch.* Leipzig 1956 y Franz Danzer: *Bildwörterbuch Deutsch und Spanisch.* 3ª ed. Leipzig 1968 (ver en la pág. 79 una muestra de este último diccionario).

Otro diccionario pictórico es:
G. Medina Zapater: *Diccionario ideográfico polígloto.* [Adaptación de «Hvad hedder det?», de N. Backhausen et al., Copenhague.] Madrid. Aguilar 1960.

3.3.2.8. *Diccionarios de gestos*

Si bien hubo algunos trabajos sobre gestos, como los de Joan Amades: *El gest a Catalunya*[54] y el de Flachskampf[55], el mérito de haber creado el tipo del diccionario de gestos le corresponde al hispanista italiano Giovanni Meo Zilio. Su diccionario tiene en cuenta los gestos que se usan en España e Hispanoamérica: Giovanni Meo Zilio/ Silvia Mejía: *Diccionario de gestos. España e Hispanoamérica.* 2 vols. Bogotá 1980 y 1983[56]. Más elemental es J. Coll/ J. Gelabert/ E. Martinell: *Diccionario de gestos con sus giros más habituales.* EDELSA. Madrid 1990.

3.3.2.9. *Diccionarios de familias de palabras*

Este tipo de diccionarios que actualmente existe sólo para el francés, el alemán y el ruso clasifica el léxico no por orden alfabético-semasiológico, sino por un orden semasiológico basado en la formación de palabras, reuniendo en familias las palabras que tienen un elemento común, generalmente el radical o la raíz. Así, por ejemplo, se reunirían en español todas las palabras derivadas del verbo *hacer: hacedero, hacedor, hacendado, hacienda, hecho, de hecho, hechura, bienhechor, malhechor, fecha, fechar, deshacer, rehacer,* etc. Este tipo de ordenación se encuentra, aunque realizado tan sólo parcialmente, en el

---

[53] *Diccionario visual Duden.* Enciclopèdia Catalana. Barcelona 1994.

[54] Joan Amades: «El gest a Catalunya»; en: *Anales del Instituto de Lingüística.* Mendoza 1956, págs. 88-148.

[55] Ludwig Flachskampf: Spanische Gebärdensprache. Erlangen 1938. Reimpr. en : *Romanische Forschungen* 52. 1938, págs. 205-258.

[56] Véase Giovanni Meo Zilio: «Le dictionnaire de gestes»; en: *Wörterbücher,* t.II, págs. 1112-1119. Una rica bibliografía de publicaciones anteriores a 1975 sobre el lenguaje de los gestos en diferentes lenguas ofrece: Betty J. Bäuml/ Franz H. Bäuml: *A Dictionary of Gestures.* The Scarecrow Press. Metuchen. New Jersey 1995.

Diccionario de uso del español de María Moliner[57]. No existe para el español un diccionario «puro» de este tipo, el que podría cumplir dos funciones: por un lado, la de reunir palabras que forman una familia para el aprendizaje de una lengua (función sincrónica y didáctica), por otro, la de aclarar estructuras del léxico partiendo de la etimología (función diacrónica-etimológica). En este último caso habrá que añadir a la lista de las palabras de la familia *hacer* los cultismos *factible, factor, factoría, factura, factitivo, facticio, facturar, facturación, refacción, refaccionar, perfecto, perfección* y muchas otras más.

Hay que señalar que Víctor García Hoz: *Diccionario escolar etimológico.* Ed. Magisterio. Madrid 1993 y *Larousse Escolar.* Larousse-Planeta. Barcelona 1995 indican en cada página una selección de familias de palabras que corresponden a parte de las voces registradas.

3.3.2.10. *Atlas lingüísticos*

Si interpretamos el concepto de repertorio lexicográfico en sentido amplio, hay que mencionar también como un tipo de ellos los *atlas lingüísticos* del español, siempre que ofrezcan, junto a una parte dedicada a la fonética y la morfología, otra dedicada al léxico. Estos se pueden considerar como inventarios onomasiológicos, puesto que se preocupan por las denominaciones de un referente en distintos puntos de un perímetro determinado (una región, un país), pero como ofrecen materiales geográficamente diferenciados, se podrían considerar también como repertorios que registran léxico con marcaje diatópico. Sabido es que hay una serie de atlas ya publicados o en vías de publicación (*ALPI, Atlas Lingüístico de Aragón, Navarra y Rioja, Atlas lingüístico de Andalucía, Atlas lingüístico de Canarias, Atlas lingüístico de Puerto Rico, Atlas lingüístico-etnográfico de Colombia, Atlas lingüístico de México*), y otros en vías de elaboración (Hispanoamérica, Uruguay, Norte de Chile, Sur de Chile, Cuba)[58].

---

57 Véase 3.4.1.5.

58 Sobre los demás atlas lingüísticos (proyectos o en vías de realización, pero no publicados) véanse: Manuel Alvar/ Antonio Quilis: *Atlas lingüístico de Hispanoamérica. Cuestionario.* Madrid 1984 y sobre el del Uruguay: Harald Thun/ Carlos E. Forte/ Adolfo Elizaincín: «El Atlas Lingüístico Diatópico y Diastrático del Uruguay (ADDU). Presentación de un proyecto»; en: *Iberoromania*, No. 30 (1989), págs. 26-69, además Guillermo Araya: *Atlas Lingüístico-etnográfico del Sur de Chile (ALESUCH)* (Preliminares y cuestionario), Valdivia 1968 (Anejos de Estudios Filológicos no. 1) y Antonio Quilis/ Celia Casado-Fresnillo: «El Atlas Lingüístico del Ecuador»; en: *Lingüística.* Madrid 1992, págs. 361-370.

Ver también: Manuel Alvar López: «Atlas lingüísticos y diccionarios»; en: *Lingüística Española Actual*, IV, 1982, págs. 325-332.

Sobre un atlas lingüístico de Cuba, véase: Raquel García Riverón: «El Atlas Lingüístico de Cuba»; en: *Lingüística Española Actual*, núm. 13, 1991, págs. 198-221.

Sobre el proyecto de un atlas lingüístico del español de Venezuela, véase Manuel Navarro Correa: *En torno a un atlas lingüístico venezolano.* Universidad de Carabobo (Venezuela), Carabobo 1974.

Sobre el Atlas Lingüístico de la Mancha (en vías de realización) véase Pilar García Mouton/ Francisco Moreno: «Proyecto de un Atlas Lingüístico (y etnográfico) de Castilla-La Mancha»; en: *Actas del I Congreso Internacional de Historia de la Lengua Española*, ed. por M. Ariza/ A. Salvador/ A. Viudas, Arco-Libros, Madrid 1988, págs. 1461-1480.

Lámina 73. PEQUEÑO ATLAS LÉXICO DE LA SABANA DE BOGOTÁ. Mapa 64.

JOROBADO

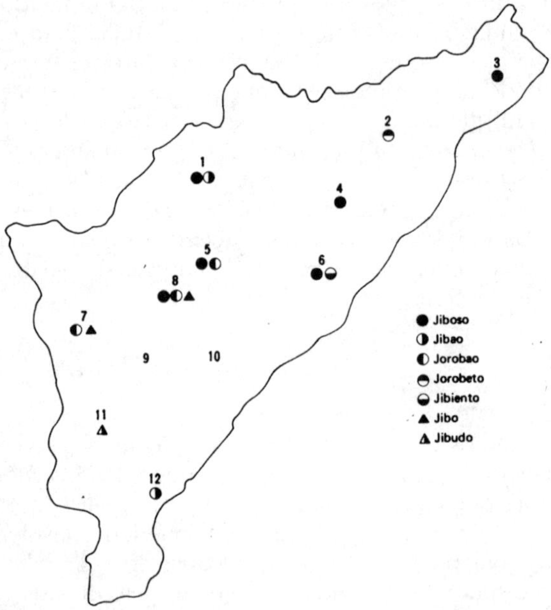

Lámina 3. PEQUEÑO ATLAS LÉXICO DE LA SABANA DE BOGOTÁ. Mapa 3.

LOCALIDADES EXPLORADAS

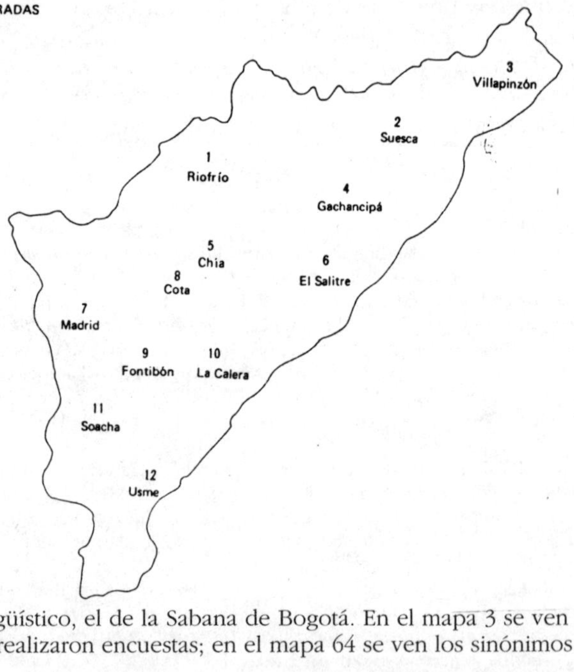

Muestra de un atlas lingüístico, el de la Sabana de Bogotá. En el mapa 3 se ven los puntos del atlas en que se realizaron encuestas; en el mapa 64 se ven los sinónimos de *jorobado*.

Los atlas lingüísticos del español ya publicados o en vías de publicación son:

- Tomás Navarro Tomás: *Atlas Lingüístico de la Península Ibérica* (ALPI) (encuestas de 1931 a 1936), registra sólo lenguaje hablado rural. Publicado sólo el t.I, Fonética 1 Madrid 1962 (no continuado, trata sólo parte de la fonética).
- Manuel Alvar/ Antonio Llorente/ Gregorio Salvador: *Atlas Lingüístico-Etnográfico de Andalucía (ALEA)*, 6 vols., Madrid 1961-1973.
- Manuel Alvar: *Atlas Lingüístico y Etnográfico de las Islas Canarias (ALEICan)*, 3 vols., Ediciones del Excmo. Cabildo insular de Gran Canaria, 1975-1978.
- Manuel Alvar/ Antonio Llorente/ Tomás Buesa: *Atlas Lingüístico-Etnográfico de Aragón, Navarra y Rioja (ALEANR)*, 12 vols., Madrid 1980-1983.
- Luis Flórez (director): *Atlas Lingüístico-Etnográfico de Colombia (ALEC)*. Instituto Caro y Cuervo, Bogotá. 6 tomos, 1981-1983 y J. J. Montes G./ J. Figueroa L./ S. Mora M./ M. Lozano R.: *Glosario lexicográfico del Atlas lingüístico-etnográfico de Colombia (ALEC)*, Instituto Caro y Cuervo, Bogotá 1986.
- Tomás Navarro Tomás: «Atlas lingüístico de Puerto Rico» con 75 mapas en: Tomás Navarro Tomás: *El español en Puerto Rico [...]*, Río Piedras 1948.
- Juan Manuel Lope Blanch: *Atlas lingüístico de México*. t. I, vol. 1. México 1990; vol. 2. México 1992.
- Manuel Alvar: *Atlas lingüístico y etnográfico de Cantabria.* 2 vols. Arco-Libros. Madrid 1995.

Un atlas lingüístico *sui generis* (de las costas españolas) es: Manuel Alvar López: *Léxico de los marineros peninsulares.* 2 vols. Málaga 1985.

Mikio Urawa: «Pequeño atlas léxico de la Sabana de Bogotá»; en: *Investigaciones empíricas sobre el español hablado en la actualidad en Colombia* (Traducción del título japonés), Instituto de Investigacioines de la Universidad de Takushoku. Tokio, s.a. (posterior a 1993). Véase una muestra de este atlas en la pág. 82.

A todos los atlas lingüísticos de España se refiere:
- María Concepción Ortiz Bordallo: *Análisis comparativo de los atlas lingüísticos españoles.* UNED. Madrid 1994.

3.3.3. Diccionarios que registran un determinado subconjunto de unidades léxicas

3.3.3.1. *Diccionarios que registran unidades léxicas con marca cronológica específica*

3.3.3.1.1. Diccionarios de arcaísmos y palabras caídas en desuso[59]

Conocemos sólo cuatro obras de este tipo para el español:

---

59 Sobre esta temática véase: Oskar Reichmann: «Wörterbücher archaischer und untergegangener Völker»; en: *Wörterbücher.* t.II, 1990, págs. 1153-1158.

- Carmen Fontecha: *Glosario de voces comentadas en ediciones de textos clásicos*. Madrid 1941.
- Anita Navarrete-Luft: *Diccionario de términos anticuados y en desuso*. Madrid 1973.
- Elvira Muñoz: *Diccionario de palabras olvidadas o de uso poco frecuente con glosario de sinónimos y equivalentes*. Paraninfo. Madrid 1993 (Define las palabras registradas y da sinónimos de ellos).
- R. Jammes/M.T. Mir (eds.): *Glosario de voces anotadas en los cien primeros volúmenes de Clásicos Castalia*. Madrid 1993.

3.3.3.1.2. Diccionarios de neologismos[60]

Este tipo de diccionario, que goza de gran popularidad en los países anglosajones y en Francia, estaba poco representado en el mundo hispánico, por ejemplo por dos publicaciones de poca extensión:
- Atilio Anastasi: *Actualización del léxico español*. Mendoza 1967.
- J.R. Jump: *Palabras modernas*. Londres 1965 (español-inglés).

Después de 1990 aparecieron dos diccionarios de cierta extensión:
- N.V. Calvi/ S. Monti: *Nuevas palabras-parole nuove*. Paravia. Turín 1991. Este diccionario es bilingüe. 1ª parte: español-italiano, 2ª parte: italiano-español. Recoge tanto verdaderos neologismos como palabras usadas ya desde hace tiempo, pero que por alguna razón no han sido registradas por los diccionarios. La obra es una aportación útil a la lexicografía actual.
- Manuel Alvar Ezquerra (director): *Diccionario de voces de uso actual*. Arco-Libros. Madrid 1994. Este diccionario, bastante extenso (632 págs.), da una definición de cada lema y luego una o varias frases como documentación de su uso. El método es objetivo y riguroso. Como se citan muchas ocurrencias de palabras tomadas de la prensa diaria, la obra registra también palabras creadas por periodistas que pueden ser efímeras. La cosecha léxica de la obra es rica, pero hasta cierto punto fruto del azar, porque faltan, por ejemplo, algunas palabras clave del léxico español de hoy como *pelotazo, lingotazo, chorrada (chuminada* sí está). De todos modos, tomada en su conjunto, es una obra útil que faltaba hasta ahora.

3.3.3.2. *Diccionarios que registran léxico con marca diatópica*

3.3.3.2.1. Diccionarios de dialectos de España

En España hay dos tipos de dialectos: los del primer grupo, «dialectos primarios», el asturiano-leonés y el navarro-aragonés y los del segundo grupo, «dialectos secundarios», que son los de la Reconquista. Los del *primer grupo*, el

---

60 Sobre los diccionarios de neologismos, véase Dóu Xuefu 1989.

asturiano-leonés y el *navarro-aragonés,* se desarrollaron paralelamente al castellano e incluso antes. En realidad son «lenguas venidas a menos» que presentan importantes rasgos diferenciadores frente al castellano, especialmente en su sistema fonológico y morfológico, pero como no han llegado a crear una lengua escrita común como el castellano, el catalán y el portugués, ambos grupos de hablas se llaman «dialectos» no por razones estructurales, sino socioculturales. Ambos grupos de «dialectos» muy fragmentados son sobre todo rurales, se usan como lengua del hogar, mientras que la mayoría de la población en ambos dominios habla un castellano regional con algunos rasgos dialectales. Los diccionarios que registran este castellano regional serán tratados en 3.3.3.2.4. Dentro del movimiento regionalista de la España de las autonomías, hay grupos que intentan unificar las distintas hablas locales para crear una lengua común aragonesa y asturiana, lo cual es muy problemático porque el proceso multisecular que desembocó en una lengua suprarregional como en el caso del castellano, francés, italiano o alemán, no se puede realizar en pocos años y la lengua creada así no está consagrada por un uso colectivo prolongado.

Teníamos que aclarar esta situación para evitar una confusión entre los verdaderos dialectos y un castellano regional. Entre ambos sistemas de lenguaje existen incluso variantes de transición. Así por ejemplo, en el Somontano, comarca de la provincia de Huesca, ya no se habla el verdadero dialecto aragonés, pero sí un castellano con muchos rasgos de aquél, especialmente en el léxico.

Los *dialectos del segundo grupo,* el *extremeño,* el *andaluz,* el *murciano* y el *canario* proceden del castellano que fue extendiéndose hacia al Sur en la Reconquista y más tarde hacia las Islas Canarias. Como en este siglo se ha producido una importante unificación de la lengua, cabe preguntarse también lo que aún es «dialecto» y lo que es «castellano regional».

La información sobre el léxico de los dialectos de la Península y de Canarias hay que buscarla no sólo en los diccionarios dialectales propiamente dichos, sino también en los atlas lingüísticos y en una serie de monografías.[61]

Aquí vamos a dar sólo unos ejemplos de diccionarios y vocabularios dialectales:

Aragón

- Pedro Arnal Cavero: *Vocabulario del alto aragonés. (De Alquézar y pueblos próximos).* Madrid 1944.
- Rafael Andolz: *Diccionario aragonés. Aragonés-castellano; castellano-aragonés.* Zaragoza 1977; 4ª ed. corregida y aumentada 1992 (es una compilación de muchas otras fuentes; contiene también palabras catalanas de la franja oriental de la provincia de Huesca).
- Antonio Badía Margarit: *Contribución al vocabulario aragonés moderno.* Zaragoza 1948 (glosario alfabético).

---

61 Véase Rézeau 1990 y Martínez de Sousa 1995 s.v. *diccionario dialectal.* Sobre los diccionarios y vocabularios dialectales, véase el bien documentado trabajo de Alvar Ezquerra 1986.

- Angel Ballarín Cornel: *Vocabulario de Benasque*. Zaragoza 1971.
- Jerónimo Borao: *Diccionario de voces argonesas*. Zaragoza 1859; 2ª ed. aumentada 1884. Nueva ed. 1908 (con las *Voces de la Litera* de B. Coll y Altabás y *las de uso en Aragón* de López-Valenzuela).
- José Dieste Arbués: *Refranes ganaderos altoaragoneses*. Instituto de Estudios Altoaragoneses. Huesca 1994.
- José Pardo Asso: *Nuevo diccionario etimológico aragonés*. Zaragoza 1938.
- Mariano Peralta: *Ensayo de un diccionario aragonés-castellano*. Zaragoza 1836; reimpr. Palma de Mallorca 1853; ed. facsímil Madrid 1984.
- Gerhard Rohlfs: *Diccionario dialectal del Pirineo aragonés*. Zaragoza 1985.
- Antonio Viudas Camarasa: *Léxico de la Litera (Huesca). El reino vegetal, los animales y el hombre*. Instituto de Estudios Altoaragoneses 1983 (habla de transición catalano-aragonesa).

Sin ser obras lexicográficas *stricto sensu*, las siguientes obras tienen una sección de léxico:
- Manuel Alvar López: *El habla del campo de Jaca*. Salamanca 1948. (Vocabulario págs. 147-230).
- Antonio Badía Margarit: *El habla del Valle de Bielsa*. Barcelona 1950 (Léxico págs. 169-347).

Navarra

- José Ma. Iribarren: *Vocabulario navarro*. Madrid 1952; 2ª ed. preparada y ampliada por Ricardo Ollaquindia. Pamplona 1984.
- José Ma. Iribarren: *Adiciones al Vocabulario navarro*. Pamplona 1958.
- Ricardo Ollaquindia Aguirre: *Vocabulario y refranero navarros*. 1ª ed. Comunidad Autónoma de Navarra. Pamplona 1979.

La Rioja

- Cesáreo Goicoechea: *Vocabulario riojano*. Madrid 1961.
- María Jesús del Rincón Alonso: *Vocabulario calagurritano*. 1ª ed. Autor-Editor. Calahorra 1991.

Álava

- Federico Baráibar y Zumárraga: *Vocabulario de palabras usadas en Álava*. Madrid 1903.

Cantabria

- C. Adriano García-Lomas: *Estudio del dialecto popular montañés*. San Sebastián 1922. (con un vocabulario, págs. 53-370) — [Nueva versión:] *El lenguaje popular de las montañas de Santander*. Santander 1949. — [Nueva versión:] *El lenguaje popular de la Cantabria montañesa*. 2ª ed. [*sic*. ¿de la obra anterior?] corregida y aumentada. Santander 1966. (Importante).

- Antonio Bartolomé Suárez: *Aforismos, giros y decires en el habla montañesa. Estudio preliminar y notas de Tomás Labrador.* Universidad de Cantabria. Santander 1993.
- Adolfo López Vaqué: *Vocabulario de Cantabria.* Autor-Editor. Santander 1988.
- Miguel Angel Sáiz Barrio: *Léxico cántabro.* Ed. Tantín. Santander 1991.

Asturias

- Bernardo Acevedo y Huelves/ Marcelino Fernández y Fernández: *Vocabulario del bable de occidente.* Madrid 1932.
- María Josefa Canellada: *El bable de Cabranes.* Madrid 1944.
- Ana Ma. Cano González: *Vocabulario del bable de Somiedo.* Oviedo 1982.
- Elena Fernández Poch: *Diccionario castellano-bable.* Oviedo 1978.
- Carlos González Posada: *Diccionario de algunas voces del dialecto asturiano.* Universidad de Oviedo 1ª ed. 1989.
- Xulin de Lluza: *Primer diccionario de la lengua asturiana.* Oviedo 1970.
- Lorenzo Novo Mier: *Diccionario xeneral de la llingua asturiana.* Autor-editor. Oviedo 1978.
- Jesús Neira/ Ma. Rosario Piñeiro: *Diccionario de los bables de Asturias.* Oviedo 1989. (Importante; recopila ordenadamente los materiales de todos los léxicos anteriores).
- Apolinar de Rato y Helvia: *Vocabulario de las palabras y frases bables[...].* Madrid 1891.

Nueva ed.: Apolinar de Rato-Ramón de Rato: *Diccionario bable.* Planeta. Barcelona 1979.
- Lorenzo Rodríguez Castellano: *Contribución al Vocabulario del bable occidental.* Oviedo 1957.
- Braulio Vigón: *Vocabulario dialectológico del Concejo de Colunga.* Nueva ed. Madrid 1955.
- Alonso Zamora Vicente: *Léxico rural asturiano: Palabras y cosas de Libardón (Colunga).* Granada 1953.

León

- M. Fernández de Gata y Galache: *Vocabulario charruno.* Salamanca 1903.
- Verardo García Rey: *Vocabulario del Bierzo.* Madrid 1934. Ed. facsímil León 1979.
- José Lamano y Beneite: *El dialecto vulgar salmantino.* Salamanca 1915 (con un vocabulario).
- Eugenio Miguélez Rodríguez: *Diccionario de las hablas leonesas. León, Salamanca, Zamora.* Autor-Editor. León 1993. (Recopila los materiales de léxicos anteriores).
- Ma. Soledad Díez Suárez: *Léxico leonés.* Universidad de León. León 1994.
- José-Millán Urdiales: *El habla de Villacidayo (León).* Madrid 1966. (Importante).

Murcia

- Justo García Soriano: *Vocabulario del dialecto murciano*. Madrid 1932; Murcia 1980.
- Francisco Gómez Ortín: *Vocabulario del Noroeste murciano*. Editorial regional de Murcia 1991.
- Emilio Estrella Sevilla: *Vocabulario murciano*. 1ª ed. Autor-Editor. Murcia 1990
- Pedro Lemus y Rubio: *Aportaciones para la formación del vocabulario panocho o del dialecto de la Huerta de Murcia*. Murcia 1933.
- Alberto Sevilla: *Vocabulario murciano*. Murcia 1919.

Extremadura

- Antonio Murga Bohigas et al.: *Habla popular de Extremadura. Vocabulario*. Madrid 1979.
- Francisco Santos Coco: *Vocabulario extremeño*. Cáceres 1910.
- Francisco Santos Coco: «Vocabulario extremeño»; en: *Revista del Centro de Estudios Extremeños*. Badajoz, XIV, 1940, págs. 65-96, 133-166, 261-292; XV, 1941, págs. 69-96; XVI, 1942, págs. 33-48; XVIII, págs. 243-253.
- Antonio Viudas Camarasa: *Diccionario extremeño*. Cáceres 1980; 2ª ed. 1988.

Islas Canarias

- Cristóbal Corrales et al.: *Tesoro lexicográfico del español de Canarias*. Real Academia Española. Madrid 1992. (Importante; recopila los materiales de todos los léxicos anteriores.)
- Orlando García Ramos: *Voces y frases de las Islas Canarias*. Las Palmas 1991.
- Pancho Guerra: *Contribución al léxico popular de Gran Canaria*. Las Palmas 1965.
- Antonio Lorenzo/ Marcial Morera/ Gonzalo Ortega: *Diccionario de canarismos*. Ed. F. Lemus. La Laguna 1995.
- Sebastián de Lugo: *Colección de voces y frases provinciales de Canarias*. Las Palmas 1846. Nueva ed. La Laguna 1946.
- Luis Millares/ Agustín Millares: *Léxico de Gran Canaria*. Las Palmas 1924; nueva ed. de Agustín Millares: *Cómo hablan los canarios*. Las Palmas 1932.
- Francisco Navarro Artiles/ Calero Fausto Carreño: Vocabulario de Fuerteventura»; en: *Revista de Dialectología y Tradiciones populares*, XXI, 1965, págs. 103-142 y 215-272.

La obra de Manuel Alvar López: *El español hablado en Tenerife*. Madrid 1959 contiene un valioso vocabulario.

Andalucía

- Antonio Alcalá Venceslada: *Vocabulario andaluz*. Andújar 1933. 2ª ed. Madrid 1951, reimpr. Madrid 1980.

- Francisco Álvarez Curiel: *Vocabulario popular andaluz*. Ed. Arguval. Málaga 1991.
- Manuel Barrios: *Repertorio de modismos andaluces*. Cádiz 1991.
- Juan Cepas González: *Vocabulario popular malagueño*. 2ª ed. Barcelona 1973.
- Ma. Jesús García de Cabañas: *Vocabulario de la Alta Alpujarra*. Real Academia Española. Madrid 1967.
- Manuel González Salas: *Así hablamos (también). El español andaluz*. Sevilla 1982. 3ª ed. 1984.
- Juan Pizarro: *Vocabulario de los Pedroches* (comarca de la provincia de Córdoba). Diputación Provincial de Córdoba. Córdoba 1988.
- Gregorio Salvador: *El habla de Cullar-Baza (Granada). Vocabulario*. Madrid 1958.
- Miguel de Toro y Gisbert: «Voces andaluzas que faltan en el Diccionario de la Academia Española»; en: *Revue Hispanique*, XLIX, 1920, págs. 313-647.
- Miguel Ropero Núñez: *El léxico andaluz de las coplas flamencas*. Ed. Alfar. Sevilla 1ª ed. 1993.
- Juan de la Plata: *El habla de Jerez. Vocabulario jerezano. 3ª ed. enriquecida con nuevos modismos, frases y dichos populares*. Diario de Cádiz. Cádiz 1993.

Dialectos de Castilla

- José Luis Calero López de Ayala: *Léxico alcarreño conquense. Aproximación al estudio etnolingüístico de la comarca*. Cuenca 1987.
- Fernando González Ollé: *El habla de la Bureba. Introducción al castellano actual de Burgos*. Madrid 1964.
- José S. Serna: *Cómo habla la Mancha*. Albacete 1974; 2ª ed. 1983.
- Gabriel María Vergara y Martín: *Materiales para la formación de un vocabulario de palabras usadas en Segovia y su tierra [...]*. Madrid 1921.
- Pedro Yunta Martínez: *Conquensismos*. Cuenca 1978.
- F. Roberto Gordaliza Aparicio: *Vocabulario palentino* (recuento del vocabulario de la provincia de Palencia). Caja de Ahorros. Palencia 1988.

3.3.3.2.2. Diccionarios del español de América

En nuestra clasificación, los *diccionarios del español de América* deberían figurar en el presente apartado. Teniendo en cuenta su importancia en el mundo de hoy, los comentaremos más a fondo en 3.5. igual que los diccionarios generales (monolingües y bilingües), después de haber presentado los demás tipos de obras lexicográficas.

3.3.3.2.3. Diccionarios del español de Estados Unidos

Si bien hay influencias muy fuertes de algunas variantes del español en los Estados Unidos, por ejemplo del español de Méjico en California, del de Cuba en la Florida y del de Puerto Rico en Nueva York, hay que destacar que la len-

Vocabula Barbara.

¶ Ne lectoris ingenium barbara nouarũ nationum vocabula confundant, fuit cõsilium cuncta illa ex hoc volumine decerpere, atq; in hunc ordinem redigere, quo lectoribus facilior pateat aditus ad eorum intelligentiam, licet cuiq; suo loco datus sit eius significatus. De latinis autem dictionibus nulla fuit cura, neminem enim viuentium arbitror Latinam linguam profitẽtem, qui non sentiat quid sibi velint latina vocabula planius & apertius q̃ ego ipse queam patefacere, pauca reperientur è barbaris sparsa per volumen, quæ hic non sint collecta per ordinem alphabeti, haudquaq; tamen examussim subsequentibus litteris omnibus positis per ordinem in omnibus vocabulis, maiori tamẽ ex parte seruatus est ordo. Vale lector, & nouas perdisce voces ac noua nomina simul cum nouis mirandisq; rebus. Ad vocabula veniamus.

INCIPIVNT DICTIONES BARBARAE.

ABibéiba regul9 est Darieni proxim9: quid autem sit Dárien, suo loco dicemus.
Abraiba regulus superiori finitimus.
Abenemachéius vtriq; finitimus.
Aburéma regio est ĩ littore crediti cõtinẽtis.
Adelantatus officium est.
Accaréba regio est.
Aguanéo, vbi est fons vitalis, aliâs Baiúca insula.
Aueigabón est lacus salsus Hispaniolæ.
Aguaiúcco regio est.
Aiaguitín regio est.
Aitobéius insula.
Almirantus præfectus maritimus.
Alphonsus Fogéda dux Vrabę.
Amaiáuna antrum, à quo dicunt exiisse genus hominum.
Amaguéi regio Hispaniolæ.
Anaboríę sunt mercenarii, quorum opera aurum colligitur.
Ancísus prætor regius.
Anacaóna regina prudens in Hispaniola.
Anatá regulus.
Annuicí regio.
Anthropóphagi comestores hominum.
Antiqua est insula.
Aniguámar battatæ nomen.
Aramanà regio.
Arábo regio.
Araguitín regió.
Arethusa est fons in vna insula, de qua infra dicemus.
Archipelagus est multitudo insularum.
Aréites dicuntur rithmi.
Attibínicus vnus è quattuor fluminibus æque diuidentibus Hispaniolam.
Attibunius regio à nomine fluminis.
Attibunéix battatarum nomen.
Attabéira nomen est matris Dei.
Attebeanequén puella sua pulchritudine famosa, q̃ cũ viro beuchio se viuã sepeliuit.
Attaméca villa aurifera
Attiéi regio.
Azuá vicus in Hispaniola. .:.

¶ De littera. B.

BAbaréo lacus est.
Babóhã fluui9 est salsus in Bainoa.
Bainóa vna ex quinq; prouinciis Hispaniolæ.
Bahabon i fluuius in Hispaniola.
Baiúcca, aliâs Aguaneo, insula vbi est fons vitalis.
Bahabón regio. .:.
Babaréo lacus.
Baurúco regio.
Baguanimáo regio. .:.
Bácca regio.
Barbáta insula.
Bartholomæus colonus Adelantatus Hispaniolæ.
Bainóa parua est regio.
Battáta radicis generale nomen.
Battariéi regio.
Beuchíus nomen regis.
Berágua flumen & prouincia.
Bernardus Mesa nomen Episcopi.
Bellus portus in continenti.
Bintaitélles est nomen simulachri in Iouanabóina.
Bononiáma regulus.
Bóa dicitur domus.
Boíus dicitur vicus siue villa.
Boihaguáigua regio.
Bonáum regio & oppidum Hispaniolæ.
Boitíus siue bouitus sacerdos & medic9 Hispaniolæ.
Bonauentura vna de fortunatis insulis.
Buebuéa nomen reguli.

Testimonio del inventario lexicográfico más antiguo del español de América: Petrus Martyr de Anglería: *Opera. Legatio Babylonica De Orbe Novo Decades Octo Opus Epistolarum.* (1516-1530), ed. por Erich Woldan. Graz (Austria) 1966, pág. 269.

gua española en Estado Unidos cuyos hablantes son ya más de 30 millones, no es nada uniforme debido a la procedencia de los inmigrantes latinoamericanos de diferentes países.[62] Los *chicanos*, población hispano-hablante de ascendencia mejicana, concentrada en el Sudoeste de E.E.U.U. forman un grupo algo más homogéneo en cuanto a su lengua, por eso hay más inventarios lexicográficos dedicados a su variante de español.

- Librado Keno Vázquez/ María Enriqueta Vázquez: *Regional Dictionary of Chicano Slang*. Austin. Texas 1975.
- Rubén Cobos: *A Dictionary of New Mexican and Southern Colorado Spanish*. Santa Fe (E.E.U.U.), 1983.
- Gilberto Cerda/ Berta Cabaza/ Julieta Farias: *Vocabulario Español de Texas*. Austin 1953, nueva ed. 1983.
- Roberto A. Galván/ R.V. Teschner: *El Diccionario del Español de Tejas. The Dictionary of the Spanish of Texas*. Institute of Modern Languages. Silver Spring. Maryland 1975 (español-inglés); nueva versión con otro título:
- Roberto A. Galván/ R.V. Teschner: *The Dictionary of Chicano Spanish/El Diccionario del Español Chicano*. National Textbook Company. Lincolnwood, Illinois 1995.
- Harry Polkinhorn/ Alfredo Velasco/ Malcom Lambert: *El libro de calo. Pachuco slang dictionary*. San Diego, California 1983; ed. revisada Oakland, California 1986.
- Luis M. Trujillo: *Diccionario del español del Valle de San Luis de Colorado y del Norte de Nuevo México*. University of New Mexico 1982; s.l. 1983 (expresiones regionales españolas con su equivalente en inglés).
- Francisco Padilla: *Bilingual dictionary of anglicisms, barbarisms, pachuquisms, and other locutions in the barrio. Diccionario de anglicismos, barbarismos, pachuquismos y otras locuciones*. Denver, Colorado 1980.

---

[62] Sobre la población hispana de Estados Unidos y su lenguaje véanse las publicaciones siguientes que dan más bibliografía: Carlos M. Fernández Shaw: *Presencia española en los Estados Unidos*. Ediciones Cultura Hispánica. Madrid 1987; Marcelino C. Peñuelas: *Cultura Hispánica en Estados Unidos*. 2ª ed. Ediciones Cultura Hispánica. Madrid 1978; Alberto Moncada: *Norteamérica con acento hispano*. Madrid 1988; Rodolfo J. Cortina/ Alberto Moncada: *Hispanos en los Estados Unidos*. Madrid 1988; Arnulfo G. Ramírez: *El español de los Estados Unidos. El lenguaje de los hispanos*. Colecciones Mapfre 1492. Madrid 1992; Glenn Hendricks: *The Dominican Diaspora*. Columbia Teachers College. Nueva York 1974; Theodore S. Beardsley: «Bibliografía Preliminar de estudios sobre el español en los Estados Unidos»; en: *Boletín* ANLE, I (1976), págs. 49-73; Theodore S. Beardsley: «Spanish in the United States»; en: *Word*, 33 (1982), págs. 15-28; Theodore S. Beardsley: *The Hispanic Impact Upon the United States*. Nueva York 1992; Odón Betanzos Palacios: «Situación y destino del español en Estados Unidos de América»; en: *Presencia y Destino. El español de América hacia el siglo XXI*. Instituto Caro y Cuervo. Bogotá 1991, t. I, págs. 11-40. Varios artículos, con bibliografía, sobre diversos aspectos del español en Estados Unidos han aparecido en los números del *Boletín de la Academia Norteamericana*: I (1976) - 8 (1992) (y nuevos números en prensa).

Amparo Morales: «El español de los Estados Unidos. Aspectos lingüísticos y sociolingüísticos»; en: *Lingüística*. vol. 4/1992, págs. 125-173. — John J. Berger (ed.): *Spanish in the United States: Sociolinguistic issues*». Georgetown University Press. Washington 1990. — Juan M. Lope Blanch: *El español hablado en el Suroeste de los Estados Unidos. Materiales para su estudio*. UNAM. México 1990.

- Adolfo Ortega: *Calo tapestry*. Berkeley 1977.
- Robert Serros: *Calo, language of the Barrio*. La Puente, California 1978 (jerga californiana).
- Rodolfo G. Serrano: *Dictionary of Pachuco terms, a collection of words, phrases, conversations, and songs as they originally appeared in published form*. Bakersfield, California 1979 (expresiones regionales y jergales del Suroeste de E.E.U.U.).
- José R. Reyna: *Modismos de Texas*. San Antonio (Texas) 1980.
- Heliodoro Gutiérrez González: *El español en el Barrio de Nueva York: Estudio léxico*. Academia Norteamericana de la Lengua Española. Nueva York 1993 (se refiere a un barrio de puertorriqueños).
- Beatriz Varela: *El español cubano-americano*. Senda Nueva. Nueva York 1992.

3.3.3.2.4. DICCIONARIOS DE VARIANTES REGIONALES

Aquí no se trata de dialectos peninsulares propiamente dichos, sino de variantes regionales del castellano estándar («modified standard»), especialmente en las regiones bilingües[63]. Así, por ejemplo, existe, junto a lo poco que queda, en algunos valles del Pirineo, del antiguo dialecto aragonés, un castellano regional que es el que hablan la mayoría de los aragoneses. Lo mismo hay un castellano regional de Cataluña, de Valencia, del país vasco, etc. Estas variantes regionales del castellano que no son dialectales stricto sensu están escasamente estudiadas, por eso hay pocos inventarios de su léxico. En el castellano de Cataluña, Valencia y Aragón, por ejemplo,, se usa *colmado* 'tienda de comestibles'; en Aragón *sarrio* 'rebeco'(la *gamuza* de la Península Ibérica); en Valencia *garrofa* 'algarroba'; en el país vasco: *morrosco* 'de constitución fuerte', 'fuertote', etc. Un ejemplo de diccionario de este tipo es:
- Emiliano de Arriaga: *Lexicón bilbaíno*. 2ª ed. Ed. Minotauro. Madrid 1960.

3.3.3.2.5. OBRAS LEXICOGRÁFICAS SOBRE EL ESPAÑOL DE LAS GRANDES CIUDADES

Junto a los diccionarios que ofrecen léxico de dialectos y variantes regionales existen diccionarios y otras obras que registran el léxico de grandes ciudades, por ejemplo, de Málaga y Madrid:

- Juan Cepas: *Vocabulario popular malagueño*. Plaza y Janés. Barcelona. 1ª ed. 1985 (citado ya en 3.3.3.2.1.).
- Rosario Guillen Sutil: *El habla culta de Sevilla. Estudio de léxico*. Ed. Alfar. Sevilla 1987.
- Manuel Ollero Toribio: *Diccionario estadístico del léxico popular sevillano*. Universidad de Sevilla. 1ª ed. 1992.

---

[63] Véase Wilfried Seibicke: «Wörterbücher des landschaftlich markierten Wortschatzes»; en: *Wörterbücher*. t.II, 1990, págs. 1166-1167.

- Manuel Seco: *Arniches y el habla de Madrid*. Madrid 1970 (con un «Vocabulario popular», págs. 269-538).

Aquí hay que mencionar el importante *Proyecto coordinado del estudio del habla culta de las principales ciudades de Hispanoamérica y de España*[64]. En las publicaciones relacionadas con este proyecto hay que distinguir los volúmenes con el léxico de una ciudad de otros que reproducen sólo las grabaciones, y son, por eso, la materia prima de aquéllos.

a) Léxico ya publicado

- Ambrosio Rabanales/ Lidia Contreras: *Léxico del habla culta de Santiago de Chile*, 1ª ed. Universidad Nacional Autónoma de México. México 1987.
- Juan Lope Blanch: *Léxico del habla culta de México*. Universidad Nacional Autónoma de México. México 1978.
- José C. de Torres Martínez: *Encuestas léxicas del habla culta de Madrid*. CSIC. Madrid 1981.
- Humberto López Morales: *Léxico del habla culta de San Juan de Puerto Rico*. Academia Puertorriqueña de la Lengua Española. San Juan 1986.
- Francisco Salvador: *Léxico del habla culta de Granada*. 2 vols. Universidad de Granada 1991.

b) Materiales para el estudio del léxico

- Ana María Barrenechea (ed.): *El habla culta de la ciudad de Buenos Aires. Materiales para su estudio*. 2 vols. Buenos Aires. Instituto de Filología y Literaturas Hispánicas «Dr. Amado Alonso». 1987.
- Paola Bentivoglio (ed.): *El habla culta de Caracas: Materiales para su estudio*. Caracas. Universidad Central de Venezuela. 1979.
- Rocío Caravedo (ed.): *El español de Lima. Materiales para el estudio del habla culta*. Lima. Pontificia Universidad Católica del Perú. 1989.

---

[64] Sobre este proyecto véanse, entre otros muchos, los siguientes trabajos: Juan Manuel Lope Blanch: «Proyecto de estudio del habla culta de las principales ciudades de Hispanoamérica»; en: *El Simposio de Bloomington. Agosto de 1964. Actas, informes y comunicaciones*, Bogotá 1967, págs. 255-264.

Juan M. Lope Blanch: «El Proyecto de Estudio Coordinado de la norma lingüística culta de las principales ciudades de Iberoamérica y de la Península Ibérica (...)»; en: *El Simposio de México 1969*, págs. 222-233 y Juan M. Lope Blanch: «Noticia sobre el proyecto de estudio coordinado de la norma lingüística culta de los principales ciudades de Iberoamérica y de la Península Ibérica»; en: *Separata de ATAS, o Simpósio de São Paulo. Janeiro de 1969*. São Paulo 1979.

Ambrosio Rabanales: «Fundamentos teóricos y pragmáticos del "Proyecto de estudio coordinado de la norma linguística culta del español hablado en las principales ciudades del mundo hispánico»; en: *Actas del I Congreso Internacional sobre el Español de América. San Juan. Puerto Rico, 1982*. San Juan, Puerto Rico, 1987, págs. 165. Véanse también los ocho artículos publicados sobre este proyecto en: *Actas del VII Congreso. Asociación de Lingüística y Filología de América Latina (ALFAL). Homenaje a Pedro Henríquez Ureña*. Santo Domingo 1984. t. I, Santo Domingo 1987, págs. 163-224.

- Manuel Esgueva/ Margarita Cantarero (eds.): *El habla de la ciudad de Madrid: Materiales para su estudio.* Madrid. Consejo Superior de Investigaciones Científicas. 1981.

- Hilda Otálora de Fernández/ Alonso González (eds.): *El habla de la ciudad de Bogotá. Materiales para su estudio.* Bogotá. Instituto Caro y Cuervo. 1986, 2ª ed. 1990.

- Nila G. Marrone: *El habla de la ciudad de La Paz. Materiales para su estudio.* Serie Estudios Lingüísticos. Ediciones Signo. La Paz 1992.

3.3.3.3. *Diccionarios que registran unidades léxicas pertenecientes a determinados niveles lingüísticos*

Lo que no se suele registrar en diccionarios especiales es el vocabulario estándar o no marcado, ni cronológicamente (arcaísmos, neologismos) ni diatópicamente ni de otra manera. Este léxico que no lleva ninguna marca en los diccionarios, representa el grueso de los diccionarios generales. En cambio, existen obras lexicográficas del subestándar (coloquial, popular, etc.) y de lenguas de grupos (sociolectos o jergas).

3.3.3.3.1. Diccionarios del lenguaje literario

No conocemos ninguna obra que registre vocabulario literario en general para el español, pero existe cierto número de vocabularios del lenguaje de un autor o de una obra literaria (ver 3.3.3.8.).

3.3.3.3.2. Diccionarios de la lengua hablada y del subestándar[65]

Existen más obras de este tipo para el español de América que para el peninsular.[66] En cuanto a España, en los niveles del subestándar (que los llamemos coloquial, familiar, popular o vulgar) se encuentran también muchas voces que en su origen eran jergales (sociolectales), procedentes de la jerga del hampa, la jerga juvenil y la de grupos marginales (cheli, pasota, yonkies), de manera que los dos tipos de léxico se confunden. Por esto, Hausmann los trata juntos en su tipología de diccionarios[67], lo cual parece justificado. No existe actualmente nin-

[65] Ver sobre esta temática: Franz Josef Hausmann: «Das Wörterbuch der Sprechsprache, des Argot und des Slang»; en: *Wörterbücher.* t.II, 1990, pág. 1184.

[66] Por ejemplo: Aura Gómez de Ivashevsky: *Lenguaje coloquial venezolano.* Caracas 1969, Juan Carlos Guarnieri: *El habla boliche. Diccionario del lenguaje popular rioplatense.* Montevideo 1957 y Gabriel Vicente Maura: *Diccionario de voces coloquiales de Puerto Rico.* Ed. Zemi. San Juan 1984.

[67] Ver nota 65.

gún diccionario representativo del español hablado. Por eso se espera con ilusión el *Diccionario del español actual* de Manuel Seco (en prensa), el que registra como diccionario descriptivo también las unidades léxicas de la lengua coloquial[68].

Obras que contienen vocabulario del léxico del subestándar (con inclusión de voces tabuizadas), mezclado con voces jergales son las siguientes:

- Víctor León Núñez: *Diccionario de argot español y lenguaje popular.* Alianza Editorial. Madrid 1ª ed. 1980; últ. ed. 1995 (muy interesante la introducción de Pilar Daniel), una de las mejores obras del género.
- Jaime Martín: *Diccionario de expresiones malsonantes del español. Léxico descriptivo.* Ed. Istmo. Madrid 1974, 2ª ed. 1979.
- Juan Manuel Oliver: *Diccionario de argot.* Ed. Sena. Madrid 1985; 2ª ed. 1987.
- Juan Villarín: *Diccionario de argot.* Ed. Nova. Madrid 1979.

Aquí hay que mencionar los glosarios publicados en revistas:
- Alejandro Fajardo Aguirre: «La jerga juvenil»; en: *Lebende Sprachen,* núm. 4/1991, págs. 169-225.
- Mario Sartor: «Jerga de los adolescentes argentinos»; en: *Lebende Sprachen,* núm. 3/1992, págs. 125-126.

Una introducción bilingüe en el español coloquial para anglófonos (en forma de diccionario) es:

A. Bryson Gerrard: *Cassell's Colloquial Spanish. A Handbook of Idiomatic Usage. Including Latin-American Spanish.* Macmillan. Nueva York. 3ª ed. revisada 1980 (la obra contiene muchas unidades léxicas del estándar y, por ende, no «coloquiales»).

Un vocabulario español jergal-alemán es:
- Hans-Jürgen Fründt: *Kauderwelsch. Spanisch-Slang. das andere Spanisch.* Peter Rump. Bielefeld. 1ª ed. 1991 (colección de voces y frases vulgares y jergales clasificadas por temas con los equivalentes alemanes; en cuanto al método lexicográfico y ciertas afirmaciones del autor, la obra es insatisfactoria, pero es rica en materiales para quien sepa aprovecharlos con espíritu crítico).

La obra clásica de Werner Beinhauer: *El español coloquial.* 1ª ed. española; 2ª ed. 1958; 3ª ed. aumentada 1978, 2ª reimpr. de 1991 (Gredos, Madrid), (Es traducción de la 2ª ed. alemana: *Spanische Umgangssprache.* Bonn 1958) no es un diccionario, pero ofrece abundantes materiales léxicos del español coloquial que se pueden localizar mediante un índice alfabético. Desgraciadamente, en la

---

68 Véase: Manuel Seco: «El primer diccionario sincrónico del español: características y estado actual de los trabajos»; en: *Revista Española de Lingüística,* Madrid 1979, págs. 395-412; reproducido en: Manuel Seco: *Estudios de lexicografía española.* Madrid 1987 con el título: «El primer diccionario sincrónico del español», Madrid 1987, págs. 221-235.

última década del siglo XX, parte del léxico registrado está anticuado. Nos hace falta un nuevo *Beinhauer*.

3.3.3.3.2.1. *Diccionarios de insultos*

Existen obras monolingües de este tipo para el francés, el italiano y el alemán e incluso multilingües, en general muy deficientes[69], pero, que yo sepa, hay pocos ejemplos de este tipo de diccionario para el español:

- Ricardo Montero: *Diccionario de nuevos insultos, maledicencias y expresiones soeces*. Librerías Sánchez. Madrid 1ª ed. 1990.
- Pancracio Celdrán: *Inventario general de insultos*. Ediciones del Prado. Madrid 1995 (ofrece ricos materiales sobre el tema).

Ejemplos de diccionarios de insultos multilingües y de otras lenguas:

- E. Edouard: *Dictionnaire des injures*. París 1967.
- Ugo Nanni: *Enciclopedia delle ingiurie, degli insulti, delle contumelie e delle insolenze*. Milán 1953.
- Hella Thaler: *Schmutzige Wörter. Deutsch-Englisch-Französisch-Italienisch-Spanisch-Türkisch*. Frankfurt 1987.
- *Dizionario degli insulti. Come dire le parolacce en 5 lingue*. Perugia 1980.
- Sonja Schnitzler/ Werner Hirte: *Verflucht und zugenäht, Schimpfwörter aus unserer lieben Muttersprache nebst einem Anhang*. Hanau 1986; 2ª ed. 1990.
- Wolfe: *The Insult Dictionary. How to be abusive in five languages*. Londres 1966 (inglés-alemán-francés-italiano-español).

3.3.3.3.2.2. *Diccionarios de vocabulario sexual*

Estos diccionarios que registran léxico sexual tabuizado empezaron a publicarse en España tan sólo a partir de 1969[70].

Obras de este tipo son:

- Camilo José Cela: *Diccionario secreto I, Series coleo y afines*. Madrid 1969; *II, Serie pis y afines*. Madrid 1971, reed. 1979. Hay una edición en El Libro de Bolsillo. Alianza Editorial. Madrid. 2 vols. 1974, reimpr. 1987.
- Camilo José Cela et al.: *Enciclopedia del erotismo*. 4 tomos. Ed. Setmay. Madrid 1976. Nueva ed. en 4 tomos: Barcelona, Destino 1982-1986; nueva ed. («1ª ed.»), Grupo Libro, 5 vols., Madrid 1994.

---

[69] Ver sobre esta temática: Wilfried Seibicke: «Das Schimpfwörterbuch»; en: *Wörterbücher*. t.II, 1990, págs. 1190-1193.

[70] Véase la extensa bibliografía sobre argot (jerga del hampa) de España e Hispanoamérica y vocabulario sexual que ofrece Edgar Radtke: *Sonderwortschatz und Sprachschichtung. Materialien zur sprachlichen Verarbeitung des Sexuellen in der Romania*. Tubinga 1981.

Del mismo: *Diccionario del erotismo.* 2 vols. Grijalbo. Barcelona 1988. (Versión abreviada de la *Enciclopedia*).

- Manuel Criado de Val: *Diccionario del español equívoco.* Colección Lengua coloquial, n. 2. Madrid 1981.
- Hernán Rodríguez Castelo: *Léxico sexual ecuatoriano y latinoamericano.* Quito 1979.
- Larry M. Grimes: *El tabú lingüístico en México: El lenguaje erótico de los mexicanos.* Jamaica. Nueva York 1978.
- Robert Lehmann: *Textos eróticos del Río de la Plata.* 1ª ed. alemana 1923, 1ª ed. española, Buenos Aires 1981 (la edición alemana de 1923 parece ser el primer repertorio de léxico sexual del español).
- Jose Luis Coll: *El Eroticoll. Diccionario erótico.* Ediciones Temas de hoy. Madrid 1992. (A pesar de su carácter humorístico es un repertorio de muchas voces usuales de tipo sexual).
- Antonio Tello: *Gran diccionario erótico de voces de España e Hispanoamérica.* Ediciones Temas de hoy. Madrid 1992 (probablemente el más completo y más actual de los diccionarios que registran léxico erótico-sexual y términos de la prostitución, como los que aparecen a diario en los anuncios de «relax» en los periódicos españoles).

Parte del léxico erótico-sexual tabuizado se encuentra también en los ya mencionados diccionarios del subestándar (ver 3.3.3.3.2. y 3.3.3.4.).

Dos diccionarios muy *sui generis* son:

- F. Hernández Castañedo: *Glosario de la mala palabra. (de los mil y pico nombres con que atienden las del más viejo oficio).* Ed. El Avapiés. Madrid 1994 (da sinónimos de «prostituta» de todos los tiempos y niveles estilísticos).
- José Dueso: *Los mil y un nombres del coño.* Ediciones B, Grupo Zeta, s.a.

En otras lenguas, hay incluso vocabularios de la homosexualidad. Ejemplos:

- Claude Courouve: *Vocabulaire de l'homosexualité masculine.* París 1985.

Ronald A. Farrell: «The argot of the homosexual subculture»; en: *Anthropological Linguistics*, núm. 14/ 1972, págs. 97-109.

3.3.3.3.2.3. *Diccionarios de eufemismos*

Para evitar las palabras malsonantes («tacos, palabrotas»), pero sin dejar de aludir a ellas, se usan *eufemismos* que puedan ser parónimos y sinónimos de una voz tabuizada, por ej. se usan en las distintas áreas hispanohablantes las voces *¡caramba!, ¡caracho!, ¡caracoles!, ¡Caracas!* para evitar la palabra *carajo* o *¡miércoles!, mandar a la «m»* para no decir *mierda.* Existen ya diccionarios de eufemismos para el inglés, pero no para el español[71].

---

[71] Materiales léxicos sobre eufemismos se encuentran en un libro que no es un diccionario: Charles E. Kany: *American-Spanish Euphemisms.* Berkeley- Los Angeles 1960.

Por ejemplo Hugh Rawson: *Rawson's Dictionary of Euphemisms and other Doubletalk. [...].* Crown. Nueva York 1981; ed. revisada 1995.

- Judith S. Neaman/ Karole G. Silver: *A Dictionary of Euphemisms*. Londres 1983.

3.3.3.4. *Diccionarios de sociolectos (jergas o lenguas de grupo)*

Como ya se ha expuesto, muchas voces jergales van penetrando en el lenguaje hablado y por esto no existe una separación tajante entre lo propiamente jergal y el subestándar. Hay, sin embargo, ciertos trabajos lexicográficos (tanto diccionarios como glosarios publicados en revistas) que registran un léxico más propiamente jergal, es decir, restringido a un grupo social (militares, estudiantes, drogadictos y narcotraficantes, delincuentes, etc.) como por ejemplo:

- Antonio Dellepiane: *El idioma del delito*. Buenos Aires 1905 (obra clásica).
- Luis Besses: *Diccionario de argot español*. Barcelona 1905, 2ª ed. 1931. Reimpresión Cádiz 1990 (argot del hampa con muchos gitanismos).
- J. A. Zunzunegui: «Vocabulario actual de bajos fondos»; en: *Lebende Sprachen*, 2/1957, págs. 145-146.
- J. L. de Tomás García: «Glosario de argot español»; en: *Lebende Sprachen*, 3/1986, págs. 129-131. (Trata especialmente de la jerga de los drogadictos).
- Francisco Umbral: *Diccionario Cheli*. Madrid 1983.
- Yale (seudónimo de Felipe Navarro)/ Julén Sordo: *Diccionario del pasota*. Madrid 1979.
- Mario Sartor: «Jerga de la Represión Argentina»; en: *Lebende Sprachen*, 2/1986, págs. 79-83.
- José Javier Muñoz González: *Argot del periodismo actual*. Librería Cervantes. Salamanca 1995.
- A. Otero Seco: «Notas para un vocabulario argótico español de la mala vida»; en: *Etudes ibériques, III*. Faculté des Lettres et Sciences Humaines de l'Université de Rennes. Rennes 1968.
- Cardona Pescador et al.: «Argot empleado en el mundo de las drogas»; en: *No te rindas ante la droga*. Ed. Rialp. Madrid 1ª ed. 1988; 2ª ed. 1993, págs. 131-143.
- Consolación G. Galera Ramírez: *El léxico marginal (1975-1985). Estudio lingüístico*. Universidad Complutense. Madrid 1986.
- Jesús García Ramos: *El lenguaje actual de los maleantes españoles*. Dirección General de la Policía. *Revista Policía*. Informe monográfico n 8 y 9 (octubre 1985). Madrid 1985 (contiene varios glosarios).
- Guillermo Colín Sánchez: *Asi habla la delincuencia y otros más* .... 2ª ed. corr. y aument. Porrúa. México 1991.
- Eugenio González González: «Jerga o argot empleado por el menor inadaptado social. Vocabulario del delincuente juvenil»; en: *Surgam*, núm. 382, págs. 5-12.
- Juan Villarín: «Jerga a cuatro bandas: El cheli, el pasota, el caliente y el drogata»; en: *Interviú*, núm. 232, págs. 84-86.

El léxico del cine, y, en parte, de su jerga registra:
- José López: «Breve diccionario de argot (vocabulario elemental para cinéficos)»; en *Cinemanía*. Ediciones Temas de Hoy. Madrid 1995, págs. 163-202.

Véanse también los diccionarios mencionados en 3.3.3.2.
Una obra reciente, hecha con poco profesionalismo lexicográfico, pero rica en materiales es: - Ramoncín: *El tocho cheli. Diccionario de jergas, germanías y jeringonzas [sic]*. Ediciones Temas de hoy. Madrid 1993. Nueva ed. *El nuevo tocho cheli. Diccionario de jergas*. Madrid 1996.
Abundantes materiales del léxico jergal del Siglo de Oro registra:
- José Luis Hernández: *Léxico del marginalismo del Siglo de Oro*. Universidad de Salamanca 1977.
Existen también repertorios bilingües de léxico jergal, por ej. un glosario de drogadictos inglés-español: Félix Rodríguez González: «Glossary of Drug-Related Slang» (inglés-español); en: *Lebende Sprachen*, 3/1994, pág. 123.
- Javier Tapia Rodríguez: *Manual Práctico del Lenguaje Guay*. Edicomunicación. Barcelona 1990 (no es un diccionario, pero ofrece abundantes materiales del léxico de la jerga juvenil, mezclados con otros que son unidades léxicas vulgares o tabuizadas ya más antiguas).

3.3.3.5. *Diccionarios de extranjerismos*

Estos pueden tener varias características. Pueden ser:
- **puramente descriptivos**: registran y explican los extranjerismos usuales en el español.
- **normativos (puristas)**: recomiendan la sustitución del extranjerismo por una voz formada con elementos españoles o bien la hispanización fonética, ortográfica y morfológica del extranjerismo.
- **etimológicos**: estudian la procedencia de los préstamos y sus cambios de sentido en la lengua receptora.
Muchos diccionarios de este tipo son híbridos y presentan rasgos de las tres categorías[72].
Uno de los más antiguos es:
- Rafael María Baralt: *Diccionario de galicismos*. Madrid 1855, 2ª ed. 1890, otra ed. Buenos Aires 1945; última ed. Visor Libros. Madrid 1996.

En cuanto a anglicismos hay que mencionar:
- Ricardo Alfaro: *Diccionario de anglicismos*. 1ª ed. Panamá 1950, 2ª ed. ampliada Madrid 1970, 3ª ed. Madrid 1986 (en su época, una obra pionera, hoy anticuada en cuanto a su método y a su contenido)[73].

---

72 Ver sobre esta temática: Alan Kirkness: «Das Fremdwörterbuch»; en: *Wörterbücher* t.II, 1990, págs. 1168-1178. También resulta útil, para la problemática general: Pierre Guiraud: *Les mots étrangers*. Collection «Que sais-je», París, 1ª ed. 1965.

73 Según nuestras informaciones, el profesor Félix Rodríguez González de la Universidad de Alicante está terminando un nuevo diccionario de anglicismos hecho con rigor científico («con etimologías, citas de textos, etc.), que podrá salir en 1997.

- Washington Llorens: «Diccionario manual de anglicismos»; en: *Boletín de la Academia Puertorriqueña de la Lengua Española, 1* (págs. 159-181), *2.2.* (págs. 127-150), *2.3.* (págs. 101-120), *2.5.* (págs. 53-64) (1973-1974).

En una serie de trabajos no propiamente lexicográficos se encuentran muchos anglicismos.

Véase una bibliografía de los mismos en: Günther Haensch: «Anglicismos y galicismos en el español de Colombia»; en: Klaus Zimmermann (ed.): *Lenguas en contacto en Hispanoamérica*. Vervuert. Iberoamericana. Frankfurt 1995, págs. 249-253.

Otros diccionarios de galicismos de tipo purista son:

- Atalo Bastañas: *Galicismos, barbarismos, hispanismos. Repertorio alfabético de voces y locuciones francesas y afrancesadas [...].* Madrid 1915.

- Jorge Guasch Leguizamón: *Galicismos aceptados, aceptables y vitandos.* Buenos Aires 1951.

De publicación más reciente son:

- Juan José Alzugaray Aguirre: *Diccionario de extranjerismos*. Ed. Dossat. Madrid 1985.

- Arturo del Hoyo: *Diccionario de palabras y frases extranjeras en el español moderno*. Madrid 1ª ed. 1988, 2ª ed. 1995 (obra muy útil).

- José Gobello: *Diccionario de voces extranjeras usadas en la Argentina.* Buenos Aires 1988.

- Elena Mellado de Hunter: *Anglicismos profesionales en Puerto Rico.* Universidad de Puerto Rico 1981.

Extranjerismos usuales en determinadas tecnolectos registran:

- Juan José Alzugaray Aguirre: *Voces extranjeras en el lenguaje tecnológico.* Alhambra. Madrid 1979.

- Juan José Alzugaray Aguirre: *Extranjerismos en el deporte.* Hispano-Europea. Barcelona 1982.

- Juan José Alzugaray Aguirre: *Extranjerismos en los espectáculos.* Hispano-Europea. Barcelona 1983.

3.3.3.6. *Diccionarios especializados*

Sin duda alguna, el grupo numéricamente más importante de diccionarios, lo representan hoy en día los diccionarios especializados o técnicos en sentido amplio, es decir no sólo de ciencias y de tecnología, sino de cualquier otra materia, como pueden ser deportes, filosofía, derecho, caza, pesca, gastronomía, etc. Los *diccionarios especializados monolingües* ofrecen una definición de cada unidad léxica, en muchos casos enriquecida con una ampliación enciclopédica. Los *diccionarios especializados bilingües y multilingües*, en cambio, dan los equivalentes de los términos en una o más otras lenguas. Es de desear que los diccionarios especializados plurilingües ofrezcan también una definición de cada término, por lo menos en la lengua de partida, única posibilidad de comprobar si los equivalentes en la(s) lengua(s) meta corresponden realmente al término de la lengua de partida. En cierto número de diccionarios especializados el español es la lengua de partida, en la mayoría de los casos lo suele ser otra lengua, puesto que el número de diccionarios terminológicos plurilingües publicados en otros países, especialmente en EE.UU., Gran Bretaña, Francia y Alemania, es mucho más elevado que el de los publicados en España. Este grupo de diccionarios tiene una gran importancia en el mundo de hoy debido al crecimiento enorme de las terminologías especializadas. Muchos de los glosarios publicados por los servicios lingüísticos de la Unión Europea tienen ya una parte española, lo mismo los de las Naciones Unidas, de la Organización de Estados Americanos (O.E.A.), de la FAO y de otros organismos internacionales.

Estos glosarios aparecen en boletines de organizaciones nacionales e internacionales, en revistas, etc. como por ejemplo el excelente boletín *Terminologie et traduction*, publ. por la Comisión de la Unión Europea, Servicio de traducción Bruselas y Luxemburgo; o la revista internacional *Lebende Sprachen* (Berlín y Munich). Un buen ejemplo de una publicación sobre neologismos es: Jacques Boissy/ John Humbley: *Cahier de termes nouveaux 1990.* Conseil International de la Langue française, 1990. Muchos glosarios se publican sólo para el uso interno de los organismos internacionales como la ONU, la FAO, la UNESCO, la Organización de Estados Americanos (OEA), etc. y son, por esto, difícilmente accesibles al usuario normal[74].

Para hacerse una idea sobre los diccionarios especializados, es útil hojear el folleto *Herder informa: Diccionarios especializados* (Librería Herder, Balmes 26, 08007 Barcelona), 43 págs., que ofrece una rica selección de diccionarios especializados monolingües y plurilingües (última ed. 1995-96).

Muy útiles son las publicaciones terminológicas del Centro de Terminología Catalana *Termcat*, Barcelona. Se trata de diccionarios, glosarios y hojas informativas. Aunque el objetivo de estas publicaciones es presentar terminologías en lengua catalana, se ofrecen en ellas en muchos casos los equivalentes de los términos catalanes en castellano y en otras lenguas, convirtiéndose de este modo en glosarios multilingües. Un ejemplo: con motivo de los Juegos olímpicos de Barcelona (1992) se publicaron 29 diccionarios dedicados a los distintos deportes olímpicos, partiendo del lema en catalán, con una definición en catalán y con los equivalentes del lema en castellano, francés e inglés.

Los diccionarios especializados plurilingües pueden tener una *clasificación alfabética* de sus materiales, pero parte de ellos ofrecen una *ordenación temática* que es la que recomiendan por ej. los organismos de normalización tecnológica (véase el ejemplo de una terminología económica sistemática español-alemán en la pág. 102 y de un diccionario cuadrilingüe de relaciones internacionales y políticas en la pág. 103). Cuando la clasificación de los términos es temática, es indispensable disponer de un índice alfabético para cada una de las lenguas tenidas en cuenta, lo cual permite una consulta rápida.

---

[74] Véase lo expuesto en 3.2.2.12, pág. 58.

IX. Quiebra y concurso	**IX. Notleidende Unternehmungen**
la quiebra	der Konkurs *(eines Kaufmanns)*
el concurso (de acreedores)	der Konkurs *(eines Nichtkaufmanns)*
la ley sobre la quiebra y el concurso (de acreedores)	die Konkursordnung *(D.)*
el juicio de quiebra; el juicio de concurso (*o:* concursal)	das Konkursverfahren
la ejecución general	die Gesamtvollstreckung
ejecutar	vollstrecken
embargar	in Beschlag nehmen
el embargo	die Beschlagnahme
quebrar, constituirse en quiebra (*o:* concurso)	in Konkurs geraten, Konkurs machen
declarar el concurso (la quiebra)	den Konkurs eröffnen
la declaración (judicial) de la quiebra (del concurso)	die Konkurserklärung *(Sp.)*
la apertura de la quiebra (del concurso)	die Konkurseröffnung *(D.)*
eludir la quiebra (el concurso)	den Konkurs abwenden
declararse (*o:* presentarse) en quiebra (*o:* concurso)	Konkurs anmelden
pedir la declaración de la quiebra (*o:* del concurso)	Konkurseröffnung beantragen
la solicitud de quiebra (*o:* de concurso)	der Antrag auf Konkurseröffnung, der Konkursantrag
los motivos de la quiebra	die Konkursgründe
la insolvencia	die Zahlungsunfähigkeit
la falta de efectivo, la falta de liquidez, la iliquidez	die Illiquidität, der Liquiditätsmangel
el déficit, el endeudamiento	die Überschuldung
suspender los pagos	seine Zahlungen einstellen
la suspensión de pagos, la cesación en los pagos	die Zahlungseinstellung
declararse en estado de suspensión de pagos *(Esp.)*	sich für zahlungsunfähig erklären *(Sp.)*

Muestra de una terminología con ordenación sistemática. Günther Haensch/Francisco López Casero: *Terminología económica español-alemán*. Hueber. Munich 1995.

3842	convoquer une conférence, réunir ~ ~	convocar una conferencia	3842	eine Tagung einberufen	to call (*or*: to convoke, to summon, to convene) a conference
3843	convocation *f* (d'une conférence)	convocación *f* (de una conferencia)	3843	Einberufung *f* (einer Tagung)	convocation, summoning, convening, calling (of a conference) *(better to use verb)*
3844	convocation *f*, lettre *f* de convocation	convocatoria *f*	3844	Einberufungsschreiben *n*	letter of convocation
3845	sur invitation de . . .	a invitatción de . . .	3845	auf Einladung von . . .	at the invitation of . . .
3846	adresser des invitations à, envoyer ~ ~ ~	cursar invitaciones a	3846	Einladungen ergehen lassen an, ~ verschicken an	to issue invitations to s.b., to extend ~ ~ ~
3847	formuler une invitation	formular una invitación	3847	eine Einladung aussprechen	to extend an invitation to . . ., to issue ~ ~ ~
3848	fixer une séance au . . ., convoquer ~ ~ pour le	fijar una reunión para el dia . . ., convocar ~ ~ ~ ~ ~	3848	eine Sitzung anberaumen (für den. . .), eine Sitzung festsetzen auf den. . .	to schedule a meeting for the. . .
3849	ordre *m* du jour	orden *m* del dia, temario *m*	3849	Tagesordnung *f*; Traktandenliste *f*, *CH*	agenda
3850	projet *m* d'ordre du jour	proyecto *m* de orden del día	3850	Tagesordnungsentwurf *m*	draft agenda
3851	ordre *m* du jour provisioire	orden *m* del día provisional	3851	vorläufige Tagesordnung *f*; ~ Traktandenliste *f*, *CH*	provisional agenda
3852	établir (*ou*: fixer, élaborer) l'ordre du jour	fijar el orden del día	3852	die Tagesordnung aufstellen	to fix (*or*: to draw up) the agenda
3853	établissement *m* de l'ordre du jour	fijación *f* del orden del dia	3853	Aufstellung *f* der Tagesordnung	drawing up of the agenda
3854	ordre *m* du jour définitif	orden *m* del día definitivo	3854	endgültige Tagesordnung *f*; ~ Traktandenliste *f*, *CH*	approved agenda
3855	adoption *f* de l'ordre du jour	adopción *f* del orden del dia	3855	Annahme *f* der Tagesordnung	adoption of the agenda
3856	adopter l'ordre du jour	adoptar el orden del dia	3856	die Tagesordnung annehmen, ~ ~ genehmigen	to adopt the agenda
3857	inscrire (*ou*: mettre) une question à l'ordre du jour	poner (*o*: inscribir, insertar) una cuestión en el orden del dia	3857	eine Frage auf die Tagesordnung setzen	to place an item on the agenda, to include ~ ~ in ~ ~
3858	inscription *f* à l'ordre du jour	inserción *f* (*o*: inclusión) en el orden del día	3858	Aufnahme *f* in die Tagesordnung	inclusion in the agenda
3859	rayer (*ou*: retirer) une question de l'ordre du jour	retirar una cuestión del orden del día	3859	eine Frage von der Tagesordnung steichen (*od*: absetzen)	to withdraw (*or*: to remove) an item from the agenda
3860	surcharger l'ordre du jour	sobrecargar el orden del dia	3860	die Tagesordnung überladen	to overload the agenda
3861	ordre *m* du jour chargé	orden *m* del día muy cargado	3861	überladene Tagesordnung *f*	heavy agenda
3862	passer à l'ordre du jour	pasar al orden del día	3862	zur Tagesordnung schreiten	to proceed to the agenda
3863	épuiser l'ordre du jour	agotar el orden del dia	3863	die Tagesordnung erschöpfen	to exhaust the agenda, to cover all matters on ~ ~
3864	à l'ordre du jour figure . . ., l'ordre du jour appelle . . .	figura (*o*: está) en el orden del dia . . .	3864	auf der Tagesordnung steht . . .	the agenda calls for (*e. g.* discussion of. . .)

Günther Haensch: *Wörterbuch der internationalen Beziehungen und der Politik.* Max Hueber. Munich, 2.ª ed. 1975.

Es materialmente imposible presentar ni siquiera una selección de los diccionarios especializados por ser tantos y sería injusto dar preferencia a algunos diccionarios o a algunas materias[75].

Mencionaremos, sólo a título de ejemplo, algunos diccionarios especializados monolingües que podríamos llamar «de divulgación» para el usuario que no es un especialista, por ej.:

- *Vocabulario científico y técnico*, publicado por la Real Academia de Ciencias Exactas, Físicas y Naturales. Madrid 1983. Nueva ed. 1996.
- Angel Ramos et al.: *Diccionario de la naturaleza*. Espasa de bolsillo. Espasa. Calpe. Madrid 1995, y una serie de diccionarios monográficos (en parte traducción de obras extranjeras) como los que ha publicado Ediciones Rioduero, Madrid.

Ejemplo:

- *Diccionarios Rioduero: Zoología*. Versión española por Julio Alvarez (autores del original: C. Gack y Theo Jalm). Madrid 1983.

La Editorial Everest, León también ha publicado una serie de diccionarios especializados (monolingües) de divulgación:

- *Diccionario ilustrado de las ciencias* 1ª ed. 1984.
- *Diccionario ilustrado de la química* 1ª ed. 1986.
- *Diccionario ilustrado de la informática* 2ª ed. 1995.
- *Diccionario ilustrado de la botánica* 1ª ed. 1986.
- *Diccionario ilustrado de la biología* 1ª ed. 1986.
- *Diccionario ilustrado de la geografía* 1ª ed. 1982.
- *Diccionario ilustrado de la geología* 1ª ed. 1986.
- *Diccionario ilustrado de la astronomía y astronaútica* 1ª ed. 1986.

Otros temas tratan algunos diccionarios monolingües de la Editorial Paraninfo, Madrid:

- José Velasco Sales: *Diccionario aeronáutico civil y militar*. 1994.
- Ignacio H. de la Mota: *Diccionario de la Comunicación*. 2 vols. 1988.
- Jesús Felipe Gallego/ Ramón Peyrolón Melendo: *Diccionario de Hostelería*. 1993.

---

[75] Sobre los diccionarios especializados existe una abundante bibliografía. Aquí vamos a citar sólo algunas publicaciones relativas a esta temática: Sobre el léxico técnico-científico en los diccionarios españoles, ver Anglada 1992 a; sobre la lexicografía especializada en general: Anglada 1992 b, Schaeder 1994; sobre los diccionarios especializados bilingües: Haensch 1991 c, los multilingües: Haensch 1991 b; sobre los diccionarios especializados para el experto: Opitz 1990 a; sobre la recolección de materiales para diccionarios especializados: Opitz 1990 b. Sobre problemas de terminología se pueden consultar: Cabré 1993 a; Felber 1984 a, 1984 b, 1989; Picht 1985; Rondeau 1984 y Wüster 1979. Una bibliografía comentada de diccionarios especializados del español es Espinosa 1982. Util es también el *Catálogo de recursos teminológicos en lengua española* (España) 1987. Madrid 1987. Consejo Superior de Investigaciones Científicas. Sobre los progresos de la lexicografía especializada informan las publicaciones de la Unión Latina (65, Bd. des Invalides, 75007 París) y una serie de revistas especializadas (véase, p.ej., las mencionadas en 2.4.)

- José Martínez de Sousa: *Diccionario de la Información, Comunicación y Periodismo*. 2ª ed. 1992.
- Guadalupe Aguado de la Cea: *Diccionario comentado de terminología informática*. 2ª ed. 1996.
- R. Sierra Bravo: *Diccionario práctico de estadística*. 1991.
- Ma. José Barroso González/ Javier Alonso Sánchez: *Diccionario del marketing*. 1993.
- José Martínez de Sousa: *Diccionario de tipografía y del libro*. 4ª ed. 1995.

La editorial Biblograf, Barcelona ofrece, a su vez, otros diccionarios especializados monolingües:

- Ramón Andrés: *Diccionario de instrumentos musicales, de Píndaro a J.S. Bach*. 1995.
- José Martínez de Sousa: *Diccionario de lexicografía práctica*. 1995 (véase nota 77).

Hoy en día existen miles y miles de terminologías especializadas en varias lenguas almacenadas en bases de datos de las grandes organizaciones internacionales y de las grandes empresas industriales que son accesibles por las modernas autopistas informáticas. A su vez, los traductores profesionales suelen tener su ordenador personal con su propio banco de datos, pero aprovechan también el acceso a los grandes bases de datos de organismos internacionales y nacionales. Para ellos hay una oferta abundante de terminologías especializadas de todas las materiales en CD-ROM (mucho más amplia que la de los diccionarios generales).

3.3.3.6.1. DICCIONARIOS DE NORMALIZACIÓN

Aquí se trata de diccionarios, glosarios, etc. publicados por las distintas organizaciones nacionales de normalización (miembros de la organización internacional ISO = International Standardization Organisation) que hacen un esfuerzo muy necesario por crear y propagar, para las distintas materias, especialmente de la tecnología, términos claramente definidos con el fin de evitar equívocos. Existen también traducciones de estas normas industriales[76]. A esta categoría pertenece también la Nomenclatura aduanera adoptada por el Consejo de Cooperación Aduanera de Bruselas (hay versión inglesa, francesa, española y alemana).

Ante la enorme diversidad de las terminologías de muchas materias dentro del mundo hispánico, la normalización de los términos técnico-científicos es una urgente necesidad[77]. Ello supone una definición exacta de cada concepto y la adaptación de un término común, lo cual requiere una cooperación de especialistas en la materia y lexicógrafos.

---

[76] Por ejemplo: *Verzeichnis spanischer Übersetzungen von DIN-Normen in Manuskripten. Lista de traducciones españolas de normas DIN en forma de manuscritos*. DIN, Berlín 1988.

[77] Naturalmente no hay que confundir los *diccionarios de normalización* con los *diccionarios normativos* que pretenden imponer determinadas normas lingüísticas en la lengua general.

3.3.3.7. *Diccionarios de dudas, dificultades e incorrecciones*

Los diccionarios de incorrecciones, barbarismos, etc. tuvieron un gran auge en el siglo XIX[78]. Mencionamos a título de ejemplo el de Antolín y Sáez[79]. En general estaban inspirados por un purismo excesivo. Los buenos diccionarios de dudas y dificultades de nuestra época son más bien orientadores, como el mejor de ellos, el *Diccionario de dudas y dificultades de la lengua española* de Manuel Seco, 1ª ed. Madrid 1961; última ed. 1986; reimpresión 1995. Otras obras del mismo género son más dogmáticos.

He aquí más ejemplos:

- Fernando Corripio: *Diccionario práctico de incorrecciones, dudas y normas gramaticales.* Larousse-Planeta. Barcelona 1995.
- E. Diaz-Retg: *Diccionario de dificultades de la lengua española.* Madrid 1951.
- Rodrigo Salas: *Los 1.500 errores más frecuentes del español.* 2ª ed. Barcelona 1978.
- Rodrigo Salas: *Diccionario de los errores más frecuentes del español.* De Vecchi. Barcelona 1985.
- Andrés Santamaría et al.: *Diccionario de incorrecciones, particularidades y curiosidades del lenguaje.* Paraninfo. 5ª ed., Madrid 1989.
- *Diccionario Iter de dudas y dificultades del idioma* (sin autor). Iter 2000. Sopena. Barcelona 1991.
- *Dudas del idioma español. Incorrecciones en su uso* publicado bajo la dirección de M.ª Eloísa Alvarez del Real. Panamá 1962.
- *Diccionario de dificultades de la lengua española.* Everest 23ª ed. Madrid-León 1994.
- *Diccionario de dificultades de la lengua española.* Santillana. Madrid 1995.
- Carmen de Lucas: *Diccionario de dudas.* Edaf. Madrid 1994.
- David Fernández: *Diccionario de dudas e irregularidades de la lengua española.* 1ª ed. Teide. Barcelona 1991.
- José Martínez de Sousa: *Diccionario de usos y dudas del español actual.* Biblograf. Barcelona 1996.

Los materiales de estos diccionarios son muy heterogéneos, se tratan en ellos problemas de pronunciación, ortografía, formación del femenino y del plural de los sustantivos, extranjerismos, construcción y régimen, uso correcto de vocablos, etc. A un observador atento, este tipo de diccionario revelan muchas de las tendencias evolutivas de la lengua contemporánea.

Existen además obras de macroestructura mixta: «manuales de español correcto» o «gramáticas de faltas» que dedican un capítulo al léxico:

---

78 Sobre los problemas generales de este tipo de diccionarios véase Jean-Paul Colin: «Le dictionnaire de difficultés»; en: *Wörterbücher.* t.II, 1990, págs. 1210-1217.

79 Francisco Antolín y Sáez: *Corrección del lenguaje o sea Diccionario de disparates [...],* Valladodlid 1867.

- Bernabé Tierno/ Rosa Velasco: *Dudas y errores del lenguaje*. Ediciones Temas de hoy. Madrid 1993.
- José Martínez de Sousa: *Dudas y errores del lenguaje.* 1ª ed. Barcelona 1974; 5ª ed. Paraninfo. Madrid 1992.
- José Escarpanter: *Cómo eliminar los errores y dudas del lenguaje*. Playor. Madrid 1985 (útil por los equivalentes españoles de extranjerismos que propone).
- Leonardo Gómez Torrego: *El buen uso de las palabras.* Arco-Libros. Madrid 1992.
- Leonardo Gómez Torrego: *Manual de español correcto. Tomo I: Acentuación, Puntuación, Ortografía, Pronunciación, Léxico, Estilo.* Arco-Libros. Madrid 1993.

3.3.3.7.1. Diccionarios de falsos amigos

Existen en las lenguas europeas palabras formalmente muy parecidas (generalmente de la misma etimología), pero que tienen un significado diferente en las distintas lenguas, por lo cual pueden dar lugar a errores. Cuando un español traduce la frase *Estoy constipado* («Estoy resfriado») literalmente al francés por *Je suis constipé* expresa algo muy diferente, puesto que en francés significa «tengo estreñimiento». Otro ejemplo: en la policía metropolitana de Nueva York, un *police officer* no es un **oficial de policía* (teniente, etc.), sino un agente de la policía uniformada del primer escalafón al comienzo de su carrera. Para este tipo de palabras se ha acuñado el término de *faux amis, falsche Freunde, falsos amigos, false friends*[80].

En América latina, se usa también el término *palabras cognadas,* tomado del inglés *cognate.* Dos ejemplos de este tipo de diccionario que forzosamente trata las interferencias entre dos lenguas son:

- Gerd Wotjak/ Ulf Herrmann con colab. de R. Beldarraín y Mario Medina: *Kleines Lexikon der falschen Freunde Deutsch-Spanisch.* Leipzig 1974. Nueva ed. bajo el título: *Typische Fehler Spanisch.* Langenscheidt. Berlín - Munich 1994.
- Miguel Cuenca: *Diccionario de términos equívocos* («falsos amigos»). *Inglés-español-inglés.* Alhambra. Madrid 1ª ed. 1987; reimpr. 1989.

Ejemplos de otros pares de lenguas son:
- J. Van Roey/ S. Granger/ H. Swallow: *Dictionnaire des faux amis français-anglais.* Gembloux 1988.

---

80 El nombre «faux amis» fue utilizado por primera vez en la obra de M. Koessler/ J. Derocquigny: *Les faux amis ou les pièges du vocabulaire anglais.* 1ª ed. París 1928. El término «palabras cognadas» figura en el título de la publicación siguiente: Yenny Bieregel B./ Rolf Müschen: *Palabras cognadas alemán-español.* Universidad de Chile. Santiago 1981. La obra más antigua sobre «falsos amigos» que conozco (francés-alemán) es: Richard Scherffig: *Französischer Antibarbarus.* Zittau (Alemania) 1894.

Véase Christine Haschka: «Zur Entwicklungsgeschichte der «faux-amis Forschung»-; en: *Lebende Sprachen.* Berlín - Munich, núm. 4/1989, págs. 148-152.

- Maria Teresa Hundertmark/ Santos Martin: *Die falschen Freunde. Portugiesisch-Deutsch/Deutsch-Portugiesisch. Os «Falsos Amigos». Português-Alemao/Alemao-Português.* Niemeyer. Tubinga 1995 (esta obra es un modelo del género).
- Balbina Lorenzo Feijóo Hoyos: *Diccionario de falsos amigos del español y del portugués. dicionário de falsos amigos do espanhol e do portugués.* Embajada de España. Sao Paulo 1992.

Es de desear que este tipo de diccionario se desarrolle también para otros pares de lenguas ya que tienen gran importancia para la enseñanza de lenguas y la traducción.

3.3.3.8. *Diccionarios sobre la lengua de un autor, de una obra, etc.*

Junto a glosarios que figuran como apéndice a ciertas obras literarias, para explicar palabras que el lector potencial desconoce[81] existen también - como publicaciones independientes -diccionarios o más bien vocabularios que registran el léxico de una obra literaria o de un autor.

Son numerosas las obras de este tipo, por eso nos tenemos que limitar a citar algunos ejemplos de ellas:

- Eleuterio F. Tiscornia: *La lengua de Martín Fierro.* Buenos Aires 1930 (hay varias otras ediciones de glosarios de Tiscornia en las ediciones del poema gauchesco).
- Francisco I. Castro: *Vocabulario y frases Martín Fierro.* Buenos Aires 1950.
- Manuel Seco: *Arniches y el habla de Madrid.* Madrid 1970. (con un glosario).
- Julio Cejador y Frauca: *La lengua de Cervantes. Gramática y diccionario [...],* 2 tomos, Madrid 1905-06;
- Carlos Fernández Gómez: *Vocabulario de Cervantes.* Real Academia Española. Madrid 1962.
- Félix Huerta Tejada: *Vocabulario de las obras de Don Juan Manuel.* Madrid 1956.
- Bernabé Márquez Gallego: *Léxico del Cancionero de Baena.* 1ª ed. Autor-Editor. Córdoba 1992.

Otros ejemplos de vocabularios de la obra de un autor (o de una obra) son:
- Carlos Fernández Gómez: *Vocabulario de Lope de Vega.* Madrid 1971.
- Manuel Lacarta: *Diccionario del Quijote.* Ed. Aldarabán. Madrid 1994.
- Bernardo Alemany: *Vocabulario de las obras de D. Luis de Góngora.* Madrid 1930.

---

81 Estos glosarios son frecuentes en toda clase de obras literarias desde la alta Edad Media hasta nuestros días, especialmente en obras de autores hispanoamericanos y autores medievales y clásicos (es decir, del Siglo de Oro).

- Federico Ruiz Morcuende: *Vocabulario de don Leandro Fernández de Moratín.* 2 vols. Madrid 1945.
- Consuelo García Gallarín: *Vocabulario temático y característico de Pío Baraja.* Ed. Verbum. Madrid 1ª ed. 1991.
- Marcelo López Hernández: *Vocabulario de la obra poética de Miguel Hernández.* 1ª ed. Universidad de Extremadura 1991.

Léxico de autores hispanoamericanos registran por ejemplo:

- María Leticia Cáceres: *Voces y giros del habla coloquial peruana registrados en los códices de la obra de J. del Valle y Caviedes.* Lima 1974.
- Kurt Baldinger: «Vocabulario de Cieza de León. Contribución a la historia de la lengua española en el Perú del siglo XVI»; en: *Lexis* VII, núm. 1, 1983.

Una obra *sui generis* es un diccionario español-alemán del léxico del Quijote:

- Wilhelm Benecke/ Johann Boa: *Collección de vocablos y frases difficiles que occurren en la fábula del ingenioso hidalgo Don Quixote de la Mancha. Spanisch-deutsches Lexicon über Cervantes Don Quixote.* Leipzig 1807. Nueva ed. 1820.

Un género diferente de vocabulario lo registran tres obras que ofrecen americanismos que aparecen en la literatura hispanoamericana:

- Ella Nancy Cowles: *A Vocabulary of American Spanish based on glossaries appended to literary works.* Tesis doctoral. Universidad de Michigan. Ann Arbor 1952.
- M. A. Feliciano Fabre: *Glosario de la novela hispanoamericana actual.* San Juan de Puerto Rico 1976.
- Helga Hediger: *Particularidades léxicas en la novela hispanoamericana contemporánea.* Frankfurt-Berna-Las Vegas 1977.

Para el estudio del léxico de determinados autores u obras hay que tener en cuenta también las *concordancias* (ver 3.3.5.1.).

3.3.3.9. *Diccionarios del vocabulario de civilización*

El léxico de una lengua presenta en cada área, país, etc. donde ésta se habla, junto a las muchas palabras que corresponden a conceptos universales, cierto caudal de palabras que designan cosas propias de este país y que por lo tanto, son intraducibles. Estas pertenecen al *culture-specific vocabulary,* al vocabulario de civilización. Ejemplos de este tipo de léxico para el español peninsular son *mesta, gachas, jota, sardana, cortijo, búnker.* Actualmente existen pocos diccionarios de este tipo para el español.

Mencionaremos para América latina:

- Georg Friederici: *Amerikanistisches Wörterbuch und Hilfswörterbuch für den Amerikanisten.* 2ª ed. Hamburg 1960. Ediciones anteriores:
- Georg Friederici: *Hilfswörterbuch für den Amerikanisten. Lehnwörter aus Indianersprachen und Erklärung altertümlicher Ausdrücke. Deutsch-Spanisch-Englisch.* Halle 1926.

- Georg Friederici: *Amerikanistisches Wörterbuch*. 1ª ed. Hamburgo 1947.

Para España hay una obra cuyos lemas españoles se explican en alemán, el *Kleines Spanien-Lexikon* y además un *ABC de la Civilización hispánica* publicado en Francia:

- Günther Haensch/ Gisela Haberkamp de Antón: *Kleines Spanien-Lexikon*. Munich 1989, 2ª ed. 1996.
- R. J. Michel/ L. López Sancho: *ABC de civilización hispánica*. París 1962 (en español).

Los diccionarios de este tipo tienen, por razones obvias, un carácter mixto lingüístico y enciclopédico. Las obras más voluminosas son ya más enciclopédicas, como por ejemplo:

- *Diccionario Temático Abreviado Iberoamericano*. Sevilla 1989.
- Helen Delpar (ed.): *Encyclopedia of Latin America*. Mc Graw-Hill. Nueva York 1987.

3.3.4. Diccionarios con una finalidad específica

Muchas obras lexicográficas tienen una finalidad específica, por lo cual sería inútil crear nuevas categorías de clasificación, muy difíciles de reunir bajo un denominador común. Por esto dichas obras no se clasifican según un rasgo común (como sintagmático o paradigmático) ni por el tipo de léxico que registran, sino por la información que ofrecen.

3.3.4.1. *Diccionarios gramaticales*[82]

La única obra de este tipo que conozco para el español es el *Diccionario gramatical* de Emilio Martínez Amador[83] que tiene un carácter mixto: en parte explica términos gramaticales y algunos otros términos lingüísticas (pero muy pocos modernos), por otra parte es una gramática parcelada en artículos que siguen por orden alfabético.

Cuando un usuario tiene dudas sobre el uso lingüístico, vale más que consulte una buena gramática o bien, para casos específicos, uno de los diccionarios de dudas y dificultades ya mencionados o bien un diccionario más moderno de terminologia lingüística.

3.3.4.1.1. Diccionarios de conjugación

Estos representan en cierto modo un subtipo del diccionario gramatical[84]. Por lo general ofrecen los paradigmas de los verbos españoles y una lista de los

---

[82] Ver sobre los problemas de los diccionarios gramaticales: Franz-Josef Hausmann/Gerhard Jerabek: «Le dictionnaire grammatical»; en: *Wörterbücher*. t.II, 1990, págs. 1218-1220.

[83] Emilio Martínez Amador: *Diccionario gramatical*. Barcelona 1954. En una nueva edición del mismo bajo el título: *Diccionario gramatical y de dudas del idioma*. Barcelona 1985 se han suprimido muchas deficiencias de la 1.ª ed., pero aun así es, en esta forma, una obra anticuada.

[84] Sobre el diccionario de conjugación (la flexión nominal no interesa para el español) véase Franz Josef Hausmann: «Das Flexionswörterbuch»; en: *Wörterbücher*. t.II, 1990, págs. 1311-1314.

verbos irregulares en que se señala a qué paradigma de conjugación corresponde cada uno de los verbos. Se usan más en la enseñanza del español como lengua extranjera. Muchas obras similares ni siquiera se llaman diccionarios.

Entre las muchas obras de este tipo —que se llamen diccionarios o no— citaremos a título de ejemplo:

a) redactados en español:

- Ramón Alsina: *Todos los verbos castellanos conjugados.* Barcelona 1969, 10ª ed. 1980.
- Ramón García Pelayo/ Micheline Durand: *Larousse de la conjugación.* París 1982. Otra ed. («1ª ed.») Larousse. Madrid 1990.
- Fortunato Brown: *Diccionario de la conjugación.* 2ª ed. Caracas 1987.
- Berlitz: *Los Verbos.* 1ª ed. París 1958.
- Francisco Camps Sarró: *La conjugación del verbo español. Lista alfabética de los verbos irregulares.* Barcelona 1965.
- E. O. Figueredo/ O. Lepouteau Triquet: *Diccionario de verbos del español. 10.000 verbos.* La Habana 1987.
- Emilio Saza: *Diccionario de la conjugación castellana.* París 1900.
- Santiago Lázzati: *Diccionario del verbo castellano, como se conjugan todos los verbos españoles y americanos.* Buenos Aires 1962, 2ª ed. 1968.
- Francisco Mateo/ Antonio J. Rojo Sastre: *Bescherelle. El arte de conjugar en español.* París 1984.
- Juan Manuel Rodríguez: *Manual de conjugación de los verbos castellanos.* Madrid 1986.
- Mariano Sánchez: *Prontuario de conjugación de los verbos de la lengua castellana.* Nueva ed. refundida, París 1979 (la primera obra se publicó con el título *Los Diez Mil Verbos Castellanos* en París).
- María R. Marco Rodríguez: *Los quince mil verbos españoles: su gramática, clasificación y conjugación.* Barcelona 1980.
- Victoria Jaén Andrés: *Verbos españoles.* Colegio de España. Salamanca 1987.
- Hilda Basulto: *Diccionario de verbos.* Ed. Trillas. México 1991.
- *Verbos. Iter 2000. Diccionario de verbos y su conjugación gramatical.* Sopena. Barcelona 1991 (antes: *Iter Sopena de la conjugación 8000 verbos.* Barcelona 1982).
- Lorenzo Busquets/ Lidia Bonzi: *Los verbos en español.* Ed. Verbum. Madrid 1993.
- Guillermo Suazo Pascual: *Conjugación de los verbos. Manual práctico.* EDAF. Madrid 1995.

b) redactados en otras lenguas:

- Wolfgang Halm: *Das spanische Verb.* 1ª ed. Munich 1963, 6ª ed., 9ª reimpr. 1994.
- Arnold Steiger: *El verbo español.* Berna s.a. [hacia 1946].
- Boselli/ E.J. Bughy: *I verbi spagnoli [...].* Milano 1949.

- Robert y Martha Schmidt-Brandt: *Konjugationstabellen der spanischen Verben mit Klassifikation und Rektionsliste.* Julius Groos. Heidelberg 1980.
- *Harrap's Spanish Verbs.* Londres 1988 (obra de poca extensión, sumaria).
- Christopher Kendris: *501 Spanish Verbs fully conjugated in all the tenses [...].* 3ª ed. Barron's Educational Series. Nueva York 1990.
- José Vera Morales: *Spanisches Verblexikon mit Formenableitungen und Konjugationstabellen.* Oldenbourg. Munich 1995.

3.3.4.2. *Diccionarios diacrónicos*

Varios tipos de diccionarios ofrecen léxico desde una perspectiva diacrónica, es decir en su evolución a lo largo de los siglos.

3.3.4.2.1. Diccionarios etimológicos

El diccionario etimológico[85] nos dice cuál es el origen (o el supuesto origen) de una palabra. Hay diccionarios etimológicos menos extensos que se contentan con dar sólo el étimo de las palabras. Como a veces hay varias teorías sobre el origen de una palabra, hay que exigirles a los diccionarios más extensos que expongan las distintas hipótesis etimológicas y mencionen quién las formuló. Algunos diccionarios etimológicos señalan también la fecha de la primera documentación de las palabras.

Desde la época del Renacimiento, muchos autores españoles se han preocupado por el origen de las palabras, por su etimología, aunque en muchos casos con resultados muy pobres, con muchos errores e incluso con engaños (inventando palabras inexistentes para justificar una etimología dudosa)[86]. Tampoco son muy satisfactorios los diccionarios etimológicos del siglo XIX:

- Roque Barcia: *Primer Diccionario general etimológico de la lengua española.* 5 tomos. Madrid 1886-1983 (obra muy defectuosa), nueva edición Buenos Aires 1945.
- Ramón Cabrera: *Diccionario de etimologías de la lengua castellana.* Madrid 1837.
- Eduardo de Echegaray: *Diccionario general etimológico de la lengua española.* Madrid 1887-1889, 5 vols.
- Pedro Felipe Monlau: *Diccionario etimológico de la lengua castellana.* Madrid 1837, 2ª ed. Madrid 1881, reimpresión (sin modificaciones) Buenos Aires 1944, el mejor de los diccionarios etimológicos del siglo XIX.

---

[85] Sobre los diccionarios etimológicos, véanse Malkiel 1991 (que da más bibliografía) y Picoche 1970; sobre los problemas generales de la etimología Zamboni 1988. Para la situación actual de la investigación y lexicografía etimológicas es importante el artículo de Germán Colón: «Sobre los estudios de etimología española»; en: *Actas Sevilla 1992*, págs. 597-610.

[86] Ver sobre las obras etimológicas anteriores al siglo XIX, por ejemplo: Günther Haensch: «Spanische Lexikographie»; en: *Wörterbücher.* t.II, 1990, págs. 1738-1768.

Más serio es, en cuanto a etimologías, el diccionario etimológico de las lenguas románicas del fundador de la filología románica, Friedrich Diez, de 1854[87] que tambien tiene en cuenta el español. El *Romanisches Etymologisches Wörterbuch* de Wilhem Meyer-Lübke[88], que significó un importante progreso para la etimología románica en general, es poco satisfactorio en cuanto a las lenguas iberorrománicas, lo cual hizo escribir a Américo Castro sus *Adiciones hispánicas al diccionario etimológico de W. Meyer-Lübke*[89].

Encontramos etimologías en ciertos diccionarios generales por ej. en el *Diccionario de la Real Academia Española* (en cambio no en el *Diccionario Manual e Ilustrado de la Real Academia Española*), en el *Diccionario actual de la lengua española* VOX y en muchos otros. Como los conocimientos sobre las etimologías se van completando y perfeccionando, las etimologías que dan los diccionarios generales no son siempre las correctas o, por lo menos, no corresponden al estado actual de la investigación etimológica.

Por eso, para conocer el origen de una palabra, lo más seguro es echar mano de un diccionario etimológico. El mejor diccionario etimológico del español, también el más extenso es el de Juan Corominas:

- Juan Corominas: *Diccionario crítico etimológico de la lengua castellana.* 4 tomos, Madrid 1954-1957.

De este diccionario salió una nueva edición actualizada:

- Juan Corominas/ José A. Pascual: *Diccionario crítico etimológico castellano e hispánico.* 6 tomos, Madrid 1980-1991. Estamos de acuerdo con la valoración de J. Martínez de Sousa que dice (Martínez de Sousa 1995, pág. 246):

> «Pese a que los resultados de las investigaciones de Coromines *[sic.]* no son siempre aceptados como dogmas de fe por los especialistas, que en algunos casos disienten de ellos, su trabajo, en cualquier caso, es fruto de una vida de dedicación científica al estudio de las raíces del lenguaje».

Hubo muchas propuestas para enmendar y completar el diccionario, algunas muy críticas, como las de Germán Colón, Harri Meier y Margherita Morreale. Con todo es el mejor diccionario etimológico del español.

Otra obra útil es:

- Vicente García de Diego: *Diccionario etimológico español e hispánico.* 1ª ed. Madrid 1955; 2ª ed. 1985; 3ª ed. 1992.

---

87 Friedrich Diez: *Etymologisches Wörterbuch der romanischen Sprachen.* Bonn 1ª ed. 1854, 5ª ed. 1887.

88 Wilhelm Meyer-Lübke: *Romanisches etymologisches Wörterbuch.* 3ª ed. Heidelberg 1935, 6ª ed. 1992 (reimpr.)

89 Américo Castro: «Adiciones hispánicas al diccionario etimológico de W. Meyer-Lübke»; en: *Revista de Filología Española* V (1918), págs. 21-42 y VI (1923), págs. 337-345. A su vez, Vicente García de Diego escribió su *Contribución al Diccionario hispánico etimológico.* Madrid 1923, completando así la obra de Meyer-Lübke.

Excelente es también una versión abreviada del diccionario de Corominas que tiene la ventaja de ser actualizada con más frecuencia que el diccionario grande:

- Juan Corominas: *Breve diccionario etimológico de la lengua castellana.* 1961, 3ª ed. 1973, 5ª reimpr. Madrid 1990.

Menos originalidad tienen:

- Guido Gómez de Silva: *Elsevier's Concise Spanish Etymological Dictionary.* Amsterdam 1985.
- Guido Gómez de Silva: *Breve diccionario etimológico de la lengua española.* El Colegio de México. 1ª ed. en español México 1988; reimpresión 1993.
- Fernando Corripio: *Diccionario etimológico general de la lengua castellana.* Bruguera. Madrid 1984 (obra de divulgación).
- Félix Díez Mateo: *Academo. Diccionario español etimológico del siglo XX.* Autor-Editor. Bilbao (sin indicación del año de publicación, obra en gran parte anticuada).

Existen repertorios etimológicos que registran un léxico parcial, por ejemplo sólo arabismos, helenismos, etc. Ejemplos:

- W. H. Engelmann: *Glossaire des mots espagnols et portugais dérivés de l'arabe.* Leyden 1861, 2ª ed. 1869.
- Leopoldo de Eguílaz y Yanguas: *Glosario etimológico de las palabras españolas (castellanas, catalanas, gallegas, mallorquinas, portuguesas, valencianas y vascongadas) de origen oriental (árabes, hebreo, malayo, persa y turco).* Granada 1886. Nueva ed. Hildesheim 1968. Reimpr. Madrid 1974.
- Lázaro Schallman: *Diccionario de hebraísmos y voces afines.* Buenos Aires 1952.
- J.Winiecki: *Hebraísmos españoles. Vocabulario de raíces hebreas de la lengua castellana.* México 1962.
- Crisóstomo Esevern Hualde: *Diccionario etimológico de helenismos españoles.* Ed. Aldecoa. Burgos 1945; 2ª ed. 1979, últ. ed. 1994.

También son etimológicos los diccionarios de indigenismos y afroamericanismos (véase 3.3.4.2.5.) y los diccionarios de extranjerismos (véase 3.3.3.5.) que indican el origen de éstos.

3.3.4.2.2. Diccionarios históricos

Los diccionarios históricos[90] nos ofrecen la trayectoria de una palabra, desde su primera documentación hasta nuestra época, con citas de textos de las más diversas épocas.

---

[90] Sobre los diccionarios históricos, véase: Herbert Ernst Wiegand: «Prinzipien und Methoden historischer Lexikographie»; en: *Sprachgeschichte. Ein Handbuch zur Geschichte der deutschen Sprache und ihrer Erforschung.* t. I, Berlín y Nueva York 1984, págs. 557-620.

ANGUSTIADAMENTE 1098 ANGUSTIAR

→ **1726-1984** Ac. **1825** Núñez Taboada *Dicc.*, *&*.

angustiado, da. (De *angustiar* + *-do₁.*) adj. Miserable.

a **1491** Lucena (*Canc. GmzManrique* Escrit. Cast. XXXIX) 197: Y la causa que espió / tan angustiado remedio / la lengua que lo pidió, / si tal si la despidió, / dan dolor y non remedio. **1615** Cervantes *Quij.* II 31 fº 118: ¿No aduiertes, angustiado de ti y mal auenturado de mi, que si veen que tú eres vn grossero villano o vn mentecato gracioso pensarán que yo soy algún echa cueruos o algún Cauallero de mohatra? *Ibid.* 48 fº 181: Quedé huérfana y atenida al miserable salario y a las angustiadas merce[de]s que a las tales criadas se suele dar en palacio.

1743 Torres Villarroel *Vida* (1799 XV) 86: En estas dos casas me hospedé solamente después que me echó el duende del angustiado casarón de la calle de la Paloma. **1747** Id. *Pronósticos* (1795 XI) 62: Sin más cobertera que un humilde y angustiado vestido salían [estos infelices desvalidos] de aquella patria potestad.

2. Que produce angustia o que la implica. Cf. **angustia** aceps. 1ª a, 2ª, 3ª, 4ª a y 6ª a, y **angustioso** acep. 1ª.

c **1500** Pinar (*Canc. Gen.* 1511) 186*a*: Esta compassión rauiosa / en mis entrañas está; / y esta angustiada passión, / si vna vez entra en aquellas, / determina la razón. **1514** Lucas Fdz. *Auto Pasión* aiij,*a*: ¡O, angustiadas agonías! **1564** Gil Polo *Diana enamorada* ivº: Concibió su coraçón t[a]n angustiada tristeza [...] que pensó que entonces la desseada muerte diera fin a sus trabajos. **1602** Velázquez Velasco *La Lena* (NBAE XIV) 427*b*: Quiero en todo caso prouer a lo que a mi hija conuiene, que la sangre y su mucha virtud [...] me obligan a mirar por ella y a sacarla de tan angustiada vida como este loco le haze passar. + 3 siglos xvi-xvii.

c **1833** Duque de Rivas *Romances hist.* (1854) 318: Vargas lo mira y no alienta, / Mas tras de breve silencio / Rompe al cabo, y le pregunta / Con un angustiado esfuerzo: / "¿Dónde está?". **1868** Altamirano *Obras* (1899) 497: El Sr. Villalobos leyó una poesía de un joven que se halla hoy en una situación angustiada y, apelando a la generosidad de los concurrentes, recogió en su favor una suscrición regular. **1873** Caro, M. A. *Estud. Lit.* 1ª (1920) 177: Después de la égloga I viene en el orden cronológico la VI, dedicada por el poeta a Varo, probablemente aquel mismo Alfeno Varo a quien debió protección en circunstancias angustiadas. **1955** Quiroga, E. *Careta* 128: Empezó su angustiada confidencia, tanteando. + 2 siglos xix-xx.

3. Que expresa o denota angustia. Cf. **angustia** aceps. 1ª a y c y 6ª a, y **angustioso** acep. 3ª.

1564 Gil Polo *Diana enamorada* 41vº: Estuuo [Diana] gran rato pensosa dando de quando en quando muy angustiados sospiros. **1615** Cervantes *Quij.* II 23 fº 92: Oyéronse en esto grandes alaridos y llantos, acompañados de profundos gemidos y angustiados sollozos. **1616** Id. *Persiles* (1617) 3vº: No podía el sueño tomar possesión de sus sentidos, ni menos lo consintieron vnos congojosos suspiros y vnas angustiadas lamentaciones que a sus oýdos llegaron.

1798 Lista *Imperio Estupidez* (BibAE LXVII) 388*a*: Y tú, B a v i o , depón la adormidera / Que triste ciñe tu angustiada frente. **1874** Alarcón, P. A. *Sombrero tres picos* (1882) 230: La Molinera, señor (respondió Garduña con angustiado acento), me engañó como a un pobre hombre. **1954** Sastre, A. *La mordaza* V (1959) 74: Hay un silencio angustiado de todos. Juan vacila. + 5 siglos xix-xx.

4. "Preso o galeote." (Chaves, C. *VGermanía a* 1602 ed. 1779, 154). Ú. t. c. s.

1843 Herrero, S. *La gitana* (1851) 120*b*: La Gitana se araña al saberlo y [...] llora y gime desolada, pudiendo sus ardientes lágrimas, si cayeran sobre las c a l z a s , limarlas en un momento, dando c a l l e al a n g u s t i a o. **1896** Salillas *Leng. delincuente esp.* 174: La denuncia los señala [...], los prenden y los reducen al estado de preso (a n g u s t i a d o, a b r a z a d o , a p i o l a d o , e n r e j a d o y t r e n o).

5. Estrecho, o que tiene poca anchura. Cf. **angosto** acep. 2ª a.

1612 Quevedo *Mundo por de dentro* (1945) 232*b*: Aquel que estaba allí tan ajustado de ferreruelo, tan atusado de traje, tan recoleto de rostro, tan angustiado de ojos, tan mortificado de habla que daba respeto y veneración.

a **1751** Torres Villarroel *Sueños morales* (1794 II) 41: Era este [colegial] muy conciso de cuerpo, muy lacónico de estatura [...], cabeza de títere, pelo de cofre, angustiado de frente. *a* **1830** Bolívar, Simón (Hildebrandt *Lengua de Bolívar* 1961 I 393): El Vice-Presidente es el magistrado más encadenado que ha servido el mando: obedece juntamente al Legislativo y al Ejecutivo [...], y entre estas dos barreras ha de marchar por un camino angustiado y flanqueado de precipicios.

b) Reducido o breve.

1736 Torres Villarroel *Desahuciados mundo* (1794 III) 16: En la angustiada información que te he hecho de las causas externas de la Tísica se manifiestan con más claridad las interiores. **1749** Id. *Vida Ven. Gerónimo Abarrátegui* (1798 XIV) 131: Con ser el aposento donde murió el Padre Don Gerónimo bastantemente angustiado y las medicinas que entraron en él muchas y fétidas [...], ni antes ni después de morir fue percibido olor alguno molesto al olfato. (+ *5 del mismo autor.*) **1892** Pardo Bazán *Cuentos Marineda* (4ª ed.) 6: Suspiró Dolores, y el quinqué, suspirando también estertorosamente, dio principio a su rápida agonía. Apenas tuvieron tiempo las costureras de echar la labor sobre un sofá inmediato [...]; tal fue de pronta la muerte de aquella angustiada luz.

→ **1726-1984** Ac. **1825** Núñez Taboada *Dicc.*, *&*.

angustiador, ra. m. Opresor o enemigo. Traduce, en textos bíblicos, el hebr. *tsar* (cf. Morreale, M. *Hom. Hill* 1968, 301). Cf. **angustiar** acep. 1ª.

c **1280** *Biblia mediev. romanc.* (1927) Éx 23,22: Ca sy oýr oyeres la mi boz, e fizieres lo que fablare, e enemigaré los tus enemigos e angustiaré los tus angustiadores. [*Vulgata*: affligam affligentes te; *Escorial I-j-4 ed. 1952*: angustiaré a tus angustiadores; *Mosé Arragel*: apretaré a los que te apretaren.] *c* **1400** *Biblia Escorial I-j-4* (1952) Núm 10,9: Et quando entráredes en batalla en vuestra tierra contra los angustiadores que vos angustiaren. [*Vulgata*: hostes; *Biblia mediev. romanc.*: enemigos; *Mosé Arragel*: los que vinieren a vos rresqüestar; *Reina*: enemigo.] *Ibid.* Dt 32,27: Sy non que el enojo del enemigo temo, por que non se desconoscan los angustiadores dellos. [*Vulgata*: hostes; *Biblia mediev. romanc.*: enemigos.]

1547 *Biblia Constantinopla* (1973) Dt 32,41: Tornaré uengança a mis angustiadores i a mis aboreçientes pagaré. [*Vulgata*: hostibus; *Biblia mediev. romanc.*: enemigos; *Escorial I-j-4 ed. 1952*: enemigos; *Mosé Arragel*: perseguidores.] **1553** *Biblia Ferrara* Sal 3,[2]: ¡Quánto se amuchiguaron mis angustiadores! Muchos aleuantantes sobre mi. [*Vulgata*: qui tribulant me; *Escorial I-j-4 ed. 1955*: mis enemigos; *Mosé Arragel*: los mis adversarios; *Reina*: mis enemigos.] (+ *6 de las mismas obras.*) **1569** Reina, Casiodoro *Trad. Biblia* Zac 10,4: De él hará rincón, de él estaca, de él arco de guerra, de él saldrá también todo angustiador. [*Vulgata*: exactor; *Mosé Arragel*: sayones e apretadores; *Ferrara*: apretador; *Bover-Cantera*: capitán.] **1608** Quevedo *Lágrimas de Hieremías* (1943) 633*a*: Fueron sus angustiadores por cabeza; sus enemigos la despojaron; que el Señor lo habló por muchedumbre de sus reveelos: sus niños anduvieron en captiverio delante del angustiador. [*Versión literal castellana de Lam 1,5. Cf. Biblia Ferrara*: Fueron sus angustiadores por cabecera; sus enemigos se apaziguaron por que .A. la fizo ansiar por muchedumbre de sus rebellos: sus niños anduuieron en captiuerio delante angustiador.]

2. adj. Que angustia. Ú. t. c. s. Cf. **angustiar** acep. 3ª.

1571 Molina, Fray A. *VCast.-mex.*: Angustiar a otro [...]. Angustiador tal. **1931** Villaronga, L. *Azorín* 154: Un poder que nos resuelva las dudas de nuestro espíritu ante los problemas angustiadores del tiempo y el espacio. **1941** Azorín *Valencia* 143: La voluptuosidad del ambiente valenciano nos predispone, por contraste, para fruir de ese momento angustiador. **1954** Núñez Alonso, A. *Gota mercurio* 256: Cualquiera que sea la mecánica que nos rija después de la muerte, no podrá haber ninguna ley —si la causa no se perpetúa en su función angustiadora— que impida que los seres se unan y asocien en la esencia de su sentimiento más puro, en el amor. **1977** Nehama, J. *Dict. Jud.-Esp.*

→ **1846-47** Domínguez *Dicc. Nac.*, *&*. **1939-1984** Ac.

angustiamiento. m. Acción y efecto de angustiar. Cf. **angustiar** aceps. 1ª y 3ª.

c **1400** *Biblia Escorial I-j-4* (1952) Éx 3,9: Agora el clamor de los fijos de Ysrrael viene a mí; e avn vi el angustiamiento que los egepçianos los ensangustian. [*Vulgata*: afflictionem; *Biblia mediev. romanc.*: apretamiento; *Ferrara*: aprieto.] **1527**-*c* **1550** Casas, Fray B. *Apolog. Hª Indias* (NBAE XIII) 68*b*: Como [...] al temor se sigan naturalmente cierto retraimiento y apretamiento y angustiamiento del calor y de los espíritus de fuera adentro, [...] huyen los espíritus y el calor, desmamparando al corazón.

→ **1846-47** Domínguez *Dicc. Nac.*

angustiante. adj. Que angustia. Cf. **angustiar** acep. 3ª.

1921 Gálvez, J. *Lima que se va* (1947) 190 (Ragucci *Neologismos* 1956, 506): El general Cáceres sintió las inquietudes angustiantes de las defecciones. **1946** *La Tribuna Popular* [Montevideo] 2 abril 9 (Ragucci *Neologismos* 1956, 506): Ese aumento concurre a hacer más angustiante la situación económica de los hogares humildes. **1978** *Mercurio* [Valp.] nº 51250, 3 (*DECh* 1984 s/v): El angustiante problema de la congestión carcelaria. **1988** Roa Bastos (*El País* 30 nov. 12*c*): Acuerdos multilaterales para que el conjunto de los países afectados pueda gestionar y resolver el angustiante problema de la deuda. + 3 siglo xx (*Chile*).

angustiar, angostiar, ambustiar. (Del lat. *angustiāre*.) tr. Hostilizar.

c **1280** *Biblia mediev. romanc.* (1927) Éx 23,22: Ca sy oýr oyeres la mi boz, e fizieres lo que fablare, e enemigaré los tus enemigos e angustiaré los tus angustiadores. *c* **1400** *Biblia Escorial I-j-4* (1952) Éx 23,22: Ca sy obedesçierdes a su dicho e fizierdes todo lo que dixe, enemistaré a tus enemigos e angustiaré a tus angustiadores. [*Vulgata*: affligam affligentes te; *Mosé Arragel*: apretaré a los que te apretaren; *Bover-Cantera*: oprimiré a los que te opriman; *Nácar-Colunga*: afligiré a los que te aflijan.] **1422-33**? Mosé Arragel Guadalfajara *Trad. Biblia* (1920) Dt 28,[53] 456*a*: Comerás el fruto de tu vientre, conuién saber: la carrne de tus fijos e de tus fijas [...], e comerlos as con quexa e con angustia que te angustiarán tus enemigos. [*Vulgata*: qua opprimet te hostis tuus; *Biblia mediev. romanc.*: con que te apremiará el tu enemigo; *Escorial I-j-4 ed. 1952*: que te apretará tu enemigo; *Reina*: con que te angustiará tu enemigo.]

1547 *Biblia Constantinopla* (1973) Dt 2,9: Non angusties a Mo'ab i non te kombatas kon elios pelea, ke non daré a ti de su tieřa eredad. [*Vulgata*: non pugnes contra Moabitas; *Escorial I-j-4 ed. 1952*: non çerques a Moab; *Mosé Arragel*: non çerques a Moab; *Ferrara*: no angusties a Moab; *Bover-Cantera*: no hostilices a Moab.] **1553** *Biblia Ferrara* Núm 25,[18]: Angustiantes ellos a vos con sus pensamientos, que pensaron a vos por causa de Pehor. [*Vulgata*: ipsi hostiliter egerunt contra vos; *Escorial I-j-4 ed. 1952*: enemistat vos tienen; *Mosé Arragel*: ellos vos persiguieron; *Bover-Cantera*: ellos os han atacado.] **1553** *Ibid.* Dt 2,[19]: Llegarte as a escuentra hijos de Hamón: no los angusties y no te combatas con ellos. [*Vulgata*: ne pugnes contra eos; *Escorial I-j-4 ed. 1952*: non los çerques; *Mosé Arragel*: non los çerques; *Biblia Constantinopla*: non los angusties; *Bover-Cantera*: no los has de hostilizar.]

b) tr. Asediar o cercar.

c **1400** *Biblia Escorial I-j-4* (1952) Dt 28,52: Angustiar te ha en todas tus çibdades, fasta quebrantar tus castillos [...], et angustiarte ha en todas tus plaças e en toda tu tierra. [*Vulgata*: conterat in cunctis urbibus tuis [...]; obsideberis intra portas tuas; *Biblia mediev. romanc.*: te quebrante en todas tus villas [...]; serás cerrado dentro de tus puertas; *Mosé Arragel*: tenerte ha çercado en todas tus villas; *Reina*: ponerte ha cerco [...] y cercarte ha; *Bover-Cantera*: te asediará [...]; te sitiará.] **1547** *Biblia Constantinopla* (1973) Dt 28,52: Angustiará a ti en todas tus çibdades [...]. I angostiará a ti en toda tu tieřa. **1553** *Biblia Ferrara* Dt 28,[52]: Angustiará a ti en todas tus villas [...] y angustiará a ti en todas tus villas, en toda tu tierra.

c) intr. Asediar o cercar. Con un compl. con *sobre*.

1547 *Biblia Constantinopla* (1973) Dt 20,12: Si [la villa] non apaziguare kontigo, i hará kontigo pelea, i angustiarás sobre elia. [*Vulgata*: oppugnabis eam; *Biblia mediev. romanc.*: lidiarás la villa; *Escorial I-j-4 ed. 1952*: çercar la has; *Mosé Arragel*: çércala e lánçate sobr'ella; *Ferrara*: encastillarás sobre ella; *Bover-Cantera*: la sitiarás.]

2. prnl. Tener angustia. Ú. alguna vez en contextos metafóricos. Cf. **angustia** aceps. 1ª a y c, 2ª, 3ª, 4ª, 6ª y 8ª a.

c **1375** *Libro mis. homne* (1920) v. 70*a*: Biue sienpre [el viejo] con sospirio, en todo angus-

Diccionario Histórico de la Lengua Española. Real Academia Española. Madrid, 1989.

Los modelos de los diccionarios históricos fueron el *Oxford English Dictionary* (1884-1928) (con suplementos) y el *Deutsches Wörterbuch* de Jacob y Wilhelm Grimm, iniciado en 1838, terminado en 1961 (una nueva edición de esta obra va saliendo desde 1965). En España, la Real Academia, tras la publicación de un primer proyecto para un Diccionario histórico del español, en 1914, había publicado dos volúmenes de esta obra en 1933 y 1936: *Diccionario histórico de la lengua española*. I (A) y II (B-Ce). Madrid 1933-1936. Como este diccionario, al examinarlo después de la Guerra civil española, no resultaba satisfactorio, la Academia inició en 1947 el segundo proyecto de *Diccionario histórico de la lengua española*, para cuya realización se creó el *Seminario de Lexicografía*[91]. Este diccionario, una vez publicado, será el más completo de la lengua española ya que registra todas las palabras españolas documentadas desde los orígenes hasta hoy, incluyendo las del mozárabe, del judeo-español, de los dialectos de España, los americanismos, etc. Desgraciadamente los medios de los que ha dispuesto el *Diccionario histórico* hasta ahora han sido tan escasos que su elaboración ha progresado muy lentamente. La información que ofrece esta obra, que ha de ser el verdadero «Thesaurus» de la lengua española, es muy completa: enunciado del lema con variantes gráficas y fonéticas que la palabra registrada presentaba a lo largo de su historia, indicación de la etimología, marcas gramaticales y diatópicas (sobre la extensión geográfica de la voz), definición y después varios testimonios sobre el uso real de la palabra en distintas épocas.

Me parece que pocas personas en España han valorado lo que representa el *Diccionario histórico* y todo el provecho que se puede sacar de él, también para el español de hoy.

Fundado en 1946, el Seminario de Lexicografía empezó a funcionar en 1947 con la misión única de redactar el *Diccionario histórico de la lengua española* según el proyecto trazado aquel mismo año por Julio Casares. El primer fascículo de esta obra se publicó en 1960. El tomo I de la letra A se completó den 1972. El tomo II se completó en 1992. El primer fascículo del tomo III (que será el último tomo de la A) salió en 1993. Actualmente (1995) se trabaja al mismo tiempo en el fascículo 2º del tomo III y en el fascículo 1º del que será tomo I de la letra B.

En 1993, los nuevos Estatutos y Reglamento de la Academia crearon el Instituto de Lexicografía, dividido en dos secciones o departamentos: 1º «Diccionario usual» y 2º «Diccionario histórico». El Seminario de Lexicografía, por tanto, ha perdido su denominación y ha pasado a ser una sección del nuevo Instituto de Lexicografía.

Los ficheros del *Diccionario histórico* siguen utilizándose para la redacción de los fascículos actuales. Serán complementados con los materiales de dos corpus léxicos que la Academia está preparando: Corpus de Referencia del Español

---

91 Sobre éste, ver Casares 1947, sobre el *Diccionario histórico*: Casares 1948, Lapesa 1957, Lapesa 1964, Lapesa 1992, Marcos Marín 1975, Pottier 1983, Seco 1980, Seco 1988 c, Seco 1992 b y Seco 1995 b.

Actual (CREA) y Corpus Diacrónico del Español (CORDE). Está previsto también que, en su día, los ficheros sean sustituidos en su soporte papel por el soporte informático que empezó a elaborarse hace dos años.

Como ya se señaló, el *Diccionario de construcción y régimen* iniciado por Rufino José Cuervo y terminado en 1995 por un equipo de redactores del Instituto Caro y Cuervo de Bogotá, es también un diccionario histórico, pero con la peculiaridad de que sólo registra palabras que tienen un problema de construcción[92].

Aquí hay que mencionar también un instrumento bibliográfico de trabajo, que sin ser un diccionario histórico, da para unas 50.000 palabras españolas estudiadas científicamente 50.000 citas de fuentes que se pueden aprovechar para estudiar la historia de estas palabras: Miguel Romero-Navarro: *Registro de lexicografía hispánica*. Revista de Filología Española. Anejo 54. Madrid 1951 (Ver, sin embargo, el juicio negativo de Rohlfs 1957, pág. 52).

3.3.4.2.3. DICCIONARIOS CRONOLÓGICOS

El diccionario cronológico[93] nos presenta el léxico de una lengua ordenado según la fecha de la primera documentación de las palabras, Actualmente no disponemos de un diccionario de este tipo para el español. Para otras lenguas existen:

- Thomas Finkenstädt/ Ernst Leisi/ D. Wolff: *A Chronological English Dictionary listing 80000 Words in Order of their Earliest Known Occurrence.* Heidelberg 1970 [94].
- Dieter Messner: *Dictionnaire chronologique portugais.* Heidelberg 1976.
- Dieter Messner: *Répertoire chronologique des mots français.* Heidelberg 1977.

Existen también diccionarios cronológicos que abarcan sólo un siglo. Ejemplos:
- Wilhelm Kesselring: *Dictionnaire chronologique du vocabulaire français. Le XVIe siècle.* Heidelberg 1981.
- Wilhelm Kesselring: *Dictionnaire chronologique de la langue française. Le XVIIe siècle.* t. I: 1601-1606. Heidelberg 1989.

Es evidente que la elaboración de un diccionario cronológico presupone un estado muy avanzado de las investigaciones histórico-etimológicas de una lengua. De la aparición y desaparición de las palabras o de determinadas acep-

---

92 Véase 3.3.1.1. págs. 60-61 y Restrepo 1945, Martínez 1958, Porto Dapena 1975, Porto Dapena 1980, Seco 1982 b y Schütz 1990.

93 Véanse Messner 1975 y Kesselring 1990.

94 Este es el primer diccionario cronológico que se publicó.

ciones de ellas se pueden sacar conclusiones sobre la evolución del léxico de una lengua y de la sociedad y civilización en que se usa esta[95]. A falta de un diccionario cronológico del español, hay que acudir al *Diccionario etimológico* de Corominas/Pascual[96] y al *Diccionario del español medieval* de Bodo Müller[97], donde se indican fechas de primera documentación.

3.3.4.2.4. Diccionarios de dobletes

En las lenguas románicas se dan casos de dobletes, es decir palabras de la misma etimología, pero de significado diferente, una de las cuales ha tenido la evolución fonética normal, mientras que la otra, voz culta o cultismo, ha quedado más cerca de la forma etimológica, por ej. de *cathedra* se derivan en español la voz popular *cadera* y la culta *cátedra*[98].

El inventario lexicográfico más antiguo de dobletes (franceses) parece ser: Nicolas Catherinot: *Les Doublets de la Langue françoyse.* Bourges 1683. Este autor acuñó también el término «doublet». Una obra muy interesante del siglo XIX es: Auguste Brachet: *Dictionnaire des doublets ou doubles formes de la langue française.* Paris 1868. No existe ningún diccionario de dobletes[99] para el español[100].

3.3.4.2.5. Diccionarios de indigenismos y afroamericanismos

En este tipo de diccionario se registran aquellas palabras de las lenguas amerindias y de algunas lenguas africanas que han sido incorporadas en el léxico del español de América, por lo tanto estos diccionarios son etimológicos. Su elaboración supone un profundo conocimiento de la lengua indígena o africana en cuestión y, al mismo tiempo, de la gramática histórica española, por lo que constituye una tarea verdaderamente difícil.

Un modelo del género es:

- Rodolfo Lenz: *Diccionario etimológico de las voces chilenas derivadas de lenguas indígenas americanas.* 1ª ed. 1904-1910; nueva ed. dirigida por Mario Ferreccio Podestá, Santiago de Chile 1980.

Otras obras del mismo tipo son:

- Cecilio A.Robelo: *Diccionario de Aztequismos.* México 1912.

---

95 Un buen ejemplo es la desaparición de tantos oficios artesanales y, con ellos, la de las denominaciones de las distintas profesiones, sus talleres, sus herramientos, etc.

96 Véase 3.3.4.2.1.

97 Véase 3.3.4.2.7.

98 Otros dobletes son: muslo-músculo, tilde-título, cabildo-capítulo, siesta-sexta, dedo-dígito.

99 Sobre los diccionarios de dobletes véase: Erwin Reiner: «Le dictionnaire de doublets»; en: *Wörterbücher.* t. II, 1990, págs. 1241-1245.

100 Véase sobre un proyecto de diccionario de dobletes del español Gutiérrez 1992.

- Fernando Ortiz: *Glosario de Afronegrismos*. La Habana 1924.
- Luis Fernández Aquino: *Diccionario de voces indígenas de Puerto Rico*. 2ª ed. Río Piedras 1977.
- Luis Cabrera: *Diccionario de Aztequismos*. Ed. Colofón. México 1992.
- Humberto López Morales: «Indigenismos en el español de Cuba»; en: *Estudios sobre el español de Cuba*. Nueva York. Las Américas Publishing Co. 1971, págs. 51-61.

Poco satisfactorios son aquellos diccionarios que se llaman «de indigenismos» y nos explican que tal o cual palabra procede del náhuatl o del quechua, pero sin dar el étimo de la lengua de origen, con lo cual falta la prueba de tal procedencia, por ejemplo:

- M. Sala/ D. Munteanu/ V. Neagu/ T. Sandru-Olteanu: *El léxico indígena del español americano*. México 1977.

La mayoría de las publicaciones sobre indoamericanismos y afroamericanismos son monografías o artículos aparecidos en revistas o en obras de temática más amplia:

- Sergio Valdés Bernal: *La evolución de los indoamericanismos en el español hablado en Cuba*. Editorial de Ciencias Sociales. La Habana 1986.
- Siebenäuger: *Quechuismen im Spanischen Südamerikas. Andines Kulturgut im Spanischen und Spanisch-Amerikanischen*. Europäische Hochschulschriften. Reihe XXIV. Ibero-Romanische Sprachen und Literaturen. Vol. 38. Ed. Peter Lang. Frankfurt 1993.
- Manuel Alvar López: *Americanismos en la 'Historia' de Bernal Díaz del Castillo*. Madrid 1970. (Indigenismos: págs. 45-106).
- Manuel Alvar López: *Juan de Castellanos. Tradición española y realidad americana*. Bogotá 1972. (Indigenismos: págs. 107-306).
- Cayetano Coll y Toste: «Vocabulario de palabras introducidas en el idioma español, procedentes del lenguaje indo-antillano»; en: *Boletín Histórico de Puerto Rico*. vol. VIII. Puerto Rico 1921, págs. 292-352.
- Gustavo González et al.: «Guaranismos en el Diccionario de la Academia»; en: *IV Congreso de Academias de la Lengua Española. Actas y Labores*. Buenos Aires 1966, págs. 315-316.
- Juan Clemente Zamora: *Indigenismos en la lengua de los conquistadores*, Universidad de Puerto Rico. Río Piedras 1976. (léxico: págs. 29-84).
- Alba Valencia: «Voces amerindias en el español culto oral de Santiago de Chile»; en: *Boletín de Filología*, Santiago, XXVII, 1976 y XXVIII, 1977, págs. 315-374.

3.3.4.2.6. Diccionarios de elementos de formación de palabras

Diccionarios de este tipo[101] registran, por una parte, los afijos (en el caso del español prefijos y sufijos) que sirven para la formación de palabras y, por otra,

---

[101] Elisabeth Link: «Das Wörterbuch der Wortbildungsmittel»; en: *Wörterbücher*. t. II, 1990, págs. 1223-1230.

elementos léxicos griegos y latinos que no se usan como palabras autónomas, pero que sirven para la formación de palabras (algunos los llaman *prefijoides* y *sufijoides*, para la lingüística moderna son lexemas no autónomos). Ejemplos: *hidro-, cardio-, -logía, -fugo*. No existe actualmente ningún diccionario de este tipo, pero muchas gramáticas y tratados de formación de palabras suelen ofrecer una lista con una selección de estos afijos y lexemas no autónomos[102]. Algunos diccionarios generales monolingües los registran ya. Una obra útil sobre elementos de formación de palabras del lenguaje técnico-científico es:

- José Ma. Quintana Cabanos: *Raíces griegas del léxico castellano científico y médico*. Ed. Dykinson. Madrid 1987.

3.3.4.2.7. DICCIONARIOS DE LA LENGUA DE PERÍODOS HISTÓRICOS[103]

En algunos diccionarios generales, se encuentran en parte vocablos hoy desusados, generalmente marcados como arcaísmos; pero en parte también sin marca (como ocurre en el Diccionario de la Real Academia Española). Para el castellano medieval había hasta ahora, entre otros, los repertorios lexicográficos siguientes:

- Julio Cejador y Frauca: *Vocabulario medieval castellano*. 1ª ed. Madrid 1929, reimpr. 1971 y 1990.
- V. R. B. Oelschläger 1946: *A Medieval Spanish Word-List. A preliminary Dated Vocabulary of first appearences up to Berceo*. University of Wisconsin. Madison 1946.
- R. S. Boggs/ L. C. Kasten/ H. Kenston/ H. B. Richardson: *Tentative Dictionary of Medieval Spanish*. 2 vols., Chapel Hill 1946.
- Martín Alonso: *Diccionario medieval español. Desde las Glosas Emilianenses y Silenses (s. X) hasta el siglo* XV, 2 vols., Salamanca 1986.

A estas obras hay que añadir numerosos glosarios incluidos en obras literarias no aparecidos como publicación autónoma y otros como publicación separada, por ej.:

- Ramón Menéndez Pidal: *Obras completas*. Madrid 1969, t. IV, *Cantar de Mío Cid. Texto, gramática y vocabulario*, vol. II.
- C.C. Marden: *Poema de Fernán González*. Baltimore 1904 (con un glosario).
- C.C. Marden: *Libro de Apolonio*. Baltimore 1917-1922 (con un vocabulario).

---

102 Para España se podría mencionar una obra que trata parte de materiales de formación de palabras: Juan José Martínez: *Diccionario de terminaciones. Extraído del de la Real Academia Española*. 1ª ed., Madrid 1978.

103 Sobre los problemas generales de los diccionarios de la lengua de determinadas épocas, véase: Bodo Müller: «Das Sprachstadienwörterbuch IV. Die romanischen Sprachen»; en: *Wörterbücher*. t. II, 1990, págs. 1457-1467.

Entre los grandes proyectos de diccionarios del español antiguo figuraba también el de la Universidad de Wisconsin en Madison: *Dictionary of the Old Spanish Language* (DOSL), pero según nuestras informaciones, el proyecto fue abandonado en esta forma y transformado en otro cuya finalidad es registrar el vocabulario de Alfonso X el Sabio.

En cambio, la importante obra siguiente va apareciendo en fascículos:

Bodo Müller (coord.): *Diccionario del español medieval.* Heidelberg 1987 ss. (Hasta ahora se han publicado dos tomos)[104].

El DEM abarca un período muy largo[105]; por su metodología y la riqueza de sus materiales se puede considerar esta magna obra como una de las aportaciones más importantes a la lexicografía diacrónica del español en el siglo XX.

Una valiosa fuente para el estudio del castellano antiguo es:

Steven N. Dworkin/ David J. Billick: *Lexical Studies of Medieval Spanish Texts. A Bibliography of Concordances, Glossaries, Vocabularies and Selected Work Studies.* Second Edition, Revised and Expanded. Madison: The Hispanic Seminary of Medieval Studies. 1993.

Una obra suigéneris es: Ana M.ª Serradilla Castaños: *Diccionario sintáctico del español medieval.* Gredos. Madrid 1996.

Aquí hay que mencionar un diccionario que registra léxico del Siglo de Oro:

- Bernard Sese: *Vocabulaire de la langue espagnole classique (XVI et XVII siècles).* París, Société d'Enseignement Supérieur 1985.

En realidad, falta un extenso diccionario del español del Siglo de Oro.

3.3.4.3. *Diccionarios ortográficos*[106]

Este tipo de diccionario con una microestructura muy pobre existía ya en el siglo XIX y aún hay algunos en nuestra época. Como se limitan a dar como lema un significante sin indicar su significado o sus distintas acepciones, su valor me parece limitado. Más vale recurrir en caso de duda sobre la ortografía de una

---

104 Sobre este diccionario véanse: Bodo Müller: «Diccionario del español medieval (DEM)»; en: Deutsche Forschungsgemeinschaft: *Wörterbücher der deutschen Romanistik* (ed. por Helmut Stimm y Manfred Briegel). Weinheim 1984, págs. 77-91.

105 Como explica su director en la *Introducción* a la obra (pág. V): «[...], además de los textos literarios producidos hasta alrededor de 1400, se consideran también los Fueros, colecciones diplomáticas, documentos administrativos, escritos técnicos anteriores a 1300, así como el abundante material de la prosa científica del español antiguo y de las traducciones de otras lenguas. La perspectiva descriptivo-diacrónica se ha expandido en sentido retrospectivo mediante la evaluación de documentos hispanolatinos de los siglos X-XIII, y en sentido prospectivo hacia el español moderno mediante la consideración de los más importantes materiales lexicográficos, desde los *Glosarios latino-españoles de la Edad Media* (alrededor de 1400) hasta el *Diccionario de Autoridades* (1726-39)».

106 Sobre esta temática, véase: Dieter Nerius: «Das Orthographiewörterbuch»; en: *Wörterbücher.* t. II, 1990, págs. 1297-1304.

palabra a los diccionarios generales monolingües o bien a un diccionario de dudas y dificultades (ver 3.3.3.7.)[107]. He aquí algunos ejemplos del género:

- Francisco Carvajal: *Diccionario manual de las voces de dudosa ortografía en la lengua castellana.* 3ª ed. Madrid 1885.
- Martín Alonso Pedraz: *Diccionario ortográfico.* 1ª ed. 1963. 3ª ed. Madrid 1968.
- *Iter-Sopena. Diccionario ortográfico.* Barcelona 1971.
- Enrique Díaz-Retg: *Diccionario Iter ortográfico de la lengua castellana.* Sopena. Barcelona 1978.
- *Diccionario ortográfico* VOX *de la lengua española.* Biblograf. 3ª ed. Barcelona 1978.
- *VOX. Diccionario abreviado ortográfico de la lengua española.* 2ª ed. Barcelona 1978.
- José Manuel Marroquín: *Diccionario ortográfico.* 5ª ed., 5ª reimpr. México 1988.
- Jesús Mesanza López: *Vocabulario básico ortográfico.* Editorial Escuela Española. Madrid. 1ª ed. 1990.
- *Iter Ortográfico. Diccionario de la Lengua Castellana.* 1ª ed. Sopena. Barcelona 1984.

3.3.4.3.1. Diccionarios de separación de sílabas

Conozco un solo diccionario de este género que seguramente tiene una utilidad práctica, por ej. para secretarias y mecanógrafas:

- Germán E. Franco García/Manuel Villamizar Jaimes: *15.000 palabras. División mecanográfica y ortográfica.* Nueva York, Bogotá [...] 1982 (342 págs.)). Si los diccionarios generales monolingües se decidiesen a indicar la separación de sílabas de cada palabra-lema tal y como lo hacen ya ciertos diccionarios ingleses y alemanes, este tipo de diccionario perdería su justificación.

Entre los diccionarios generales monolingües del español que lo hacen se pueden citar el *Gran Diccionario de la lengua española* de Aquilino Sánchez, Madrid 1985 y Manuel Alvar Ezquerra (coord.): *Diccionario para la enseñanza de la lengua española.* 1ª ed. Biblograf. Barcelona 1995. Ninguno de los dos diccionarios establece distinción entre separaciones silábicas fonética y ortográfica, lo cual ya es bastante grave. Pero, además, en cualquiera de los dos aspectos, ambos diccionarios están llenos de errores.

3.3.4.4. *Diccionarios de pronunciación*[108]

Los diccionarios de pronunciación resultan muy útiles para el inglés, francés y aun para el alemán y otras lenguas, no parecen necesarios para el español

---

107 Véase también un juicio negativo sobre estos diccionarios en Martínez de Sousa 1995 (s.v. «*diccionario ortográfico*»).

108 Sobre los problemas generales de estos diccionarios véase: Antonio Quilis: «Diccionarios de pronunciación»; en: *Lingüística Española Actual, IV*, (1982), págs. 326 ss., y Henriette Walter: «Le dictionnaire de prononciation»; en: *Wörterbücher.* t. II, 1990, págs. 1309-1311.

debido al alto grado de concordancia entre su pronunciación y su grafía. Por esto no existe ningún diccionario de pronunciación del español. Donde puede haber dudas para el hispanohablante, es en la pronunciación de los extranjerismos como *jeep, jockey,* que se pronuncian de diferentes maneras; por esto sería útil señalar la pronunciación de estas palabras en los diccionarios generales monolingües, los de extranjerismos y, como se hace ya en parte, en los diccionarios de dudas y dificultades. De paso quiero señalar que hay pocos diccionarios generales monolingües que ofrecen, como el *Gran Diccionario* de Aquilino Sánchez (Madrid 1985), la transcripción fonética de cada lema. En cambio hay algunos diccionarios bilingües que indican la pronunciación de cada palabra española, por ejemplo:

- Carlos Rubio/ Hiroto Ueda: *Nuevo Diccionario español-japonés.* Kenkyusha 1992.
- *Diccionario manual alemán-español/español-alemán Vox.* Biblograf. 1ª ed. Barcelona 1993.
- *Langenscheidts Eurowörterbuch Spanisch. Spanisch-Deutsch. Deutsch-Spanisch.* Langenscheidt. Berlin - Munich, 1ª ed. 1992. (también en CD-ROM), 4ª ed. 1995.

Más útil que la transcripción fonética es para el usuario, como ya se señaló, la versión de diccionarios bilingües en CD-ROM, que permite oír la pronunciación grabada en el disco compacto. Como ya existen algunos diccionarios de este tipo, es de suponer que la competencia que existe en el mercado del libro hará aumentar el número de obras con este soporte informático.

3.3.4.5. *Diccionarios de frecuencia*

Este tipo de diccionario nació en el siglo XX con una finalidad didáctica: comprobar la frecuencia de las palabras para poder usar en obras didácticas de preferencia las palabras más frecuentes[109]. De momento hay pocos diccionarios de este tipo para el español:

- Alphonse Juilland/ E. Chang Rodríguez: *Frequency Dictionary of Spanish Words.* La Haya 1964.
- Ismael Rodríguez Bou: *Recuento del vocabulario español.* Puerto Rico 1952.
- José Ramón Alameda/ Fernando Cuetos: *Diccionario de frecuencias de las unidades lingüísticas del castellano.* 2 vols. Universidad de Oviedo. Oviedo 1995 (obra útil).

Por su planteamiento metodológico es interesante:

- Fernando Justicia: *El desarrollo del Vocabulario. Diccionario de frecuencias.* Universidad de Granada 1995 que analiza la frecuencia creciente del léxico en niños.

---

[109] Sobre los problemas de estos diccionarios, véase: Willy Martin: «The Frequency Dictionary»; en: *Wörterbücher.* t. II, 1990, págs. 1314-1322, Muller 1965 y Ezquerra 1977. Véase también la *Introducción* de: Amparo Morales: *Léxico básico del español de Puerto Rico.* San Juan 1986.

Una obra multilingüe es:

- Helen Eaton: *An English-French-German-Spanish Word Frecuency Dictionary. A correlation of the first 6000 words in a single-language frecuency.* Nueva York 1967.

3.3.4.6. *Vocabularios fundamentales*

Los *vocabularios básicos* (llamados también *vocabularios fundamentales*) se crearon primero en Inglaterra para el *Basic English* y en Francia para el *Français fondamental.* En la actualidad existen también vocabularios de este tipo para el español, tanto españoles monolingües como bilingües (español en combinación con otra lengua)[110]. Sus lemas suelen estar ordenados por temas. Los vocabularios básicos bilingües sirven esencialmente para el aprendizaje de una lengua extranjera, los monolingües pueden utilizarse para la elaboración de libros de enseñanza primaria. Entre los vocabularios básicos monolingües se pueden mencionar:

- Milton A. Buchanan: *A Graded Spanish Work Book.* Toronto 1927. Otras eds. 1929, 1932, 1936, 1941.
- Víctor García Hoz: *Vocabulario usual, Vocabulario común, Vocabulario fundamental.* Madrid 1953.
- Luis Márquez Villegas: *Vocabulario del español hablado.* Madrid 1975.
- Jesús Sánchez Lobato/ Blanca Aguirrok Beltrán: *Léxico fundamental del español.* SGEL. Madrid. 1ª ed. 1992.

Entre los bilingües citamos como ejemplos:

- Wolfgang Halm/ Alberto Barrera-Vidal: *Spanischer Mindestwortschatz.* Max Hueber. 1ª ed. Munich 1986; últ. ed. 1993.
- Carl Heupel: *Grund- und Aufbauwortschatz Spanisch.* 3ª ed. Stuttgart 1974, 10ª ed. 1977.
- Carl Heupel/ Bernhard Lechner: *PONS. Basiswortschatz Spanisch.* 1ª ed. Stuttgart 1984.
- José M. Navarro/ A. Navarro Ramil: *Thematischer Grund- und Aufbauwortschatz Spanisch.* Klett. Stuttgart 1995.
- Cristina Redondo Romero/ Marina Dueñas de Haensch: *Langenscheidts Grundwortschatz Spanisch.* Berlin - Munich 1989, 4ª ed. 1993.
- Ulf Herrmann/ Ulrike Herrmann: *Der spanische Grundwortschatz.* 1ª ed. Leipzig 1989.
- Herta Johansmeier: *Spanischer Wortschatz in Sachgruppen.* Max Hueber. Munich 1996 (clasificación temática del vocabulario).

---

[110] Sobre este tema véase: Reinhold Werner: «Grund- und Minimalwortschätze»; en: *Lexicographica* 2, págs. 142-145, Tubinga 1986 y Peter Kühn: «Das Grundwortschatzwörterbuch»; en: *Wörterbücher.* t. II, 1990, págs. 1353-1363.

Un vocabulario fundamental con ilustraciones es:
- Esther Pita: *Vocabulario básico en imágenes*. Ciencias de la Educación Preescolar y Especial (CEPE), Madrid 1993.

Un excelente vocabulario fundamental de un país hispanoamericano es:
- Amparo Morales: *Léxico básico del español de Puerto Rico*. Academia Puertorriqueña de la Lengua Española. San Juan 1986.

En cambio, otro vocabulario fundamental del español caribeño fue objeto de muchas críticas:
- Antonio González/ Santiago Cabanes/ Francisco García: *Léxico básico de la lengua escrita en la República Dominicana*. Santo Domingo 1982. (Según nuestras informaciones se está preparando un nuevo vocabulario básico del español dominicano).

3.3.4.7. *Diccionarios escolares*[111]

El lector se extrañará quizás de que se dedique, en el presente subcapítulo, tanto espacio a los diccionarios escolares (en comparación con otros tipos de obras lexicográficas). Las razones son dos:

1. En España, el diccionario escolar ha conocido un auge enorme en los últimos años y su uso cada vez más frecuente en la escuela, fomentado por disposiciones oficiales, es de importancia fundamental para la enseñanza del español como lengua materna desde la primaria hasta el bachillerato. En España e Hispanoamérica existen unos cien diccionarios escolares de diferente extensión y calidad entre los que hay que escoger aquellos que mejor sirvan para los alumnos hispanohablantes.
2. Una de las innovaciones más relevantes de la lexicografía de los últimos años ha sido la de ofrecer en los artículos de los diccionarios toda clase de información que va más allá de la pura definición: *ampliación paradigmática* que sitúa la palabra descrita dentro del sistema léxico de la lengua (sinónimos, antónimos, familias de palabras) y *ampliación sintagmática* que describe el uso contextual de las palabras: sintagmas lexicalizados, régimen preposicional, valencias verbales, colocaciones frecuentes, modismos, etc. Esta información se encuentra en diccionarios generales monolingües (aunque hasta ahora muy escasamente), en los «diccionarios de uso»[112], en el «diccionario de estilo», en el diccionario escolar y en el diccionario de aprendizaje («learner's dictionary») para usuarios no hispanohablantes (llamado hoy «diccionario del español como lengua extranjera»). El progreso metodológico estriba en que las definiciones que ofrecen estos tipos de diccionarios se completen ahora por una informa-

---

[111] Para este subcapítulo debo mucha información al profesor Humberto Hernández, Universidad de La Laguna (Tenerife), uno de los mejores conocedores de la lexicografía escolar española.

[112] Sobre estos tipos de diccionarios, véase 3.4.1.

tirante

649

triangular entre las cornisas de un frontón. **3.** Instrumento de percusión formado por varias tiras de vidrio que se golpean con un mazo pequeño. **4.** Cada una de las tapas de una cuba.
FAM. **Timpánico, -a.**
SIN. **3.** Timbal, atabal, tamboril.

tina (lat. *tina*) *s. f.* **1.** Tinaja. **2.** Vasija grande en forma de media cuba. **3.** Bañera.
FAM. **Tinaja, tinajero, -a.**

tinaja (De *tina*) *s. f.* **1.** Vasija grande más ancha por el centro que por el fondo y la boca. **2.** Líquido que cabe en ella.
SIN. **1.** Tina, orza, pocillo.

tinción (lat. *tinctio, -onis*) *s. f.* Hecho y resultado de teñir.

tinerfeño, -a *adj.* y *s.* De Tenerife.

tinglado (neerl. *tingel* = tabla) *s. m.* **1.** Cobertizo. **2.** Tablado. **3.** Enredo, intriga.
SIN. **3.** Lío, artificio, maquinación, astucia.

tinieblas (lat. *tenebrae, -arum*) *s. f. pl.* **1.** Falta de luz, oscuridad. **2.** Ignorancia externa, suma ignorancia.

tino (or. desconocido) *s. m.* **1.** Acierto. **2.** Destreza para dar en el blanco. **3.** Prudencia. ‖ **4. Sin t.** Sin medida. **5. Tener buen t.** Acertar siempre.
FAM. **Atinar*, desatinar*.**
SIN. **1.** Firmeza, pulso, seguridad. **2.** Puntería.

tinta *s. f.* V. tinto, -a.

tinte (De *tinto, -a*) *s. m.* **1.** Hecho y resultado de teñir. **2.** Color con que se tiñe. **3.** Establecimiento en que se tiñe. **4.** Disimulo.
ORT. Homóf. Algunas formas de la conjug. del v. *tintar*.

tintero (De *tinto, -a*) *s. m.* **1.** Recipiente para tinta. **2.** Mancha negra que tienen las caballerías en la cavidad de los dientes, que sirve para conocer su edad. **3.** Depósito que recibe la tinta en las máquinas de imprimir. **4. Dejar o dejarse o quedársele a alguien en el t. una cosa.** Olvidarla, omitirla.

tintín (voz onomat.) *s. m.* Sonido de un timbre o campanilla.
FAM. **Tintinar** o **tintinear, tintineo.**

tinto, -a **1.** *p. p. irreg.* de *teñir.* ‖ *adj.* y *s.* **2.** Uva o vino de color rojo oscuro. ‖ *s. f.* **3.** Líquido empleado para escribir. **4.** Líquido negruzco que segregan los moluscos cefalópodos, como los calamares, para protegerse de sus perseguidores. ‖ *pl.* **5.** Matices de color. **6.** Mezcla de colores para pintar. ‖ **7. Medias tintas.** Hechos, dichos o juicios vagos, recelosos. **8. Recargar las tintas.** Exagerar. **9. Saber de buena t.** Saber por un conducto digno de crédito. **10. Sudar tinta.** Costarle a uno mucho esfuerzo conseguir algo.
FAM. **Tintar, tinte, tintero. Entintar.** V. teñir.

ORT. Homóf. Algunas formas de la conjug. del v. *tintar*.

tintorería (De *tinto*) *s. f.* Establecimiento donde se tiñe o limpia ropa.

tintura (lat. *tinctura*) *s. f.* **1.** Acción de teñir. **2.** Líquido disuelto en una sustancia colorante. **3.** Disolución de una sustancia medicinal en agua, alcohol o éter. **4.** Afeite. **5.** Conocimiento superficial.
FAM. **Tintorería, tintorero, -a.**
SIN. **2.** Tinte. **4.** Cosmético, pintura.

tiña (lat. *tinea* = polilla) *s. f.* **1.** Enfermedad producida por un parásito que ocasiona la caída del cabello. **2.** Miseria, escasez. **3.** Mezquindad, avaricia.
ORT. Homóf. Algunas formas de la conjug. del v. *teñir*.
FAM. **Tiñoso, -a.**
SIN. **1.** Roña. **3.** Cortedad.

tío (lat. *thius* < gr. *theios*) *s. m.* **1.** Hermano o primo del padre o de la madre de una persona. **2.** Hombre. **3.** Tratamiento popular de respeto a un hombre casado o de edad. **4.** Hombre ordinario. ‖ **5. T. abuelo.** Hermano del abuelo.

tiovivo (De *tío* + *vivo*) *s. m.* Plataforma giratoria de feria con coches, caballitos y otros animales, para diversión.

tipejo (De *tipo*) *s. m.* Hombre despreciable y ridículo.

típico, -a (De *tipo*) *adj.* Que caracteriza a una persona, región, etc.
SIN. Característico, simbólico, representativo. ANT. Atípico.

tipificar (De *tipo* + lat. *facere* = hacer) *v. tr.* Presentar las características de una profesión, un estilo, una nación, etc.
ORT. La *c* se convierte en *qu* cuando la desinencia empieza por *e*: *Tipifiquen*.
FAM. **Tipificación.**

tiple (or. desconocido) *s. m.* **1.** La más aguda de las voces humanas. ‖ *s. m.* o *f.* **2.** Persona que tiene esta voz.
FAM. **Atiplar.**

tipo (lat. *typus* < gr. *tupos*) *s. m.* **1.** Modelo ideal. **2.** Pieza metálica de la imprenta en que está realizada una letra o signo. **3.** Figura de una persona. **4.** Persona original. **5.** Persona ridícula. **6.** Cada grupo del reino animal y vegetal. **7.** Clase, naturaleza de las cosas.
FAM. **Tipejo, típico, -a, tipismo.** ‖ **Prototipo, tipografía*.**
SIN. **1.** Muestra, arquetipo, prototipo. **2.** Carácter, letra. **3.** Talle. **5.** Adefesio, mamarracho.

tipografía (De *tipo* + gr. *grafē* = escritura) *s. f.* **1.** Imprenta. **2.** Arte de imprimir.
FAM. **Tipográfico, -a, tipógrafo.**

tique o **tiquet** *s. m.* Ticket*.

tiquismiquis (voz onomat.) *s. m. pl.* **1.** Escrúpulos exagerados y de poca importancia. **2.** Expresiones afectadas y ridículas.
SIN. **1.** Reparos, melindres, remilgos, recelos.

tira (De *tirar*) *s. f.* Pedazo largo y estrecho de una cosa delgada.
SIN. Cinta, franja, banda.
ORT. Homóf. Algunas formas de la conjug. del v. *tirar*.

tirabuzón (fr. *tire-bouchon*) *s. m.* **1.** Rizo de forma espiral y alargado. **2.** Sacacorchos.

tirachinas (De *tirar* + *china* = piedra) *s. m.* Tirador de goma para lanzar piedras pequeñas.

tirado, -a **1.** *p. p.* de *tirar.* ‖ *adj.* **2.** Dícese de lo que abunda y se vende muy barato. **3.** Fácil. ‖ *s. f.* **4.** Acción de tirar. **5.** Acción de imprimir. **6.** Número de ejemplares de una edición. **7.** Lo que se dice o escribe de un tirón. **8.** Distancia. ‖ **9. De una tirada.** Sin interrupción, de una vez.
SIN. **2.** Regalado, ruinoso. **5.** Impresión, edición. **8.** Trecho, recorrido, tramo. ANT. **2.** Caro.

tirador, -a (De *tirar*) *s. m.* o *f.* **1.** Persona que tira o dispara. **2.** Persona que estira. ‖ *s. m.* **3.** Asidero. **4.** Cordón del que se tira para hacer sonar una campanilla. **5.** Especie de tiralíneas. **6.** Juguete formado por una goma, sujeta a los extremos de una horquilla de alambre o de madera, para disparar piedras. **7.** Regla de hierro de los picapedreros.

tirafondo (fr. *tire-fond*) *s. m.* Tornillo para sujetar piezas de hierro a la madera.

tiragomas *s. m.* Tirachinas.

tiralíneas (De *tirar* + *línea*) *s. m.* Instrumento con puntas de separación graduable, para trazar líneas con la ayuda de una regla.

tiranicidio (De *tirano* + lat. *caedere* = matar) *s. m.* Muerte dada a un tirano.
FAM. **Tiranicida.**

tirano, -a (lat. *tyrannus* < gr. *turannos*) *adj.* y *s.* **1.** Gobernante en la antigua Grecia. **2.** Que se adueña del poder por la violencia. **3.** Que abusa de su poder.
FAM. **Tiranamente, tiranía, tiránicamente, tiránico, -a, tiranización, tiranizar.**
SIN. **2.** Dictador, absolutista, autócrata. **3.** Déspota, opresor.

tirante (De *tirar*) *adj.* **1.** Tenso. **2.** Dícese de las relaciones frías o difíciles entre personas. ‖ *s. m.* **3.** Cuerda o correa para tirar del

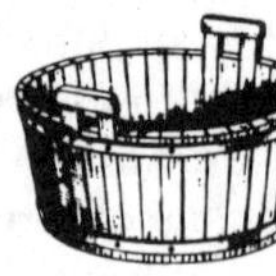

tina

tirabuzón

tiralíneas

tipo de imprenta

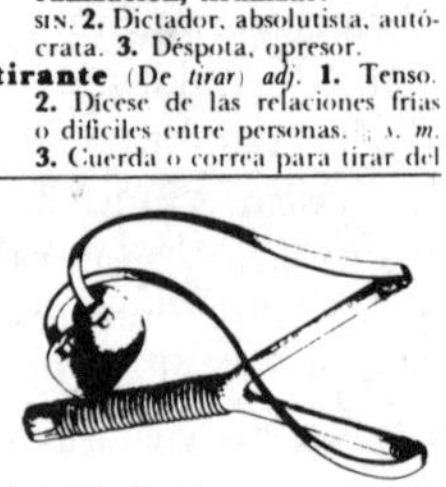

tirachinas

Muestra de un diccionario escolar: Enrique Fontanillo Merino (ed.): *Diccionario Anaya de la Lengua*. 1.ª ed. Madrid, 1978.

ción paradigmática y sintagmática reservada en el pasado a diccionarios específicos: de sinónimos, de construcción y régimen, etc. En España y en otros países europeos hubo, en cuanto a esta ampliación de la información lexicográfica, una influencia recíproca de los diccionarios didácticos sobre los diccionarios generales innovadores y viceversa.

Hay que destacar que la finalidad de un diccionario didáctico, sea de la lengua materna, sea de otra lengua que se aprende, no es tan sólo la de ayudar al usuario a descifrar enunciados lingüísticos en cuanto al léxico, tarea que corresponde normalmente a los diccionarios definitorios, sino también la de permitirle la producción de enunciados lingüísticos correctos, no sólo en cuanto a la selección de la palabra justa, sino también en cuanto a la integración de las unidades léxicas en la frase. Es decir, como ya hemos subrayado varias veces, hay que explicar el uso contextual de las palabras. Naturalmente un no hispanohablante necesita más información de este género que un hispanófono, pero teniendo en cuenta el retroceso de la cultura lingüística en el mundo hispánico, también el alumno de lengua materna española necesita durante su formación escolar (y probablemente aun después) ayudas que deben ir más allá del léxico. El descuido del aspecto contextual no es sólo una deficiencia de la lexicografía de carácter didáctico, sino que lo es también, por lo menos en gran parte, de la lexicografía general monolingüe del español. Con toda la razón, aún en 1983, el eminente metalexicógrafo alemán, Franz Josef Hausmann, se quejaba de que los diccionarios españoles descuidaran el aspecto sintagmático en la microestructura, aludiendo concretamente al *Diccionario de la Lengua Española de la Real Academia Española*, al *Diccionario Ilustrado de la Lengua Española VOX* (1ª ed. 1945) y al *Diccionario del español moderno* de Martín Alonso (5ª ed., Madrid 1975)[113].

El impulso decisivo para la ampliación de los artículos de los diccionarios vino de la lexicografía didáctica inglesa, concretamente de los diccionarios de aprendizaje («learner's dictionaries») para usuarios extranjeros. Entre éstos se pueden citar como obras representativas del género[114]:

- Albert S. Hornby: *Oxford Advanced Learner's Dictionary of Current English*. Oxford University Press 1948; varias reediciones, la 5ª ed.: *Oxford Advanced Learner's Dictionary* es de 1995. Hay una versión en CD-ROM.

El «Hornby» fue, tras algunos precursores, la obra clásica que inició este tipo de diccionario a gran escala en 1948.

- Della Summers (dir.): *Longman Dictionary of Contemporary English* (DCE). 1ª ed. Harlow 1978, 3ª ed. Harlow 1995. (edición revisada y muy mejorada).
- Elizabeth M. Kirkpatrick: *Chambers Universal Learner's Dictionary*. 1ª ed. Edinburgo 1980; 3ª ed. Longman, Harlow/ Langenscheidt, Munich 1995.
- John Sinclair et al.: *Collins COBUILD English Dictionary*. 1ª ed. Harper Collins, Londres y Glasgow 1987; 2ª ed. Harper Collins, Londres y Glasgow/

---

113 Hausmann 1983 b. Una excelente panorámica de los diccionarios ingleses para extranjeros ofrece Dodd 1994 a.

114 Para más detalles véase Herbst 1990. Véanse las muestras en la pág. 184.

Klett, Stuttgart 1995 (una de las obras más logradas del género, edición revisada y muy mejorada).

Muy pronto, ya a partir de los años 50, los franceses siguieron el ejemplo de los ingleses con varios diccionarios de aprendizaje (y de uso), como por ejemplo:

- Dubois et al.: *Dictionnaire du français contemporain.* Larousse. París 1ª ed. 1966 (DFC).
- *Dictionnaire de français.* Larousse. París 1986; Cornelsen. Berlín 1989. (título de la ed. de Larousse: *Dictionnaire du français au collège*).
- Jean Dubois/ René Lagane/ Georges Niobey/ Didier Casalis/ Jacqueline Casalis/ Henri Meschonnic: *Dictionnaire du français contemporain.* Larousse. París 1966, 1971. Ed. de 1980 (París) con el título: *Nouveau Dictionnaire du français contemporain illustré.*
- *Larousse des débutants.* París 1ª ed. 1949; 2ª ed. 1957. *Nouveau Larousse des débutants* 1977. *Larousse maxi débutants* 1986.
- *Micro Robert. Dictionnaire du français primordial.* Le Robert. París 1971.
- *Le Micro Robert. Dictionnaire d'apprentissage du français.* Le Robert. París 1988.
- Maurice Davau/ Marcel Cohen/ Maurice Lallemand: *Dictionnaire du français vivant.* Bordas. París 1972.
- *Dictionnaire pratique du français. Hachette.* (dir. por Philippe Auriel). 1ª ed. 1987, ed. revisada 1989.

En alemán se dispone, de momento, de un solo diccionario de aprendizaje, aunque de una excelente calidad, pues ha aprovechado los logros y las innovaciones de los diccionarios ingleses y franceses:

- Dieter Götz/ Günther Haensch/ Hans Wellmann: *Langenscheidts Großwörterbuch Deutsch als Fremdsprache.* Langenscheidt. Berlín - Munich 1ª ed. 1993; 5ª ed. 1996.

El primer paso adelante en el ámbito hispánico lo dio María Moliner con su *Diccionario de uso del español* (2 vols., Gredos, 1ª ed. Madrid 1966, hay varias reimpresiones posteriores). Si bien la macroestructura de esta obra, especialmente la selección del léxico, coincide prácticamente con la del *Diccionario académico,* su microestructura presenta innovaciones importantes: ordenación según el alfabeto internacional (que la Academia volvió a adoptar, años más tarde, en 1994), definiciones claras, abundante información paradigmática y sintagmática[115], pero aún no es un diccionario de aprendizaje. Otros diccionarios con una orientación ya claramente escolar aparecieron en los años 70: Lázaro Sánchez Ladero: *Diccionario ilustrado básico Sopena idiomático y sintáctico.* Barcelona 1ª ed. 1973; 2ª ed. 1980 y *Diccionario Santillana 2º.* Santillana.

---

[115] Ver más detalles sobre este diccionario, también sobre sus aspectos negativos en 3.4.1.5.

Madrid 1975 (dir. por E. Martínez). Estos diccionarios, pioneros en su época, ya dan ejemplos e indican sinónimos y antónimos. El *Diccionario Anaya de la Lengua* (1ª ed. dirigida por Enrique Fontanillo Merino 1979; 3ª ed. dirigida por G. Villanueva. Anaya Madrid 1991) ofrece una excelente ampliación paradigmática, pero no da indicaciones sintagmáticas ni ejemplos. Los dibujos de la 1ª ed. eran muy orientadores, las fotos y reproducciones de cuadros de la tercera lo son mucho menos. En cambio, en la nueva edición han mejorado las definiciones. Lamentablemente se han suprimido muchas observaciones útiles. El *Diccionario Planeta de la lengua española usual* (dir. por Francisco Marsá), 1ª ed. Planeta. Barcelona 1982, última ed. 1992, no tiene ampliación paradigmática (por ej. sinónimos y antónimos), pero da muchos ejemplos (frases largas), de modo que hasta cierto punto *Anaya y Planeta* se complementan e ilustran el progreso en la metodología lexicográfica, el uno por la ampliación paradigmática, el otro por la sintagmática. Otro diccionario importante en el camino hacia el diccionario didáctico es el *Gran Diccionario de la Lengua Española* (GDLE), dir. por Aquilino Sánchez Pérez, SGEL, Madrid 1985, 8ª ed. 1995. Este diccionario ofrece la división silábica (útil para los extranjeros), la transcripción fonética (para mí superflua en español, salvo para ciertos extranjerismos[116]), es liberal en cuanto a la selección del léxico (de ahí su carácter híbrido normativo-descriptivo), da frases-ejemplo, generalmente bastante cortos, pero no en todos artículos, no indica siempre el régimen preposicional de verbos y nombres. La impresión general es la de un diccionario bien concebido, pero cuya elaboración en los detalles podría haberse hecho con más esmero. Una versión abreviada de esta obra es: Aquilino Sánchez Pérez (dir.): *Diccionario básico de la lengua española.* Madrid 1ª ed. 1987; 8ª ed. 1995.

Todos estos diccionarios son didácticos, pero no se sabe a ciencia cierta a qué usuarios se dirigen: ¿alumnos españoles, pero de qué niveles?, ¿usuarios extranjeros?[117] Es innegable que a pesar de algún que otro defecto, todos representan un progreso en el camino hacia el diccionario de aprendizaje ideal. Lo que habrá que precisar en relación con todos estos diccionarios es a qué usuarios están destinados.

A ciertos editores les conviene naturalmente partir del supuesto de que los diccionarios didácticos sirven tanto para los alumnos hispanohablantes de todos los niveles como para los usuarios extranjeros. En realidad, se trata de dos grupos de destinatarios con diferentes necesidades de consultas: por un lado, los alumnos hispanohablantes en fase de aprendizaje y perfeccionamiento de su lengua materna, por otro, los no hispanohablantes que aprenden el español como lengua extranjera. Es evidente que los usuarios del primer grupo necesitan diccionarios diferenciados según su edad: un diccionario más elemental de los 8 a los 12 años y otro de los 12 a los 16 años.

Para los niños de menos de 8 años sirve tan sólo un *diccionario infantil* o un diccionario escolar muy elemental[118].

---

116 Véase 3.3.4.4.

117 El *Gran Diccionario* parece destinado especialmente a los usuarios extranjeros.

118 Véase 3.3.4.8.

bobada 164

las formas exteriores: *Fue una fiesta con mucho boato pero muy aburrida.*

bobada s.f. **1** Hecho o dicho sin fundamento o sin base lógica: *¿Quieres dejar de hacer boberías y portarte como una persona sensata?* **[2** *col.* Lo que se considera sin importancia o de poco valor: *Te he traído esta 'bobada' a ver si te gusta.* □ SEM. Es sinónimo de *tontería.*

bobalicón, na adj./s. *col.* Muy bobo: *No seas una niña bobalicona y habla bien. Ese bobalicón lo olvida todo.*

bobería s.f. Hecho o dicho sin fundamento o sin base lógica; tontería: *¿Quieres dejar de decir boberías?*

bóbilis ‖ **de bóbilis bóbilis** *col.* Sin esfuerzo o sin merecimiento: *Tienes que estudiar, porque no vas a aprobar de bóbilis bóbilis.*

bobina s.f. **1** Carrete que sirve para enrollar un material flexible, esp. hilo o alambre: *Si no tienes una bobina para enrollar el alambre, puede servirte un bolígrafo.* **2** Rollo de un material flexible, esp. hilo o alambre, generalmente montado sobre un soporte: *Necesito una bobina de hilo azul para acabar tu falda.* costura **3** En un circuito eléctrico, componente formado por un hilo conductor aislado y enrollado repetidamente, que sirve para crear y captar campos magnéticos: *Las bobinas de los aparatos eléctricos son de formas diversas.* □ ORTOGR. Dist. de *bovina.*

bobo, ba ▌adj./s. **1** Que tiene poca inteligencia o poco entendimiento; tonto: *Tiene malas notas porque no estudia, no porque sea boba. Eso es tan fácil que lo hace hasta el bobo del pueblo.* **2** Que se admira por todo a causa de su gran ingenuidad: *Es tan bobo que se cree todo lo que le digo. Me sorprendió tanto que me quedé boquiabierta como una boba.* ▌**3** s.m. En la comedia clásica, personaje que tiene el papel cómico: *El bobo se encargaba de hacer reír en los entremeses.* □ USO Se usa como insulto.

[*bobs* o **[*bobsleigh*** (anglicismo) s.m. Deporte de invierno que consiste en deslizarse rápidamente por una pista de hielo de poca anchura sobre un trineo articulado: *Mientras practicaban el 'bobsleigh' se dieron contra uno de los muros de la pista y casi volcaron.* □ PRON. [bóbsleig], con *g* suave.

boca s.f. **1** En una persona o en un animal, entrada al aparato digestivo, generalmente situada en la parte inferior de la cabeza, y formada por una cavidad en la que suelen encontrarse los dientes y la lengua si existen: *Mastica bien la comida que tienes en la boca.* ‖ **boca a boca**; modo de respiración artificial mediante el cual una persona introduce aire con su propia boca en la de la persona que no respira por sí misma: *Le hizo el boca a boca hasta que empezó a respirar él solo.* ‖ **hacérsele** a alguien **la boca agua**; *col.* Disfrutar al imaginar algo que se desea o que gusta, esp. si es comida o bebida: *Como estoy a régimen, se me hace la boca agua cuando te veo comer.* **2** Conjunto de los dos labios de la cara: *Límpiate la boca con la servilleta.* **3** En un lugar o en un objeto, abertura o agujero, esp. si comunica el interior con el exterior: *Salí por la boca de metro más alejada del lugar al que iba.* **4** *col.* Persona o animal a los que se mantiene y se da de comer: *Tener un hijo supone una boca más en casa.* **5** En un crustáceo, pinza en que termina cada pata delantera: *Un cangrejo me enganchó con una de sus bocas.* **6** Referido a un vino, sabor o gusto: *Este vino tiene buena boca.* **7** Habla de una persona o vocabulario hablado: *Lo supe por boca de otros.* ‖ **de boca**; *col.* Con palabras pero sin ser verdad: *De boca haces muchas cosas pero luego lo olvidas.* ‖ **irse de la boca** o **írsele la boca** a alguien; *col.* Hablar mucho y con imprudencia: *Te fuiste de la boca y ahora lo sabe todo.* ‖ **venirle** a alguien algo **a la boca**; *col.* Ocurrírsele y tener ganas de decirlo: *Siempre dice lo primero que se le viene a la boca.* **8** ‖ **boca abajo**; en posición invertida: *Sé que no estás leyendo porque tienes el libro boca abajo.* ‖ **boca arriba**; en la posición normal: *Pongo las cartas boca arriba para que veáis que no hago trampa.* ‖ **boca del estómago**; en el cuerpo humano, parte central del epigastrio: *Me dio un golpe en la boca del estómago y me hizo vomitar.* ‖ **boca de lobo**; lugar muy oscuro: *En las noches sin luna esa calle es una boca de lobo.* ‖ **a boca (de) jarro**; →**a bocajarro**. ‖ **a pedir de boca**; tal y como se ha deseado: *Afortunadamente, todo nos salió a pedir de boca.* ‖ {**abrir/hacer**} **boca**; *col.* Abrir el apetito con una pequeña cantidad de bebida o comida antes de otra comida más fuerte: *Para hacer boca antes de comer tomaré unos taquitos de jamón y un vino.* ‖ **[abrir la boca**; *col.* Hablar: *¿Qué te pasa, que no 'has abierto la boca' en toda la tarde?* ‖ {**andar/correr/ir**} **de boca en boca**; ser conocido públicamente o ser tema de conversación entre la gente: *La noticia corrió de boca en boca y ya lo saben todos.* ‖ {**andar/ir**} **en (la) boca** de alguien; ser objeto de murmuración: *Anda en boca de todos porque ha dejado los estudios a medias.* ‖ {**callar/cerrar/coser**} **la boca**; *col.* Callar: *En cuanto le preguntas algo calla la boca.* ‖ **con la boca abierta**; *col.* Referido a una persona, embobado a causa de la sorpresa o la admiración; boquiabierto: *No se lo podía creer y se quedó con la boca abierta.* ‖ **con la boca** {**chica/pequeña**}; *col.* Referido a un ofrecimiento, sin verdadero deseo de hacerlo: *No voy a su fiesta porque me invitó con la boca chica.* ‖ **hablar por boca de** otro; decir lo que otra persona ha dicho: *No me eches la culpa a mí, que yo hablo por boca de tu tío.* ‖ **no caérsele** a alguien **de la boca** algo; decirlo o hablar de ello con frecuencia: *Se nota que te gustó el lugar porque no se te cae de la boca.* ‖ **poner en boca de** alguien; referido a un dicho, atribuírselo: *No pongas eso en boca de nadie porque es tu propia opinión.* ‖ **quitar** algo **de la boca** a alguien; *col.* Anticiparse a lo que otro iba a decir: *Iba a decir lo mismo, pero me lo has quitado de la boca.* ‖ {**enterarse/saber**} {**de/por**} **(la) boca de** alguien; llegar a conocer por habérselo oído a alguien: *Lo sé por boca de tu tío.* □ ORTOGR. *Boca abajo* admite también la forma *bocabajo.* □ MORF. Cuando se antepone a una palabra para formar compuestos, adopta la forma *boqui-: boquiancho, boquiseco.* □ SINT. 1. Incorr. **boca a abajo*, **boca a arriba* y **bocarriba.* 2. *Con la boca abierta* se usa más con los verbos *dejar, estar, quedarse* o equivalentes. 3. *Con la boca chica* se usa más con los verbos *decir, hablar, ofrecer, prometer* o equivalentes.

bocabajo adv. →**boca abajo**.

bocacalle s.f. **1** Entrada de una calle: *En las bocacalles suele haber un paso de cebra.* **2** Calle secundaria que da a otra: *Yo vivo en la tercera bocacalle de esta avenida.*

bocadillo s.m. **1** Trozo de pan cortado a lo largo en dos partes, y relleno con algún alimento: *Me tomé un bocadillo de chorizo para merendar.* **2** En un dibujo, texto enmarcado por una línea, que expresa lo que dice o piensa el personaje al que señala; globo: *En este cómic, el bocadillo del personaje cuando piensa tiene forma de nube.* globo **3** En una representación teatral, interrupción breve del diálogo: *En una comedia es frecuen-*

Muestra de un diccionario escolar: Concepción Maldonado (ed.): *Diccionario didáctico del español. Intermedio.* Madrid, 1993.

En cuanto a la situación de la lexicografía escolar española en los años 70 y 80, demos la palabra al prof. Humberto Hernández que decía[119]: «Hasta el año 1988 el panorama de la lexicografía escolar española se presentaba bastante desolador. Quienes hayan tenido la oportunidad de consultar mi estudio crítico *Los diccionarios de orientación escolar. Contribución al estudio de la lexicografía monolingüe española* (Tubinga, Max Niemeyer, 1989) habrán podido comprobar que la mayoría de los diccionarios que allí se analizaron presentaban graves deficiencias atentatorias a los principios más elementales de la lexicografía.» En efecto, algunos diccionarios que se vendían (y en parte aún se venden) en España como «escolares» para el aprendizaje de la lengua materna son en realidad «satélites» reducidos de diccionarios más extensos con una microestructura muy pobre. Estos diccionarios «satélites» como suelo llamarlos eran y, en parte, aún son reducciones inorgánicas de diccionarios generales monolingües, generalmente su tamaño es reducido, la impresión está hecha en letra pequeña, acortando definiciones (que, con ello, se hacen menos comprensibles), con un léxico en parte demasiado difícil para el alumno, con pocas indicaciones sobre usos contextuales, y, en muchos casos, sin ellas. Carecen de una concepción metodológica que tenga en cuenta las necesidades del usuario y por eso, a pesar de su nombre no son «escolares». A veces una entrada consiste, en ese género de diccionarios, en un lema (la palabra-clave) y una breve definición de éste como ocurre, por ejemplo, con: Martín Alonso: *Diccionario escolar del idioma español*, 1ª ed. 1961; 3ª ed. Madrid 1990, que de «escolar» tiene muy poco.

Un diccionario escolar que merezca este nombre debería cumplir con las requisitos siguientes:

1. selección reducida, pero acertada del léxico que se describe, teniendo en cuenta las necesidades del usuario y no simple reducción de un diccionario general más extenso.
2. definiciones claras y sencillas hechas con un léxico que ha de figurar en el mismo diccionario, o, lo cual aún es mejor, con un vocabulario definidor limitado.
3. un máximum de ampliación paradigmática (sinónimos, antónimos, indicación de familias de palabras) y de indicaciones sintagmáticas: régimen preposicional, valencias verbales, colocaciones, etc.
4. Otras indicaciones útiles, por ej. sobre restricciones de uso.
5. Ejemplos de aplicación en forma de frases no demasiado cortas con un contexto suficiente.
6. Ilustraciones que completen la información verbal y no sólo decorativas.
7. Señalar compuestos frecuentes y modismos usuales.

Se puede prescindir de la etimología y de la transcripción fonética de las palabras.

---

119 Hernández 1993-94.

En los años 90, la lexicografía escolar española ha dado un importante salto hacia adelante; los diccionarios escolares de algunas editoriales, pero no de todas, han cambiado, algunos radicalmente.[120]

Entre los diccionarios escolares hoy en día disponibles se pueden citar empezando por los más logrados:

Concepción Maldonado (dir.): *Diccionario Didáctico Elemental.* Editorial SM. Madrid 1994 (hay recientes ediciones corregidas y mejoradas). Este diccionario dice claramente a quién está destinado: alumnos de 8 a 12 años. Tiene definiciones sencillas, abundante información gramatical, acertada selección del léxico, ejemplos, ilustraciones. Muy recomendable.

Concepción Maldonado (dir.): *Diccionario Didáctico Intermedio.* Editorial SM. Madrid. Destinado a los alumnos de 12 a 16 años. Tiene definiciones claras, ilustraciones colectivas, adecuada selección del léxico según las necesidades de sus potenciales usuarios (coloquialismos, tecnicismos, etc.), buenos ejemplos y una serie de observaciones sobre el uso de las palabras. La mejor obra del género. Muy recomendable. (Ver una muestra en la pág. 130).

Manuel Alvar Ezquerra (dir.): *Diccionario para la Enseñanza de la Lengua Española.* Biblograf/Universidad de Alcalá. Barcelona-Madrid 1995. En el título de la obra no se precisa si está destinada a usuarios extranjeros o alumnos españoles. En el *Prólogo* se dice que es para no hispanohablantes, en la *Presentación* se afirma que se ha pensado principalmente en las personas que aprenden o usan el español como lengua extranjera, añadiendo - muy diplomáticamente - que también para alumnos hispanohablantes de 12 a 16 años, lo cual hasta cierto punto parece justificado teniendo en cuenta las cualidades de la obra. Como el diccionario es, antes que nada, un diccionario concebido para usuarios extranjeros, lo trataremos en el subcapítulo correspondiente[121].

A los dos diccionarios siguientes nos hemos referido ya: *Diccionario Anaya de la Lengua Española.* Anaya. Madrid, últ. ed. 1995 y al *Diccionario Planeta.* Una versión abreviada del *Diccionario Anaya* es:

- *Diccionario básico de la lengua.* Anaya. Madrid 1993, 8ª ed. 1995, basado esencialmente en Anaya 1991.

Existe un *Diccionario Planeta abreviado de la lengua española usual* (dirigido por F. Marsá). Barcelona 1987. En éste se han suprimido los ejemplos que constituyen el mejor elemento del *Planeta* grande.

- Manuel Alvar Ezquerra (dir.): *Diccionario escolar de la lengua española VOX.* Biblograf. Barcelona 14ª ed. 1992 (tiene ilustraciones, da unidades léxicas pluriverbales, pero no ofrece ejemplos). Con el mismo título hay una 1ª ed. 1993, 3ª reimpr. mayo de 1994.

Aunque se mencionen en relación con la lexicografía escolar, las dos obras siguientes son más diccionarios de uso que escolares:

---

[120] Sobre la lexicografía escolar del español *stricto sensu* véanse: Alvar Ezquerra 1982 d; Gross 1989; Hernández 1989 b; Hernández 1990 a; Hernández 1994 a; Hernández 1994 b; Hernández 1995 a; Lagane 1990; Martínez Marín 1992.

[121] Véase 3.3.4.9.

- *Práctico. Diccionario ilustrado de la lengua española* VOX. Biblograf. Barcelona 1990; 2ª ed. 1991 (buena selección del léxico, letra muy pequeña, en parte: definiciones por sinónimos, ilustraciones no siempre adecuadas, sin ejemplos).

- Manuel Alvar Ezquerra (dir.): *Diccionario manual ilustrado de la lengua española.* Biblograf. Barcelona 14ª ed. 1991 (buena selección del léxico, buenas definiciones, pocos ejemplos).

Otros diccionarios escolares son:

- Sergio Sánchez Cerezo: *Diccionario escolar de la lengua española Santillana.* Ed. Santillana. Madrid 1ª 1993; 7ª reimpr. 1996 (obra útil, concebida para la Primaria).

- Enrique Fontanillo Merino: *Larousse Júnior. Diccionario Ciclo Inicial.* Larousse. Barcelona 1992 (un buen diccionario escolar).[122]

- *Larousse Júnior. Diccionario de la E.G.B.* Larousse. Barcelona 1989 (no tiene definiciones, que se pretenden sustituir por ilustraciones, lo cual puede inducir a error al usuario; ilustraciones inmotivadas, frases-ejemplo que, en muchos casos no dicen nada, poco recomendable).

- *Larousse escolar. Diccionario de la lengua española.* Larousse-Planeta. Barcelona 1995.

(En este diccionario los ejemplos eran la pieza-clave para la explicación del sentido de las palabras en ediciones anteriores, y siguen siéndolo hasta cierto punto en la nueva edición, pero después de los ejemplos se dan ahora definiciones entre paréntesis. La obra registra locuciones, sinónimos y antónimos, indica la etimología y palabras de la misma familia y observaciones gramaticales).

- Víctor García Hoz: *Diccionario escolar etimológico.* Ed. Magisterio. Madrid 6ª ed. 1993 (da familias de palabras, definiciones poco precisas; obra con graves deficiencias).

- *Everest Escolar. Gran Diccionario en color.* Madrid-León. 1ª ed. 1991, 2ª ed. 1992, 3ª ed. 1996, 4ª ed. en 3 tomos 1995 (da sinónimos y etimologías, ejemplos y unos pocos modismos, pero no indica construcción y régimen y otros usos contextuales).

El *Diccionario inicial Everest.* León 3ª ed. (ofrece definiciones, ejemplos, sinónimos y antónimos, indica la separación de sílabas y los plurales de los sustantivos, tiene ilustraciones, da algunas palabras de la misma familia, pero no registra el régimen preposicional de las palabras ni sus colocaciones usuales).

- *Espasa Escolar. Diccionario de la Lengua Española.* Espasa-Calpe. Madrid 1995 (con ilustraciones, pocos ejemplos, pocas indicaciones sobre construcción gramatical y otros usos contextuales).

- Sergio Sánchez Cerezo (dir.): *Diccionario Esencial Santillana de la Lengua Española.* Ed. Santillana. Madrid 1991, 6ª reimpr. 1994 (un buen diccionario para alumnos de más de 14 años, pero también para adultos, ejemplo de una obra a caballo entre un diccionario escolar y un diccionario de uso. Buena selección

---

122 Para valorar los progresos de la lexicografía escolar, recuérdese que la obra *Larousse Diccionario escolar. La lengua actual.* París 1986, a pesar de su nombre, era un diccionario definitorio «normal».

de entradas, definiciones claras, ofrece locuciones, sinónimos, antónimos y familias de palabras, pero pocos ejemplos).

Hay más diccionarios escolares que los comentados hasta ahora. Hemos escogido los que destacan por su calidad, algunos dignos de mención, pero mejorables y algunos poco recomendables. A la luz de los criterios expuestos que debe satisfacer un buen diccionario escolar y de nuestras críticas de algunas obras, el usuario podrá hacerse una idea de lo que valen otros diccionarios escolares que puede encontrar. Véanse algunos datos más, pág. 293.

3.3.4.8. *Vocabularios infantiles*

La finalidad de un vocabulario infantil[123] es que el niño que lo use aprenda al mismo tiempo «palabras y cosas», de ahí que este tipo de vocabulario ofrezca generalmente un gran número de ilustraciones para que el usuario infantil aprenda a identificar las palabras con las cosas.

Las características principales de los diccionarios y vocabularios infantiles suelen ser:

1. uso de letras grandes en libros de tamaño grande.
2. muchos dibujos en color, algunas veces fotografías. La ilustración es un elemento básico de este género de obras.
3. selección de un vocabulario reducido.
4. El grupo de destino son niños hasta los 8 años.

Muchos de estos diccionarios presentan —como ya se hizo en el primer diccionario pictórico de Comenius[124]— ilustraciones colectivas. Las personas y objetos que aparecen en éstas se explican luego verbalmente. Algunas obras representan ya la transición a un diccionario escolar para la primera parte de la primaria: ofrecen las palabras que se explican por orden alfabético, siempre con el correspondiente dibujo.

Ejemplos de diccionarios y vocabularios infantiles:

- Rosa Sensat: *Vocabulario básico infantil.* Compendios de divulgación Vox 9. Barcelona 1980.
- *Mi primer diccionario.* Barcelona 1990 (La explicación de las palabras parte de muchos dibujos. Es la adaptación española de una obra italiana publicada en Milán).
- *Mi primer Sopena. Diccionario infantil ilustrado* (con 700 ilustraciones). Barcelona 1990.
- Concepción Maldonado (dir.): *Imaginario. Diccionario en imágenes para niños.* Ed. S.M. Madrid 1992 (excelente, muy recomendable)[125].

---

123 Ver sobre esta temática: Franz Josef Hausmann: «Das Kinderwörterbuch»; en: *Wörterbücher.* t. II, 1990, págs. 1365-1368.

124 Ver 3.3.2.7.

125 Ver la reseña de este diccionario: Hernández 1995 b.

- *Diccionario en imágenes.* Santillana. Madrid 1995 (para niños).
- *Mi primer diccionario Everest.* León 3ª ed. 1996. (indica para cada lema su categoría gramatical, da una definición sencilla con muchos dibujos en color. Según la Editorial, registra el vocabulario básico de primaria).
- Pedro Guerrero Ruiz: *Vocabulario básico para la educación infantil.* Ed. Bruño. Madrid 1ª ed. 1992.

3.3.4.9. *Diccionarios del español como lengua extranjera*

Los problemas generales de los diccionarios didácticos ya se expusieron en 3.3.4.7. Allí hemos mencionado también algunas obras que, a falta de un diccionario del español como lengua extranjera[126], han podido cumplir, por lo menos en parte, su función. Aunque algunos diccionarios monolingües se habían ya elaborado pensando en el usuario extranjero, como por ejemplo el *Gran Diccionario de la Lengua Española,* dirigido por Aquilino Sánchez Pérez, faltaba un verdadero diccionario del español como lengua extranjera. Por fin, en 1995 apareció el primer diccionario de este tipo: Manuel Alvar Ezquerra: *Diccionario para la enseñanza de la lengua española.* Biblograf. Barcelona y Universidad de Alcalá de Henares, 1995. Siendo, de momento, el único diccionario del género, vale la pena preguntarse en qué medida esta obra cumple los requisitos de un diccionario de aprendizaje en comparación con diccionarios análogos del inglés, del francés y del alemán. Véase la muestra, pág. 136.

1. Su tamaño está bien escogido, es manejable, su extensión (1.248 págs.) es adecuada.
2. La tipografía es clara.
3. En los lemas (palabras-clave), impresos en negrita, se señala la división silábica, importante para los usuarios no hispanohablantes, pero con deficiencias.
4. En el diccionario se indica la transcripción fonética de cada palabra-clave, lo cual, es en mi opinión superfluo. La transcripción sólo es necesaria en el caso de ciertos extranjerismos.

También sobran las instrucciones sobre articulación de los sonidos, hechas con buena intención, bien presentadas y correctas (con dibujos). ¿Quién es capaz de articular bien con estas instrucciones e ilustraciones (a lo mejor delante de un espejo)? En la práctica, el 98% de los alumnos aprenden la pronunciación por imitación de modelos (el profesor o medios auditivos).

5. El diccionario da muchas indicaciones gramaticales útiles.
6. Se señalan sinónimos y antónimos, muchas acepciones remiten a otras entradas (variantes ortográficas, sinónimos, antónimos).

---

126 Sobre los diccionarios de aprendizaje de lenguas extranjeras en general véanse Bogaards 1988; Calderón 1994; Cowie 1987; Hartmann 1989; Herbst 1990; Hausmann 1974; Jehle 1990; Zöfgen 1994; para los diccionarios del español como lengua extranjera Hernández 1990 b y 1996 (?). Sobre la enseñanza del español como lengua extranjera, véase: Aquilino Sánchez Pérez: *Historia de la enseñanza del español como lengua extranjera.* SGEL. Madrid 1992.

es·tri·bi·llo 492

es·tri·bi·llo |estriβíʎo| **1** ***m.*** Conjunto de palabras o versos que se repite al final de cada *estrofa de un poema o canción: *el público que asistió al concierto coreaba el ~ de las canciones.* **2** Palabra o conjunto de palabras que se repite demasiado: *siempre está con ese ~.*

es·tri·bo |estríβo| **1** ***m.*** Pieza de metal que junto con otra cuelga de la silla de montar y en la que se apoya el pie: *el jinete puso el pie en el ~ y subió al caballo.* **2** Pieza en la que se apoya el pie y que sirve para subir o bajar de ciertos vehículos: *la dama colocó el pie en el ~ del carruaje y se despidió de su familia antes de subir.* **3** ANAT. Hueso del oído medio de los mamíferos: *el martillo, el yunque y el ~ son huesos del oído medio; el ~ recoge las vibraciones del tímpano.* **4** Chapa de hierro doblada en ángulo recto por sus extremos que sirve para asegurar la unión de dos piezas: *une esos dos hierros con un ~.* **5** ARQ. Construcción vertical pegada al muro para hacerlo más fuerte y absorber los empujes: *los estribos de esta iglesia están ya muy deteriorados.* ⇒ **contrafuerte.** ■ **perder los estribos,** *fam.*, enfadarse y perder la paciencia: *perdió los estribos delante de todos y le dio un par de bofetadas.*

es·tri·bor |estriβór| ***m.*** MAR. Lado derecho de una embarcación, mirando desde la parte trasera hacia la delantera: *vamos navegando hacia el norte porque el sol de la mañana puede verse por ~.* ⇔ **babor.**

es·tric·to, ta |estríᵏto, ta| ***adj.*** Que se ajusta por completo a la necesidad o a la ley: *es una persona muy estricta y no permite retrasos en los horarios; nos parece que estas normas son demasiado estrictas.* ⇒ **rígido, riguroso.** ⇔ **laxo.**

es·tri·den·te |estriðénte| **1** ***adj.*** (sonido) Que es agudo, fuerte y desagradable: *no me gusta ir a las discotecas porque en ellas la música es ~.* **2** Que por su exageración molesta: *le gusta vestir de forma ~ y estrafalaria.*

es·tro·fa |estrófa| ***f.*** Combinación fija de versos que forma parte de un poema: *compuso un largo poema de 300 estrofas; el soneto es una ~ importada de Italia.*

es·tro·pa·jo |estropáxo| **1** ***m.*** Trozo de un tejido de fibra vegetal u otro material áspero que se usa para limpiar con agua y jabón: *friego los platos con un ~; frota la cocina con el ~.* **2** Planta cuyo fruto, ya seco, se usa para el aseo: *las esponjas vegetales se sacan del ~.*

es·tro·pa·jo·so, sa |estropaxóso, sa| **1** ***adj.*** *fam.* Que está sucio o que es áspero: *anda, ve a lavarte el pelo, que lo tienes revuelto y ~.* **2** *fam.* (persona) Que viste de manera sucia y descuidada: *cámbiate de ropa: no puedes presentarte con ese aspecto ~ ante la visita.* **3** *fam.* (forma de hablar) Que es torpe y poco clara: *no soporta el habla estropajosa de los borrachos.*

es·tro·pe·ar |estropeár| **1** ***tr.-prnl.*** [algo] Hacer perder la calidad o valor: *el radiador se ha estropeado y aquí hace mucho frío; se acaba de ~ la lavadora y el suelo está lleno de agua.* ⇒ **deteriorar, romper.** ⇔ **arreglar.** **2** *fig.* Echar a perder una situación, asunto o proyecto: *no quiero que estropees la fiesta de cumpleaños con tu mal humor.* ⇒ **arruinar.**

es·tro·pi·cio |estropíθio| ***m.*** *Rotura o daño: *se le cayó la bandeja con los vasos y formó un ~.*

es·truc·tu·ra |estruᵏtúra| **1** ***f.*** Modo de estar organizadas u ordenadas las partes de un todo: *la ~ de esta novela es muy original; el arquitecto ha diseñado la ~ del palacio.* **2** Conjunto de piezas o elementos que sirve como soporte y esqueleto de otra cosa: *el terremoto dañó la ~ de la vivienda.* ⇒ **armazón.**

es·truc·tu·ral |estruᵏturál| **1** ***adj.*** De la estructura o que tiene relación con ella: *dio un cambio ~ a su método.* **2** LING. Del *estructuralismo o que tiene relación con él: *le interesa la gramática ~.*

es·truc·tu·ra·lis·mo |estruᵏturalísmo| **1** ***m.*** FIL. Doctrina filosófica que trata de establecer relaciones *sistemáticas entre los elementos que estudia: *el ~ comenzó a desarrollarse en el siglo XIX.* **2** LING. Escuela lingüística que considera le lengua como una estructura o un sistema de relaciones: *el ~ lingüístico nació a principios del siglo XX.*

es·truc·tu·ra·lis·ta |estruᵏturalísta| **1** ***adj.*** LING. FIL. Del *estructuralismo o que tiene relación con él: *hace un análisis ~ de la obra.* - **2** ***adj.-com.*** LING. FIL. (persona) Que sigue la doctrina del *estructuralismo: *por sus explicaciones sobre las lenguas, se nota que es ~.*

es·truc·tu·rar |estruᵏturár| ***tr.-prnl.*** [algo] Organizar u ordenar las partes de un todo: *el autor ha estructurado el libro en diez capítulos.* ⇔ **desorganizar.**

es·truen·do |estruéndo| **1** ***m.*** Ruido muy grande: *los pájaros volaron al escuchar el ~ de los disparos.* ⇒ **estrépito, fragor.** **2** Situación en la que hay ruido y falta de orden: *en el pabellón de deportes hay un gran ~.* ⇒ **jaleo.**

es·truen·do·so, sa |estruendóso, sa| ***adj.*** Que causa un ruido muy grande o *estruendo: *la música de esta discoteca es verdaderamente estruendosa.* ⇒ **ruidoso.**

es·tru·jar |estruxár| **1** ***tr.*** [algo] Apretar con fuerza una cosa para sacarle lo que tiene dentro: *estrujó el limón para que el jugo cayera sobre el pescado.* ⇒ **exprimir.** **2** Apretar una cosa hasta estropearla o arrugarla: *estrujó el papel entre sus manos.* **3** [a alguien] Apretar con fuerza a una persona: *en el metro había tanta gente que me han estrujado; a ver si no me estrujas tanto.* ⇒ **apretujar.** **4** *fam.* Sacar todo el partido posible: *el Gobierno estruja a los ciudadanos con altos impuestos; es un jefe que estruja a sus empleados todo lo que puede.* ⇒ **explotar, exprimir.**

es·tua·rio |estuário| ***m.*** Lugar en el que un río caudaloso se mezcla con el mar: *los estuarios tienen la forma de un embudo; los estuarios se pueden utilizar para el emplazamiento de puertos.*

es·tu·che |estútʃe| ***m.*** Caja que sirve para guardar o proteger objetos: *Belén ha guardado los lápices en su ~; encontrarás el collar en el ~ que hay en el aparador.*

es·tu·co |estúko| **1** ***m.*** Masa con que se cubren las

Muestra de un diccionario de aprendizaje: Manuel Alvar Ezquerra: *Diccionario para la enseñanza de la Lengua Española VOX.* Ed. Bibliograf. Barcelona, 1995.

7. Se señala el régimen preposicional de las palabras, uno de los rasgos más importantes de los diccionarios de aprendizaje (ver, sin embargo, el núm. 14).

8. Las definiciones son claras (en algunos casos son preferibles las del *Diccionario didáctico intermedio* S.M.). Según la *Presentación*, se han construido con un vocabulario de 2.000 definidores, como es usual en diccionarios de este tipo[127]. Cuando se necesita para una definición una palabra no incluida en la lista de los definidores, se señala. De todos modos estas palabras figuran como lemas en el diccionario.

9. El diccionario señala en casos de duda sobre ortografía o usos gramaticales las preferencias de la Real Academia Española.

10. Se indican bastantes colocaciones, pero nos parece que este aspecto se tendría que desarrollar mucho más, es lo que más necesita el usuario extranjero. En **contrato** figura sólo: *firmar un c.*, pero faltan: *concluir, rescindir un c., violar un c., cumplir (incumplir) un c.* En **precedente** *(m)* habría que poner: *sentar un p.*, en **golpe**: *asestar un golpe*, en **luz**: *dar, encender, poner la luz*, en **telegrama**: *poner un t.*.

11. Se dan ejemplos de aplicación, generalmente suficientes, rasgo irrenunciable en un diccionario de aprendizaje[128].

12. La obra tiene apéndices muy útiles: un apéndice gramatical con los paradigmas de los verbos regulares e irregulares y una lista de los 2.000 definidores usados en el diccionario.

13. La selección del léxico es bastante liberal, lo cual es un acierto porque el estudiante extranjero, especialmente cuando va a un país hispanohablante, tropieza muy pronto con el léxico subestándar y el jergal. El diccionario registra, por ej. palabras como *caballo, canuto, chorrada, chungo, chutarse, cutre, macho* (como apelativo), *pelotazo, porro, viaje* (drogadictos); se podrían añadir: *cartucheras, chorba, chute, guay, lingotazo, estirar la pata, teletonta, sudaca, yonkie.* También se ha dado acogida a palabras tabúes, generalmente referidas al metabolismo y a los órganos y actividades sexuales, lo que es importante para que el usuario sepa cuando **no** debe usar estas voces. Ejemplos: *cagalera, cagar, carajo, cojón* (falta: *tener cojones*), *coño, follar, huevos, joder, marica, maricón, hacerse una paja, pija* (falta: *picha y pijada*), *puta, putada,* se podrían añadir: *chuminada, chumino, conejo, leche* (= esperma) y *estar de mala leche.* En cuanto a neologismos de los últimos años, se han registrado, entre otros: *antena parabólica, cajero automático, canguro* («babysitter»), *chándal, dietética, elevalunas, fax* (falta: *faxear*), *informática, microondas, parapente, sudadera.* Se podrían añadir: *animal de compañía* (a distinguir del *animal doméstico*), *barranquismo* («canyoning»), *cabezas rapadas, clinero, empresariales* (carrera), *la gente guapa, jacuz(z)i* («whirlpool»), *zulo.* Curiosamente falta *gay* 'homosexual'. Habrá que pensar también en incorporar acrónimos muy usuales cuya forma plena se usa muy poco como *A.T.S., PSOE, UGT, IVA,* etc.

---

[127] Sobre los definidores, véase Herbst 1986.

[128] Véase Drysdale 1987.

14. Las ilustraciones, poco numerosas, son de valor desigual. Algunas, especialmente las colectivas, son útiles, otras no son indispensables porque los nombres a que se refieren, son casi iguales en todas las lenguas europeas como *boa, camello, cebra, chimpancé, delfín, jirafa, pelícano; oboe*; en cambio, son imprescindibles unas ilustraciones para palabras que designan realidades que no existen en otros países como *bota* (para vino), *botijo* y *paellera* (sí hay un dibujo para *porrón*) o necesarias para voces difíciles de explicar verbalmente como *tornillo, tuerca, paralelogramo.* Hay un dibujo para *cesta* y otro para *canasta.* Más útil sería un dibujo colectivo comparativo de cestería con *cesto, cesta, canasta, canastillo, cuévano* y *capacho (capazo)* como lo tiene el *Diccionario Manual de la Real Academia Española* (4ª ed. Madrid 1989, pág. 348). También se puede pensar en ilustraciones colectivas para *herramientas, cacharros de cocina (olla, cazo, cazuela, sartén)* y *prendas de vestir.*

15. Sé por experiencia que el estudiante extranjero que aprende español tiene problemas no sólo en cuanto al uso de las preposiciones, sino también en los casos en que no se usa ninguna preposición. Compárense el italiano: *Spero* **di** *vederla* y el español *Espero verle.* Por eso habrá que poner, por ej.: *es absurdo + inf.*; *afirmar + inf.; es bajo + inf.; conseguir + inf; creer + inf.;* etc., *me (te, le) conviene + inf.*

16. Algunos verbos intransitivos se usan ya también como transitivos, lo cual no se señala, por ej. *cesar*: ... fue cesado en el cargo; *morir*: ... dos de los bandidos fueron muertos a tiros; *caer*: Alfonso Guerra, *caído* por González el 12 de enero de 1991 (*ABC*, Madrid).

17. Se registran nombres masculinos formados a partir de sustantivos femeninos (generalmente nombres de agentes o despectivos), por ej. *el cámara, el defensa* (deportes), pero se echan de menos: *el batería* (*baterista* sí figura), *el birria, el cagueta, el campana, el careta, el corneta, el pesquisa.*

18. En algunas entradas habría que poner nombres compuestos de uso frecuente. Es cierto que el diccionario registra muchos de ellos como *pan integral, relaciones públicas*, pero faltan compuestos frecuentes del léxico actual como *albergue juvenil, baño de multitud, baño turco, tercera edad, esquí de fondo, ingeniería genética, televisión por cable, vehículo todo terreno, vuelo chárter* y su antónimo: *vuelo regular.*

19. En los diccionarios de aprendizaje para usuarios extranjeros publicados en otros países se suelen registrar formas conjugadas de verbos que un principiante no puede relacionar a primera vista, con el verbo correspondiente, remitiendo a la forma del infinitivo que figura como lema en español, por ejemplo: *cupe, quepo, supo, puso, quiso, mida.* Sería útil tener en cuenta este rasgo también para el diccionario que estamos comentando.

20. El diccionario no trata explícitamente uno de los problemas fundamentales que tienen los extranjeros que aprenden español: el uso de *ser* y *estar.* En muchos casos, su uso se puede deducir de las frases ejemplo (como en las entradas «listo» y «loco»), en otros casos se ignora el problema, por ej. en *ser/estar vivo, ser/estar simpático, claro* y muchos casos más. Para usuarios extranjeros es preferible indicar primero todos los usos de un adjetivo con *ser* y luego todos con *estar.*

Soy consciente de que algunas de mis propuestas supondrían un aumento del volumen de la obra, probablemente inaceptable por razones comerciales, pero este aumento se podría compensar ahorrando espacio, suprimiendo, por ejemplo, la transcripción fonética. Ésta que parece ser una ventaja para el usuario y un buen argumento publicitario, en realidad sobra para la lengua española (salvo los casos ya señalados). Lo que habría que aumentar son las colocaciones y los compuestos. Es importante completar y mejorar la microestructura que es el elemento básico de un diccionario de aprendizaje, aunque haya que sacrificar algo de la macroestructura, por ejemplo, ciertos cultismos científicos o palabras menos frecuentes. Considero inoportuno un aumento excesivo de sinónimos, para esto están los diccionarios de sinónimos. Será interesante conocer la opinión de los usuarios no hispanohablantes del diccionario, alumnos y profesores, para saber lo que se echa de menos, lo que se podrá mejorar o incluso suprimir. En conjunto, el diccionario marca un gran paso adelante en la lexicografía española para extranjeros. Si aún no es el diccionario ideal comparable a las obras análogas inglesas, francesas y alemanas, ello se debe seguramente al poco tiempo —dos años— disponible para su realización que contrasta con los muchos años que se han invertido en la preparación y elaboración de los diccionarios de aprendizaje de otras lenguas[129]. Con un esfuerzo de las personas que intervienen en la elaboración de la obra y teniendo en cuenta las críticas constructivas de los usuarios, esta obra, podrá llegar a ser un diccionario muy útil del género[130].

20. Cuando una palabra es a la vez sustantivo y adjetivo, muchos diccionarios, siguiendo el ejemplo del *Diccionario académico*, ponen la sigla *U.t.c.s.* (= *úsase también como sustantivo*) o, en su caso, *U.t.c.adj.* (= *úsase también como adjetivo*), lo cual a veces dice poco sobre las acepciones y las connotaciones del uso respectivo. En el DRAE la entrada *indicador* reza así:

> «**indicador, ra**. adj. Que indica o sirve para indicar. *U.t.c.s.*» (21ª ed., pág. 817).

En el *Diccionario para la enseñanza de la lengua española*, en cambio, se diferencia claramente el uso (o los usos) de una palabra como sustantivo y como adjetivo, en nuestro caso:

> **in·di·ca·dor, do·ra** [...] **1** ***adj.-s.*** Que señala o sirve para indicar: *la veleta es un signo ~ del viento.* ➤ **indicativo.** - **2 indicador** ***m.*** Señal que sirve para dar una información: *en el cruce hay un ~ que dice:* Cuenca 160 km; *los indicado-*

---

129 Recordamos lo expuesto en 2.3. sobre los inconvenientes de las prisas que tienen muchas editoriales españolas para sacar un diccionario.

130 Señalemos, en honor a la verdad, que el *Diccionario Didáctico de Español Intermedio*, elaborado bajo la dirección de Concepción Maldonado. Ed. S.M. Madrid 1993, sin ser un diccionario de aprendizaje para no hispanohablantes, ofrece muchos de los rasgos de una obra de este género y está elaborado con mucho esmero. Por eso, puede también servir para usuarios extranjeros más adelantados en el aprendizaje del español. La misma editorial publicó en 1996 un *Diccionario Clave*. Véase pág. 292.

res de la autopista son de color azul.➤ **indicativo. 3** Aguja o luz que indica el estado de funcionamiento de las diferentes partes de un mecanismo en un *panel de control: *el ~ de la gasolina está encendido; en verano, vigile el ~ de la temperatura*

Este es un punto importante a favor de la obra.

3.3.4.10. *Diccionarios turísticos*

El diccionario turístico (en alemán *Reisewörterbuch*)[131] suele ser una guía de conversación con frases usuales en dos lenguas ordenadas por situaciones de comunicación (este tipo es ya muy viejo) combinada con un repertorio alfabético bilingüe de las palabras que se supone que quien viaje al extranjero necesitará con más frecuencia.

Generalmente estos diccionarios sirven sólo para la lengua de partida de cuyas frases y palabras se dan los equivalentes en la lengua de llegada. Ejemplos:

- Francisca Pichardo Castro: *Langenscheidts Sprachführer Spanisch mit Reisewörterbuch*. Langenscheidt. Berlín - Munich, 1ª ed. 1995.
- F. Ferdinand Siebert/ Tilla Siebert/ Carlos Segoviano: *Pons Reisewörterbuch Spanisch*, 1ª ed. Stuttgart 1980, 6ª ed. 1996.

Ethem Yilmaz: *Der Sprachführer Spanisch*. Ed. Max Hueber. Munich 1ª ed. 1996 (con un diccionario bilingüe incorporado).

Una estructura parecida tiene:

- Kálmán Faluba/ Károly Morvay: *Guía de conversación castellano-catalán*. Edicions de la Magrana. Barcelona 1992. De esta obra existe una edición trilingüe: *Sprachführer. Deutsch-Katalanisch-Spanisch*. Edicions de la Magrana. Barcelona 1992 (alemán-catalán-español).
- Edward R. Rosset: *Guía del viajero* (español-inglés). Ed. Stanley. 1ª ed. Irún 1995.

3.3.4.11. *Diccionarios de crucigramas*

Este tipo de diccionario pretende ayudar a las personas que se dedican a solucionar crucigramas. Para ellos existen dos tipos de clasificación: el primero más o menos alfabético y enciclopédico, por ej. «dioses griegos» o «ríos de Rusia», el otro, por el número de letras. Que yo sepa, de momento existen para el español cuatro obras de este tipo[132]:

---

131 Ver sobre este tema: Reinhold Werner: «Ein nicht genügend ernstgenommener Wörterbuchtyp: das Reisewörterbuch»; en: *Hispanorama. Mitteilungen des Deutschen Spanischlehrerverbandes*, núm. 38, noviembre de 1984, págs.153-162; Heike Abend: «Das Reisewörterbuch verdient die Aufmerksamkeit der Wörterbuchforschung»; en: *Lebende Sprachen*, Berlín y Munich, núm. 3/1988, págs. 98-101 y 4/1988, págs. 156-159 y Heike Abend: «Das Reisewörterbuch»; en: *Wörterbücher*, t. III, 1991, págs. 2903-2908.

132 Sobre los diccionarios de crucigramas, véase Woolridge 1975.

- Litero (seudónimo): *Diccionario de crucigramas.* Barcelona 1974.
- *Diccionario para crucigramas* (sin autor), 3ª ed. Panamá 1990.
- Fausto Tusell: *Diccionario del crucigramista.* Barcelona 1987.
- *Diccionario auxiliar del crucigramista VOX* (sin autor). Barcelona 1993.

3.3.4.12. *Diccionarios de siglas y abreviaturas*

En un mundo en que se usan cada día más siglas, abreviaturas y otras formas truncadas de palabras, estos diccionarios son de una gran utilidad[133]. Por razones evidentes necesitan una constante actualización. En España disponemos de media docena de estos diccionarios. Hay muchos otros prácticamente en cada país latinoamericano. Ejemplos:

- Manuel Alvar Ezquerra/ Aurora Miró Domínguez: *Diccionario de siglas y abreviaturas.* Madrid 1983.
- Javier Gómez de Cádiz: *Diccionario de siglas.* Ed. Alas. Barcelona. 1ª ed. 1976.
- José Martínez de Sousa: *Diccionario internacional de siglas y acrónimos.* Madrid 1978. 2ª ed. 1984.
- Donato Millán Contreras: *Diccionario internacional abreviado de siglas.* Madrid 1974.
- Adela Sanabria: *Diccionario de siglas y acrónimos.* Bogotá 1976.
- Manuel Zamorano Real: *Diccionario de siglas.* Jaén 1986.
- *Diccionario de acrónimos en informática y documentación.* Centro de Información y Documentación Científica. Madrid 1994.

Un diccionario de abreviaturas diacrónico es:

- Angel Riesco Terrero: *Diccionario de abreviaturas hispanas de los siglos XIII al XVIII.* [...]. Salamanca 1983.
- *Diccionario de abreviaturas y símbolos.* Ed. Noesis. Madrid (en prensa 1996).

Muchos glosarios de siglas aparecen en revistas, y tienen generalmente la ventaja de estar actualizados. Las grandes organizaciones internacionales publican también glosarios de siglas y abreviaturas para uso interno. Ejemplo: *FAO Terminology Bulletin 27/rev. 5: Abbreviations - Sigles - Siglas* (inglés, francés, español, árabe, chino). Food and Agricultural Organization of the United Nations (FAO). Roma 1994.

---

[133] Sobre esta temática véase:
- Daniel Géhénot: «Siglomanía: una aproximación al problema»; en: *Terminologie et Traduction,* núm. 2, 1990, págs. 103-140, Comisión de las Comunidades Europeas. Luxemburgo 1991.
- Hans-Bernd Menzel: «Das Abkürzungswörterbuch»; en: *Wörterbücher,* t. II, 1990, págs. 1261-1266.
- Félix Rodríguez González: «Apuntes lexicográficos. Reflexiones a propósito de un diccionario general de siglas»; en: *Revista Española de Lingüística Aplicada,* Año II, 1986, págs. 127-148 (Este artículo ofrece una rica bibliografía sobre el tema).

Siglas y abreviaturas de toda América latina registran:
- *Abbreviations in the Latin American Press.* Nueva York 1972.
- *Latin American Acronyms: Siglas Latinoamericanas.* Detroit 1974.
- *Lista de siglas Latinoamericanas.* Naciones Unidas, Comisión Económica para América Latina y el Caribe. Santiago de Chile 1985.

Ejemplos de glosarios publicados en revistas:
- Slavomíra Jezková: «Abreviaturas y siglas en el idioma español»; en: *Fremdsprachen,* año 32, núm. 1. Leipzig 1988, págs. 66-71.
- Carlos Segoviano: «Siglas y abreviaturas usadas en España»; en: *Lebende Sprachen,* núm. 1/1987, págs. 37-41; núm. 2/1987, págs. 75-78; núm. 3/1987, págs. 130-133; núm. 4/1987, págs. 174-176.
- Günther Haensch: «Glosario de abreviaturas colombianas»; en: *Lebende Sprachen,* núm. 1/1982, págs. 32-35.
- Mario Sartor: «Abreviaturas argentinas»; en: *Lebende Sprachen,* núm. 1/1985, págs. 50-51; núm. 2/1985, págs. 98-99; núm. 4/1985, págs. 195-197; núm. 4/1986, págs. 174-176.
- Djemel Benhacine: «Glosario de abreviaturas centroamericanas»; en: *Lebende Sprachen,* núm. 4/1988, págs. 180-182; núm. 1/1989, págs. 28-29 y núm. 2/1989, págs. 83-85.

3.3.4.13. *Diccionarios onomásticos*

Los diccionarios onomásticos (de nombres propios) pueden ser puramente enciclopédicos (en este caso dan información sobre un nombre propio, por ej. de un país, una ciudad, un sistema montañoso) o bien etimológicos (cuando indican el origen de los nombres propios). Hay que distinguir los diccionarios de topónimos (nombres de lugar) y de antropónimos (nombres de personas).

3.3.4.13.1. Diccionarios de nombres de personas[134]

Estos se dividen, a su vez, en diccionarios de nombres de pila y diccionarios de apellidos.

3.3.4.13.1.1. *Diccionarios de nombres de pila*

Algunos de estos diccionarios dan la etimología de los nombres, otros más modestos, que se dirigen a los futuros padres que buscan un nombre para su hijo, se contentan con una simple lista de nombres. Otros auguran incluso el futuro a partir del nombre que se escoja para un niño. Ejemplos:

---

134 Ver sobre esta temática: Wilfried Seibicke: «Personennamenwörterbücher»; en: *Wörterbücher.* t. II, 1990, págs. 1267-1275.

- Josep M. Albaigès Olivart: *Enciclopedia de los nombres propios. Introducción.* Planeta. Barcelona 1995 (ofrece varios glosarios de nombres de pila clasificados por temas) y: *El gran libro de los nombres*. Planeta. Barcelona 1996.
- *El libro de los nombres de persona*, ed. por Equipo de expertos 2100. Barcelona 1994 (da equivalentes de los nombres de pila registrados en 8 idiomas y la etimología de éstos).
- Jordi Bas Vidal: *Diccionario de los nombres de persona en castellano, catalán, euskera, gallego, inglés, francés, italiano y alemán.* Barcelona 1994 (indica la etimología de los nombres de pila registrados y sus equivalentes en las lenguas señaladas).
- Gutierre Tibón: *Diccionario etimológico comparando de nombres propios de persona.* Fondo de Cultura Económica. México 1994 (registra nombres de pila y da su etimología).
- Laura Tuan: *El gran libro de los nombres en 5 idiomas.* Barcelona 1995 (da las etimologías de los nombres registrados y sus equivalentes en francés, inglés, alemán e italiano).
- *El libro de los nombres* (sin autor). Ed. Obelisco. Barcelona 1994 (da la etimología de los nombres de pila; clasificación por orden alfabético).
- Emilio Salas: *Los nombres. Su significado y su influencia sobre el carácter y el destino.* Barcelona 1995 (contiene un glosario de nombres, págs. 79-308).
- José Ma. Albaigès Olivart: *Diccionario de Nombres de Personas.* Universidad de Barcelona. 3ª ed. 1993.
- María Herminia Corrado: *Diccionario de nombres propios.* Buenos Aires 1993 (señala la lengua de origen de los nombres de pila, pero no da su etimología. Parece destinado a los padres que buscan un nombre para su hijo).
- Mónica Stevens: *Nombres perfectos para bebé.* 1ª ed. México 1988; 11ª reimpresión México 1995 (obrita modesta; para padres que buscan un nombre para su hijo).

3.3.4.13.1.2. *Diccionarios de apellidos*

Como cualquier guía telefónica es ya un diccionario alfabético de apellidos, la justificación de obras de este tipo puede ser únicamente que indiquen la etimología de cada apellido. Conozco una sola obra de este tipo para el español:
- Gutierre Tibón: *Diccionario etimológico comparado de los apellidos españoles, hispanoamericanos y filipinos.* Fondo de Cultura Economica. México 1ª ed. 1956; 2ª ed., corregida 1986; nueva reimpresión México 1995 (da las etimologías).

3.3.4.13.1.3. *Diccionarios de seudónimos*

La finalidad de estos diccionarios no es otra que la de revelar a qué personas corresponden los seudónimos. Ejemplo:
- P.P. Rogers/ F.A. Lapuente: *Diccionario de seudónimos literarios con algunas iniciales.* Gredos. Madrid 1977.

- Leopoldo Durán: *Contribución a un diccionario de seudónimos en la Argentina*. Buenos Aires 1961.

3.3.4.13.1.4. *Diccionarios de hipocorísticos*

Por hipocorístico se entiende una forma generalmente deformada de un nombre de persona usada con intención afectuosa, por ej. *Pepe* por *José*, *Montse* por *Montserrat*, etc. Como los hipocorísticos difieren, en parte, de un país hispanohablante a otro, especialmente en América, los repertorios de hipocorísticos son útiles. ¿Quién, en España, supondría, al oír en el Caribe [chucho], que se trata de la forma hipocorística de *Jesús* o que, en Colombia, *Chepe* es un hipocorístico de *José*?

Hay pocas publicaciones autónomas sobre hipocorísticos, por ejemplo:

- Raul Rivadeneira Prada: *Hipocorísticos*. Ediciones Signo, La Paz 1995.

Algunos glosarios de hipocorísticos se han publicado en revistas y obras colectivas, por ej.:

- Mario Sartor: «Hipocorísticos»; en: *Lebende Sprachen*, núm. 2/1988, págs. 55-74.

- Mikio Urawa: «Muestra de hipocorísticos en el español bogotano»; en: *Investigaciones empíricas sobre el español hablado en la actualidad en Colombia. Resultados de los estudios de campo* (Traducción del título japonés). Instituto de Investigaciones de la Universidad de Takushoku, Tokio), sin año identificable (posterior a 1993) (el trabajo que está redactado en español tiene un extenso glosario de hipocorísticos).

3.3.4.13.1.5. *Diccionarios de apodos*

Conozco dos ejemplos para este tipo no muy frecuente de diccionario:

- Gabriel Vergara y Martín: *Apodos que aplican a los habitantes de algunas localidades españolas los de los pueblos próximos a ellas*. Madrid 1918.

- Germán Díez Barrio: *Motes y apodos*. Valladolid 1995.

3.3.4.13.2. DICCIONARIOS DE NOMBRES GEOGRÁFICOS[135]

Existen en varias lenguas diccionarios geográficos de tipo enciclopédico y otros que dan la etimología de los distintos nombres geográficos: topónimos, hidrónimos (nombres de ríos y lagos), orónimos (nombres de montañas), etc. La información etimológica sobre estos nombres está muy dispersa y hay que buscarla en manuales históricos y filológicos y en muchas monografías. Aquí se podrían mencionar, a título de ejemplo:

[135] Sobre este tema véase: Albert Greule: «Ortsnamenwörterbücher»; en: *Wörterbücher*. t. II, 1990, págs. 1284-1291.

- Anselmo Jover Peralta: *El guaraní en la geografía de América.* Buenos Aires 1950.

En España existe un problema de identificación de topónimos en las regiones bilingües desde que se usan en éstas los nombres de lugar en lengua vernácula, por ej. *Eivissa* por *Ibiza*, *Lleida* por *Lérida*, *Donostia* por *San Sebastián*, *Auritz* por *Burguete*. Recientemente se publicó un glosario de topónimos de estas regiones:

- Fernando A. Navarro: «Topónimos españoles de las comunidades autónomas bilingües»; en: *Lebende Sprachen*, núm. 4/1995, págs. 172-176.

Otra obra, publicada en Alemania, ofrece también un glosario de topónimos catalanes, valencianos y baleares en catalán con los equivalentes castellanos:

- Katalanisches Kulturbüro: *Führer des amtlichen Sprachgebrauches auf den Balearen, in Katalonien und im Land València.* Domus. Editoria Europaea. Frankfurt 1992.

Los nombres de países plantean un problema: para muchos existe un nombre oficial (por. ej. *Reino Unido* y no: *Inglaterra* o *Gran Bretaña*), junto al cual se usa un nombre corriente o a veces varios de ellos. Existen dos repertorios multilingües de nombres de los Estados soberanos:

- FAO *Terminology Bulletin 20. Names of Countries. Noms de pays. Nombres de Países.* (inglés-francés-español-árabe-chino). Es de hojas intercambiables para poder tenerlo siempre al día. Su último suplemento es de abril de 1995. FAO Roma. (ISBN 92-5-003347-8).

- Ministerio de Asuntos Exteriores de la República federal de Alemania: *Länderverzeichnis für den amtlichen Gebrauch in der Bundesrepublik Deutschland* (Alemán-inglés-francés-español). Deutscher Bundes-Verlag, 53045 Bonn, Postfach 120380 (ISBN 3-923106-068). Mismo sistema que el repertorio de la FAO. Las últimas entregas son de marzo de 1994 y mayo de 1995.

Ambas obras, importantes por su constante actualización, indican también los gentilicios que corresponden a cada Estado. Muchos de éstos son nuevos y no se encuentran en la mayoría de los diccionarios. Ejemplos: *guameño* (Guam), *kirguís* (Kirguistán), *uzbeko* (Uzbekistán), *tongano* (Tonga), *surinamés* (Suriname), etc.

3.3.4.13.3. Diccionarios de gentilicios

Mientras que en otras lenguas los gentilicios son de fácil formación, como en alemán (por ej. Berlin-Berliner, Spanien-Spanier), existen en español gentilicios de formación culta y no transparentes por otros motivos para el común de los mortales (como *bilbilitano*/ Calatayud, *onubense*/ Huelva, *porteño*/ Buenos Aires, *donostiarra*/ San Sebastián); además, a veces hay varias formas, una corriente, la otra culta (*madrileño/matritense, porteño/bonaerense*) o bien gentilicios diferentes para varias ciudades del mismo nombre (por ej. *santiaguero, santiagueño, santiaguense, santiagués*). Ejemplos:

- Gabriel M. Vergara Martín: *Diccionario hispanoamericano de nombres gentilicios con que se distinguen los naturales de algunas regiones, comarcas, provincias y localidades de España y de las repúblicas de la América española seguido de una relación de los apodos que aplican a los naturales de algunas regiones y localidades españolas e hispanoamericanas los de los pueblos próximos a ellas*, 1ª ed. Madrid 1933.
- Daniel Santano y León: *Diccionario de gentilicios y topónimos*. Paraninfo. Madrid 1981. (registra topónimos para dar el gentilicio correspondiente).

Existen también glosarios de gentilicios publicados en revistas, por ejemplo:
- Mario Sartor: «Gentilicios poco conocidos»; en: *Lebende Sprachen*, núm. 2/1995, págs. 81-82.

Los gentilicios se indican en los dos glosarios oficiales de nombres de países ya citados (pág. 145).

3.3.5. Otros tipos de diccionarios

3.3.5.1. *Concordancias*

Las concordancias son índices alfabéticos de todas las palabras que aparecen en un texto con citas de todos los lugares en que aparecen. Las primeras concordancias que se compilaron eran las de la Biblia (desde el siglo XIII) o de grandes obras de la literatura universal, por ej. de la *Divina Comedia* de Dante y del teatro de Shakespeare. Una concordancia bíblica moderna es:
- José Luján: *Concordancias del Nuevo Testamento*. Ed. Herder. 3ª ed. Barcelona 1991.

A continuación ofrecemos un extracto de una concordancia que recoge el léxico del *Poema de Mío Cid*:

OLBIDAR, verbo:

155	ya don Raquel e Vidas, avédesme olbidado!
1063	el sabor que dend e non será olbidado
1444	por mí al Campeador las manos le besad / aqueste monesterio no lo quiera olbidar
2487	mandó mio Çid ... // que todos prisiessen so derecho contado / e el so quinto de mio Çid non fosse olbidado
3254	la rencura mayor non se me puede olbidar
3363	lo del león non se te deve olbidar

Ejemplos de algunas concordancias:
- José Jurado: *Diccionario de concordancias*. «Poema de Mío Cid». Ottawa 1982 (de ésta obra se sacó nuestro ejemplo).
- Edward Sarmiento: *Concordancias de las obras poéticas en castellano de Garcilaso de la Vega*. Madrid 1970.
- Fray Luis de San José: *Concordancias de la obras y escritos del doctor de la Iglesia de San Juan de la Cruz*. Burgos 1980.

- José Muñoz Garrigos: *Concordancias de la tragicomedia de Calixto y Melibea y la puta vieja.* 1ª ed. Universidad de Murcia 1990.
- Vicente Sabido Rivero: *Concordancia original de la poesía de Fray Luis de León.* 1ª ed. Universidad de Granada 1992.
- Enrique Ruiz Fornells: *Concordancias «El Ingenioso Hidalgo D. Quijote de la Mancha».* 1ª ed. Ediciones Cultura Hispánica. Madrid 1976.
- Dolores Romero López: *Concordancia y variantes de las soledades de A. Machado.* 1ª ed. Universidad de Salamanca 1993.
- Emilio J. García Wiedemann: *Concordancias del léxico poético de «Proverbios y Cantares» de Antonio Machado.* 1ª ed. Universidad de Granada 1994.

Una bibliografía importante de concordancias es:
- David y Billick y Steven N. Dworkin: *A bibliography of concordances, Glossaries. Vocabularies and Selected Word Studies.* Madison 1987.

Hoy en día las concordancias se elaboran con ordenador. Cuando se reúne un corpus informatizado para un diccionario de cierta extensión, en realidad, el proceso técnico es idéntico o muy parecido al utilizado en la confección de una concordancia[136].

3.3.5.2. *Diccionarios biográficos*

Las obras de este tipo son puramente enciclopédicas ya que dan datos biográficos sobre personas de un campo determinado: escritores, artistas, actores, políticos, etc. Un tipo mixto de diccionario biográfico es el famoso *Who is who*, en versión española: *¿Quién es quién?*, puesto que en él aparecen datos sobre destacadas personas de todas las profesiones:
- *¿Quién es quién en España?* Ed. Campillo. Soto de la Moraleja. Madrid 1996.
- *¿Quién es quién en Europa?* Mateos López Editores. Majadahonda (Madrid) 1994.

3.3.5.3. *Diccionarios bibliográficos*

Este tipo de diccionario es también enciclopédico. En realidad, ofrece datos bibliográficos clasificados generalmente por nombres de autores. En algunos casos se combinan estos dos tipos enciclopédicos de diccionarios en forma de *diccionarios biobibliográficos.* El usuario «normal» suele buscar informaciones biográficas y bibliográficas en una enciclopedia.

3.4. LOS DICCIONARIOS GENERALES

Los tipos más importantes para el usuario «normal» son los diccionarios generales monolingües («definitorios» y «de uso»), los diccionarios plurilingües y los

[136] Sobre las concordancias véase Hannon 1990.

diccionarios del español de América, por lo que, los hemos dejado a un lado al pasar revista a los muchos tipos de obras lexicográficas existentes para poder dedicar especial atención a estas tres categorías de diccionarios en los últimos capítulos de esta obra.

3.4.1. Los diccionarios generales monolingües

3.4.1.1. *¿Qué es un diccionario general?*

El diccionario general registra un léxico muy heterogéneo, el que se supone que el usuario «normal» encontrará o usará en enunciados escritos y orales. «General» se refiere aquí a una selección representativa de unidades léxicas pertenecientes a distintos niveles lingüísticos (literario, estándar, coloquial) y subconjuntos de la lengua, opuesto a repertorios de un determinado léxico parcial, como los descritos en 3.3.3. Los diccionarios generales suelen registrar

- el léxico del nivel estándar, es decir no marcado ni cronológicamente (arcaísmos) ni diatópicamente (regionalismos peninsulares y canarios, americanismos) ni diatécnicamente (es decir, tecnicismos). Este léxico, común a todos los hablantes de una comunidad lingüística, representa la masa del caudal léxico de un diccionario general. Las unidades léxicas del estándar no llevan ninguna marca en los diccionarios.
- el léxico del nivel literario y formal (elevado, solemne, etc.) suele estar bien representado.
- una selección de unidades léxicas del lenguaje coloquial y jergal, generalmente insuficiente frente a la realidad del uso lingüístico.
- una selección de unidades léxicas de lenguas especiales (tecnicismos), básicamente de aquellas que usa o conoce el usuario no especialista por su cultura general adquirida en el colegio, por la prensa, la radio y la televisión. Ante los miles y miles de tecnicismos que existen y que se están creando constantemente, esta selección ha de ser forzosamente restrictiva.
- en unos pocos diccionarios: una selección, también forzosamente bastante reducida, de regionalismos peninsulares y canarios.
- una selección reducida y arbitraria de americanismos.
- en muy pocas obras: una selección muy reducida de voces tabúes, referidas generalmente al metabolismo y a los órganos y actividades sexuales.

Desde hace algunos años se puede observar cierta apertura en los diccionarios, por ej. en el *Diccionario VOX*[137], el *Gran Diccionario*[138] (que registra, por ej., voces tabuizadas como *coño, encoñarse, joder, marica;* del lenguaje juvenil, como *carroza, cheli, pasota, flipado, (chica) estrecha, porro, viaje,* y hasta en la última edición del *Diccionario de la Real Academia Española*[139]. Como

---

137 Véase nota 31, pág. 57.
138 Véase 3.3.4.7.
139 Véase 3.4.1.1.

expuse con mucho detalle en mi trabajo *La selección del material léxico para diccionarios descriptivos*[140], al que remito, se debería ampliar aún más el espectro de todas las unidades léxicas que se registren en los diccionarios generales para que éstos reflejen mucho más que hasta el presente la realidad del lenguaje actual, no sólo del escrito, sino también del hablado.

No existe ningún criterio objetivo para determinar qué selección del léxico de los distintos niveles y subconjuntos de la lengua se debe realizar para un diccionario general. Tampoco existe un criterio absolutamente científico para la selección de los textos que se han de aprovechar para un corpus informatizado que será la base para un diccionario «de nueva planta». Sin embargo, se han ido adoptando porcentajes empíricos para la selección de textos: literatura, prensa diaria, revistas, radio, televisión, grabación de enunciados espontáneos y encuestas con cuestionarios. Lo importante es que haya un equilibrio entre los materiales procedentes de textos escritos y de fuentes orales.

3.4.1.2. *Los distintos tipos de diccionarios generales*

Dentro del espectro de los diccionarios generales monolingües se pueden distinguir varios tipos, pero existen obras híbridas que no corresponden a un tipo «puro», sino que marcan la transición de uno a otro, por ejemplo de un diccionario escolar a un diccionario de uso o de un diccionario definitorio a un diccionario de uso.

El léxico «general» se encuentra en muchos tipos de obras lexicográficas: los sintagmáticos, los paradigmáticos, los vocabularios básicos, los diccionarios de crucigramas, etc. Aquí nos interesan los diccionarios más adecuados para entender o producir textos: el diccionario definitorio, el diccionario de uso, el diccionario de estilo, el diccionario escolar y el diccionario del español como lengua extranjera.

El tipo más antiguo de diccionario general monolingüe es el *diccionario definitorio*[141]. Las principales características de un artículo de estas obras son o deberían ser:

- enunciado del lema (palabra-clave, la que es objeto de descripción).
- indicación de variantes ortográficas (que en español son poquísimas, por ej. *hierba-yerba*, más frecuentes en extranjerismos: *carnet-carné, whisky-güisqui*).
- indicación de la pronunciación donde ésta se aparte de las reglas generales, especialmente en los extranjerismos.
- indicaciones sobre la categoría gramatical, número y género de nombres, verbo transitivo, intransitivo, pronominal, impersonal.

---

140 Véase 3.3.4.7.

141 Sobre los diccionarios monolingües véase Geeraerts 1989.

- indicaciones cronológicas (arcaísmo, palabra histórica, neologismo).
- indicaciones sobre el área donde se usa la palabra (si no es panhispánica).
- indicaciones sobre el nivel lingüístico (literario, coloquial, popular), caracterización sociolingüística (jerga del hampa, etc.) y sobre otras marcaciones que acotan la palabra, por ej. despectivo, burocrático, infantil, humorístico, irónico, eufemismo.
- indicaciones sobre la atribución a una materia o especialidad (por ej. agricultura, fútbol, física).
- definición o explicación semántico-pragmática.

Ciertos diccionarios añaden algunos nombres compuestos y sintagmas lexicalizados cuya selección es a veces muy extraña, y registran una serie de locuciones y modismos. Otras obras indican también la etimología del lema.

Las indicaciones señaladas han aumentado en los diccionarios españoles desde los orígenes de la lexicografía monolingüe hasta hoy.

El *diccionario de uso* se caracteriza por los tres elementos siguientes o, por lo menos, dos de ellos: ampliación paradigmática, ampliación sintagmática y frases-ejemplo[142].

- AMPLIACIÓN PARADIGMÁTICA. Ésta sitúa las palabras dentro del sistema léxico de la lengua, señalando sinónimos, antónimos, otras palabras de la misma familia o remitiendo a ellas. El *Diccionario académico* no indica sistemáticamente sinónimos y antónimos, pero sí usa sinónimos en muchas definiciones, lo cual puede dar lugar a la ya señalada circularidad de éstas. Los sinónimos y antónimos aparecieron primero en otros diccionarios generales: en el *Pequeño Larousse Ilustrado* (1912) y en el *Diccionario general ilustrado de la lengua española VOX* (1945).

- AMPLIACIÓN SINTAGMÁTICA. Como ya se ha expuesto antes, la *ampliación sintagmática* de un artículo del diccionario da información sobre el uso contextual de las unidades léxicas, por ej. régimen preposicional (*dispuesto a*; *contento de, con*; *ávido de*, etc.), colocaciones, valencias verbales, etc. Estas indicaciones faltaban y aún faltan en los diccionarios definitorios tradicionales. Asi, por ejemplo, los régimenes preposicionales señalados (*dispuesto a, contento con*) no aparecen en el *DRAE*, ni en el *Diccionario actual de la lengua española VOX* ni en el *Pequeño Larousse Ilustrado 1996*. En estos diccionarios, algunas indicaciones sobre construcción y régimen, colocaciones etc. se pueden deducir de los pocos ejemplos que daban o dan.

- EJEMPLOS. Uno de los primeros diccionarios que ofrecía frases-ejemplo era el *Pequeño Larousse*, pero éstos eran (y todavía son actualmente) frases

---

142 Sobre los ejemplos, véase Martín R. 1989.

herida *Wunde* — *Sin.* lesión (Verletzung) — *Ep.* una grave ~ // leve o ligera; una ~ de importancia (ziemlich schwer), terrible, atroz (furchtbar), mortal o de muerte; en la cabeza, en el costado derecho (an der rechten Seite), etc., una ~ de pronóstico reservado (ungewisser Prognose), de pronóstico grave // leve; una ~ aparatosa o espectacular (schrecklich aussehend), fácil // difícil de curar (leicht // schwer heilbar), abierta, punzante (Stichwunde), contusa (Quetschwunde), incisa o cortante (Schnittwunde) — *Ej.* una ~ resulta (erweist s. als) menos peligrosa de lo que parecía a primera vista; se presenta muy aparatosa (sieht sehr schlimm aus); conduce a la muerte o es mortal; le interesa al hígado (hat die Leber in Mitleidenschaft gezogen); (no) tiene cura (ist un- // heilbar); tarda en cerrarse (schließt s. nur langsam), echa pus (eitert), permanece (bleibt) abierta, se infecta (infiziert s.) — causar o producir, recibir, sufrir una ~; reconocerla o examinarla, vendarla (verbinden), limpiarla (reinigen), curarla; morir // restablecerse (genesen) de una ~; una víctima presenta (weist auf) o se le aprecian (man stellt bei ihm fest) varias ~s

herido *Verwundeter* — *Sin.* lesionado — *Ep.* un ~ grave // leve o de gravedad o de consideración, de alguna importancia (ziemlich schwer) — *Ej.* el ~ pide socorro o auxilio (ruft um Hilfe), no se puede valer (kann sich nicht helfen); pierde el conocimiento (Bewußtsein), echa sangre (blutet), aulla de dolor (brüllt vor Schmerz), pide un sacerdote (verlangt nach e-m Geistlichen), ingresa en el hospital, se restablece, (se) salva (kommt davon), (se) cura (wird geheilt) — recoger (auflesen, bergen), auxiliar (zu Hilfe kommen), transportar, tratar (behandeln), curar a un ~; operarle o practicarle una operación, vendarle (verbinden), ponerle una inyección (e-e Spritze geben), atenderle (versorgen), cuidarle (pflegen); darle de alta (als geheilt entlassen)

herir 1. *verwunden* — *Sin.* lesionar — *Adv.* ~ grave- // levemente, en el pecho, mortalmente o de muerte (tödlich) — *Ej.* ~ a un peatón (Fußgänger), a un guardia (Polizist), ~se en un dedo, en un brazo (s. wehtun). — 2. *lit. schlagen, treffen* — *Sin.* rasgar, iluminar repentinamente — *Ej.* los rayos del sol hieren los cristales de las ventanas; un tiro (Schuß) hiere el silencio de la noche; la bailarina hiere el suelo taconeando (stampft fest mit den Absätzen auf d. Boden); el mazo (Schlaghammer) hiere la campana al dar la hora; la intensidad de la blancura o la luz intensa del mediodía hiere los ojos o la vista (tut den Augen weh); ~ la fibra sensible de alg. (jds. empfindliche Stelle treffen). — 3. *fig. wehtun, verletzen* — *Sin.* ofender; hacer, causar daño — *Adv.* ~ grandemente, en lo más íntimo (im Innersten), en alto grado, lo indecible (unsagbar), en lo más vivo (an der empfindlichsten Stelle), profundamente — *Ej.* las palabras duras de alg., del maestro hieren la sensibilidad de un niño; la conducta (Verhalten) de alg., una carta grosera, una crítica injusta, una sospecha, la falta de confianza o la desconfianza de alg. le hiere o duele a uno en el alma (tut e-m in der Seele weh); por no ~ susceptibilidades (um niemandem zu nahe zu treten) — *Der.* herida (Wunde); un herido (Verletzter)

hermano *Bruder* — *Ep.* mi ~ mayor // menor (älterer // jüngerer Bruder); primo ~ (Vetter ersten Grades); ~ gemelo (Zwillingsbruder); ~ político o cuñado (Schwager), ~ de leche (Milchbruder), ~ carnal (leiblicher Bruder), ~ bastardo; ~s siameses; ~ de armas (Waffenbruder); ~ en la Fe (Glaubensbruder); sentimientos de ~ (brüderliche Gefühle); deber de ~ o fraternal — *Ej.* querer, tratar, acoger (aufnehmen) a alg. como a un ~; quererse como dos ~s — *Loc.* todos somos ~s; *pop.* una cogorza (borrachera), una paliza (Tracht Prügel), etc. de ~ mayor (gehörig, kolossal) — *Dim.* hermanito (vielfach bei Bettlern als Anrede); no le puedo socorrer, Dios le ampare, ~ — *Der.* hermandad (Bruderschaft); hermanar (verbinden) la carrera de artista con los estudios científicos; hermanastro (Stiefbruder)

hermoso *schön, stattlich, prächtig* — *Sin. cf.* bonito, *cf.* guapo — *Ant.* feo — *Ej.* una mujer, un chico ~; un caballo, un perro ~ (Prachtexemplar); el otoño ha sido muy ~ (der Herbst war sehr schön) — *Loc.* el hombre y el oso, cuanto más feo más ~ (*prv.*) (Sinn: Mannestugend u. -kraft gilt mehr als männliche Schönheit) — *Der. cf.* hermosura

hermosura *Schönheit* — *Sin.* belleza — *Ep.* ~ sublime (erhaben); gran ~; ~ excepcional o extraordinaria (ungewöhn-

Werner Beinhauer: *Stilistisch-phraseologisches Wörterbuch*. Max Hueber. Munich 1978.

muy cortas o fragmentos de frases. Ejemplos tomados del *Pequeño Larousse 1996*:

pie [...] *estaba a los pies de la cama*
prestar [...] *palabras que se prestan a error.*

Estos ejemplos fragmentarios se encuentran además tan sólo en una pequeña parte de las entradas del *Pequeño Larousse.*

De esta manera, el diccionario definitorio ha sido y es ante todo un diccionario de recepción (diccionario pasivo o descifrador) y carece de indicaciones suficientes que permitan la producción de enunciados lingüísticos.

Los tres elementos componentes siguientes de un artículo de diccionario: *ampliación paradigmática, ampliación sintagmática* y *frases-ejemplo* fueron introducidas en la lexicografía con la nueva corriente lexicográfica iniciada por los diccionarios de aprendizaje ingleses como ya se expuso en 3.3.4.7. Antes estas indicaciones se encontraban, por lo menos en parte, tan sólo en diccionarios especiales: diccionarios de sinónimos y antónimos, de construcción y régimen y «diccionarios de estilo».

Los «diccionarios de estilo» eran, en realidad, a la vez paradigmáticos y sintagmáticos. Había y hay diccionarios de estilo monolingües y bilingües. Un diccionario de estilo francés-alemán elaborado por Albrecht Reum y publicado ya en 1910, reelaborado después de la guerra (Albrecht Reum: *Kleines französisch-deutsches Stilwörterbuch. Petit Dictionnaire de style à l'usage des allemands.* Revisada por Henrik Becker. Hanau 1955) ofrecía, después del enunciado del lema: sinónimos, antónimos, colocaciones, valencias verbales, construcción y régimen, modismos, refranes y palabras derivadas del lema, todo muy bien presentado y explicado[143]. En realidad, este diccionario tenía ya la mayoría de los elementos de un diccionario de uso. Sin embargo, el ejemplo no cundió: estos adelantos lexicográficos no fueron aprovechados ni en Alemania ni en España para los diccionarios generales que seguían siendo puros instrumentos descifradores. Un diccionario elaborado en los años 70, se llama todavía «estilístico»: Werner Beinhauer: *Stilistisch-phraseologisches Wörterbuch spanisch-deutsch* (Max Hueber, Munich 1978, ver pág. 151). Si bien se trata de un diccionario bilingüe español-alemán, la parte española del texto es también interesante para el usuario español. Es el único diccionario del español que ofrece abundante información sobre colocaciones y además registra sinónimos, modismos y palabras derivadas del lema, etc. Se distingue de un diccionario de uso normal por dar, en vez de una definición del lema, los equivalentes alemanes de éste.

En realidad los diccionarios de estilo son los precursores de los *diccionarios de uso.* Este último término apareció tan sólo en la segunda mitad del siglo XX. Con el fin de evitar confusiones en cuanto a los diccionarios generales monolingües, se debería estandarizar su terminología, para lo cual sugerimos las siguientes denominaciones:

---

143 Un diccionario de estilo monolingüe (alemán): *Der Grosse Duden. Stilwörterbuch der deutschen Sprache.* Leipzig 1938, menos completo que la obra de Reum, ofrecía muchas colocaciones, frases-ejemplo, régimen preposicional y refranes.

1. *Diccionario definitorio* (ya ampliamente comentado).
2. *Diccionario de uso*: diccionario general que tiene los elementos de un diccionario definitorio y además: ampliación paradigmática (especialmente sinónimos y antónimos) y ampliación sintagmática (como mínimo: compuestos (sintagmas lexicalizados), régimen preposicional, colocaciones, modismos y ejemplos). Se caracteriza generalmente por una macroestructura reducida.
3. Los *diccionarios de estilo* que tienen las mismas características que los diccionarios de uso se deberían llamar «de uso» y ya no «de estilo».
4. *Diccionarios escolares*: los que cumplen los criterios expuestos en 3.3.4.7., como mínimo: definiciones claras y sencillas con un léxico mínimo definidor, abundantes instrucciones ortográficas, fonéticas (pronunciación de los extranjerismos), gramaticales, sinónimos y antónimos, régimen preposicional, colocaciones, ejemplos e ilustraciones.
5. *Diccionarios del español como lengua extranjera* (no «de segunda lengua»: para muchas personas es la tercera o la cuarta). Las mismas características que los diccionarios escolares, pero teniendo en cuenta los problemas específicos de los alumnos no hispanohablantes (separación de sílabas, uso de *ser* y *estar* etc.).
6. Para los diccionarios de 4. y 5. se podría pensar en utilizar el hiperónimo: *diccionarios didácticos*, pensando en la función principal de ambos tipos de obras.

En muchos casos, la diferencia entre los *diccionarios de uso* y los *diccionarios escolares* será, prescindiendo de aspectos metodológicos, una diferencia de volumen, siendo generalmente más extenso el diccionario de uso.

Naturalmente habrá siempre tipos de transición. Ya citamos el ejemplo del *Diccionario esencial Santillana de la lengua española* (en 3.3.4.7.), que se puede utilizar como diccionario escolar para alumnos adelantados y como diccionario de uso para todo el mundo. Estos diccionarios se podrían llamar: «de aprendizaje y de uso», especificando la edad de los alumnos que pueden utilizarlos con provecho (generalmente a partir de los 16 años). Otro ejemplo de transición sería un diccionario definitorio que diera, en algunas entradas, pero no sistemáticamente sinónimos, antónimos y ejemplos, como el *Pequeño Larousse Ilustrado*, por eso no es un diccionario de uso. A medida que los diccionarios definitorios completen su microestructura con algunos elementos propios del diccionario de uso, representarán también un tipo de transición.

La ampliación de la microestructura de los diccionarios plantea un problema esencial: ¿es preferible disponer de un diccionario con una macroestructura muy desarrollada que ofrezca un inmenso caudal léxico, pero cuya microestructura esté poco desarrollada y carezca de todo lo que acabamos de exponer o es preferible elaborar diccionarios que ofrezcan sólo una selección del vocabulario más usual, pero que tengan una rica ampliación paradigmática y sintagmática?

La respuesta es sencilla: se necesitan los dos tipos de diccionarios, el **diccionario general extensivo** y el **diccionario de uso intensivo**. Ambos tipos coexisten en otros países. Se necesitará siempre el tipo del diccionario general extensivo (definitorio) con una selección muy completa del léxico, pero éste no tendrá todo el aparato sintagmático y paradigmático de un diccionario de uso. Para poder cumplir su función, los verdaderos diccionarios de uso, cuyo contenido hemos explicado, deberán prescindir de muchas palabras que no presentan ningún problema contextual como pueden ser nombres poco conocidos de plantas, animales, sustancias químicas, minerales, etc. Una palabra como *hierro* tiene que figurar en un diccionario de uso no sólo porque es frecuente, sino también porque tiene compuestos y colocaciones, como por ej. *h. colado, h. fundido, h. forjado, h. candente*; se usa en la combinación: *de hierro* 'muy fuerte': *una disciplina, una salud, una voluntad de hierro; los hierros fig., lit.* 'la prisión' (grillos, cadenas); *a hierro y sangre adv* 'a sangre y fuego', el refrán: *Hay que batir el hierro mientras esté candente.* No ocurre lo mismo con los nombres de otros metales como *el molibdeno, el iridio* o *el titanio* que requieren sólo una definición y la indicación de su género gramatical y más bien una explicación enciclopédica que una definición lingüística.

De este modo habrá que realizar una división del trabajo entre un diccionario de uso con una selección de aquellas palabras que tengan problemas contextuales y un diccionario definitorio que presente una selección más amplia del léxico. Se necesitarán por lo tanto, dos diccionarios. Otra posibilidad es la de ofrecer toda la información de ambos tipos de diccionarios en una sola obra que será muy voluminosa y menos cómoda de consultar, como por ej. el *Diccionario de uso del español* de María Moliner.

En muchos casos será necesario completar la información de los diccionarios de la lengua (definición, uso contextual, etc.) por una información enciclopédica que puede ser biográfica, bibliográfica, histórica, etc., para esto están los *diccionarios enciclopédicos* y las *enciclopedias.* De todos modos el usuario que busque amplia información sobre el significado de las palabras, su uso contextual y, en muchos casos, sobre las realidades a que corresponden, no se podrá contentar con un solo diccionario.

3.4.1.3. *Observaciones sobre los diccionarios generales*[144]

Antes de comentar el *Diccionario de la Lengua Española* de la Real Academia (en 3.4.1.4.) y los demás diccionarios generales monolingües del español (en 3.4.1.5.), es conveniente hacer algunas observaciones que se refieren a todos los diccionarios generales monolingües[145] y, en parte, también a los diccionarios generales bilingües.

- SELECCIÓN DE LAS ENTRADAS. La selección de las entradas depende naturalmente de las necesidades de los usuarios potenciales y del espacio dis-

---

[144] En 2.5. hemos explicado ya algunas nociones básicas de la lexicografía: palabra/unidad léxica, unidades univerbales y pluriverbales, colocaciones, macroestructura, microestructura, lema y lematización, etc. A ellas remitimos al lector para poder entender mejor lo expuesto a continuación.

[145] Sobre los diccionarios generales, véase también Geerarts 1989.

ponible.[146] En muchos diccionarios generales monolingües del español, la selección del léxico es idéntica o muy parecida a la del *Diccionario académico* (DRAE), sólo algunos diccionarios, entre los que hay que citar el *Diccionario actual de la lengua española* VOX ofrecen una selección mejor y más amplia que el DRAE. Curiosamente, algunos diccionarios generales bilingües ofrecen una selección más acertada y más actualizada del léxico (más neologismos, más coloquialismos, colocaciones, modismos, americanismos, etc.) que numerosos diccionarios monolingües[147].

En un diccionario general muy extenso se deberían registrar las siguientes unidades léxicas[148]:

1. *palabras simples*: ojo, anticonstitucional; naturalmente también las *palabras gramaticales* (preposiciones, conjunciones, etc.)
2. *unidades pluriverbales* (sintagmas lexicalizados):
   a) *combinaciones de sustantivos por simple yuxtaposición*:
   hora punta, chaleco antibalas.
   b) *combinaciones de sustantivos mediante preposición*:
   avión a reacción, bar de alterne, fabricación en serie, novela por entregas, parto sin dolor, fuga hacia adelante.
   c) *sustantivos compuestos con guión*:
   camión-cisterna
   d) *sustantivo + adjetivo*:
   lluvia ácida, medio ambiente, zona verde, prensa amarilla
3. *colocaciones usuales*:
   un clamoroso éxito, sentar un precedente
4. *comparaciones estereotipadas*:
   rojo como un cangrejo, sorda como una tapia, aburrirse como una ostra
5. *modismos*: dar la lata, no dar golpe, se armó la de Dios es Cristo
6. *fórmulas fijas de la vida diaria*: ¿Qué tal?, «salvo error u omisión», «... y para que conste», ¡hombre al agua!, «a franquear en destino»
7. *frases hechas y citas*
8. *refranes*
9. *denominaciones perifrásticas*:
   la mística doctora (Santa Teresa de Avila), la ciudad condal (= Barcelona)
10. *Nombres comunes que se usan en vez de nombres propios*:
    el Charco (= el Atlántico), el Peñón (= Gibraltar), el Emperador (= Carlos V).
11. *Nombres propios que se usan como nombres comunes*:
    un tenorio, una celestina, los quevedos, la rebeca

---

[146] Sobre la selección de entradas, véase Haas 1967 y Haensch 1985. Sobre la estructuración de las entradas, véase Gold 1979, Kipfer 1984 a y Hausmann 1989 d.

[147] Véase sobre este tema Haensch 1994 a.

[148] Los ejemplos se han tomado, en gran parte, de Haensch 1985.

12. *Nombres propios en locuciones y frases hechas*: salir de Guatemala y entrar en Guatepeor, saber más que Lepe, Lepijo y su hijo.
13. *Gentilicios*[149]
14. *Hipocorísticos*[150]
15. *Formas lexicalizadas de verbos*
Hay formas finitas del verbo que son difícilmente identificables para una persona que aprende español, por eso hay que registrarlas en un diccionario del español como lengua extranjera, remitiendo a la forma canónica (el infinitivo), por ej. *quepo, cupo, asgo, hice*. Algunas formas dialectales o arcaicas como *trujo, plugo* tendrían que registrarse como lemas propios.
Ciertas formas finitas de verbos, lexicalizadas con un significado específico, muchas veces usadas como exclamaciones, deberían aparecer como lemas propios. Ejemplos: *¡Vaya!; ¡Venga!; ¡Vale!; ¡Anda!; ¡Toma!; ¡Dale!*
16. *palabras truncadas*: el y la poli, la bici, el cole, la disco.
17. *combinaciones de letras con cifras y de palabras con letras*: rayos X, hora H, bomba H, factor Rh, 23-F (intentona de golpe de estado de Tejero)
18. *Elementos de formación de palabras*: sufijos, prefijos, sufijoides como *-logía, -patía* y prefijoides como *cardio-, osteo-*, etc.
19. *formas contrarias a la norma con indicación de la forma correcta*: carnecería (por: carnicería), un taxis (un taxi).
20. *Ejemplos*: éstos pueden ser citas de textos o inventados por el lexicógrafo. Ambas soluciones tienen sus ventajas y sus inconvenientes.
21. *Adverbios en -mente*: normalmente no se indican. Hay que registrarlos, sin embargo, cuando el adverbio en *-mente* tiene otro sentido que el adjetivo del que es derivado, por ej. buenamente, (escuchar, pagar) religiosamente.
22. *Las abreviaturas y siglas más usuales* como A.T.S., DIU, D.D.T., PSOE, UGT.

Las clases de unidades léxicas que figuran en esta lista sólo se podrán tener en cuenta, en su totalidad, en diccionarios de gran extensión, pero muchas de las unidades pluriverbales (especialmente de 2. y 3.) que no figuran en los diccionarios son más frecuentes que otras unidades univerbales que aparecen en ellos. Por eso, no se puede dar automáticamente la prioridad a las unidades léxicas univerbales como lo hacen no pocos diccionarios. La frecuencia de uso de las unidades léxicas es un importante criterio de selección, aunque no debe ser el único.

---

149 Véase 3.3.4.13.3.
150 Véase 3.3.4.13.1.4.

DEFINICIÓN. En muchos casos, más que una definición de las palabras a veces muy abstracta, el usuario necesita una explicación semántico-pragmática de ellas, en algunos casos, como nombres de plantas y animales, incluso con elementos enciclopédicos. Hay muchas clases de definiciones[151]. Éstas tienen a veces defectos graves:
- 1. *La circularidad de la definición*[152]: se explica una palabra por un sinónimo y cuando se busca éste, se da como explicación la palabra que es objeto de la consulta. Al buscar la definición de *osar* en el *Diccionario Austral de la lengua española* (Madrid 1989) se encuentra: «Osar intr. Atreverse», pero en «atreverse» dice: «Atreverse prnl. Osar»[153].
- 2. *Las pistas perdidas*[154]. Al buscar una palabra puede aparecer en la definición de ésta otra que el consultor desconoce. Al querer localizarla, se da cuenta de que esta última no figura en el diccionario, con lo cual su consulta ha fracasado. He aquí dos ejemplos tomados del *Diccionario Austral de la lengua española* (Madrid 1989)[152]: La definición de *alfalfa* dice: «Mielga común que se cultiva para forraje», pero la palabra *mielga* no figura en el diccionario. - Otro ejemplo de una «pista perdida»: «azuela. *f.* Herramienta de carpintero para desbastar», pero el diccionario no registra *desbastar*.
- 3. *Definiciones insuficientes*. Hay que precisar en qué contexto se puede usar una palabra. En Argentina y Uruguay se usa el adjetivo *petiso,-a* 'pequeño', 'de poca altura'. Al no precisar más el uso de esta voz, el consultor podría decir: *una casa petisa*, lo cual no es posible porque *petiso,-a* se refiere sólo a personas o animales: Por eso, hay que tener en cuenta el alcance de la definición. En algunos diccionarios, esto se haría, en nuestro caso, anteponiendo a la definición: *«Referido a personas y animales...»*. Se proporciona amplia información textual («referido a...») en el *Diccionario Didáctico Intermedio* (Véase pág. 115).
Un buen ejemplo de renovación en cuanto a las definiciones, nos dan dos diccionarios que son en cierto modo precursores del *Diccionario del Español de México* (aunque de características diferentes), que se encuentra en vías de elaboración bajo la dirección de Luis Fernando Lara. Se trata de Luis F. Lara (dir.): *Diccionario fundamental del español de México*. México 1982, nueva ed. 1993 y Luis F. Lara (dir.): *Diccionario básico del español de México*. México 1986.

- ETIMOLOGÍA. Muchos diccionarios generales dan la etimología de las palabras. En mi opinión, esta indicación no es necesaria, por varias razones:

---

151 Sobre la definición, véanse Ahumada 1987, Ahumada 1988; Bosque 1982; García Padrón 1987; Rey 1965; Rey-Debove 1967; Rickert 1960; Sánchez L. 1987; Seco 1978; Seco 1979; Seco 1983; Teso 1987; Weinreich 1970; Werner 1984 b, 1984 c, 1986 b, 1989.

152 Sobre definiciones circulares véanse Calzolari 1977 y Castillo 1992.

153 Ejemplos tomados de Hernández 1992, pág. 477. De este diccionario hay una 4ª ed. de 1994.

154 Véase el importante artículo de Fernando Lázaro Carreter: «Pistas perdidas en el Diccionario»; en: *Boletín de la Real Academia Española*, Año LX; t. LIII, Mayo-Agosto 1973, págs. 249-259.

1. «Como nos ha demostrado J. Corominas en su magistral *Diccionario etimológico*, la etimología de una palabra no se puede reducir a la indicación de un posible o probable étimo entre paréntesis (como hace la mayoría de los diccionarios), sino que debe discutirse a la luz de varios criterios (por ejemplo evolución fonética y semántica, cotejo con otras lenguas, etc.). A veces hay también varias teorías etimológicas competidoras que se deben discutir y muchas etimologías españolas son todavía desconocidas o muy controvertidas. Una información etimológica válida la puede proporcionar sólo un diccionario etimológico. En el caso de diccionarios del español de América, el lexicógrafo que pretendiera dar —junto a la descripción lexicográfica— la etimología de tantas palabras procedentes de las más diversas lenguas indígenas, debería tener conocimientos extraordinarios o disponer de un equipo de especialistas para cumplir además de su tarea lexicográfica descriptiva, la función de etimólogo indigenista.» (citado de Haensch 1982 b, págs. 244-245). 2. La etimología ocupa un espacio que se puede emplear mejor para ampliar la microestructura de los artículos. 3. La etimología tenía aún cierto sentido cuando se estudiaba más latín en la enseñanza secundaria. Con la lamentable desaparición o disminución de la enseñanza del latín en el mundo hispánico, el usuario de un diccionario no sacará mucho provecho al enterarse de que el español *dedo* viene del latín *digitus*[155].

GRAMÁTICA EN EL DICCIONARIO. Es evidente que no todos los diccionarios pueden ofrecer las abundantes indicaciones gramaticales de un diccionario de uso, pero siempre será necesario un mínimum de ellos. Como demostró Hans Wellmann en un artículo reciente sobre gramática en el diccionario[156], el 70% de las personas que tienen una duda en cuanto al uso gramatical, no consultan una gramática, sino un diccionario. En este caso se trata de hablantes de lengua materna, naturalmente los hablantes de otras lenguas aún necesitan más información gramatical, lo cual hay que tener en cuenta en los diccionarios del español como lengua extranjera y en los diccionarios bilingües[157]. Algunas indicaciones gramaticales requieren un comentario.

- INDICACIÓN DE LA CATEGORÍA GRAMATICAL

Esta indicación importante falta, por ejemplo en el *Diccionario de uso del español* de María Moliner. Ni siquiera se distinguen en

[155] No hago estas observaciones porque no valore la importancia de la etimología, sino, al contrario, porque pienso que la etimología es una cosa demasiado seria para que se trate a la ligera en cualquier diccionario general. Para eso están los diccionarios etimológicos. De todos modos, cuando se ponen etimologías en un diccionario general, tiene que ser con un mínimum de garantías de fiabilidad y actualidad.

[156] Wellmann 1996.

[157] Sobre gramática en los diccionarios generales, véanse Ahumada 1988; Alvar Ezquerra 1982 c; Cowie 1989; Cuadrado 1992; Gleason 1967; Gross 1981; Jackson 1985; Porto Dapena 1988; Rodríguez Adrados 1978; Sinclair 1987; Wiegand 1985.

él los verbos transitivos de los intransitivos mediante una sigla o un símbolo.

- GÉNERO

Es curioso que un diccionario renovador en varios aspectos como el de María Moliner[158] no indique el género de los sustantivos, sobre el cual incluso los mismos hispanohablantes pueden tener dudas en ciertos casos.
Es muy recomendable indicar las formas femeninas de los sustantivos y adjetivos, a veces aún no fijadas por el uso (como, por ejemplo, *la juez* frente a *la jueza*, *la ministro* frente a *la ministra*.

- NÚMERO

Los diccionarios deberían registrar todos los plurales de los sustantivos que se aparten de la norma, por ej. *lord-lores; carácter-caracteres; cok-coques*, y especialmente los de los extranjerismos sobre los que muchos hispanohablantes suelen tener dudas, por ej. *fax, dossier*, etc.
En los diccionarios didácticos hay que señalar también los cambios ortográficos de plurales regulares: *luz, luces*. Como hay vacilación en la formación del plural de ciertos sustantivos terminados en vocal acentuada (*bajá, carné, esquí, plató, zulú*), es útil indicar el plural de estos nombres. También deberían señalarse, por lo menos en los diccionarios didácticos, los casos en que un sustantivo terminado en *-s* es invariable (por ejemplo *la/las metamorfosis*)

- ADJETIVO

Es conveniente señalar los comparativos y superlativos irregulares y, en su caso, diferenciar su uso frente a las formas regulares del mismo adjetivo, por ejemplo: *peor - más malo, buenísimo, bonísimo, óptimo*.

- VERBOS

Es conveniente señalar las formas de conjugación irregular ya en las mismas entradas, remitiendo al mismo tiempo a los paradigmas verbales que los diccionarios de uso (¿y por qué no otros?) deberían ofrecer en un anexo. Como ya se destacó, los diccionarios didácticos deberían registrar también las formas verbales difícilmente identificables como *supe, supo, quepo, cupo, pida*, con remisión a la forma canónica, la del infinitivo.

---

158 Ver 3.4.1.5.

- RÉGIMEN PREPOSICIONAL

La importancia de las indicaciones sobre el régimen preposicional de las sustantivos, adjetivos y verbos se destacó ya en 3.3.4.7.

- MARCAS LEXICOGRÁFICAS[159]

Ya nos habíamos referido en varios subcapítulos a las marcas lexicográficas, especialmente en 2.5.3. Sobre éstas hay que comentar los siguientes aspectos:

- INDICACIONES CRONOLÓGICAS

En todos los diccionarios españoles se echa de menos una marca cronológica importante que fue introducida en la lexicografía por R. Klappenbach/ W. Steinitz: *Wörterbuch der deutschen Gegenwartssprache*, t. I. Berlín 1964, la de *obsolescente* que sirve para marcar palabras que usan las generaciones de más de 50 o 60 años, pero que están cayendo en desuso y que los españoles menores de 30 años ya ni usan ni conocen como por ej. *haiga, estraperlo, excusado.*

En algunos diccionarios, especialmente en el *Diccionario de la Lengua Española de la Real Academia* (DRAE), aparecen numerosas palabras con marcas como *anticuado* o *desusado*, pero muchas otras que ya no se usan figuran sin esta marca de modo que el usuario debe llegar a la conclusión de que estos vocablos se usan o se pueden usar todavía.

- MARCAS DIATÓPICAS (que explican la extensión geográfica de las unidades léxicas)

Todos los diccionarios generales monolingües del español tienen un defecto en común: usan marcas diatópicas para las regiones españolas y los países hispanoamericanos, pero no tienen la marca «España» (por ejemplo *Esp*). Esta deficiencia se explica por el hecho de que han seguido, en este aspecto también, el ejemplo del diccionario académico. Existen, sin embargo, palabras que se usan en toda España, pero en ningún área hispanoamericana como *albornoz, señas (dirección), con antelación, telón de acero.* Como el léxico de las Islas Canarias presenta ya muchos elementos comunes con el español de América, es preferible llamar estas palabras *peninsularismos.*

Curiosamente algunos diccionarios extensos carecen completamente de marcas estilísticas, por ejemplo, el *Diccionario Planeta de la lengua española usual.* Barcelona 1982.

---

[159] Véase Hausmann 1989 h y Püschel 1989.

NOTAS DE USO

Las notas de uso («usage notes») permiten añadir toda clase de información que no quepa en la presentación algo esquematizada de un artículo del diccionario, por ej. adjetivos que tienen sólo un uso predicativo o atributivo, palabras que se refieren sólo a personas o animales, palabras que se usan sólo en plural, voces usadas sólo por jóvenes (como *guay*), por gente de izquierdas (como *facha* 'fascista') o de derechas (como *rojo* 'comunista'), de subalterno a superior, etc.

Las indicaciones sobre las restricciones de uso son muy importantes para el consultor de un diccionario. El hispanohablante las conoce[160], pero el que aprende el español como lengua extranjera o maneja otra lengua como hispanohablante, las necesita. Un ejemplo de la lexicografía bilingüe: en alemán hay dos sinónimos de **herido,-a** *adj*: *verletzt* y *verwundet*, pero la restricción en el uso de ambas adjetivos es la siguiente: la persona que se ha hecho daño, que ha sufrido un accidente, etc. está *verletzt*, *verwundet* se aplica sólo a los soldados heridos en el combate. Un soldado que se hace daño con una navaja, también está *verletzt*.

TIPOGRAFÍA

La tipografía y, en general, la presentación de un diccionario deben ser claras y agradables para el usuario. Para distinguir los elementos que integran un artículo se usan distintos tipos de letras, por ej. *negrita* para el enunciado del lema que encabeza el artículo, *cursiva* para las explicaciones metalingüísticas (por ej. marcas gramaticales y lexicográficas) y *redonda* (letra normal) para la lengua objeto (la que es objeto de descripción). Esta tipografía es muy usual, y la encontramos, por ejemplo, en el *Diccionario actual de la lengua española VOX*. En algunos diccionarios, por ejemplo el *Pequeño Larousse Ilustrado 1996*, los lemas que encabezan cada artículo aparecen en mayúsculas, lo cual tiene dos inconvenientes: 1. No aparecen, por lo general, los signos diacríticos (acento gráfico, diéresis); 2. No se distinguen las grafías con mayúscula de las con minúscula, por ej. *Dios* (de las religiones monoteístas), *dios* y *dioses* de otras religiones y en sentido figurado, o *academia* (centro de enseñanza privada) y *Academia* (corporación literaria o científica).

3.4.1.4. *Los diccionarios de la Real Academia Española*

Desde que existen los diccionarios de la Real Academia Española toda la lexicografía española depende de ellos y se alimenta de su sustancia. Como Manuel Seco[161] dice muy gráficamente, el diccionario académico «ocupa el lugar central en la constelación de la lexicografía española». En Francia ocurrió todo

---

160 Las conoce en cuanto a su variedad del español, pero en muchos casos difieren en otras áreas, por ej. en los distintos países hispanoamericanos.

161 Seco 1979 b.

lo contrario: los diccionarios monolingües importantes, publicados por editoriales privadas como Larousse, Hatier, Hachette y Robert son los que se consultan y se citan y casi nadie acude al diccionario de la *Académie Française.* Teniendo en cuenta esta situación privilegiada del DRAE (como se llama el Diccionario académico entre especialistas), bien merece éste que le dediquemos más atención que a otros diccionarios.

3.4.1.4.1. BREVE PANORAMA HISTÓRICO DE LOS DICCIONARIOS ACADÉMICOS

La Real Academia Española[162], fundada en 1713, tenía, según sus Estatutos, la misión de publicar un diccionario y una gramática, principal razón de su creación y de su existencia.

En la época de la Ilustración en la que el ideal del «buen uso» de la lengua dominaba la vida social y cultural, se quería disponer de un instrumento para propagar el «buen uso» y esta función se encomendó al diccionario de la docta corporación. En un tiempo relativamente corto (13 años) se elaboraron, entre 1726 y 1739, los seis gruesos tomos del primer diccionario académico que más tarde recibió el nombre de *Diccionario de Autoridades,* con el cual suele citarse aún hoy en día. Su título original es: *Diccionario de la lengua castellana.* Real Academia Española. 6 vols. Madrid 1726-1739. Existe una edición facsímil de Gredos, Madrid 1963 (varias reimpresiones).

Este diccionario totalmente nuevo es una obra admirable. El léxico que registró está documentado por citas extraídas de autores considerados como representativos del «buen uso» («las autoridades»). La obra da definiciones, las citas de las «autoridades», muchas etimologías (pero no en todos los artículos) y refranes. Su codificación de la ortografía, aunque sólo era parcial, contribuyó a la consolidación del sistema gráfico de la lengua. La obra fue liberal en la admisión de voces populares, dialectales y de cierto número de tecnicismos, contrariamente a la práctica de la Academia Francesa que rechazaba la lengua coloquial, los arcaísmos y los tecnicismos.

El *Diccionario de Autoridades*[163] contiene incluso unos centenares de americanismos cuya presencia se explica por la selección de las «autoridades», entre las que había obras de autores americanos[164]. Se indican en él los equivalentes latinos de los lemas, una práctica que la Academia continuó hasta la 10.ª edición del DRAE de 1852. La corporación se proponía preparar una nueva edición

---

[162] Sobre la fundación e historia de la Academia, véanse Cotarelo 1914, Cotarelo 1946, Ferrer 1871 y Molins 1870.

[163] Sobre el *Diccionario de Autoridades* véanse Barbón 1969, Gemmingen 1992, Gushina 1974, Gutiérrez R. 1993, Lapesa 1964, Lázaro Carreter 1972 y 1980 a, Martínez de Sousa 1995, s.v. «diccionario de autoridades», Salvador Rosa 1985, Seco 1984 y Val 1993.

[164] Sobre los americanismos de este diccionario, ver Werner 1983 a.

AGUADERO. ſ. m. El lugar donde hai agua, y ſirve para dár de beber los ganados. Lo miſmo que Abrevadéro. Lat. *Aquarium, ii.* Ov. Hiſt. Chil. fol. 159. Y ſobre quien ha de dár primero à beber à los ganados en los *aguadéros* ſuele haver muertes de hombres.

AGUADERO. Lo miſmo que Aguadór. Veaſe. Es voz poco uſada. Lat. *Aquator, is.* FR. LUIS DE GRAN. Symb. part. 5. cap. 5. Acarréan las nubes, que ſon como *aguadéros* de Dios cargadas de agua, con que ſe riega y fructifica la tierra.

AGUADOR. ſ. m. El que tiene por oficio llevar agua à las caſas. Lat. *Aquarius, ii. Aquator, is.* GRAC. Mor. fol. 22. Luego echó del Real todos los adivínos, *aguadóres* y rufianes. ESTEB. fol. 98. Me encaſtillé en el oficio de *aguadór*, y entré à ſer uno de los de ſu número. QUEV. Muſa 5. Xac. 3.

Luquillas es aguadór
con repoſtero de andrajos.

AGUADUCHO. ſ. m. Lo miſmo que Aguacéro. Veaſe. Es voz antiquada. Lat. *Alluvio, onis.* PART. 2. tit. 23. ley 19. Ni en lugar que le pudieſſe *aguadúcho* facer mal. DOCT. DE CABALL. lib. 1. tit. 7. fol. 32. E que non fueſſe pueſta en tremedál, ni en logar que *aguadúcho* la pudieſſe facer mal.

AGUADUCHO. En el Andalucía es un armario, donde ſe ponen los vaſos de barro. Lat. *Fictilium repoſitorium. Armarium, aut pluteus, ei.*

AGUAGE. ſ. m. La corriente del mar. Lat. *Maris curſus. Aquarum impetus.* ARGENS. Maluc. lib. 4. fol. 135. Y ſu ſalúd conſiſtió en no haver entonces ſalido por hacer (como los marineros dicen) *aguáge.* PELLIC. Argen. part. 2. fol. 404. Alli hizo noche, porque el vergantín no podia navegar, porque hacia *aguáge*, y las corrientes ſe lo impedian.

Diccionario de autoridades (1710-1729)

del *Diccionario de autoridades*, pero de ésta un solo tomo llegó a publicarse: *Diccionario de la lengua castellana*. Real Academia Española. Madrid. 2ª ed., 1 vol.: (A-B), 1770 y luego esta magna obra no se continuó. Fue sustituida por otro diccionario académico en el que se había suprimido toda la documentación de las «autoridades», empobreciendo así la gran obra pionera. El nuevo diccionario se llama hasta hoy «común», «vulgar», «usual» o el *Diccionario* a secas (con mayúscula, especialmente en Hispanoamérica). La 1ª ed. se llamaba: *Diccionario de la lengua castellana, reducido a un tomo para su más fácil uso*. Madrid 1780 y lo mismo la 2ª ed. de 1783, la 3ª ed. de 1791, 4ª ed. de 1803 y la 5ª ed. de 1817. A partir de ésta se llama sólo *Diccionario de la lengua castellana*, id. en las ediciones siguientes: 6ª: 1822; 7ª: 1832; 8ª: 1837; 9ª: 1843; 10ª: 1852; 11ª: 1869; 12ª: 1884; 13ª: 1899; 14ª: 1914. A partir de la 15ª ed. (1925) el diccionario se llama: *Diccionario de la lengua española*, lo mismo en la 16ª de 1936 ó 1939; la 17ª de 1947; la 18ª de 1956; la 19ª de 1970; la 20ª de 1984 y la última, la 21ª de 1992[165]. Desde la edición de 1780 se han producido muchos cambios en el DRAE: de la 4ª ed. a la 21ª *ch* y *ll* se tratan como letras independientes (en 1994 se decidió su reincorporación a *c* y *l* respectivamente), los nombres de animales y plantas traducidos al latín se suprimieron a partir de la 11ª ed.; en la 13ª ed. se introdujeron otra vez las etimologías que se habían suprimido a partir de la 2ª ed.; en la 19ª ed. se suprimieron los refranes, en cambio, se introdujeron elementos de formación de palabras.

Durante el siglo XIX, la Academia publicó ediciones de su diccionario en las que casi no se registraban americanismos. En el siglo XX, la Academia se esforzó por aumentar los americanismos con ayuda de las Academias hispanoamericanas, pero los materiales que éstas proporcionan son muy desiguales: algunas Academias mandan bastantes materiales a la Academia de Madrid, otras pocos o ninguno. Por eso el español de América no está bien representado en el DRAE, aunque hay que reconocer que en los últimos años el número de americanismos ha aumentado bastante.

Entre 1871 y 1973, se fundaron Academias de la Lengua en todos los países americanos: Academia Colombiana de la Lengua (1871), Academia Ecuatoriana (1874), Academia Mexicana (1875), Academia Salvadoreña (1876), Academia Venezolana (1883), Academia Chilena (1885), Academia Peruana (1887), Academia Guatemalteca (1887), Academia Paraguaya (1927), Academia Boliviana (1928), Academia Nicaragüense (1928), Academia Argentina de Letras (1931), Academia Dominicana (1931), Academia Nacional de Letras del Uruguay (1943), Academia Hondureña (1949), Academia Puertorriqueña (1955) y Academia Norteamericana de la Lengua Española, cuya misión es la defensa del español de más de 30 millones hispanos en Estados Unidos (fundada en 1973)[166].

---

[165] Sobre la génesis de este diccionario, véase especialmente Seco 1991 b. De la última edición del DRAE, la 21ª de 1992, existe una versión popular en 2 vols. y una ed. en CD-ROM (desde sept. de 1995).

[166] Las Academias de la Argentina y del Uruguay como «asociadas», tienen un status diferente de las demás «correspondientes».

En 1951 se constituyó la *Asociación de Academias de la Lengua Española* y se creó una Comisión Permanente de la Asociación con sede en la Real Academia Española de Madrid para intensificar la colaboración entre todas las Academias de la lengua española, mediante el intercambio de información, la celebración de congresos, y el envío de materiales léxicos a la Academia Española para las ediciones sucesivas del DRAE.

En este momento, la Academia se encuentra en un proceso de profunda transformación en cuanto a su labor lexicográfica, como ya señalé a propósito del *Diccionario histórico* (3.3.4.2.2.)

Un cambio muy importante es la informatización de los materiales léxicos (ya en marcha), otro cambio muy necesario será la aplicación de una metodología lexicográfica actualizada puesto que la de todas las ediciones anteriores del DRAE se basa en la del *Diccionario* del siglo XVIII, con enmiendas parciales y modificaciones de detalle, pero sin una refundición total del método lexicográfico.

3.4.1.4.2. El DRAE en nuestra época

No es nada fácil emitir un juicio objetivo y ponderado sobre el DRAE, por eso vamos a citar, junto a nuestra valoración, comentarios de otros autores.

El diccionario académico es un monumento del siglo XVIII que ha sobrevivido hasta nuestros días gracias a la postura tradicionalista de los académicos, quienes, hasta la fecha, no han redefinido sus funciones y renovado a fondo su metodología.

Como expone Manuel Seco (Seco 1995), el DRAE goza, a pesar de sus muchas imperfecciones, de las que hablaremos más adelante, de un indiscutible prestigio que no se debe a ninguna intervención del Estado, sino a la aceptación del Diccionario por la comunidad de hispanohablantes aquende y allende el Atlántico. El prestigio del DRAE se debe también, en parte, a la falta de valiosas obras competidoras, puesto que la mayoría de los otros diccionarios generales monolingües se han alimentado de su sustancia.

Las decisiones de la Academia tienen la sanción del Estado tan sólo en cuanto a la ortografía y a la gramática, pero parte del público piensa que el *Diccionario* tiene también carácter oficial, considerando sus decisiones, a veces discutibles, como dogma y creándole de esta manera un mito de infalibilidad.

En el mencionado artículo, el autor destaca que la última edición del DRAE de 1992 tiene casi dos veces más entradas que la primera de 1780, pero «el valor de este desarrollo cuantitativo queda muy desvirtuado si se considera una implacable realidad: *desde 1780, fecha de su primera edición, el Diccionario común sólo ha sido objeto de retoques parciales, de correcciones aisladas, de adiciones dispersas*; retoques y aumentos a veces numerosos, acertados casi siempre; pero nunca una visión reformadora general. Con lo cual, por muchas mejoras sueltas que las sucesivas ediciones vayan acumulando, esas ediciones siguen siéndolo de un Diccionario de 1780» (Seco, op.cit., pág. 68). Lo que necesita la comunidad hispanohablante, es un diccionario académico de nueva planta, al que no habrá que asignar demasiadas funciones a la vez. Como decía en un trabajo mío (Haensch 1982 b, págs. 245-246): «El *Diccionario de la Real Academia Española (DRAE)* que se ha criticado mucho, con razón o sin ella, sufre también de su carácter multifuncional y, si se critica tanto, es precisamente porque muchos usuarios esperan de él que cumpla muchas, demasiadas funciones a la vez. Los unos buscan en él la etimología de las palabras (que encuentran mejor desarrollada, como ya se dijo, en los diccionarios etimológicos). Otros ven en él, con toda la razón, el gran diccionario español que recoge el acervo léxico del español desde el Siglo de Oro y nos da muchas voces caídas en desuso o muy poco usadas hoy en día que no tienen que figurar en un diccionario general de la lengua actual[167]. Para la mayoría de los usuarios, el DRAE es probablemente en primer lugar el diccionario normativo que les dice lo que está «autorizado» (según la norma preceptiva) y qué no. Otros, en cambio, esperan del diccionario académico que sea un extenso diccionario descriptivo del español actual, lo cual supondría lógicamente que diera acogida a todos los extranjerismos que se usan de hecho (en la norma de uso) y a las incorrecciones frecuentes, es decir, violaciones de la norma lingüística[168] (como, por ejemplo, *taxis* por *taxi, dintel* por *umbral, carnecería* por *carnicería,* etc.), tecnicismos[169], voces populares y jergales, muchas de ellas de uso efímero, etc. Otros autores piensan que el DRAE debería dar acogida también a las voces dialectales del español, incluso de uso regional o local restringido, con lo cual el diccionario académico cumpliría también la función de un diccionario dialectal[170]. Esta plurifuncionalidad que tiene el DRAE y que algunos quieren aún extender, hace cada vez más difícil la labor lexicográfica de la Academia ante el alud de palabras nuevas que van surgiendo en el mundo hispánico.»

En cuanto a americanismos, el DRAE ha mejorado algo en los últimos años. No obstante, a la luz de nuestras experiencias personales, podemos asegurar que muchos de los americanismos que figuran en el DRAE, ya no se usan o tienen una extensión geográfica o acepciones o connotaciones diferentes que las indicadas, mientras que muchos americanismos hoy en día muy corrientes aún no figuran en el DRAE[171]. Muchos americanismos del DRAE llevan una marca diatópica que no corresponde a la realidad. Un ejemplo: la última edición del diccionario (de 1992) da como una de las acepciones de *collera:* «**3.** *Col. y Chile.* Gemelos de camisa». Esta acepción es la usual en Chile para designar los gemelos para los puños de la camisa, pero no se conoce en Colombia donde le

---

167 Para el léxico de otras épocas, hay que consultar los diccionarios históricos (ver 3.3.4.2.2.) y los que registran vocabulario de determinadas épocas, por ejemplo, del Siglo de Oro (véase 3.3.4.2.7.). Un diccionario normativo moderno difícilmente puede ser a la vez diacrónico a no ser que se trate de una obra muy extensa.

168 En un diccionario descriptivo se deben registrar todos los extranjerismos e incorrecciones frecuentes que se usan de hecho, porque forman parte del sistema de la lengua.

169 Las terminologías técnicas han tenido un desarrollo enorme y, aunque la Academia ha hecho y está haciendo grandes esfuerzos por incorporar los tecnicismos más usuales, es a todas luces imposible que el DRAE registre la suma de todos los términos técnicos, a veces muy específicos y conocidos sólo de los especialistas en la materia.

170 En general, la Academia ha sido generosa en la admisión de voces dialectales peninsulares.

171 Sobre los americanismos en el DRAE, véase pág. 171.

corresponde *mancornas fpl.* Se ha abusado de la marca *América* que deberían llevar tan sólo vocablos usados en los 19 países hispanohablantes del Nuevo Mundo o, por lo menos, en la mitad de ellos.

Como el DRAE, en las últimas ediciones, ha admitido también palabras populares y vulgares, ya no es puramente normativo, sino que tiene un carácter mixto normativo-descriptivo, pero sin ofrecer todo lo que debería registrar un diccionario descriptivo. Como se ve, son muchas, demasiadas funciones a la vez. Un diccionario que se dirige a un público muy amplio, debería ser en primer lugar normativo y registrar un máximum de unidades léxicas de la lengua común de España y de Hispanoamérica, renunciando a todas las voces arcaicas y desusadas para las que hay diccionarios especiales (aunque todavía no todos los que se necesitarían), registrando sólo los regionalismos y dialectalismos de uso frecuente y de cierta extensión geográfica.

Tampoco se deberían recargar las futuras ediciones del DRAE con términos técnicos, escogiendo sólo los de uso general, para los demás tecnicismos existen diccionarios monográficos tanto de divulgación como para los especialistas.

Por fin, como ya señalamos, las etimologías tampoco son indispensables en un diccionario académico. Si se han de mantener, muchas de ellas se deberían corregir.

Debido a la posición dominante del DRAE, en la lexicografía española, se ha derramado mucha tinta sobre sus virtudes y sus defectos. Las numerosas publicaciones sobre el diccionario académico (la bibliografía de *Serís 1964* registra ya 80 de ellas) van de los elogios más ditirámbicos a las críticas más despiadadas. Los autores que querían presentar neologismos lo hacían casi exclusivamente con referencia al diccionario académico. He aquí algunos ejemplos de propuestas de este tipo:

- Francisco Rodríguez Marín: *De Academiae caecitate, reparos al nuevo Diccionario de la Academia.* Madrid 1887.
- Francisco Rodríguez Marín: *Un millar de voces castizas y bien autorizadas que piden lugar en nuestro léxico.* Madrid 1920.
- Ricardo Palma: *Dos mil setecientas voces que hacen falta en el Diccionario; papeletas lexicográficas.* Lima 1903.
- Miguel de Toro y Gisbert: «Un trou dans le dictionnaire de l'Académie Espagnole»; en: *Bulletín Hispanique,* 24, 1924, págs. 225-237.
- Francisco Commelerán: *El Diccionario de la Lengua Castellana por la Academia Española.* Pérez Dubrull. Madrid 1887.
- Antonio de Valbuena: *La fe de erratas del nuevo Diccionario de la Academia.* Madrid 1887, 2 vols.; nueva ed. 1889-1893, 5 vols.
- Baldomero Rivodó: *Voces nuevas en la lengua castellana. Glosario de voces, frases y acepciones usuales y que no constan en el Diccionario de la Academia.* 12ª ed. París 1889.
- José Manuel Aicardo: *Palabras y acepciones castellanas omitidas en el Diccionario Académico. Primer millar [...]* Madrid 1906.
- Renato de Alba: *Suplemento de todos los diccionarios enciclopédicos españoles [...]. Más de 10.000 palabras que no figuran en la XIV edición de la Real Academia.* Barcelona 1918.

- Gabriel María Vergara: *Cuatro mil palabras y algunas más, de uso frecuente, no incluidas en el Diccionario de la Real Academia Española*. Madrid 1926.
- Carlos F. Mc Hale: *El libro mayor del idioma. Lucubraciones sobre el Diccionario oficial de la lengua*. Madrid 1934.
- Carlos F. Mac Hale: *Fe de erratas del Diccionario oficial*. Madrid 1958 (112 págs.).
- Enrique de Tovar: «Hacia el Gran Diccionario de la Lengua Española. Dos mil voces no incluidas hasta hoy en el Diccionario de la Academia ni en el de Americanismos»; en: *Boletín de la Academia Argentina de Letras,* IX (1941) 34, págs. 323-379; 35, págs. 545-577; 36, págs. 773-810; X (1942) 37, págs. 181-213.

Otros autores hicieron observaciones críticas sobre le DRAE, por ejemplo:
- Miguel Atrián y Salas: *La crítica del Diccionario de la Academia*. Teruel 1887.
- José Martínez de Sousa: «¿Limpia, fija y da esplendor?»; en: *El País,* Madrid del 4 de nov. de 1984, pág. 8.

Muy críticos son los comentarios de los libros siguientes:
- Raúl Prieto: *Nueva Madre Academia. Crítica sicolíptica-lexicográfica en prosa*. México 1977.
- Raúl Prieto: *Vuelve la Real Madre Academia*. México 1985.

A su vez, dos de los más ilustres lexicógrafos del siglo XIX, Vicente Salvá[172] y Rufino José Cuervo[173] tuvieron una actitud muy crítica frente al diccionario académico.

Una valoración positiva de la 21ª edición del *Diccionario* académico se encuentra en: Valentín García Yebra: «Nueva edición del Diccionario de la Real Academia Española»; en: *Política científica*, núm. 34, noviembre de 1992, págs. 58-61. En este artículo se destacan los distintos tipos de correcciones y la acogida de nuevas voces en la última edición del DRAE de 1992 (como ya en otras anteriores). Nadie puede negar que se ha trabajado mucho en el Diccionario académico, pero en el fondo es un texto básico, que por muchas mejoras que reciba, se remonta al siglo XVIII y desde el punto de la lexicografía moderna está anticuado (véase una muestra de la 21ª ed., pág. 173).

Como expone muy acertadamente Nila Gutiérrez Marrone en un bien documentado artículo sobre el Diccionario académico, hubo en los últimos decenios en el seno de la Academia discusiones sobre las prioridades que había que tener en cuenta al decidir la incorporación de un vocablo en el DRAE o su rechazo: informar sobre el léxico usual del español (lo que se rechazó), «limpiar, fijar y dar esplendor» o contribuir a mantener la unidad de la lengua (Gutiérrez M. 1988, págs. 32-37).

---

172 especialmente en el prólogo de su *Nuevo Diccionario de la lengua castellana*. 1ª ed. París 1846.

173 Sobre las *Observaciones* de R. J. Cuervo relativas al DRAE, véase nota 53.

Esta última función es problemática. Como la autora dice:

«[...] son los mismos representantes de las academias los que, durante el Tercer Congreso de Academias, votan a favor de una solución que establece que el DRAE no necesita utilizar denominación de "españolismo" para términos de uso exclusivo en España, ya que tales vocablos deben considerarse como pertenecientes al patrimonio común de la lengua española.» (Tercer Congreso 1961: 122).

Y nos preguntamos, ¿por qué excluir del patrimonio de la lengua española aquellos términos cuyo origen o uso está fuera de España? Esta resolución perpetúa la identificación del idioma español exclusivamente con la norma culta española (o más propiamente dicho, la madrileña), legitimizándola; al mismo tiempo, hace que los rótulos aplicados a los términos cuyo origen o uso está fuera de España, no sólo contengan la información neutra de uso geográfico, sino también la connotación despectiva de "hijos ilegítimos", desdeñando así las normas cultas existentes en cada país hispanoamericano y que difieren de la madrileña en el campo léxico, precisamente en el uso de los llamados "americanismos". Además de las implicaciones sociolingüísticas negativas y de la identificación del idioma español con la variedad madrileña, contraria a las teorías lingüísticas actuales, el hecho de que en el DRAE no existan rótulos que ayuden a identificar a los términos de uso exclusivo en España (españolismos) o en Madrid (madrileñismos) disminuye el valor informativo del DRAE.» (Gutiérrez M. 1988, págs. 35-36). Ver, sin embargo, la pág. 293.

Actualmente no existen todavía las condiciones previas para convertir el DRAE en el diccionario de todos los países hispanohablantes por la sencilla razón de que gran parte del léxico del español de los países hispanoamericanos no está todavía registrado, definido y listo para ser publicado[174].

A continuación citamos algunos comentarios críticos sobre el DRAE, primero los de José Martínez de Sousa que dice en su *Diccionario de lexicografía práctica*[175]:

«Su contenido es muy variable y desigual: mientras admite ciertos localismos sin mayor uso en la lengua general, niega su entrada a palabras que circulan normalmente por las vías del lenguaje con la misma propiedad que tantas otras, acaso de origen más discutible, registradas en el léxico oficial. No sólo está cerrado prácticamente a voces malsonantes (sólo últimamente ha abierto la puerta a este tipo de voces, si bien con el remoquete de "voz malsonante"), sino que suele mostrarse remisa frente a extranjerismos, neologismos, americanismos, etc. Por poner un ejemplo ilustrativo, la voz *consumismo* no entró en la vigésima edición de este diccionario (1984) y *consumista* no entró en la vigésima primera (1992)».

---

[174] Sobre este tema véase 3.5.
[175] pág. 198.

Otro comentario del mismo autor[176] nos parece tan acertado que lo publicamos in extenso:

> «El Diccionario de la Academia ha influido notablemente en la lexicografía española, aunque no siempre para bien. Podría decirse que casi todos los diccionarios de lengua posteriores, e incluso los enciclopédicos y otros, han tomado de él todo cuanto han querido, y no siempre para mejorarlo. Ciertamente, el Diccionario académico arrastra muchas imperfecciones que es preciso corregir, porque, guste o no, con justificación o sin ella, es el modelo a que se atienen todos (también los escritores y las editoriales, por supuesto) para reconocer el sentido del lenguaje. Muchas definiciones del DRAE están sumamente envejecidas, no responden a las reglas lexicográficas actuales (la inmensa mayoría no pasarían la prueba de la sustituibilidad), las marcas no son siempre adecuadas (hay localismos que no lo son, y voces que son arcaicas sin que lo diga el Diccionario), acepciones redactadas en lenguaje arcaico, remisiones en círculo vicioso, falta de coherencia en muchos casos, entradas que no deberían estar, etc. También debería plantearse la Academia si vale la pena mantener en el léxico oficial la cantidad más que regular de arcaísmos que registra, las voces desusadas, etc., que sólo sirven, en la mayor parte de los casos, de estorbo. El Diccionario, para que sea de todos y a todos útil, debe mantener palabras vivas, con las arcaicas y las desusadas formar un diccionario aparte. Se pide algo similar a lo que hizo la propia Academia en la edición de 1970 al prescindir de los refranes, y si no, que la institución realice o encargue uno al que dote de su autoridad y su prestigio. El Diccionario, por sus especiales características, no puede ni debe ser un cajón de sastre donde quepa todo, lujo que sí pueden permitirse otros diccionarios de lengua o enciclopédicos. En suma, arrastra esta modalidad del Diccionario académico gran cantidad de rémoras y errores de todo tipo que los académicos no logran corregir de una edición a otra».

Humberto Hernández opina así:

> «Hemos tomado el DRAE en primer lugar sólo como punto de referencia y no como modelo, pues la falta de claridad en la redacción de sus definiciones y la ausencia de criterios rígidos en la ordenación de las acepciones así como la escasez de información sintáctica y otras observaciones, no lo convierten en una obra ejemplar» (Hernández 1994 b, pág. 116, nota 29).

Una crítica de detalle sobre un problema de gramática es la de *Santos Río 1994* sobre el tratamiento de conjunciones y locuciones conjuntivas en el DRAE.

Ante la imposibilidad de comentar todo lo publicado sobre el Diccionario académico, remitimos a los trabajos siguientes:

SOBRE LOS DICCIONARIOS ACADÉMICOS EN GENERAL: Lapesa 1992, Salas 1964, Salvador 1994, Seco 1992 a, 1995 a y Terry 1974.

---

176 op. cit. pág. 244.

SOBRE LOS AMERICANISMOS EN EL DRAE: Alcocer 1993, Ferreccio 1978, Toro 1909 y gran parte de los artículos de Haensch y Werner sobre lexicografía del español de América. En cuanto a los uruguayismos del DRAE, Ursula Kühl de Mones (Kühl 1993-94) llega a la conclusión siguiente: «En resumen, el Uruguay no está satisfactoriamente representado en el DRAE», una conclusión que se puede extender prácticamente a todos los países de habla española de América.

SOBRE ALGUNAS EDICIONES DEL DRAE: 20ª ed.: Belot 84, Martínez de Sousa 1964 y Sandru Olteanu 1984; 21ª ed.: García Yebra 1992.

SOBRE LOCALIZACIONES GEOGRÁFICAS: Salvador Rosa 1985; sobre REGIONALISMOS: Alvar Ezquerra 1988 b, Salvador 1991; sobre NEOLOGISMOS: Alvar Ezquerra 1992 e y Belot 1984; sobre MENÉNDEZ PIDAL Y EL DICCIONARIO ACADÉMICO véase Salvador 1988.

Resumiendo los comentarios de diferentes autores sobre el *Diccionario de la Real Academia*, se ha criticado especialmente:

1. Su conservadurismo y purismo extremo ante voces y acepciones nuevas, ambos suavizados un poco en los últimos años. Por ejemplo (según Seco 1995 a): en la ed. del DRAE de 1992 aún no están registradas las palabras *jeep* y *hall*.

2. El mantenimiento de muchísimas palabras anticuadas o desusadas, muchas de ellas sin estar marcadas como tales[177].

3. Propuestas absurdas de vocablos que el uso colectivo rechazó, por ej. *aterrar* y *aterraje* por *aterrizar* y *aterrizaje, recauchar* por *recauchutar*, etc. (ejemplos tomados de Seco 1995 a).

4. El DRAE debería ofrecer más información gramatical.

5. La redacción colegiada del DRAE en sesiones de trabajo con un equipo de redactores -los académicos- que, salvo pocas excepciones, no son lexicógrafos.

6. El predominio de un criterio centralista peninsular frente al uso hispanoamericano y la prolongada negación de marcar los peninsularismos como tales.

7. El mantenimiento de criterios de selección y de definición del léxico que, pese a muchas reformas parciales de la obra, siguen siendo básicamente los del siglo XVIII.

8. A veces se nota en el DRAE cierta falta de unidad. Un ejemplo: Se señalan peculiaridades del plural en las entradas **carácter**, *pl.* **caracteres** y **lord**, *pl.* **lores**, ¿por qué entonces no en: **germen**, *pl.* **gérmenes**; **dólmen**, *pl.* **dólmenes**; **espécimen**, *pl.* **especímenes**; **ciclamen**, *pl.* **ciclámenes**; **régimen**, *pl.* **regímenes**?

9. Para el usuario del DRAE resulta bastante problemático el uso de las siglas *u.t.c.s.* y *u.t.c.adj.* sin más explicaciones sobre las acepciones y connotaciones de las voces que se usan, al mismo tiempo, como sustantivos y adjetivos (Véase el ejemplo *indicador* de la pág. 139). Vale más subdividir la correspondiente entrada y poner, por ejemplo: **1.** *s/m* .....; **2.** *adj.* e indicar lo que significa el sustantivo. Otro ejemplo: El DRAE (21ª ed.) dice en el artículo *segador*:

«**segador**. (Del lat. *secator,-oris) m.* El que siega [...]»;

---

177 Véanse ejemplos en Seco 1995 a.

remitiendo, pues al verbo *segar*. Sobre éste encontramos:

> «**segar**. (Del lat. *secare*, cortar) *tr.* Cortar mieses o hierba con la hoz, la guadaña o cualquier máquina a propósito. || **2.** Cortar de cualquier manera, y especialmente lo que sobresale o está más alto. SEGAR *la cabeza, el cuello.* || **3.** *fig.* Cortar, interrumpir algo de forma violenta y brusca.»

Con esto el usuario no se entera si «el que siega» se refiere sólo a la primera acepción del verbo o también a la 2ª y la 3ª.

En España, el DRAE ha sido y es un factor inhibidor de otras actividades lexicográficas. En el siglo XIX, muchos, probablemente todos los autores de diccionarios aprovecharon sus materiales, pero en los prólogos de sus obras destacan en qué se distinguen del diccionario académico[178] y se nota algún esfuerzo para diferenciarse de éste.

En el siglo XX, hay unos cien diccionarios generales monolingües del español de más de 500 páginas. La inmensa mayoría de ellos han sacado sus materiales léxicos del DRAE, con muchas supresiones (de arcaísmos y voces desusadas), algunos añadidos y, en no pocos casos, reduciendo las definiciones, con lo cual éstas se entienden menos. Para los editores ha sido y, en muchos casos, sigue siendo más cómodo y más barato saquear el DRAE que hacer diccionarios de nueva planta con un corpus nuevo. En muchos diccionarios españoles monolingües, las definiciones se han tomado literalmente del diccionario académico. Entre las obras que destacan por cierta independencia del DRAE hay que citar el *Pequeño Larousse Ilustrado* (1ª ed. 1913)[179], y el *Diccionario general ilustrado de la lengua española VOX* (1ª ed. 1945)[180]. Este último dio acogida a más palabras que el diccionario académico, sus definiciones, durante mucho tiempo aún idénticas o similares a las del DRAE, se han mejorado considerablemente en los últimos años e independizado del DRAE, cuya huella, sin embargo, aún no se ha borrado del todo.

El DRAE es, con todas sus deficiencias, un factor importante para la conservación de la unidad de la lengua española y el mantenimiento de su sistema ortográfico. Si bien hay diferencias fonéticas, morfosintácticas y sobre todo léxicas entre las variantes del español de cada uno de los 20 países hispanohablantes, el elemento que más garantiza la unidad de la lengua es la unidad ortográfica a cuyo mantenimiento contribuye mucho el Diccionario académico.

A diferencia del Diccionario de la Academia francesa, que no tiene prestigio ni influye en la vida pública, el DRAE tiene una resonancia notable en los países hispanohablantes.

Con todos sus defectos, que hemos comentado ampliamente, el Diccionario académico da una norma común generalmente respetada, con lo cual presta un servicio inestimable a todos los hispanohablantes.

---

[178] Sobre este tema véase pág. 175.

[179] Véase 3.2.2.2.

[180] Véase 3.2.2.2.

247 **cachafaz — cacho**

cachafaz. adj. *Amér. Merid.* Pícaro, desvergonzado.

cachalote. m. Cetáceo que vive en los mares templados y tropicales, de 15 a 20 metros de largo, de cabeza muy gruesa y larga, con más de 20 dientes cónicos en la mandíbula inferior y otros tantos agujeros en la superior, para alojarlos cuando cierra la boca. De la parte dorsal de su cabeza se extrae una sustancia grasa llamada esperma de ballena, y de su intestino se saca el ámbar gris.

cachamarín. m. **cachemarín.**

cachanlagua. (Del araucano *cachanlahuen.*) f. **canchalagua.**

cachano. m. fam. El diablo. ‖ **llamar a Cachano** o **llamar a Cachano con dos tejas.** fr. fig. y fam. Pedir auxilio inútilmente.

cachapa. f. *Venez.* Pan hecho con masa de maíz tierno molido, leche, sal, papelón o azúcar; se prepara en forma de bollo envuelto en la hoja de la mazorca y hervido, o cocido y a manera de torta.

cachapera. f. *Vallad.* Choza hecha de ramaje.

cachar^{1}. tr. Hacer cachos o pedazos una cosa. ‖ **2.** Partir o rajar madera en el sentido de las fibras. ‖ **3.** Arar una tierra alomada llevando la reja por el medio de cada uno de los lomos, de modo que estos queden abiertos.

cachar^{2}. (De *cacha^{2}.*) tr. *Ast., Amér. Central, Col.* y *Chile.* **cornear,** dar cornadas.

cachar^{3}. tr. vulg. *Argent., Nicar.* y *Urug.* Agarrar, asir, coger. ‖ **2.** *Amér. Central.* Hurtar. ‖ **3.** fig. y fam. *Argent.* y *Chile.* Sorprender a alguien, descubrirle. ‖ **4.** *Chile.* Sospechar. ‖ **5.** fig. y fam. *Argent., C. Rica, Ecuad., Par.* y *Urug.* Burlarse de una persona, hacerla objeto de una broma, tomarle el pelo.

cachar^{4}. (Del ing. *to catch.*) tr. *Amér. Central, Col., El Salv.* y *Venez.* En algunos juegos, coger al vuelo una pelota que un jugador lanza a otro. ‖ **2.** *Amér. Central, Col., El Salv.* y *Venez.* Por ext., agarrar cualquier objeto pequeño que una persona arroja por el aire a otra.

cacharpari. (Del m. or. que *cacharpas.*) m. *Perú.* Convite que por despedida se ofrece al que va a emprender un viaje. ‖ **2.** *Perú.* Baile que se celebra con este motivo.

cacharpas. (Del quechua *cacharpayani,* despachar, aviar al caminante.) f. pl. *Amér. Merid.* Trebejos, trastos de poco valor.

cacharpaya. f. *N.* de la *Argent.* Fiesta con que se despide al carnaval y, en ocasiones, al viajero.

cacharrería. (De *cacharrero.*) f. Tienda de cacharros o loza ordinaria.

cacharrero, ra. m. y f. Persona que vende cacharros o loza ordinaria.

cacharro. (De *cacho^{1}.*) m. Vasija tosca. ‖ **2.** Pedazo de ella en que se puede echar alguna cosa. ‖ **3.** fam. Aparato viejo, deteriorado o que funciona mal. ‖ **4.** Vasija o recipiente para usos culinarios.

cachava. f. Juego de niños, que consiste en hacer entrar con un palo una pelota en hoyuelos abiertos en la tierra a cierta distancia unos de otros. ‖ **2.** Palo que sirve para este juego. ‖ **3. cayado,** palo o bastón curvado en la parte superior.

cachavazo. m. Golpe dado con la cachava.

cachavo. m. **cachava,** cayado.

cachaza. f. fam. Lentitud y sosiego en el modo de hablar o de obrar; flema, frialdad de ánimo. ‖ **2.** Aguardiente de melaza de caña. ‖ **3.** Espumas e impurezas que sobrenadan en el jugo de la caña de azúcar al someterlo a la acción del fuego. ‖ **4.** *Col.* Espuma de cualquier cocimiento. ‖ **5.** *Col.* Espuma que suele producir el caballo al tascar el freno y la que se forma en los bordes de la gualdrapa o alfombra de la caballerías cuando sudan copiosamente. ‖ **6.** *Col.* Espuma que queda al sacar la fibra del fique. ‖ **7.** *Col.* y *Ecuad.* Desvergüenza, descaro.

cachazudo, da. adj. Que tiene cachaza. Apl. a pers., ú. t. c. s. ‖ **2.** m. *Cuba.* Cusano de unos cuatro centímetros de longitud y de cabeza negra y dura. Es muy perjudicial para los tabacales, porque roe de noche las hojas y el tallo del tabaco.

cachear. (Del gall. *cachear.*) tr. Registrar a alguien para saber si oculta objetos prohibidos como armas, drogas, etc.

cachelos. (De *cacho^{1}.*) m. pl. *Gal.* Trozos de patata cocida que se sirven acompañando a carne o pescado.

cachemarín. m. **quechemarín.**

cachemir. (De n. p. *Kashmir, Cachemira,* país al oeste del Himalaya.) m. Tejido de pelo de cabra mezclado, a veces, con lana.

cachemira. f. **cachemir.**

cacheo^{1}. m. Acción y efecto de cachear.

cacheo^{2}. m. *Sto. Dom.* Palma de cuya médula se prepara una bebida fermentada. ‖ **2.** *Sto. Dom.* Bebida que se saca de esta palma.

cachera. (Del ar. *qitra,* corteza, vestido.) f. Ropa de lana muy tosca y de pelo largo.

cacheta. f. **gacheta^{2}.**

cachetada. (De *cachete.*) f. **bofetada.**

cachete. (Del lat. *capŭlus,* puño.) m. Golpe que con la palma de la mano se da en la cabeza o en la cara. ‖ **2.** Carrillo de la cara, y especialmente el abultado. ‖ **3. cachetero,** puñal. ‖ **4.** *And.* y *Chile.* **cacha^{1},** nalga. ‖ **5.** fig. *P. Rico.* Disfrute gratuito de algo. ‖ **de cachete.** loc. adv. Gratis, a costa de otro.

cachetear. tr. *And.* y *Amér.* Golpear a alguien en la cara con la mano abierta. ‖ **2.** prnl. fam. *Chile.* Comer en abundancia y a gusto.

cachetero. (De *cachete.*) m. Especie de puñal corto y agudo que antiguamente usaban los malhechores. ‖ **2.** Puñal de forma semejante con que se remata a las reses. ‖ **3.** Torero que remata al toro con este instrumento. ‖ **4.** Hombre que mata con el puñal **cachetero.** ‖ **5.** fig. y fam. El postrero entre los que causan un daño a una persona o cosa.

cachetina. f. Riña a cachetes. ‖ **2.** Azotaina, tunda.

cachetón, na. adj. *Col., Chile, Ecuad., Guat., Méj., Pan., Perú, P. Rico* y *Venez.* **cachetudo.** ‖ **2.** fig. y fam. *Chile.* Farsante.

cachetudo, da. (De *cachete.*) adj. **carrilludo.**

cachicamo. (De or. tamanaco.) m. *Amér.* **armadillo.**

cachicán. m. **capataz** de una hacienda de labranza. ‖ **2.** fig. y fam. Hombre astuto, diestro. Ú. t. c. adj.

cachicuerno, na. adj. Aplícase al cuchillo u otra arma que tiene las cachas o mango de cuerno.

cachidiablo. (Del it. *cacciadiàvoli,* exorcista, que expulsa los diablos.) m. fam. El que se viste de botarga, imitando la figura con que suele pintarse al diablo.

cachifollar. (De *cachi-* y *afollar.*) tr. fam. Dejar a alguien deslucido y humillado. ‖ **2.** Estropear.

cachigordete, ta. adj. fam. d. de **cachigordo.**

cachigordo, da. (De *cachi-* y *gordo.*) adj. fam. Dícese de la persona pequeña y gorda.

cachila. f. *Argent.* y *Urug.* Pájaro pequeño de color pardo y vuelo acrobático, que anida en cuevas que hace en la tierra.

cachillada. (Del lat. *catŭlus,* cachorrillo.) f. **lechigada** de un parto.

cachimán. m. Zaquizamí, hueco o lugar en una casa donde se guardan objetos de diversas naturalezas.

cachimba. (Del port. *cacimba,* y este del bantú *cazimba.*) f. **cachimbo,** pipa^{1} para fumar. ‖ **2.** rur. p. us. *Argent.* **cacimba,** hoyo para captar agua potable.

cachimbo. (De *cachimba.*) m. *Amér.* **pipa^{1}** para fumar. ‖ **2.** *Col.* **búcare,** árbol. ‖ **3.** despect. *Perú.* Guardia nacional. ‖ **4.** *Perú.* Músico de banda militar o pueblerina. ‖ **5.** *Perú.* Estudiante de enseñanza superior que cursa el primer año. ‖ **chupar cachimbo.** fr. *Venez.* Fumar en pipa. ‖ **2.** fam. *Venez.* Chuparse el niño, durante la lactancia, algún dedo de la mano.

cachipodar. (Del lat. *caput putāre,* podar la cabeza.) tr. Podar las ramas pequeñas y encimeras de un árbol.

cachipolla. f. Insecto de unos dos centímetros de largo, de color ceniciento, con manchas oscuras en las alas y tres cerdas en la parte posterior del cuerpo. Habita en las orillas del agua y apenas vive un día.

cachiporra. (De *cachi-* y *porra.*) f. Palo enterizo que termina en una bola o cabeza abultada. ‖ **2.** adj. *Chile.* Farsante, vanidoso.

cachiporrazo. m. Golpe dado con una cachiporra u otro instrumento parecido.

cachiporrearse. (De *cachiporra,* vanidoso.) prnl. *Chile.* Jactarse, alabarse de alguna cosa.

cachiquel. adj. Aplícase a una parcialidad indígena que habita el oriente de Guatemala. Ú. t. c. s. ‖ **2.** Perteneciente o relativo a estos indios y su idioma. ‖ **3.** m. Lengua que habla este grupo de la familia maya.

cachirla. f. *Argent.* y *Urug.* **cachila.**

cachirolada. f. *And.* Porción de comida que cabe en una cacerola.

cachirulo. (Del lat. *capsŭla.*) m. Vasija de vidrio, barro u hojalata en que se suele guardar el aguardiente u otros licores. ‖ **2.** Embarcación muy pequeña de tres palos con velas al tercio. ‖ **3.** Adorno que las mujeres usaban en la cabeza a fines del siglo XVIII. ‖ **4. moña^{2}** que se pone al toro de lidia. ‖ **5.** En estilo bajo, **cortejo,** persona que tiene relaciones amorosas, y especialmente ilícitas. ‖ **6.** *And.* Vasija ordinaria y pequeña. ‖ **7.** *Ar.* Pañuelo que, en el atuendo típico aragonés, llevan los hombres atado a la cabeza. ‖ **8.** *Val.* **cometa,** juguete que se eleva en el aire. ‖ **9.** *Méj.* Forro de paño o de gamuza que se pone al pantalón por la parte interior de los muslos y el asiento, y que se usa especialmente para montar o, en general, parche o remiendo.

cachivache. m. despect. Vasija, utensilio, trebejo. Ú. m. en pl. ‖ **2.** despect. Cosa de este género, rota o arrinconada por inútil. Ú. m. en pl. ‖ **3.** fig. y fam. Hombre ridículo, embustero e inútil.

cachizo. adj. V. **madero cachizo.** Ú. t. c. s.

cacho^{1}. (Del lat. *capŭlus,* de *capĕre,* coger.) m. Pedazo pequeño de alguna cosa, y más especialmente el del pan. ‖ **2.** Juego de naipes que se juega con media baraja, repartiendo a cada jugador tres cartas; cuando llegan a ligarse las tres de un palo se forma el **cacho,** y se llama **cacho mayor** el conjunto de tres reyes. ‖ **3.** *Argent., Par.* y *Urug.* Racimo de bananas.

cacho^{2}. (Del lat. *catŭlus,* animal pequeño.) m. Pez teleósteo, fisóstomo, de 15 a 20 centímetros de largo, comprimido, de color oscuro y con la cola mellada y de color blanquecino como las aletas. Es muy común en ríos caudalosos.

cacho^{3}. m. *Amér.* **cuerno** de animal. ‖ **2.** *Chile* y *Guat.* Cuerna o aliara. ‖ **3.** *Chile.* Maula; objeto inservible. ‖ **4.** *Bol., Col., Chile, Ecuad.* y *Perú.* Cubilete. ‖ **5.** *Ecuad.* Chascarrillo, generalmente obsceno.

Diccionario de la Real Academia Española. 21.ª ed. Madrid, 1992

En los últimos años la Academia ha expresado claramente su voluntad de modernizar su metodología lexicográfica y sus instrumentos de trabajo. Ya hemos aludido a la creación de una base de datos que recogerá 200 millones de unidades léxicas del español actual, llamada *Corpus de Referencia del Español Actual* (CREA) que será una herramienta de trabajo muy valiosa. Todo ello nos hace abrigar la esperanza de que, en un futuro no demasiado lejano, el actual DRAE será sustituido por un diccionario de nueva planta realizado según los principios de la lexicografía moderna.

3.4.1.4.3. El Diccionario manual e ilustrado de la Academia

La Academia ha ido publicando desde 1927, junto al DRAE, otro diccionario cuya existencia muchas personas ignoran, aunque para ellas podría incluso resultar más útil que aquél precisamente por no tener los defectos del diccionario grande que se han comentado en 3.4.1.4.2. Se trata de:
Real Academia Española: *Diccionario manual e ilustrado de la lengua española*[181]. 1ª ed. 1927; 2ª ed. 1950; 3ª ed. en 6 vols. 1983-1985; 4ª ed. 1989[182].
La obra contiene el léxico del DRAE, pero afortunadamente sin las palabras que llevan la marca de anticuadas o desusadas[183], pero además ofrece muchos neologismos, extranjerismos, americanismos y tecnicismos que no figuran en el diccionario grande porque la Academia no ha querido darles acogida hasta hoy. Otros rasgos que distinguen el Diccionario manual del DRAE son:

1. No da etimologías.
2. Indica la conjugación de los verbos irregulares.
3. Tiene ilustraciones en color tanto individuales como colectivas.
4. Registra voces jergales.
5. Gracias a su tamaño reducido, es más manejable que el DRAE.

En resumen: un buen diccionario que refleja mucho mejor la realidad de la lengua de hoy que su hermano mayor, el DRAE.

3.4.1.5. *Otros diccionarios monolingües*

Siglo XVIII

El prestigio del *Diccionario académico* fue tan grande que en el siglo XVIII ningún autor publicó otro diccionario general monolingüe[184], con una excep-

---

181 Sobre el *Diccionario manual*, véanse Seco 1993, sobre los americanismos que registra: Werner 1984 a.

182 El coordinador de la 3ª y 4ª ed. fue Alonso Zamora Vicente, que tuvo como colaboradores a María Josefa Canellada y Guadalupe Galán para ambas ediciones y a José María Martín para la 3ª ed.

183 Si cierto número de voces anticuadas o desusadas figuran en el *Diccionario manual* es porque en el DRAE no llevaban la correspondiente marca.

184 En cambio, se seguían publicando diccionarios bilingües.

ción: el *Diccionario castellano con las voces de ciencias y artes* de Esteban de Terreros y Pando, 4 t., obra póstuma (Madrid 1786-1793; ed. facsímil con una presentación de Manuel Alvar Ezquerra, ed. Arco-Libros, Madrid, 4 t., 1987). Es un excelente diccionario de la lengua común, muy completo, que registra además muchos tecnicismos y ofrece los equivalentes franceses, latinos e italianos de la mayor parte de los lemas y, en el tomo IV, tiene tres índices que permiten llegar desde las voces en las mencionadas lenguas a su equivalente castellano.

Siglo XIX

En el siglo XIX[185] se publicaron numerosos diccionarios generales monolingües. Por un lado, los editores privados querían participar en el negocio de los diccionarios; por otro lado, el Diccionario académico, con su selección restrictiva del léxico, a ciertos autores, les parecía demasiado conservador y purista. Los diccionaristas aprovecharon sus materiales, pero algunos añadieron muchos materiales nuevos. Por eso, algunos diccionarios generales significaban un progreso frente al *Diccionario académico,* especialmente los de Vicente Salvá y Ramón Joaquín Domínguez. Los diccionarios generales monolingües más importantes del siglo XIX, son:

- M. Nuñez de Taboada: *Diccionario de la lengua castellana, para cuya composición se han consultado los mejores vocabularios de esta lengua y el de la Real Academia Española últimamente publicado en 1822; aumentado con más de 5000 voces o artículos que no se hallan en ninguno de ellos.* 2 vols. París 1825 (ofrece más léxico que el DRAE).
- Cristóbal Pla y Torres: *Diccionario de la lengua castellana.* Madrid 1826. Nueva edición: Gerona 1844 (sin originalidad, basado en el DRAE).
- Juan de Peñalver: *Panléxico. Diccionario universal de la lengua castellana [...]* 3 vols. Madrid 1842-1845 (El vol. I es el diccionario definitorio).
- Vicente Salvá: *Nuevo Diccionario de la Lengua Castellana.* París 1ª ed. 1846, 2ª ed. 1847 (numerosas reimpresiones póstumas). Después de la muerte del autor se publicó un *Suplemento al diccionario de la lengua castellana* (París, 1854).
- Ramón Joaquín Domínguez: *Diccionario nacional, o gran diccionario clásico de la lengua española,* t. I Madrid 1846, t. II Madrid 1847 (numerosas reimpresiones con suplementos; uno de los diccionarios más vendidos del siglo XIX)[186]
- Ramón Joaquín Domínguez: *Compendio del diccionario nacional de la lengua española.* Madrid 1852 (otras ediciones 1881 y 1887).
- José Caballero/ Cipriano de Arnedo: *Diccionario general de la lengua castellana.* 1ª ed. Madrid 1849; 2ª ed. (dir. por Caballero) Madrid 1852; 9ª ed. Madrid 1865.

---

[185] Sobre la lexicografía no académica del siglo XIX, véase Seco 1987 a.

[186] Sobre la obra de Domínguez, véanse Seco 1983 y Seco 1987 c.

- Ramón Campuzano: *Novísimo diccionario de la lengua castellana*. 2 vols., Madrid 1857 (el primer diccionario español que tiene ilustraciones).

Hacia mediados del siglo XIX se produce una bifurcación en el camino de la lexicografía general con el nacimiento de los diccionarios enciclopédicos, un tipo mixto de obra lingüística-enciclopédica que hemos comentado ya[187].

La primera obra de este género que lleva este nombre es:

- Eduardo Chao (dir.): *Diccionario enciclopédico de la lengua española, con todas las voces, frases, refranes y locuciones usadas en España y las Américas españolas*. 2 vols. Madrid 1853-1855 (Ver pág. 48)

Se puede afirmar que la lexicografía monolingüe del español hizo progresos en el siglo XIX: criterio más liberal y menos purista en cuanto a la selección del léxico (en los diccionarios no académicos), creación de un nuevo tipo de diccionario: el enciclopédico e introducción de ilustraciones en los diccionarios.

Siglo XX[188]

Frente a los logros de la lexicografía española monolingüe del siglo XIX, la de la primera mitad del siglo XX, con poquísimas excepciones, parece más estéril y más pálida. Por lo visto, el interés de los editores se orientó más hacia la lexicografía enciclopédica que cuenta con una producción abundante y, por lo general, de buena calidad.

Hasta 1960, los diccionarios de la lengua carecen de originalidad. Como ya se destacó, hubo unas pocas excepciones:

- *Pequeño Larousse Ilustrado*, 1ª ed. París 1912, dirigida por Miguel de Toro y Gisbert, desde 1964 por Ramón García-Pelayo y Gross. Numerosas ediciones, la última, dirigida por María José Sarto, Larousse-Planeta, Barcelona lleva fecha de 1997, pero ya se publicó en 1996. Sobre la caracterización de la obra, véase 3.2.2.2. y 3.4.1.2.

Recordemos tan sólo algunos de sus méritos: criterio liberal en la selección del léxico: lengua hablada y tecnicismos, americanismos, no dialectalismos ni voces anticuadas, ejemplos (aunque un poco cortos) en muchas entradas, sinónimos y antónimos, ilustraciones (en la última edición todas en color). En cambio, hay pocas indicaciones gramaticales (por ej. falta la indicación del régimen preposicional y otros elementos sintagmáticos). En resumen una obra muy útil, teniendo en cuenta también la segunda parte (enciclopédica) de nombres propios[189].

- *El Diccionario general e ilustrado de la lengua española* VOX, 1ª ed. (dirigida por Samuel Gili Gaya) Barcelona 1945, tenía aún algunos puntos flacos que se superaron en la 2ª ed. de 1953; 3ª ed. 1973; la 4ª ed. de 1980 es una simple reimpresión de la 3ª. La nueva ed. de 1987, dirigida por Manuel Alvar Ezquerra,

---

187 Véase 3.2.2.2.

188 Algunos de los diccionarios publicados en el siglo XX se han comentado ya. Para la comodidad del lector recordaremos algunos de sus rasgos esenciales.

189 Véase 3.2.2.2.

billo y que cubre la planta y los dedos del pie: *el agricultor lleva las abarcas llenas de barro.* ⇒ **albarca.**

a·bar·car |aβarkár| **1** ***tr.*** [algo, a alguien] Rodea[r] con los brazos: *mi primo está tan gordo, que no l[o] puedo ~.* **2** *fig.* [algo] Contener, comprender [u] ocupar: *el último capítulo de ese libro abarca tr[es] siglos.* ⇒ **englobar. 3** *fig.* Tomar como carg[o] muchas personas o cosas a un tiempo: *mi pues[to] de dirección abarca demasiadas especialidades.* **- 4** ***tr.-prnl.*** [algo] Alcanzar con la vista: *des[de] aquel cerro se abarca toda la provincia.* ■ **quien mucho abarca, poco aprieta,** indica que no es posible hacer bien muchas cosas a la vez: *no ha conseguido aprobar el curso, estudia y trabaja, y ya [se] sabe, quien mucho abarca, poco aprieta.*

a·bar·qui·llar |aβarkiʎár| ***tr.-prnl.*** [algo] Toma[r] o hacer tomar una forma curva, especialmente u[n] cuerpo ancho y delgado: *la humedad ha abarqui[llado] la madera; la tabla se puede ~ si está en conta[cto] con el agua.*

a·ba·rran·car |aβar̄aŋkár| **1** ***tr.-prnl.*** [algo, a al[guien]] Meter o caer en un *barranco: *dos burros [se] abarrancaron cerca del pueblo.* **- 2** ***intr.-prnl.*** MA[R] [en un lugar] Dar una embarcación en arena o pie[dras] quedando sin movimiento: *quisimos llegar ta[n] cerca de la playa, que la barca abarrancó.* ⇒ **encallar. - 3** ***tr.-prnl.*** *fig.* [a alguien] Meter o caer e[n] una situación difícil: *el hijo gastaba tanto dinero, qu[e] abarrancó a sus padres.* Se conjuga como 1.

a·ba·rro·tar |aβar̄otár| ***tr.*** [algo] Llenar por com[pleto], especialmente un espacio o un lugar: *mil[es] de personas abarrotaban el estadio; el libro está aba[rrotado] de errores.*

a·bas·te·ce·dor, do·ra |aβasteθeðór, ðór[a]| ***adj.-s.*** (persona, empresa) Que da o pone al al[cance] una cosa necesaria: *llamó a la empresa abas[tecedora] para pedir que le llenaran el depósito de c[om]burante de la calefacción.*

a·bas·te·cer |aβasteθér| ***tr.-prnl.*** [algo, a al[guien]] Dar, llevar o poner al alcance, especia[l]mente una cosa necesaria: *el nuevo canal abastecerá de agua todo el pueblo.* ⇒ **proveer, suministrar, surtir.** ⇔ **desabastecer.** Se conjuga como 43.

ABARCA

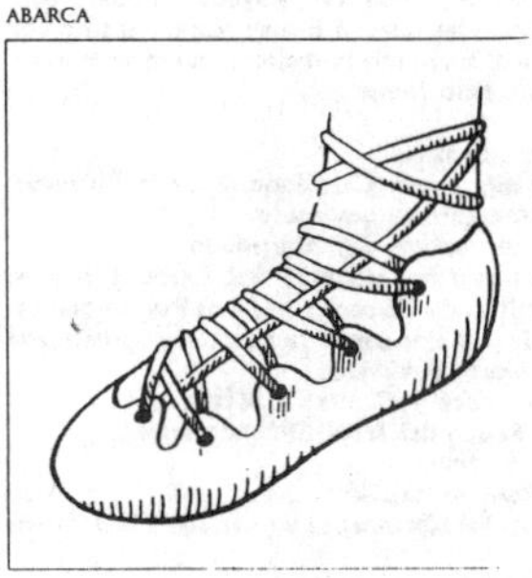

a·bas·te·ci·mien·to |aβasteθimiénto| ***m.*** Acción y resultado de *abastecer: *hubo muchas dificultades para el ~ de alimentos.*

a·bas·to |aβásto| ***m.*** Conjunto de cosas necesarias, especialmente de alimentos: *voy a comprar al mercado de abastos.* ■ **no dar ~,** no poder hacer una cosa; no poder terminar lo que se está haciendo: *el profesor no da ~ para corregir tantos ejercicios.*

a·ba·ta·nar·se |aβatanárse| ***prnl.*** Quedarse aplastado un tejido de lana al ser lavado: *el chaleco de lana se me ha abatanado porque lo he lavado con agua muy caliente.* ⇒ **apelmazar.**

a·ba·ti·ble |aβatíβle| ***adj.*** (mueble) Que se puede colocar en posición horizontal o vertical: *tienen una cama ~ para aprovechar mejor el espacio.*

a·ba·ti· do, da |aβatíðo, ða| ***adj.*** (persona) Que ha perdido la energía, la fuerza o el ánimo: *está muy ~ desde que ha perdido el trabajo.* Es el participio de *abatir.*

a·ba·ti·mien·to |aβatimiénto| ***m.*** *fig.* Falta de energía, de fuerza o de ánimo: *no sabemos qué hacer para animarlo y sacarlo de este ~.*

a·ba·tir |aβatír| **1** ***tr*** [algo, a alguien] Derribar o tirar al suelo: *los cañones abatieron tres bombarderos enemigos.* **2** [algo] Inclinar o colocar en posición horizontal: *ayúdame a ~ la cama plegable.* **- 3** ***tr.-prnl.*** *fig.* Sentir o producir tristeza; perder o hacer perder la energía, la fuerza o el ánimo: *la noticia nos ha abatido mucho.* ⇒ **consternar.**

ab·di·ca·ción |aᵇðikaθión| **1** ***f.*** Renuncia a un cargo o a un derecho en favor de otra persona: *la ~ del rey ha preocupado a todos los ciudadanos.* **2** Documento en el que se renuncia a un cargo o a un derecho en favor de otra persona: *el rey ya ha firmado la ~ en favor de su hijo.*

ab·di·car |aᵇðikár| **1** ***tr.-intr.*** [algo; en alguien] Renunciar a un cargo o a un derecho en favor de otra persona: *la reina abdicó la corona en su hijo.* **- 2** ***intr.*** [de algo] Dejar o abandonar, generalmente una opinión o una creencia: *el presidente abdicó de sus principios.* Se conjuga como 1.

ab·do·men |aᵇðómen| **1** ***m.*** Parte del cuerpo comprendida entre el pecho y las extremidades inferiores: *en el ~ tenemos los intestinos.* ⇒ **barriga, estómago, panza, tripa, vientre. 2** ZOOL Parte posterior del cuerpo de los insectos y de otros animales: *las abejas tienen el aguijón en el extremo del ~.*

ab·do·mi·nal |aᵇðominál| **1** ***adj.*** Del *abdomen o que tiene relación con él: *me ha dado un dolor ~ al agacharme.* **- 2** ***adj.-m.*** DEP (ejercicio) Que se hace para poner más fuertes los músculos del *abdomen: *en el gimnasio hacemos quince abdominales en un minuto.*

ab·duc·ción |aᵇduᵏθión| ***f.*** *form.* Movimiento por el cual un miembro o un órgano se aleja del eje central del cuerpo: *si levantas el brazo lateralmente realizas una ~.* ⇒ **aducción**

ab·duc·tor |aᵇduᵏtór| ***adj.-m.*** *form.* (múscu[lo]) Que sirve para hacer los movimientos que se[pa]ran un miembro del eje central del cuerpo: *el [co]rredor tiene un fuerte dolor en los abductores de [las] piernas.* ⇒ **aductor.**

a·be·cé |aβeθé| **1** ***m.*** Serie ordenada de las let[ras] de un idioma: *los niños ya han aprendido el [~].* ⇒ **abecedario, alfabeto. 2** *fig.* Conjunto de [co]nocimientos básicos de cualquier ciencia o t[éc]nica: *este libro te explica el ~ de la física; el ~ d[e la] alfarería dice que hay que conocer bien el barro co[n] que se trabaja.*

a·be·ce·da·rio |aβeθeðário| **1** ***m.*** Serie or[de]nada de las letras de un idioma: *conozco de mem[oria] el ~ de varias lenguas.* ⇒ **abecé, alfabeto. 2** Pa[pel] o libro pequeño que sirve para enseñar y apr[en]der a leer: *este ~ tiene las letras muy grandes.*

a·be·dul |aβeðúl| **1** ***m.*** Árbol de corteza fina, y clara, de ramas flexibles y con las hojas peq[ue]ñas, ovaladas y con el borde en forma de sie[rra]: *el ~ crece en zonas frías y húmedas; el ~ puede m[edir] hasta 25 metros.* **2** Madera de ese árbol: *el [~ es] blanco y ligero.*

a·be·ja |aβéxa| **1** ***f.*** Insecto que produce la ce[ra y] la miel: *las abejas viven en colmenas;* ~ **maes[tra o] reina,** hembra que pone los huevos: *sólo hay [una] ~ maestra en cada comunidad; la ~ reina tien[e un] tamaño mucho mayor que las demás;* ~ **obr[era],** hembra que no puede poner huevos y que se [de]dica a fabricar la miel: *en cada colmena hay mu[chas] abejas obreras.* ⇒ **zángano. 2** *fig.* Persona [muy] trabajadora: *es una ~: nunca para de trabajar.*

a·be·ja·ru·co |aβexarúko| ***m.*** Pájaro de [color] marrón y amarillo en su parte superior y ver[de] azul en la inferior, de pico largo y curvado, [que] se alimenta especialmente de abejas y otro[s in]sectos: *las alas de los abejarucos son estrechas y [pun]tiagudas.* Para indicar el sexo se usa el ~ m[acho] y el ~ hembra.

a·be·jo·rro |aβexór̄o| **1** ***m.*** Insecto parecid[o a la] abeja pero de mayor tamaño, cubierto de ve[llo] que zumba mucho: *¡qué asco, hay un ~ revolo[tean]do en la sala!* **2** *fig.* Persona de conversació[n pe]sada y molesta: *no soporto a Juan porque es u[n ~].*

ABEJARUCO

Diccionario general e ilustrado de la Lengua Española VOX, Barcelona, 1987

de ideas reaccionarias. -7 *m. pl. Colomb.* Rizos que suelen hacerse las mujeres sobre la frente.

cachada *f.* Golpe seco dado con un trompo en la cabeza de otro trompo. 2 *Amér.* Cornada, golpe dado con el cacho o cuerno. 3 *Argent., Parag.* y *Urug.* Burla, mofa.
SIN. / **Coca.**

cachaderas *f. pl. Chile.* Intuición, perspicacia.

cachador, -ra *adj. Argent.* y *Parag.* Burlón, chancero.

cachafaz, -za (it. *caccifanni,* divertido, fresco) *adj. Argent.* y *Chile.* Pícaro, sinvergüenza.

cachafo *m. Méj.* Colilla de cigarro.

cachafú *m. S. Dom.* Fusil viejo y maltratado.

cachalandraco *adj. Colomb.* Andrajoso.

cachalonga *f.* Variedad del ópalo de color blanco brillante.

cachalote *m.* Mamífero cetáceo odontoceto de 15 a 20 m. de largo, cuya cabeza alcanza casi la tercera parte de la longitud total del cuerpo y lleva almacenada una enorme cantidad de grasa; de él se aprovechan esp. esta grasa y el ámbar gris que se recoge en su intestino *(Catodon macrocephalus).*

cachamarín *m.* Quechemarín.

cachamenta *f. Venez.* Cornamenta. 2 *Colomb.* Despedazamiento, destrucción general.

cachampa *f. Chile.* Pez parecido a la liza *(Mugil cephalus).*

cachanchán *m. Cuba.* Alcahuete, hombre de confianza.

cachanlagua *f.* Canchalagua.

cachano *m.* fam. El diablo.
FR. *Llamar a Cachano,* pedir o trabajar inútilmente.

cachaña *f. Chile.* Loro pequeño *(Microsittace ferruginea).* 2 *Chile.* Burla, mofa. Ús. esp. en la fr. *hacer ~,* por alusión a la habilidad con que esta ave hurta el cuerpo cuando la quieren pillar. 3 *Chile.* Pelea para apoderarse de algo. 4 *Chile.* Majadería, impertinencia, molestia.
SIN. / **Cata** o **catita.**

cachañar, cachañear *tr. Chile.* Hacer burla o cachaña [de alguien].

cachañero, -ra *adj. Chile.* Bromista.

cachapa *f. Venez.* Panecillo de maíz.

cachapear *tr. Venez.* Hacer desaparecer la marca original [de una res] para venderla como propia.

cachaquear *intr. Colomb.* Darlas de majo.

cachaquería *f. Colomb.* Majadería. 2 Generosidad.

I) cachar *tr.* Hacer cachos o pedazos [una cosa]. 2 Rajar [madera] en el sentido de las fibras. 3 Arar una tierra alomada abriendo [los lomos] con la reja. 4 *Amér.* Chasquear, engañar, burlar. 5 *Amér.* Acornear, dar con el cacho o cuerno. 6 *Amér.* Sorprender. 7 *Amér. Central.* Conseguir, obtener [algo]. 8 *Amér. Central* y *Urug.* Hurtar, robar. 9 *Argent.* Tomar, coger, asir. 10 *C. Rica* y *Ecuad.* Burlar, ridiculizar.

II) cachar (del ingl. *to catch*) *tr. Amér. Central, Colomb., Salv.* y *Venez.* En algunos juegos, coger al vuelo una pelota que un jugador lanza a otro. 2 p. ext. Agarrar cualquier objeto pequeño que una persona arroja por el aire a otra.

cachareto, -ta *adj. Colomb.* [animal] Que tiene una oreja caída, torcida o encogida.

cacharpari (quechua, despedida) *m. Perú.* Comida o agasajo que los amigos del que va a emprender un viaje le dan por despedida.

cacharpas (quechua) *f. pl. Amér.* Trastos, trebejos.

cacharpaya *f. Bol.* y *Perú.* Cacharpari.

cacharpearse (de *cacharpas*) *prnl. Chile.* Vestirse el lugareño con nuevas galas. 2 *Chile.* Adquirir poco a poco las cacharpas de una casa.

cacharpero *m. Chile.* El que vende cacharpas; chamarilero.

cacharrazo *m.* Golpe dado con un cacharro. 2 fig. *y* fam. Trompazo, porrazo, golpe violento. 3 *Amér.* Trago de licor fuerte.

cacharrear *tr. Amér. Central.* Encarcelar [a una persona].

cacharrería *f.* Establecimiento de cacharrero.

cacharrero, -ra *m. f.* Persona que tiene por oficio vender cacharros o loza ordinaria.

cacharro (de *cacho* I) *m.* Vasija tosca. 2 Pedazo útil de ella. 3 desp. Máquina, automóvil, etc., viejo o que funciona mal, en general. 4 fam. Cosa sin valor. 5 *Amér. Central.* Cárcel.

cachava *f.* Juego de niños que consiste en hacer entrar con un palo una pelota en ciertos hoyuelos abiertos en la tierra. 2 Palo para este juego. 3 Cayado (bastón corvo).

cachavazo *m.* Golpe dado con la cachava.

cachay *m. Perú.* Surco con declive inverso o cruzado que se labra en la falda de un cerro.

cachaza *f.* Lentitud, sosiego; flema. 2 Aguardiente de melaza. 3 Primera espuma del zumo de la caña cuando empieza a cocerse.
SIN. / v. **Apatía.**

cachazo *m. Amér.* Cachada, cornada.

cachazudo, -da *adj.-s.* [pers.] Que tiene cachaza. -2 *m. Cuba.* Gusano de dos pulgadas de largo, muy perjudicial para los tabacales.

cache *adj. Argent.* Mal arreglado o ataviado.

caché *m.* GALIC. Carácter propio de un determinado tipo de elegancia. 2 Contrato temporal para ciertas actuaciones ante el público. 3 Contraprestación económica por dichas actuaciones.

cachear *tr.* Registrar [a gente sospechosa] para quitarle las armas que pueda llevar ocultas. 2 *Chile.* Cachar, acornear.

cachelos *m. pl.* Guiso gallego, compuesto de trozos de carne o pescado, patatas y pimientos.

cachemarín *m.* Quechemarín.

cachemir *m.* Casimir; tejido de lana muy fino fabricado con una cabra de Cachemira.

cachemira *f.* Cachemir.

cachencho *m. Chile.* Persona bobalicona. -2 *interj. Chile. ¡Cachencho!* te engañé.

cacheo *m.* Acción de cachear. 2 *S. Dom.* Bebida fermentada que se prepara con la medula de una palma así llamada.

cachera (ár. *quixra,* vestido) *f.* Ropa de lana tosca y de pelo largo. 2 *Ar.* y *Cuen.* Madriguera. 3 *La Mancha.* Pocilga, cochiquera, gorrinera.

I) cachería (de *cacho*) *f. Amér.* Comercio o tienda al por menor.

II) cachería (de *cache*) *f. Argent.* Desarreglo, falta de gusto en el vestir.

cachero, -ra *adj. Salv.* Pedigüeño, ansioso. 2 *C. Rica* y *Venez.* Mentiroso, chancero.

cachet *m.* GALIC. Sello medicinal. 2 Carácter distintivo, gralte. de refinamiento o elegancia, que tiene una persona o cosa. 3 Cotización de un artista.

cacheta *f.* Gacheta (palanquita).

cachetada *f.* Bofetada.

cachetazo *m.* Cachete. 2 *Colomb., Guat.* y *P. Rico.* Cachetada, bofetada. 3 *Guat.* Trago de licor.

cachete (der. de l. *capulu,* puño) *m.* Golpe dado con la mano en la cabeza o en la cara. 2 Carrillo, esp. el abultado. 3 Cachetero (puntillero). 4 Golpe de muñeca que da el pescador al notar la picada para clavar el anzuelo en el pez. 5 *And.* y *Chile.* fig. Cacha, nalga. 6 *P. Rico.* fig. Disfrute gratuito de algo.

cachetear *tr.* Dar cachetes, acachetear. -2 *intr. Méj.* Mover la caballería la cabeza defendiéndose de la acción del freno. 3 *Chile.* fam. Comer en abundancia y a gusto.

cachetero (de *cachete*) *m.* Puñal corto y agudo. 2 Puñal o puntilla con que se remata a las reses. 3 El que remata al toro con este instrumento. 4 fam. El último en dañar a una misma persona o cosa. 5 *Colomb.* Peso fuerte.
SIN. *3* **Puntillero.**

cachetina *f.* Riña a cachetes.

cachetón, -tona *adj. Amér.* Carrilludo. 2 *Chile.* Soberbio, orgulloso. 3 *Méj.* Sinvergüenza, descarado.

cachetudo, -da (de *cachete*) *adj.* Carrilludo.

cachi (quechua, máscara o mojiganga) *m. Bol.* Agente de policía.

cachi- (prob. con influencia de *cacho,* pedazo) Prefijo que entra en la formación de palabras con la significación aproximada del adv. *casi*: *cachigordo, cachidiablo.*

cachibajo, -ja *adj. Logr.* y *Colomb.* Cabizbajo.

cachibú *m. Perú.* Resina del árbol *Calathea lutea.*

cachica *m. Cuba.* El diablo.

cachicamo *m. Amér.* Armadillo.

cachicán *m.* Capataz (de labranza). -2 *adj.-m.* fig. *y* fam. Hombre astuto.

cachicha *f. Hond.* Berrinche, enojo.

cachicuerno, -na *adj.* [arma] Que tiene las cachas de cuerno.

cachidiablo (*cachi-* + *diablo*) *m.* fam. El que se vestía de botarga, imitando la figura del diablo.

cachifa *f. Colomb.* Menores, o sea, clase tercera en los estudios de gramática.

cachiflín *m. C. Rica.* Cohete, buscapiés.

cachiflorear *tr. Colomb.* Florear, echar flores.

cachifo, -fa *m. f. Colomb.* y *Venez.* Menorista, y p. ext., muchacho jovencito.

cachifollar (*cachi-* + *afollar*) *tr.* fam. Dejar [a uno] deslucido y humillado.

M. Alvar Ezquerra: *Diccionario actual de la Lengua Española.* Barcelona, 1990.

abusivamente llamada «1ª ed.», se publicó en un formato bastante grande. De ésta apareció una reedición en 1995. Véase la muestra en la pág. 177.

Recordemos tan sólo algunos de sus rasgos: eliminación de muchas palabras anticuadas, incorporación de neologismos, americanismos (tiene más que la mayoría de los otros diccionarios), tecnicismos, barbarismos; microestructura bien ordenada; indicación de sinónimos, en algunos casos también de antónimos; cuadros gramaticales; indicación de la marcación de las palabras; ilustraciones colectivas. La obra tiene pocos elementos sintagmáticos (falta el régimen preposicional, colocaciones, etc.)[190].

Las definiciones, antes en muchos casos idénticas o muy similares a las del Diccionario académico, se han ido mejorando, si bien aún quedan definiciones idénticas o muy parecidas a las del DRAE. Un ejemplo: la entrada **mainel** (término de arquitectura) es absolutamente idéntica en el DRAE y en el DGILE:

mainel. n. *Arq*. Miembro arquitectónico largo y delgado, que divide un hueco en dos partes verticalmente.

Como diccionario definitorio (con ciertos rasgos de un diccionario de uso) es una de las obras más completas en cuanto al léxico registrado, bien ordenado en cuanto a su microestructura y de grata presentación tipográfica.

Entre los diccionarios definitorios actualmente disponibles es uno de los mejores, quizás el más útil. De este diccionario existe una versión abreviada:

- Manuel Alvar Ezquerra (dir.): *Diccionario manual ilustrado de la lengua española* VOX. Ed. Biblograf. Barcelona. Nueva ed. 1993 (ofrece algunos nombres compuestos y sintagmas lexicalizados en los artículos así como algunas, pocas, colocaciones, no indica el régimen preposicional, es esencialmente descifrador).

Del DGILE ha salido otro diccionario, que frente a la edición del DGILE de 1987 registra mucho más léxico que éste. En esta obra se han suprimido las ilustraciones:

- *Diccionario actual de la lengua española* (dirigido por Manuel Alvar Ezquerra). VOX Ed. Biblograf. Barcelona 1992. Ver pág. 178.
- *Diccionario manual e ilustrado de la lengua española* de la Real Academia Española, 1ª ed. 1927, 4ª ed. Madrid 1989. Esta obra merece ser mencionada aquí por los rasgos que lo distinguen del DRAE[191].
- Martín Alonso Pedraz: *Enciclopedia del idioma. Diccionario histórico y moderno de la lengua española (siglos XII al XX): etimológico, tecnológico, regional e hispanoamericano*, 3 vols. Madrid 1958, 2ª reimpr. 1982.

Ya se comentó que el título de la obra es inadecuado puesto que se trata de un diccionario de la lengua y no de una enciclopedia[192].

---

190 Véanse 3.4.1.2. y 3.4.1.3. Alvar Ezquerra 1982 a, pág. 187-197 y Alvar Ezquerra 1989 c.

191 Se ha comentado ya en 3.4.1.4.3.

192 Véase pág. 32. De hecho existe una enciclopedia del idioma, es decir, una obra enciclopédica que describe y explica los fenómenos lingüísticos: David Crystal: *The Cambridge Encyclopedia of Language*. Cambridge University Press, Cambridge 1994.

La obra ofrece una ampliación del léxico del DRAE debido al aprovechamiento de numerosas fuentes (diccionarios del español medieval y clásico, vocabularios dialectales, diccionarios de americanismos, repertorios de términos científico-técnicos). La redacción de las entradas deja que desear puesto que, como observa Manuel Seco:

> «[...] con frecuencia una acepción, dentro de un artículo, aparece formulada hasta cuatro veces con ligeras variantes formales, como si fuesen acepciones distintas, debido sólo a las diferentes fuentes utilizadas»[193].

Es el diccionario no enciclopédico más extenso del español que se ha publicado hasta ahora y registra, como lo indica su título, léxico del siglo XII al XX[194]. Debido a sus deficiencias metodológicas, se ha criticado mucho, pero hay que reconocer que, usado con cierta cautela, tiene su utilidad porque ahorra al usuario la consulta de muchas fuentes dispersas, muchas de ellas de difícil acceso o inaccesibles.

El mismo autor publicó otros diccionarios:

- Martín Alonso Pedraz: *Diccionario del español moderno*. Madrid 1966.

En la selección, la marcación y las definiciones, el autor parece haber aprovechado ampliamente el Diccionario académico. En parte, se han reducido las definiciones de éste, que, de esta manera, resultan muy escuetas.

La obra, bastante extensa, no da instrucciones para el usuario y no ofrece indicaciones gramaticales.

En resumen: sus definiciones y demás explicaciones son muy sumarias y claramente inferiores a las del DGILE o a las del Pequeño Larousse.

- Martín Alonso: *Diccionario compendiado del idioma español*. 1ª ed. Madrid 1961.

- María Moliner: *Diccionario de uso del español*. 2 vols. Gredos. Madrid. 1ª ed. 1966-67 (abreviado DUE). La aparición de esta monumental obra lexicográfica fue acogida con entusiasmo[195], si bien después de un examen detallado los especialistas se dieron cuenta de que tiene también algunos puntos flacos.

De todos modos es una de las aportaciones más valiosas y más originales a la lexicografía española del siglo XX. El caudal léxico registrado es más o menos el del Diccionario académico, como señala la autora, pero su metodología es totalmente diferente. La obra es uno de los pocos diccionarios españoles con una serie de innovaciones en la presentación y descripción del vocabulario registrado. Con sus ricos elementos paradigmáticos y sintagmáticos es a la vez un diccionario de recepción (pasivo) y un diccionario de producción (activo) que ofrece además una serie de informaciones complementarias, lo cual justifica el nombre de «diccionario de uso». Después del enunciado del lema, indica

---

[193] Seco 1987 a, pág. 199.

[194] Su léxico es casi el triple del registrado en el DRAE.

[195] Véase, por ejemplo, el artículo de Manuel Seco: «María Moliner, una obra, no un nombre»; en: *El País*. Madrid, 29 de mayo de 1981, pág. 36.

la etimología de la mayoría de las palabras. Con uso de letras diferentes distingue las voces más usuales de las poco usuales. Muchas definiciones son más claras que las del DRAE, otras se han tomado literalmente de él como, por ejemplo, la del verbo *manjolar*, término de cetrería:

DRAE: «**manjolar**. (de *mano* y *jaula*) tr. *Cetr.* Llevar el ave sujeta en jaula, en cesta o en la mano».

María Moliner: «**manjolar** (cetrería) Llevar el ave sujeta, en jaula, en cesta o en la mano».

El DUE da muchos sinónimos, antónimos, palabras afines, y ordena las palabras por familias, lo cual es muy interesante desde el punto de vista filológico y didáctico, pero para una consulta rápida por un usuario «normal», es un estorbo como me han confirmado muchos colegas y estudiantes.

Muy importantes son todas las indicaciones gramaticales de la obra: régimen preposicional, en muchos casos: usos de *ser* y *estar* en relación con un adjetivo (lo que no ofrece casi ningún diccionario monolingüe), etc. Se registran muchos nombres compuestos, sintagmas lexicalizados y modismos. Tiene extensos artículos explicativos sobre fenómenos gramaticales (por ej. *acento, gerundio*). Ha dado acogida a los nombres científicos de plantas y animales (por ejemplo, registra *Felis onca* (nombre zoológico), remitiendo a *jaguar*).

Es lo que algunos colegas han criticado por ser de escasa utilidad para el usuario común, pero no cabe duda de que para lexicógrafos y traductores es una ayuda valiosa. Utilísimas son las remisiones a otras palabras con la que una palabra registrada está relacionada. En el DUE hay pocos americanismos y prácticamente no hay neologismos. Tampoco registra palabras vulgares y jergales. Un gran inconveniente del DUE, al que nos hemos referido ya, es la falta de indicación de la categoría gramatical de las palabras registradas y del género de los sustantivos. La obra es esencialmente normativa. Muy útiles son también los ejemplos que da. La presentación tipográfica poco grata del DUE hace su manejo incómodo.No es una obra para una consulta rápida, pero sí un verdadero monumento de la lexicografía para el filólogo[196], el lingüista, el profesor de lengua, el traductor y para cualquier persona que tiene la paciencia de buscar información muy completa en un texto rico en datos, pero incómodo en el manejo. Del DUE no ha habido hasta ahora ninguna nueva edición, sino sólo reimpresiones, la última de 1991. Hay que esperar que los valiosos materiales que ofrece la obra se puedan aprovechar para una nueva edición, más manejable, mejor ordenada, con otra presentación tipográfica y enriquecida con neologismos, americanismos y coloquialismos.

Después del DUE de María Moliner, que ya es un diccionario de uso, muy completo, se publicaron algunos diccionarios escolares con un léxico más reducido:

- Antonio Ramos /Fernando Alonso: *Diccionario del lenguaje usual.* Madrid 1969, que representa el esfuerzo innovador de tener en cuenta, en un diccio-

---

196 Véanse Alvar Ezquerra 1983 a, págs. 215-228, Martín Zorraquino 1989, Pratt 1984, Seco 1979 b, Seco 1981, Steel 1971. En 1996 apareció una edición en CD-ROM de este diccionario.

nario escolar, elementos sintagmáticos y paradigmáticos a la vez. A este diccionario se remonta otro:

- E. Martínez (dir.): *Diccionario Santillana 2*. Madrid 1995, que tiene una estructura parecida, pero no registra modismos. La obra agrupa el léxico por familias de palabras.

Con las tres obras mencionadas se abrió el camino para diccionarios de uso (y/o de aprendizaje) y para una mayor atención a elementos paradigmáticos y sintagmáticos en los diccionarios generales.

Las dos obras que le siguieron se han comentado ya, se trata de diccionarios con una orientación esencialmente didáctica:

- Enrique Fontanillo Merino: (dir.): *Diccionario Anaya de la lengua española*. Anaya. Madrid 1ª ed. 1979; 2ª ed. 1980; la 3ª ed. de 1991 fue dirigida por G. Villanueva. La obra, esencialmente escolar, tiene una microestructura muy clara, indica etimologías, da informaciones sobre sinónimos, antónimos, homófonos y familias de palabras, registra modismos y tiene algunas notas de uso muy útiles, pero no da ejemplos. Es esencialmente paradigmática y no ofrece información sobre usos contextuales[197].

Las ilustraciones, muy útiles, de la 1ª ed., se sustituyeron por fotos en la tercera. De este diccionario existe una versión abreviada:

- *Diccionario básico de la lengua*. Anaya Madrid 1993, 8ª ed. 1995.

- Francisco Marsá (dir.): *Diccionario Planeta de la lengua española usual*. Planeta. Barcelona 1992. Igual que el *Diccionario Anaya*, el «Planeta» es un diccionario selectivo. No registra palabras o acepciones anticuadas, regionalismos, tecnicismos, pero sí muchas voces no registradas en el Diccionario académico y numerosos sintagmas fijos. Se encuentran en él pocos americanismos. Las definiciones son claras. El principal mérito de la obra estriba en ofrecer como ejemplos frases largas (inventadas) que dan un contexto suficiente y permiten deducir el régimen preposicional, colocaciones frecuentes de palabras, el uso reflexivo de verbos, etc.

Se ofrecen cuadros gramaticales muy útiles, por ejemplo, sobre las preposiciones. El «Planeta» tiene también ilustraciones. Sus aspectos negativos son: no da intrucciones para el usuario ni marcas lexicográficas (sobre la extensión geográfica, los niveles de lengua y connotaciones de palabras). Como ya se señaló, es un diccionario esencialmente sintagmático, por eso hay sólo poquísimos sinónimos. Es el diccionario indicado para quien busque ejemplos. Recordemos que existe una versión abreviada de este diccionario:

- Francisco Marsá (dir.): *Diccionario Planeta abreviado de la lengua española usual*. Planeta. Barcelona 1987. (En esta obra se han suprimido los ejem-

---

197 Véase también 3.3.4.7.

plos que son precisamente el elemento más valioso del *Diccionario Planeta* mayor.)

Si mencionamos estos diccionarios didácticos y de uso aquí es porque introdujeron elementos paradigmáticos y sintagmáticos en la lexicografía general del español.

- Aquilino Sánchez (dir.): *Gran Diccionario de la Lengua Española.* Madrid. 1ª ed. 1985; 8ª ed. 1995 (GDLE)[198].

Entre los grupos de destinatarios del GDLE que se citan en el prólogo, los extranjeros parecen ser el más importante. Para ellos, la obra ofrece dos tipos específicos de información: la transcripción fonética de cada lema (que no es necesaria como ya se señaló, salvo en pocos casos) y la separación silábica. Ambos tipos de información fueron criticados (por ejemplo, por Hernández 1992 y Seco 1979 b). La selección del léxico —eliminación de voces anticuadas y desusadas así como de muchos regionalismos, localismos y tecnicismos, incorporación de neologismos y coloquialismos y fraseologismos— parece acertada. La microestructura de la obra está bien organizada. Por lo general, se indica la construcción gramatical, especialmente el régimen preposicional, que a veces se da explícitamente, otras veces hay que deducirlo de los ejemplos. En ciertos artículos falta la indicación del régimen preposicional, por ejemplo en: *ávido (de), dispuesto (a, para)* (en cambio, aparece en *predispuesto, a,* falta en: *predisposición (a, para)*). A veces las explicaciones son muy escuetas y se han de deducir de los ejemplos, por ej. en: *verter en/a/sobre/de.* Como señala Saavedra 1985, la indicación del régimen falta sobre todo en sustantivos, por ejemplo: *candidato (a, para), derecho (de, a) respeto (a), tendencia (a).* Hay cierto número de colocaciones. Se señalan los verbos irregulares en las entradas. Además hay paradigmas de conjugación al final de la obra. El GDLE registra muchos sintagmas fijos, más que la mayoría de los otros diccionarios. En el artículo *cámara,* por ejemplo, aparecen 18. En parte se explica el uso de *ser* y *estar,* pero en parte falta (por ej. no figura *estar vivo*). Se ofrecen frases-ejemplo, aunque ni tantas ni tan largas como las del *Diccionario Planeta.* Se indican los adverbios en *-mente.* En ciertos casos, se echan de menos locuciones conjuntivas como *sin que.* Las marcas lexicográficas, por ej. *poético* son discutibles. Hay cierto número de observaciones («usage notes»). El GDLE no tiene ilustraciones. Para que la obra sea un verdadero diccionario de aprendizaje, le falta el uso de un vocabulario mínimo definidor. En resumen: una obra útil, bien concebida, pero mejorable en muchos detalles.

- *Gran Sopena. Diccionario ilustrado de la lengua española.* 3 vols. Ed. Sopena. Barcelona 1980.

Con sus tres mil páginas, la obra registra un caudal léxico inmenso, más o menos el doble de la edición anterior del *Diccionario de la Real Academia*

[198] Sobre esta obra véanse: Hernández 1992, Saavedra 1985 y Seco 1979 b.

baffle[2] *n tech* a board, sheet of metal, etc., that controls the flow of air, water, or sound into or out of an enclosed space

bag[1] /bæg/ *n* **1 a** a container made of soft material which usu. opens at the top: *a shopping bag|a golf bag|a paper|polythene bag* **b** a small bag used esp. by a woman for her personal things; HANDBAG: *Don't leave your bag in the office when you go to lunch.* **c** a bag used by someone travelling; piece of LUGGAGE: *to pack one's bags* —see picture at CONTAINER **2** [(**of**)] also **bag·ful** /-fʊl/ (*pl.* **bagfuls, bagsful**)— the amount a bag will hold: *a bag of sweets|two bags of rice* **3** *derog* an unpleasant woman; BAGGAGE (4): *You silly old bag!* **4** [*usu. sing.*] the number of birds or animals shot or caught on any one occasion: *We had a good bag that day.* **5 bag and baggage** with all one's belongings: *They threw her out of the house bag and baggage.* **6 bag of bones** a very thin person or animal **7 in the bag** *infml* certain to be won, gained, etc.: *We're sure to win. The match is in the bag.* **8 one's bag** *infml* something one particularly likes, is good at, or has special knowledge about: *I'm afraid I can't tell you anything about it—computers aren't really my bag.* **9 pull something out of the bag** to succeed by making an effort at a late stage: *He was exhausted but still managed to pull something out of the bag to win the race.* —see also BAGS, MIXED BAG, SLEEPING BAG, **let the cat out of the bag** (CAT)

bag[2] *v* **-gg- 1** [T] to put (material or objects in large quantities) into a bag or bags **2** [T] to kill or catch (animals or birds): *We bagged a rabbit.* **3** [T] *infml* to take possession of: *Try to bag a couple of seats at the back for us.* **4** [I (OUT)] *infml* to hang loosely, like a bag: *His trousers bagged (out) at the knees.*

bag·a·telle /ˌbægəˈtel/ *n* **1** [U] a game played on a board with holes in which balls must be put **2** [S] something considered to be small and unimportant; TRIFLE: *It cost about £25,* **a mere bagatelle** *for someone as rich as her.*

ba·gel /ˈbeɪgəl/ *n* a ring-shaped bread ROLL

bag·gage /ˈbægɪdʒ/ *n* **1** [U] *esp. AmE* the cases, bags, boxes, etc. of a traveller; LUGGAGE: *to see one's baggage through customs at the airport|a baggage check* **2** [U] the tents, beds, and other equipment of an army, which they take with them **3** [C] *old-fash humor* a good-for-nothing young woman; MINX **4** [C] *infml* an unpleasant or annoying old woman —see also **bag and baggage** (BAG[1])

baggage car /ˈ·· ˌ·/ *n AmE for* LUGGAGE VAN

baggage room /ˈ·· ·/ *n AmE for* LEFT LUGGAGE OFFICE

bag·gy /ˈbægi/ *adj infml* hanging in loose folds; not tight: *His trousers were baggy at the knees.*

bag la·dy /ˈ· ˌ··/ *n* a homeless woman who walks around carrying all her possessions with her; female TRAMP

bag·pipes /ˈbægpaɪps/ also **pipes** *infml*— *n* [(*the*) P] a musical instrument played esp. in Scotland in which air stored in a bag is forced out through pipes to produce the sound: *to play the bagpipes* —**bagpipe** *adj* [A]: *bagpipe music*

bags[1] /bægz/ *n* [P+**of**] *infml, esp. BrE* lots; plenty: *She's got bags of money!|We've got bags of time.*

bags[2] *n* [P] *BrE old-fash* trousers, esp. loose-fitting trousers

bags[3] *interj BrE sl* **Bags I!** (used by children) **a** Let me have it, not you: *Bags I the biggest one!* **b** I'll do it, not you: *Bags I sleep in the bathroom!*

bah /bɑː/ *interj* (used to show disapproval or a low opinion of someone or something)

bail[1] /beɪl/ *n* [U] **1** money left with a court of law so that a prisoner can be set free until he/she is tried: *She was* **released on bail** *of £5000.|The judge refused to* **grant him bail.** (=to allow him to be set free in this way) **2 stand/put up/go bail for someone** to pay money so that someone can be set free in this way

bail[2] *v*

bail out *phr v* **1** [T] (**bail** sbdy. ↔ **out**) to obtain freedom for (someone) by paying bail to make sure they appear in court at a future date: *Clark was charged with*

jury

jupon [ʒypɔ̃] n. m. Pièce de lingerie servant de jupe de dessous. ▷ Fig., fam. Les femmes. *Courir le jupon.* ♦ De *jupe.*

jurassien, ienne [ʒyʀasjɛ̃, jɛn] adj. et n. 1. Adj. Relatif au Jura. 2. N. Habitant ou personne originaire du Jura. ♦ De *Jura,* système montagneux de France et de Suisse qui se prolonge, au-delà du Rhin, en République fédérale d'Allemagne.

jurassique [ʒyʀasik] adj. et n. m. Se dit d'un système de terrains de l'ère secondaire qui constituent la majeure partie du Jura. ▷ N. m. *Le Jurassique.* ♦ De *Jura* (V. jurassien).

juré, ée [ʒyʀe] adj. et n. 1. Adj. *Ennemi juré,* déclaré et irréconciliable. 2. N. m. Membre d'un jury. ▷ Citoyen, citoyenne appelés à siéger dans le jury d'une cour d'assises. ♦ Pp. de *jurer.*

jurer [ʒyʀe] v. [1] I. v. tr. 1. Promettre par serment. *Jurer fidélité. Jurer de se venger.* 2. Fam. *Jurer ses grands dieux que... :* affirmer avec force que... 3. (Sens atténué.) Assurer, certifier. *Je jure qu'il n'en est rien.* ▷ Jurer de (qqch). *J'aurais pourtant juré de sa bonne foi.* II. v. intr. 1. Faire un serment. *Jurer sur les Évangiles* ▷ Fig. *Ne jurer que par :* dire le plus grand bien de, éprouver une admiration sans réserve pour. 2. Dire des blasphèmes, des jurons. *Jurer comme un charretier.* 3. (À propos de choses.) Aller mal ensemble, choquer par un manque d'harmonie. *Couleurs qui jurent.* ♦ Lat. *jurare.*

juridiction [ʒyʀidiksjɔ̃] n. f. 1. Pouvoir d'un juge, d'un tribunal ; ressort, étendue de ce pouvoir. *Juridiction civile.* 2. *Degré de juridiction :* chacun des tribunaux devant lesquels une même affaire peut être successivement portée. ♦ Lat. *jurisdictio.*

juridique [ʒyʀidik] adj. 1. Fait selon le droit, dans les formes requises par le droit. *Acte juridique.* 2. Relatif au droit. *Texte juridique.* ♦ Lat. *juridicus.*

juridiquement [ʒyʀidikmɑ̃] adv. D'une manière juridique. ♦ De *juridique.*

jurisconsulte [ʒyʀiskɔ̃sylt] n. m. Juriste qui donne des consultations juridiques. ♦ Lat. *jurisconsultus.*

jurisprudence [ʒyʀispʀydɑ̃s] n. f. 1. Interprétation du droit et des lois par un tribunal. *La jurisprudence du Conseil d'État en matière de droit administratif.* 2. Ensemble des décisions rendues par les tribunaux dans des cas semblables et permettant de déduire des principes de droit. — *Jugement qui fait jurisprudence,* qui sert de référence. ♦ Bas lat. *jurisprudentia,* « science du droit ».

jurisprudentiel, ielle [ʒyʀispʀydɑ̃sjɛl] adj. Qui appartient à la jurisprudence. *Il existe un précédent jurisprudentiel.* ♦ De *jurisprudence.*

juriste [ʒyʀist] n. Spécialiste du droit. ♦ Lat. médiéval *jurista,* de *jus, juris,* « droit ».

juron [ʒyʀɔ̃] n. m. Expression blasphématoire ou grossière, terme, imprécation utilisés pour jurer (sens II, 2) ♦ De *jurer.*

jury [ʒyʀi] n. m. 1. Réunion des jurés d'une cour d'assises, appelés à prendre part au jugement d'une affaire criminelle. 2. Commission d'examinateurs, d'experts. *Jury du baccalauréat. Jury d'une exposition.* ♦ Mot anglais, de l'ancien français *jurée,* « serment, enquête ».

Brise

B. brauchen⟩ ‖ K-: ***Brillen-, -bügel, -etui, -fassung, -futteral, -gestell, -glas*** ‖ -K: ***Sonnen-*** ‖ ID *mst* ⟨alles⟩ ***durch e-e / die rosarote B. sehen*** *gespr*; alles (kritiklos u. naiv) als positiv bewerten

Bril·len·schlan·ge *die*; **1** e-e sehr giftige Schlange, die am oberen Teil des Rückens e-e Zeichnung hat, die e-r Brille ähnlich sieht ≈ Kobra **2** *gespr hum, mst pej; bes* e-e Frau, die e-e Brille trägt u. damit nicht attraktiv aussieht

Bril·len·trä·ger *der*; j-d, der ständig e-e Brille tragen muß ‖ *hierzu* **Bril·len·trä·ge·rin** *die*

bril·lie·ren [brɪlˈjiː-]; *brillierte, hat brilliert*; [Vi] (***mit etw.***) ***b.*** sich durch eine besondere Leistung von anderen Leuten unterscheiden ≈ herausragen, glänzen: *Der Tennisspieler brillierte mit seiner ausgefeilten Technik*

Brim·bo·ri·um *das*; *-s*; *nur Sg, gespr pej*; ein großer Aufwand, der in keinem angemessenen Verhältnis zur Bedeutung e-r Person od. Sache steht

brin·gen; *brachte, hat gebracht*; [Vt] **1** ***etw. irgendwohin b.; j-m etw. b.*** bewirken, daß etw. an e-n bestimmten Ort / zu e-r bestimmten Person gelangt: *Er hat die Briefe zur Post gebracht; Hast du ihm das Buch schon gebracht, das du ihm versprochen hast?; Der Bäcker bringt uns die Brötchen jeden Morgen ins Haus* **2 *j-n irgendwohin b.*** j-n (zu Fuß od. mit e-m Fahrzeug) irgendwohin begleiten: *Ich habe meinen Gast zum Bahnhof gebracht; Er brachte sie nach dem Kino nach Hause* **3 *j-m etw. b.*** ein *mst* relativ kleines Geschenk zu j-m tragen u. es ihm geben: *Ich habe meiner Mutter zum Geburtstag Blumen gebracht* **4** ⟨das Fernsehen, e-e Zeitung *usw*⟩ ***bringt etw.*** *gespr*; das Fernsehen, e-e Zeitung *usw* informiert die Zuschauer, Leser *usw* über etw. od. unterhält sie mit etw.: *Die Zeitungen brachten ausführliche Artikel über das Attentat; Das Fernsehen bringt heute abend e-n tollen Film* **5 *etw. bringt etw.*** etw. hat etw. zum Ergebnis: *Geld kann Zinsen b.; Das Hoch wird schönes Wetter b.; Das bringt nur Ärger* **6 *etw b.*** *gespr*; fähig sein, etw. zu tun: *Er bringt die geforderten Leistungen einfach nicht* **7 *j-n zu etw. b.*** erreichen, daß j-d etw. tut: *Er konnte mich immer wieder zum Lachen b.; j-n* dazu *bringen, nachzugeben* **8 *etw. nicht über sich*** (*Akk*) ***b.*** sich nicht entschließen können, etw. (Unangenehmes) zu tun: *Ich bringe es nicht über mich, ihm die volle Wahrheit zu sagen* **9 *j-n vor Gericht b.*** bewirken, daß j-d wegen e-s Verbrechens vor Gericht gestellt wird: *Er wurde wegen schwerer Körperverletzung vor Gericht gebracht* **10 *j-n in Gefahr b.*** (durch e-e unvorsichtige Handlung) bewirken, daß j-d in Gefahr gerät: *Durch seine unvorsichtige Fahrweise hat er andere in Gefahr gebracht* **11 *etw.*** (***wieder***) ***in Ordnung b.*** *gespr*; e-n Fehler *o. ä.*, den man selbst gemacht hat od. den andere gemacht haben, korrigieren: *Mach dir keine Sorgen – das bringe ich schon wieder in Ordnung* **12 *j-n um etw. b.*** *gespr*; j-m Schaden zufügen, indem man ihm etw. wegnimmt: *Der Dieb hat die alte Frau um ihre Ersparnisse gebracht* **13 *etw. bringt etw. mit sich*** etw. hat etw. zur Folge: *Mein Job bringt* es *mit sich,* daß *ich oft im Ausland bin* ‖ ID ***es*** (***bis***) ***zu etw. b.*** *gespr*; Erfolg haben u. (*mst* beruflich) etw. erreichen: *Er hat es bis zum Direktor gebracht;* ***j-d / etw. bringt es auf etw.*** (*Akk*) *gespr*; j-d / etw. erreicht e-e bestimmte Leistung: *Mein Wagen bringt es auf 180 km / h;* ***das bringt nichts*** *gespr*; das führt zu keinem sinnvollen Ergebnis; *mst* ***das bringt's*** (***voll***) *gespr*; (*bes* von Jugendlichen verwendet) das ist sehr gut

bri·sant, *brisanter, brisantest-*; *Adj*; *geschr*; ⟨Themen, Ideen, Pläne⟩ so, daß sie sehr leicht zu Konflikten führen können ‖ *hierzu* **Bri·sanz** *die*; -; *nur Sg*

Bri·se *die*; -, *-n*; ein leichter Wind, *bes* am Meer ⟨e-e

Ejemplos de diccionarios de uso de otras lenguas.

Longman Dictionary of Contemporary English.
2.ª ed. Londres 1987 (con ilustraciones).

Dictionnaire pratique du français Hachette.
Nueva ed. París 1989 (sin ilustraciones).

D. GÖTZ/G.H. HAENSCH/H. WELLMANN: *Langenscheidts Großwörterbuch Deutsch als Fremdsprache.*
Munich y Berlín, 1.ª ed. 1993, 4.ª ed. 1995 (con ilustraciones).

Española (de 1970). Es evidente que una parte importante del léxico corresponde a términos técnico-científicos. El diccionario tiene ilustraciones funcionales. No se ha reeditado.

El *Diccionario esencial de la lengua española* ya se comentó en 3.3.4.7. La obra tiene una acertada selección del léxico y ofrece etimologías, ejemplos de uso, observaciones gramaticales, conjugación de los verbos, sinónimos y antónimos y familias de palabras. Incluye un apéndice (breve gramática, reglas ortográficas y un apartado de dudas e incorrecciones frecuentes en español).

La misma editorial ha publicado una obra más reducida:

- *Diccionario básico de la lengua española.* Santillana. Madrid 1995.

La mayoría de los demás diccionarios generales monolingües son definitorios (es decir, descifradores o pasivos)[199]. Algunos presentan algún rasgo diferenciador (que señalamos brevemente):

- *Diccionario Grijalbo del español actual.* Ed. Grijalbo. Barcelona 1988 (da ejemplos, pero cortos; pocas indicaciones sobre la construcción gramatical de nombres y verbos).
- Rodolfo Oroz: *Diccionario de la lengua castellana.* 4ª ed. corregida. Ed. Universitaria Santiago de Chile 1990.
- *Espasa de Bolsillo. Diccionario de la lengua española.* Ed. Espasa-Calpe. Madrid. 1ª ed. 1993; 4ª ed. 1993 (registra palabras compuestas y modismos, tiene en cuenta el lenguaje coloquial, da frases cortas como ejemplos, ofrece observaciones gramaticales, por ejemplo, sobre la formación del plural de los sustantivos).
- *Diccionario Durván de la lengua española (2 vols).* Ed. Durván. Bilbao. 1ª ed. 1975; nueva edición 1990 (diccionario definitorio, añade, al final de las definiciones, equivalentes en inglés, italiano, francés, alemán y ruso), registra modismos; las definiciones son muy parecidas a las del DRAE).
- *Diccionario Durván de la lengua ilustrado.* Ed. Durván. Bilbao 1988 (4 vols.); 1986 (4 vols.); 1990 (4 vols.).
- *Diccionario Durván de la lengua española.* Ed. Carroggio. Barcelona 1988 (1 vol.).
- *Larousse Diccionario de la Lengua Española.* Larousse. Planeta. Barcelona 1994 (da sólo definiciones, indicaciones gramaticales mínimas; no indica régimen y construcción, no ofrece ejemplos). Véase también pág. 293.
- *Diccionario Austral de la Lengua Española.* Espasa-Calpe. Madrid. 1ª ed. 1989; 4ª ed. 1994 (diccionario definitorio convencional, con definiciones circulares y «pistas perdidas» [ya comentadas, véase pág. 139], poca información gramatical, no da ejemplos).
- Alonso Zamora Vicente: *Diccionario moderno del español usual.* Madrid 1975 (el léxico coincide, en gran parte, con el del DRAE, pero se han suprimido

[199] En la enumeración de ejemplos de diccionarios, que de ninguna manera pretende ser un inventario completo, sólo tenemos en cuenta obras de más de 500 páginas.

los arcaísmos y las palabras desusadas de éste; algunas definiciones del DRAE se han aligerado).

- *Diccionario Asuri de la Lengua Española*. Ed. Asuri. Bilbao 1982 y 1988 (2 vols.).

- *Diccionario Ilustrado Océano de la lengua española*. Ed. Océano. Barcelona. últ. ed. 1995.

- *Diccionario Carroggio de la lengua española*. Ed. Carroggio. Barcelona. 1ª ed. 1982 (3 vols.).

- *Diccionario junior Parramón*. Parramón. Barcelona 1993.

- *Diccionario Trillas de la lengua española*. 1ª ed. 1982; 2ª ed. 1985; 3ª ed. reimpresión 1988.

- María Teresa Mayoral Gómez (dir.): *Diccionario general ilustrado de la lengua*. Ed. Nebrija. León 1980 (diccionario definitorio, ofrece una selección de sintagmas lexicalizados y de locuciones, no da indicaciones gramaticales. Tiene ilustraciones y un apéndice gramatical sumario).

- *Diccionario Académico de la Lengua*. Ed. Nebrija. León 1980 (muy escueto).

- *Sopena. Nuevo Diccionario Ilustrado de la Lengua Española*. Ed. Sopena. Barcelona 1990.

- *Rancés 2000. Diccionario ilustrado de la lengua española*. Sopena. Barcelona 1994 (microestructura muy pobre).

- *Salvat. Léxico. Diccionario de la lengua*. Salvat. Barcelona 1991 (da sólo definiciones).

- Luis Salgado Dapie: *Moderno Diccionario Ilustrado de la Lengua Castellana y de sinónimos*. Edicomunicaciones. Barcelona (un diccionario convencional que no aporta nada nuevo).

- *Diccionario Corona de la Lengua Española*. Ed. Everest. León 8ª ed. 1978 (registra algunos sintagmas lexicalizados y unas pocas locuciones).

- *Diccionario Punto de la Lengua Española*. 36ª ed. Ed. Everest. León 1996.

- *Diccionario Cénit de la lengua española*. Ed. Everest. León 6ª ed. 1995.

- *Diccionario Cumbre de la lengua española*. Ed. Everest. León 25ª ed. 1995 (cartoné); 4ª ed. (rústica) 1996.

- *Diccionario Cima de la lengua española*. Ed. Everest. León 25ª ed. 1995 (prácticamente idéntico al Diccionario Cumbre).

- *Diccionario Cúspide de la lengua española*. Ed. Everest. León. 24ª ed. 1995.

- Aquilino Sánchez Pérez: *Diccionario de bolsillo de la lengua española*. Ed. SGEL. Madrid. 3ª ed. 1994 (con sus 508 páginas es el más reducido de la serie de diccionarios derivados del *Gran Diccionario* del mismo autor.

En Hispanoamérica se han publicado dos diccionarios puramente definitorios, de presentación modesta que tienen, sin embargo, la ventaja de ofrecer neologismos y americanismos no registrados por muchos diccionarios publicados en España.

- Antonio Raluy Poudevida/ Francisco Monterde: *Diccionario Porrúa de la lengua española*. 1ª ed. 1969, desde entonces muchas ediciones nuevas, 37.ª ed. 1995.

- María Eloísa Alvárez del Real (dir.): *Diccionario Práctico EASA de la lengua española*. El vocabulario actual de la América Latina Y España. Ed. Easa. 5ª ed. Panamá 1985.

- *Nuevo Diccionario Castellano Logos*. Servilibro 1994 (500 págs.) (microestructura muy rudimentaria, papel de mala calidad).

Como ya se señaló (en 3.2.2.6. pág. 51), el ilustre lexicógrafo Manuel Seco está elaborando con sus colaboradores un *Diccionario del español actual* que será un verdadero diccionario descriptivo del español de nuestro tiempo (que abarcará el léxico desde 1955 hasta el año del cierre de la redacción). Para la elaboración de la obra se están aprovechando sin discriminación las fuentes más diversas: periódicos, revistas, obras no literarias, libros de enseñanza, de divulgación, técnicos etc.), folletos, catálogos, etc. En cada artículo aparecen extractos de textos que documentan su uso[200].

3.4.2. Los diccionarios generales bilingües

3.4.2.1. *Generalidades*

Si los diccionarios monolingües, por lo general, dan *definiciones* y *otras explicaciones* e *indicaciones* en la misma lengua, el diccionario bilingüe ofrece *equivalentes de unidades léxicas de la lengua de partida en la lengua de llegada* (o *lengua meta*) o, como lo expresó Kurt Baldinger, *sinónimos* en la otra lengua[201]. Para encontrar estos equivalentes hay que confrontar dos sistemas lingüísticos cuyas estructuras léxicas no se corresponden y que tienen cada uno —con todos los posibles rasgos comunes— como telón de fondo una civilización diferente y un distinto sistema en cuanto a la formación de conceptos. Por eso la elaboración de diccionarios bilingües es una tarea más ardua de lo que se suele suponer.

Esta tarea se complica por el hecho de que una equivalencia perfecta entre unidades léxicas de dos lenguas se da muy pocas veces. Con mucha frecuencia hay una connotación, un matiz o una construcción gramatical que difieren de una lengua a otra. La equivalencia suele ser (casi) perfecta en los términos técnicos del tipo *biela*=inglés *connecting rod*, francés *bielle*, alemán *Pleuelstange*, italiano *biella*, pero la equivalencia es muy problemática en la lengua común[202].

La elaboración de un diccionario bilingüe que se lleva a cabo, en el caso ideal, por hablantes de las dos lenguas que interesan, requiere un alto grado de competencia lingüística de cada colaborador en las dos lenguas, por ejemplo, un diccionario italiano-español es elaborado por un italianista (y lexicógrafo) español y un hispanista (y lexicógrafo) italiano con un control recíproco de todo lo redactado.

Varios autores han comentado el hecho algo sorprendente de que existan mucho menos estudios metalexicográficos sobre diccionarios bilingües (y multilingües) que los publicados sobre lexicografía en general y sobre diccionarios

---

200 Para más detalles, véase Seco 1979 b, reproducido en Seco 1987 a.

201 Véase Baldinger 1971.

202 Sobre los demás problemas de equivalencia, ver 3.4.2.3.

monolingües[203] e insisten en la necesidad de mejorar la calidad de los diccionarios bilingües, partiendo de estudios críticos de obras existentes y haciendo propuestas concretas para renovar su metodología.

En 2.3. hemos puesto de relieve hasta qué punto la elaboración y publicación de diccionarios depende de prosaicos factores comerciales. Pues bien, si hay cierto número de diccionarios monolingües elaborados en universidades, Academias de la Lengua e instituciones similares, la mayoría de los diccionarios bilingües, en cambio, son publicados por editoriales comerciales, con todos los inconvenientes que esto lleva consigo. Por una lado, ciertos editores quieren sacar pingües beneficios con una inversión mínima, sacrificando la calidad. Por otro lado, hay que reconocer que el cambio radical de un sistema a otro más perfecto que supone prácticamente una reelaboración de todo un diccionario o, lo que es mucho mejor, la elaboración de un diccionario totalmente nuevo, requiere mucho tiempo (lo que retrasaría su aparición en el mercado) y una inversión considerable que sólo se amortizaría en varios años. No se trata de disculpar a los editores, pero en la lexicografía comercial hay que contar siempre con el factor rentabilidad. Además, en este momento prácticamente todas las editoriales que publican diccionarios tienen que dar el paso —costoso para ellas— de un sistema tradicional de imprenta al ordenador, a la informatización del texto de cada diccionario, puesto que hasta la fecha ningún escáner ha sido capaz de leer un diccionario bilingüe en cuyo texto aparecen —con cambios constantes— tres, cuatro o más tipos de letras distintos. Por eso todos los materiales léxicos de los diccionarios bilingües tienen que introducirse en el ordenador a mano (lo cual se ha hecho ya con cierto número de diccionarios en los últimos años). En el fondo, el paso a la lexicografía informatizada es el mejor momento para mejorar la microestructura de los diccionarios bilingües o, por lo menos, aplicar consecuentemente las reglas de la descripción lexicográfica. Alguna vez hay que empezar, sin más subterfugios.

El diccionario general bilingüe tiene muchos elementos en común con el monolingüe:

- enunciado del lema
- indicación de la categoría gramatical
- indicación de variantes ortográficas
- indicaciones sobre la pronunciación y acentuación (no necesarias para el español, como ya se expuso)
- indicaciones sobre el género, la formación del femenino (y en determinadas lenguas del neutro), plurales irregulares, verbos irregulares, caracterización de verbos como transitivos, intransitivos, reflexivos, impersonales y defectivos (con remisión a cuadros de conjugación) y en el caso ideal, sobre valencias verbales, etc.
- marcas lexicográficas todas ya comentadas a propósito de los diccionarios en general (pág. 41) y de los diccionarios generales monolingües (pág. 161)

---

203 por ej. Werner 1986 a, págs. 127-128 y Fuentes 1996.

- observaciones sobre restricciones de uso
- ejemplos de aplicación (mucho menos frecuentes en los diccionarios bilingües que en los monolingües)
- en muy pocos casos: ilustraciones[204].

Muchas de estas informaciones faltan todavía o no son ofrecidas consecuentemente en todas las entradas de los diccionarios bilingües, en los que, por otra parte, abundan a veces palabras poco frecuentes o muy técnicas que no deberían figurar.

El usuario de un diccionario bilingüe necesita, en primer lugar, información sobre lo que no sabe. En el caso de un diccionario lengua extranjera-lengua materna, quiere descodificar (descifrar) un texto para entenderlo completamente o para traducirlo a la lengua materna. Si se sirve de un diccionario lengua materna-lengua extranjera, es porque desea producir un enunciado lingüístico en una lengua que no es la suya o traducir un texto a ésta, para lo cual necesita más ayuda que en el proceso inverso[205].

En cuanto a combinaciones de lenguas en los diccionarios bilingües, Donald Swanson[206] constató (en 1962) que entre las lenguas europeas, la tradición más larga y la producción más alta de diccionarios bilingües corresponde al inglés y al alemán, seguido del francés, ruso e italiano (sin mencionar el español). Según mis experiencias personales, la producción (pero no forzosamente la calidad) de diccionarios bilingües cuya lengua de partida o lengua meta es el español ha aumentado bastante en los últimos años, especialmente en combinación con el inglés, aunque hay que reconocer, como luego veremos, que la mayoría de los diccionarios bilingües de calidad (en combinación con el español) se publican en países de habla inglesa y alemana[207].

3.4.2.2. *Diccionarios unidireccionales y diccionarios bidireccionales*

Hasta hoy no se suele señalar en los prólogos de los diccionarios bilingües a qué usuarios están destinados. Pongamos el ejemplo de cualquier diccionario español-inglés. Cabe preguntarse si ese diccionario se ha concebido para anglófonos con el fin de entender enunciados lingüísticos españoles o para traducirlos al inglés (diccionario pasivo) o bien para hispanohablantes con el fin de ayudar a éstos a producir enunciados en inglés o a traducir textos españoles al inglés (diccionario activo).

---

204 El *Nuevo Diccionario Español-Japonés*. Kenkyusha. Tokio 1992 tiene ilustraciones y da frases ejemplo.

205 Este problema se explicará con más detalles en 3.4.2.2.

206 Swanson 1962.

207 Sobre la lexicografía bilingüe en general véanse: Al-Kasimi 1977 y 1983, Alvar Ezquerra 1981, Baunebjerg 1988, Darbelnet 1970, Haensch 1982 d, Harrell 1967, Heid 1992, Kromann 1984 a, Kromann/Riiber/Rosbach 1991, Neubert 1992, Powers 1982, Schoenhals 1982.

Se ha destacado que, para cumplir bien estas dos funciones tan distintas, se necesitan en realidad dos diccionarios diferentes: un diccionario pasivo español-inglés para anglófonos y un diccionario activo español-inglés para hispanohablantes que precisan muchas indicaciones muy detalladas para poder formar frases correctas en inglés (por ejemplo, construcción y régimen, colocaciones, etc.). Mientras que los diccionarios bilingües actuales pretenden servir para los dos grupos de usuarios, y son, por ende, *bidireccionales*, la metalexicografía moderna exige *diccionarios bilingües unidireccionales* (o monodireccionales). Este postulado se formuló en primer lugar por el lexicógrafo ruso Sčerba[208] y fue comentado y hasta realizado en algunos diccionarios bilingües publicados en la ex-República Democrática Alemana[209], pero no influyó inmediatamente en la lexicografía del otro lado del telón de acero.

El concepto de Sčerba fue discutido y ampliado por tres autores daneses (Kromann/ Riiber/ Rosbach 1984 a), pero la idea de producir diccionarios bilingües unidireccionales se encuentra ya temprano en otros autores del mundo occidental, por ejemplo, ya en 1967 en Mary Haas[210], más tarde en Manley 1982, Werner 1982 (págs. 285-287), Landau 1984, Hausmann 1988 (pág. 138), Boogarts 1990, etc.

De momento no existe, que yo sepa, ningún diccionario de este tipo para el español (ni para el alemán, el francés y el inglés) y seguramente los editores pondrán el grito en el cielo ante esta exigencia de la metalexicografía, pero el primero de ellos que publique un diccionario unidireccional tendrá probablemente mucho éxito y los otros, tarde o temprano, tendrán que seguir su ejemplo para no quedarse atrás. Empero, las propuestas de algunos metalexicógrafos van aún más lejos. Como expone Werner[211], a quien citamos a título de ejemplo, debería haber dos tipos de diccionarios bilingües pasivos, uno para la comprensión de textos, el otro para la traducción de éstos y asimismo dos tipos de diccionarios bilingües activos, el primero para producir enunciados lingüísticos, el segundo para traducirlos. Al respecto, Werner/ Chuchuy comentan:[212]

---

[208] Sčerba 1940. Disponemos ahora de una versión inglesa de la obra: L. V. Sčerba: «Towards a General Theory of lexicography». trad. D.M.T. Farina; en: *International Journal of Lexicography, VIII*, 1995, págs. 314-356 y un comentario sobre la labor de Sčerba: Donna M.T. Gr. Farina: «Sčerba's 'Cpyt'. A Contribution to Theoretical Lexicography»; en: *International Journal of Lexicography; VIII*, págs. 304-313.

[209] Otros autores de la ex-RDA que discutieron el concepto de Sčerba fueron Smolik 1969 y Duda/ Müller 1974.

[210] Haas 1967: «If a given French-English dictionary is useful to an American who wishes to translate spoken or written French into English, how can it be that this same book is not equally useful to the Frenchman who has the same goal in mind? The answer is that there are innumerable covert facts about English which are known to the native speaker thereof, but which are not at all clear or obvious to the native speaker of French. Book-publishers can scarcely be expected to take kindly to the thought, but it is nevertheless true that bilingual dictionaries should be titled in such a way that the language of the intented user is made clear, e.g., *French-English Dictionary for Americans* as against *French-English Dictionary for Frenchmen*» (pág. 47).

[211] Werner 1990, págs. 270-271 y Werner/ Chuchuy 1982, págs. 100-101.

[212] Werner/ Chuchuy 1992, pág. 100.

«El diccionario ideal con respecto a una función determinada sería un diccionario concebido exclusivamente para ésta. Cuantas más funciones quiere tener en cuenta simultáneamente un diccionario, tanto más voluminoso resultará, y tanto más complejas serán sus estructuras textuales (sobre todo en el plano de la microestructura). De acuerdo con las cuatro funciones se podrían distinguir cuatro tipos ideales de diccionarios bilingües. Así, resultarían cuatro tipos de diccionarios alemán-español, cada uno de ellos destinado a proporcionar información para las siguientes clases de situaciones:

1. recepción de textos alemanes por usuarios de lengua materna española,
2. translación de textos alemanes al español por usuarios de lengua materna española,
3. producción de textos españoles por usuarios de lengua materna alemana,
4. translación de textos alemanes al español por usuarios de lengua materna alemana.»

En cuanto al español que apenas cuenta con un par de diccionarios bilingües «tradicionales» de calidad para las principales lenguas occidentales, se necesitará mucha fuerza de persuasión para que se elaboren estos tipos ideales de diccionarios, pero cuando haya más obras de este género para otras lenguas, el ejemplo cundirá.

Como no hay actualmente para el español diccionarios unidireccionales (y aún menos para la pura recepción y otros para la traducción), hay que insistir en que los diccionarios bilingües «tradicionales» den un máximum de indicaciones, casi diría instrucciones detalladas para cada unidad léxica (matices semánticos, construcción gramatical, colocaciones, restricciones de uso, frases ejemplo) de ambas lenguas. Algunos diccionarios bilingües «tradicionales» (siempre mejorables) ya van por buen camino en este sentido.

Para poder ofrecer indicaciones y ejemplos detallados, un diccionario debe ser bastante voluminoso o a la larga se necesitarán también dos tipos de diccionarios bilingües para traductores: uno esencialmente de equivalencias con un léxico abundante, pero una microestructura mínima, otro con una microestructura muy desarrollada, pero renunciando a las unidades léxicas que no presenten problemas de uso contextual, como por ejemplo, nombres de plantas, animales, minerales, elementos químicos, etc., como hemos comentado ya a propósito de los dos tipos de diccionarios monolingües: el *diccionario definitorio extensivo* y el *diccionario de uso intensivo*.

Lo dicho en este apartado puede parecer utópico, pero en el mundo de hoy y de mañana en el que la comunicación entre naciones con distintas lenguas, y por ende, las necesidades de traducción irán aumentando cada vez más, se necesitarán herramientas lexicográficas más eficientes y, por eso, tarde o temprano, tendrán que crearse.

3.4.2.3. *El problema de la equivalencia*

Como ya se comentó, el problema de la equivalencia entre unidades léxicas de dos lenguas distintas en un diccionario bilingüe es complejo. L. Zgusta define el equivalente así: «Llamamos equivalente una unidad léxica de la lengua meta que tiene el mismo significado léxico que la unidad léxica correspondiente de la lengua de partida.»[213]

El caso más sencillo es el de *unidad léxica monosémica*[214] (que tiene un solo significado), unívoca y que pertenece al vocabulario universal, es decir, que tiene equivalentes en la mayoría de las lenguas del mundo. Ejemplo: *raíz cuadrada*, ingl. *square root*, fr. *racine carrée*, ital. *radice quadrata*, alem. *Quadratwurzel*. Las *unidades léxicas polisémicas* (que tienen más de una acepción) con equivalentes aceptables en ambas lenguas plantean sólo un problema de ordenación, que se hará preferentemente con cifras; por ej. en un diccionario español-inglés[215]:

copa *f* **1. (a)** (para vino) glass (*with a stem*); (para postres) goblet [...] **(b)** (contenido) [...] **me invitó a una ~** he bought me a drink.
2. (*deportes*) cup; **3. (a)** (de un árbol) top, crown; **(b)** (de un sostén) cup; **(c)** (de un sombrero) crown.

Otro problema se presenta cuando una unidad léxica de la lengua de partida y el equivalente (aproximativo) en la lengua meta tienen la misma *denotación* (significado básico), pero otra *connotación* (otro matiz estilístico). Por ej., el adjetivo español **albo** 'de color blanco' pertenece al nivel literario, pero esta marcación no tiene equivalente ni en inglés ni en francés ni en alemán porque los únicos posibles equivalentes en estas lenguas pertenecen al nivel estándar (sin matiz literario o poético): ingl. *white*, fr. *blanc*, alem. *weiss*. Por lo tanto se pierde un matiz de la palabra en la lengua meta, lo cual hay que señalar al usuario del diccionario, como lo hace un diccionario español-alemán:[216]

> «En los casos en que una palabra de la lengua de origen no tiene un equivalente del mismo nivel en la lengua de destino, se dan en ésta uno o varios equivalentes que tienen el mismo significado básico (denotación), pero no el mismo nivel o matiz (connotación). En este caso se indica, mediante las abreviaturas explicadas en la pág. 27 y entre paréntesis a qué nivel pertenece el equivalente de la lengua de destino. Por ej.: el adjetivo español *albo* es literario, pero no hay un equivalente alemán que lo sea, su equivalente alemán *weiss* tiene la marca cero, es decir pertenece al nivel estándar, lo cual se explica del modo siguiente: **albo** *lit* weiss (*estánd.*).»

---

[213] Zgusta 1971, pág. 312. En el texto original: «We call equivalent such a lexical unit of the target language which has the same lexical meaning as the respective lexical unit of the source language.»

Sobre esta temática véanse Baldinger 1971, Duval 1991, Janucci 1967, Kromann 1984 b, y Werner 1982 a y 1992.

[214] La unidad léxica monosémica puede ser univerbal o pluriverbal (como en el ejemplo que sigue).

[215] The *Oxford Spanish Dictionary. Spanish-English/English-Spanish*. Oxford University Press. Oxford 1994 s.v. «copa» (el artículo fue abreviado, suprimiendo fraseología y ejemplos).

[216] Günther Haensch: *Diccionario alemán. I. Alemán-Español*. Editorial Herder. Barcelona 1995. Ed. alemana: *Pons Kompaktwörterbuch Spanisch*. Klett, Stuttgart 1995. pág. 11.

Naturalmente y cada vez que sea posible, los equivalentes de una unidad léxica en la lengua meta deben corresponder al mismo nivel de estilo y expresar los mismos matices. Tratándose de palabras que el usuario potencial a lo mejor no conoce en ninguna de las dos lenguas, se puede indicar, después del equivalente en la lengua meta, un sinónimo del nivel estándar. Ejemplo:

Español-inglés:
camello *m* 1. *zool* camel; 2. *jerga de drogadictos* pusher (= *dealer*).
Alemán-español:
Schmiere *f jerga de delincuentes* madera *f*, bofia *f* (= *policía*).

Naturalmente hay que tener en cuenta la extensión geográfica de una unidad léxica en ambas lenguas. El artículo *tranvía* en un diccionario español-inglés debería decir:

tranvía *m* tram(way) *GB*; streetcar *US*

Otro ejemplo:

camión *m* 1. truck*us*. lorry *GB*; 2. *México, Centroamérica* bus.

Cuando una unidad léxica de la lengua de partida tiene muchas posibilidades de traducción en la lengua meta, según el contexto, éstas se distinguen mediante breves indicaciones entre paréntesis, por ej. (inglés-español):

to put poner, meter, colocar; (*sal*) echar; (*pregunta*) hacer; (*idea*) expresar; (*dinero*) invertir etc.

Generalmente se distinguen varios tipos de equivalencia

- *la equivalencia plena*. Como ya se señaló, ésta se da más en los términos técnicos cuyo ideal (no siempre logrado) consiste en que a un objeto, proceso o concepto abstracto corresponda un sólo término claramente definido y , por lo tanto, unívoco. Debido a la complejidad de las equivalencias (polisemia, niveles de estilo, tecnicismos, voces jergales, regionalismos, etc.), lo que se llama «equivalencia plena» será muchas veces «la mejor equivalencia aproximativa posible».

- una *equivalencia parcial* se puede dar en los siguientes casos:

- la palabra inglesa *girlhood* corresponde a *adolescencia* o *juventud*, pero hay que añadir: ... *de una mujer*.

En Francia, Italia y Alemania es costumbre gastar una broma a familiares, amigos o colegas de trabajo (*poisson d'avril, pesce d'aprile, Aprilscherz)* el primero de abril. Esta costumbre no existe en España, donde hay, en cambio, algo parecido: se da la *inocentada* el día de los Santos Inocentes (28 de diciembre). Si las voces del francés, italiano o alemán se han de traducir por *inocentada* hay que añadir algo para señalar la diferencia de fechas en que se gastan estas bromas.

Gobernador civil se puede en ciertos contextos traducir al francés por *préfet* y al italiano por *prefetto*, por ejemplo en una novela en que se dice que fulano de tal cenó con el gobernador civil, pero no en un texto técnico que se refiere a las instituciones administrativas de uno u otro país.

- la *equivalencia cero* se da mucho, aunque no exclusivamente, en el vocabulario de civilización («culture-specific vocabulary») cuyas unidades léxicas son prácticamente intraducibles[217]. Ejemplos españoles: *abogado del Estado* (no existe en otros países), *cante flamenco, gachas, sardana*. Como estas unidades léxicas no tienen equivalentes en otras lenguas, lo mejor es repetir la unidad léxica de la lengua de partida y, para diferenciarla de los verdaderos equivalentes, ponerle comillas (y proceder también así cuando esta unidad léxica vuelve a aparecer en un texto), añadiendo una definición o explicación en la lengua meta, diferenciando ésta también tipográficamente, por ejemplo por letra cursiva. Ejemplos:

> *español*: **paella** *f* «paella» *f* (= *plat de riz à la valencienne*)
> *inglés*: **beefeater** *m* «beefeater» (= *apodo de los alabarderos de la Guardia real inglesa*)
> *francés*: **bourrée** *f* «bourrée» *f* (= *baile folklórico del Macizo Central*)
> *alemán*: **Föhn** *m* «foehn» *m* (= *viento seco y caliente de la zona prealpina de Baviera*)

En muchos casos la marca de especialidad será suficiente para distinguir diferentes equivalentes, por ej. (alemán-español):

> **Sirene** *f* **1** (*tecn(ología)* sirena *f*; **2** *mitología* sirena *f*

La manera de tratar los distintos grados de equivalencia nos dirá mucho sobre la calidad de un diccionario bilingüe.

3.4.2.4. *La selección de los materiales léxicos para diccionarios bilingües*

La selección de los materiales léxicos para un diccionario bilingüe depende naturalmente de la extensión de la obra que se ha de elaborar y del grupo de usuarios a los que esté destinado. Básicamente se puede aplicar con las reducciones necesarias en cada caso el esquema de las págs. 155-157[218].

En cuanto a criterios de selección, el diccionario bilingüe debería ser más aperturista y menos purista que los diccionarios monolingües. No se trata de saber si un barbarismo (o supuesto barbarismo), extranjerismo, tecnicismo,

---

[217] Sobre el vocabulario de civilización, véase 3.3.3.9.

[218] Sobre este tema, véanse Haas 1967 y Swanson 1962.

coloquialismo o vulgarismo está aprobado por la Academia o figura en diccionarios monolingües del español[219]. Con tal que una unidad léxica se use en una lengua, lo único que interesa al usuario del diccionario bilingüe es saber qué equivalentes tiene en la lengua meta.

Criterios importantes para la selección del léxico deben ser:

1. *La frecuencia de uso*. Por un lado, hay diccionarios de frecuencia que pueden ayudar al lexicógrafo a tener en cuenta las unidades léxicas más frecuentes. El inconveniente de estas obras es que muchas veces falten en ellas los neologismos de los últimos años. Por otro lado, un hablante nativo puede juzgar también hasta cierto punto, en virtud de su competencia lingüística, si una unidad léxica es poco usual o de uso frecuente. También se puede controlar en diccionarios bilingües no muy extensos si el léxico de unos cuantos vocabularios fundamentales[220] ha sido tenido en cuenta.

2. Otro criterio de selección es la *importancia de una unidad léxica dentro del conjunto del vocabulario registrado*. Si bien no se pueden tener en cuenta en un diccionario bilingüe miles de términos de medicina, hay que registrar aquellos que se usan con frecuencia en los medios de comunicación y en las conversaciones entre médicos y pacientes, etc. por ejemplo: *infarto de miocardio, artrosis, sida, arteriosclerosis, ecografía, radiografía, tomografía, colonoscopia, gastroscopia, ácido úrico, colesterol, hipertensión*, etc. Como el uso del ordenador es cada vez más frecuente en la mayoría de las profesiones, hay que tener en cuenta el vocabulario más frecuente de la informática.

3. Al seleccionar materias para un diccionario bilingüe hay que decidir también qué *léxico con marca diatópica* se quiere registrar: americanismos, regionalismos peninsulares y canarios para el español, léxico del Canadá, de Estados Unidos, de Australia para el inglés, etc. Un diccionario bilingüe español/lengua extranjera puede declarar en el prólogo que sólo tiene en cuenta léxico del español peninsular, lo cual en sí es coherente y consecuente. Si se han de tener en cuenta americanismos, debería haber cierto equilibrio entre el léxico de los distintos países y no una selección al azar.

4. Naturalmente el *grupo de destinatarios* de un diccionario debe tenerse en cuenta en la selección del léxico. Un diccionario poco extenso y de tamaño reducido concebido para turistas, debe ofrecer el vocabulario más frecuente que éstos necesitan en determinadas situaciones de

---

219 Sobre la normatividad en diccionarios bilingües, véase Manley 1983, pág. 120.

220 Sobre vocabularios fundamentales, véase 3.3.4.6.

comunicación: reserva de hoteles, viajes, automóvil (averías), peluquería, médico, dentista, etc.

5. Un diccionario bilingüe debería ofrecer un *léxico actualizado.* ¡Cuántos diccionarios son la enésima reimpresión de una obra que tiene 15 o 20 años!

Para ver hasta qué punto seis diccionarios español-alemán de extensión más o menos comparable tienen en cuenta el léxico de nuestra época, los hemos comparado con una selección de vocablos actuales sacados de la prensa diaria[221].

1. *Langenscheidt. Eurowörterbuch Spanisch. Spanisch-Deutsch/Deutsch-Spanisch.* Munich 1993 (la parte español-alemán tiene 261 págs.) (Euro).

2. *Diccionario manual VOX Alemán-Español/Español-Alemán.* Biblograf. Barcelona 1993 (la parte español-alemán tiene 305 págs.).

3. *Espasa Compact Wörterbuch. Diccionario español-alemán/Deutsch-Spanisch.* Espasa-Calpe. Madrid 1995 (parte español-alemán: 206 págs.).

4. *Diccionario Herder. Español-Alemán/Alemán-Español.* 2ª ed. Herder. Barcelona 1994 y *Pons Kompaktwörterbuch Spanisch-Deutsch.* Klett. Stuttgart 1994 (parte español-alemán: 295 págs.).

5. *Collins Wörterbuch Deutsch-Spanisch/Spanisch-Deutsch.* 3ª ed. Collins, Glasgow y Gijalbo, Barcelona 1992. (parte español-alemán: 188 págs.).

6. *Bertelsmann Taschenwörterbuch Spanisch. Spanisch-Deutsch/Deutsch-Spanisch.* Bertelsmann. Gütersloh 1993 (parte español-alemán 276 pág.) (Bert.).

---

221 El mismo test se puede hacer con otros diccionarios bilingües en los que el español es la lengua de partida (español-inglés, español-francés, etc.).

Unidad léxica	VOX 93	Euro	Espasa	Herder/ Klett	Collins	Bert.	Lang Bolsillo
anorak	-	+	+	+	-	+	+
antena parabólica	-	+	+	+	-	+	-
antibiótico	-	+	+	+	+	+	+
avión a (de) **reacción**	-	+	+	+	+	-	+
avión supersónico	-	-	-	+	-	-	+
bafle (altavoz)	-	+	-	-	-	+	-
bikini	-	+	+	+	-	-	+
cava *m*	-	+	+	+	-	+	-
chándal	-	+	+	+	-	+	-
computador(a)	-	+	+	+	+	+	+
contaminación ambiental	-	+	+	+	-	-	+
desodorante	+[222]	+	+	+	+	+	+
disco compacto	+	+	-	+	+	+	-
drogadicto	-	+	+	+	+	+	+
tercera edad	-	+	+	+	-	-	-
equipo de alta fidelidad	-	+	-	+	-	-	-
esquí acuático	-	+	+	+	-	-	+
esquí de fondo	-	+	-	+	-	-	-
geriatría	-	+	-	+	-	-	-
helipuerto	-	+	-	+	-	-	+
ingeniería genética	-	+	-	+	-	-	-

[222] VOX da en vez de un equivalente una definición insatisfactoria: «Mittel, das unangenehme Gerüche beseitigt».

Unidad léxica	VOX 93	Euro	Espasa	Herder/ Klett	Collins	Bert.	Lang. Bolsillo
láser	-	+	-	+	+	+	-
lavadora	+	+	+	+	+	+	+
lavaplatos	-	+	+	+	+	+	+
lentes de contacto	-	+	-	+	+	-	+
misil	-	+	-	+	+	+	+
monopatín	-	+	-	+	+	+	+
narcotraficante	-	+	+	+	-	-	-
pantalla panorámica	-	+	-	+	-	-	+
pirata aéreo	-	+	-	+	-	-	+
prestación social	-	-	-	+	-	-	-
radiocasete	-	+	-	+	-	+	-
relaciones públicas	-	+	+	+	+	+	-
retención (de trafico)	-	+	-	+	-	-	-
sida *m*	-	+	+	+[223]	-	+	-
sudadera	-	-	-	+	-	-	-
supermercado	+	+	+	+	+	+	+
surf(ing)	-	+	-	-	+	+	-
telediario	-	+	+	+	+	+	+
telemando	-	+	+	+	-	-	+

De las 44 unidades léxicas aparecen en los seis diccionarios: sólo 4 en VOX 93 (de éstas, una mal traducida), 16 en Collins, 22 en Bertelsmann, 24 en Espasa, 41 en Euro y 42 en Herder/Klett, lo que demuestra que hay una notable desigualdad entre los diccionarios en cuanto a actualización.

[223] *Sida* falta en el cuerpo del diccionario, pero figura en el glosario de abreviaturas con el equivalente alemán.

Aunque sea más extenso el *Langenscheidt Diccionario de Bolsillo.* Español-Alemán. Berlín y Munich 3ª ed. 1984 (498 págs., casi el doble que los otros diccionarios), faltan en esta obra palabras muy usuales de la vida cotidiana actual (ver el cuadro), lo cual se explica por el hecho de que después de la última edición sólo se hayan hecho reimpresiones que están actualmente en el mercado. Compárense las voces que faltan con las del *Eurowörterbuch* mucho más reciente y bien actualizado. Para un diccionario de buena calidad como el *Taschenwörterbuch,* ha pasado demasiado tiempo sin que se haya renovado[224].

En muchos diccionarios bilingües faltan *palabras tabuizadas* que se refieren generalmente al metabolismo y a órganos y actividades sexuales. Esto puede justificarse para ciertos tipos de obras, por ejemplo, diccionarios escolares. Por las razones ya expuestas (pág. 33) se tienen que registrar las palabras tabúes en los diccionarios bilingües de cierta extensión, pero si se registran, el equivalente en la lengua meta ha de corresponder al mismo nivel de estilo y se han de evitar definiciones o perífrasis. Al verbo *cagar* del español no corresponden como equivalentes ciertos eufemismos, sino equivalentes también tabúes como en inglés *to shit,* fr. *chier,* alemán *scheißen,* ital. *cacare.*

Vamos a ver como están representados algunos tabúes en los mismos diccionarios español-alemán ya comparados (véase pág.173) y otros dos más extensos: Rudolf Slaby/Rudolf Grossmann/Carlos Illig: *Wörterbuch der spanischen und deutschen Sprache. T. I.Spanisch-Deutsch/Español-Alemán,* 4ª ed. ampliada y totalmente revisada por C. Illig, Wiesbaden 1994 y Heinz Müller/Günther Haensch: *Langenscheidts Handwörterbuch T.I. Spanisch-Deutsch.* Langens-cheidt. Berlín y Munich 1990 (reimpresión de la ed. de 1987).

voz tabuizada	VOX	Euro	Espasa	Herder /Klett	Collins	Bert.	Sla./ Gross	Mül./ Haen.
chocho *m*	-	-	-	+	-	-	+	+
chumino *m*	-	-	-	+	-	-	+	-
cojones	-	-	-	+	-	+	+	+
conejo	-	-	-	+	-	-	+	+
coño	-	-	-	+	-	+	+	+
huevos	-	-	-	+	-	+	+	+
joder	-	+	+	+	-	+	+	+
marica, maricón	+[225]	+	+	+	-	+	+	+
hacerse una paja	-	-	-	+	-	+	+	+
pajero	-	-	-	+	-	+	+	+
pija	-	-	-	+	-	-	+	+
pijada	-	-	-	+	-	-	+	+
puta	+	+	+	+	+	+	+	+
puto	-	-	-	+	-	-	+	+
teta	+	+	-	+	+	+	+	+
tortillera	-	-	-	+	-	-	+	+

224 Según mis informaciones, una nueva edición actualizada de este diccionario está en preparación. Ya era hora. En España, la obra es distribuida por Santillana, Madrid.

225 La voz aparece, pero con un equivalente de otro nivel de estilo.

De las 16 voces tabúes de la lista figuran 2 en Collins, 3 en VOX y Espasa, 4 en Euro, 8 en Bertelsmann, 15 en Müller/Haensch y 16 en Slaby/Grossmann y en Herder. En el *Oxford Spanish Dictionary* figuran todas estas palabrotas con un equivalente adecuado, un dato más a favor de esta excelente obra.

Para ver hasta qué punto el *lenguaje coloquial* (»familiar» y «popular», pero no tabú) está representado en diccionarios muy extensos[226], hemos comparado tres diccionarios publicados en los últimos cinco años:

- *Oxford Spanish Dictionary* (ver nota 291), (parte español-inglés: 800 págs.).
- *Collins Diccionario Español-Inglés/Inglés-Español* (ed. por Colin Smith), 3ª ed. Harper Collins, Glasgow y Grijalbo, Barcelona 1992 (parte español-inglés: 776 págs.).
- Rudolf Slaby/ Rudolf Grossmann/ Carlos Illig: *Wörterbuch der spanischen und deutschen Sprache. T I: Spanisch-Deutsch. Español-Alemán.* 4ª ed. ampliada y totalmente revisada por Carlos Illig. Wiesbaden 1994 (1247 págs.).

Unidad léxica	Oxford	Collins	Slaby/Gross.
anfeta *f*	+	+	-
bandera: de ~ (fantástico)	-	+	+
bombón *m* (mujer guapa)	+	+	+
caballo *m* (heroína)	+	+	-
cabronada *f*	+	+	+
camión: estar como un ~ (tener buen tipo una mujer)	+	+	-
carroza *m/f* y *adj* (anticuado, viejo, reaccionario)	+	+	+-[227]
chorba *f*	+	+	-
chorrada *f*	+	+	+
chute *m*	+	+	+

[226] Sobre el lenguaje coloquial en diccionarios bilingües, véase Werner 1981.
[227] Faltan las acepciones 'hombre o mujer de ideas retrógradas, reaccionarias' y el uso como adjetivo.

Unidad léxica	Oxford	Collins	Slaby/Gross.
culebrón *m*	+	+	-
currar *vi*	+	+	+[228]
guay *adj*	+	+	-
horterada *f*	+	+	-
lingotazo *m* (trago)	+	+	+
litrona *f*	+	+	+
macarra *m*	+	+	+[229]
¡macho! (*apelativo*)	-[230]	-[231]	-[232]
pasota *m*	+	+	+
película: de ~ (fabuloso, estupendo)	+	+	+
pijo *m* (joven vanidoso, afectado, superficial, de familia rica)	+	+	+
sudaca *m/f*	+	+	+
tío (*apelativo*)	+	-[233]	-[233]
verde *m* (billete de 1000 pts.)	+	+	-
yonqui *m/f*	+	+	+

El caso más increíble de un diccionario totalmente anticuado que aún está en venta en librerías en 1996 es:

- *Diccionario Cuyás. Diccionario manual alemán-español/Spanisch-Deutsches Taschenwörterbuch* (en un tomo), por Emilio M.ª Martínez Amador. Hymsa. Barcelona. 1.ª ed. 1935, 19.ª ed. 1985. La ed. actualmente en venta no lleva fecha, pero del copyright se deduce que es de 1990. Parece que en este diccionario no se ha cambiado nada desde el año 1935, porque no se mencionan palabras muy usuales introducidas en los años cuarenta y cincuenta. De todos modos no figuran en él: *anorak, antibiótico, bermudas, bikini, bolígrafo, bronceador, canguro, cassette (casete), chándal, ciclomotor, espuma de afeitar, esquí acuático, fotocopiar, helicóptero, laca (para el pelo), lavaplatos, lentes de contacto, magnetofón, máquina de lavar, misil, ordenador, radar, sida, suda-*

228 Se da sólo el equivalente de 'trabajar duro' y no el de 'trabajar' en general.
229 La voz figura, pero la traducción tiene otro nivel de estilo.
230 Falta el uso como apelativo.
231 Falta el uso como apelativo.
232 Falta el uso como apelativo.
233 Falta el uso como apelativo.

dera, teletipo, televisión (y todo lo relacionado con ella), *tostadora, transistor, vaqueros, vídeo pra dar tan sólo unos ejemplos*. Cabe preguntarse hasta cuando abusos como éste se cometerán en España.

3.4.2.5. *La presentación de los diccionarios bilingües*[234]

En un diccionario bilingüe se han de tomar una serie de decisiones en cuanto a su presentación, entre otras las siguientes:

- ¿Se presentan la página titular, el prólogo, las instrucciones de uso, la introducción gramatical, los cuadros de declinación y conjugación en las dos lenguas del diccionario o sólo en una? En muchos casos, cuando hay dos partes: español-otra lengua y otra lengua-español, se suelen ofrecer las instrucciones para usuarios hispanohablantes en español en la parte lengua extranjera-español y para hablantes de la otra lengua en la parte español-lengua extranjera en ésta. En un diccionario italiano-español hay, por ejemplo, una introducción a la fonética y la gramática italianas en español y en la parte español-italiano una introducción a la fonética y gramática españolas en italiano[235].

- ¿En qué lengua se presentan las indicaciones que precisan el uso de una unidad léxica? En muchos casos se dan éstas en la lengua de partida. Ejemplo de un diccionario español-inglés:[236]

orín *m* **1** (*herrumbre*) rust
2 (*orina*) urine

- ¿En qué lengua se presentan las indicaciones metalingüísticas (gramaticales, marcas lexicográficas, etc.)? Últimamente se observa una tendencia a usar siglas para todas estas indicaciones que sirven en las dos lenguas y, cuando se trata de explicaciones no abreviadas, éstas se dan en la lengua de partida (como en el ejemplo de *orín*).

Los diccionarios bilingües unidireccionales necesitarán una microestructura de acuerdo con su grupo de destinatarios.

Como ya se ha señalado, cuando una unidad léxica de la lengua de partida tiene el mismo significado, pero otro nivel de estilo que el equivalente en la lengua meta, hay que poner marcas estilísticas a ambas unidades (a excepción de la marca *estándar* en la lengua de partida)[237].

---

[234] Sobre la estructura de los diccionarios bilingües véanse Al 1983 a, Baunebjerg 1990, Hausmann/ Werner 1991 a, Roberts 1992, Werner 1982 c.

[235] Cesáreo Calvo Rigual/ Anna Giordano: *Diccionario italiano. Italiano-Español/Español-Italiano*. Con una introducción a la fonética y gramática italianas de Salvador Pons Bordería. Editorial Herder. Barcelona 1995.

[236] The *Oxford Spanish Dictionary Spanish-English/English-Spanish*. Oxford University Press. Oxford-Nueva York-Madrid 1994.

[237] Sobre las marcas estilísticas, véase Werner 1980 a.

C

¡ca! *excl* macché!
cabal *adj* giusto, esatto, preciso, completo; *fig* serio, onesto; *estar uno en sus ~es* essere assennato, avere senno
cábala 1. *f* cabala; 2. *fpl* congetture, calcoli *mpl*; *hacer ~s* fare congetture
cabal|gada *f* cavalcata; **~gadura** *f* cavalcatura; **~gar** <*cabalgué*> **1.** *vt* cavalcare; montare; **2.** *vi* andare a cavallo; **~gata** *f* cavalcata
cabal|ista *m/f* cabalista; **~ístico** *adj* cabalistico
caballa *f zool* sgombro *m*; **~da** *f* mandria di cavalli; **~je** *m mec* cavalli (del motore) *mpl*; **~r** *adj* equino, cavallino
caballe|resco *adj* cavalleresco; *literatura ~* letteratura cavalleresca; **~ría** *f* 1. *zool* bestia da soma; 2. *mil* cavalleria; **~riza** *f* scuderia; **~rizo** *m* cavallerizzo; **~ro** *m* cavaliere; signore, gentiluomo; *~ andante* cavaliere errante; **~rosidad** *f* cortesia, gentilezza; **~roso** *adj* cortese, gentile; **~te** *m pitt* cavalletto
caballi|sta *m* intenditore o mercante di cavalli; **~to** 1. *m* cavallino; 2. *mpl* (cavalli da) giostra *f*; *~ del diablo* libellula; *~ de mar* cavalluccio marino; *hacer un ~ (con la moto)* sgommare con la moto
caballo *m* 1. *zool/fig* cavallo; *(fig) ~ de batalla* cavallo di battaglia; *~ de carreras* cavallo da corsa; *~ de Frisia* cavallo di Frisia; *~ de madera* cavallo a dondolo; *~ de montar* cavallo da sella; *~ de refresco* cavallo da posta; *~ de silla* cavallo da sella; *~ de tiro* cavallo da tiro; *~ de vapor* cavallo-vapore; *a ~* a cavallo; *(fig) a ~ de* a cavallo di; *fiebre/medicina de ~* febbre/medicina da cavallo; *a mata ~* a spron battuto; *a ~ regalado no le mires el diente* a caval donato non si guarda in bocca; *montar a ~* montare a cavallo; 2. *gergo* eroina *f* (*droga*)
caballuno *adj* cavallino, equino
cabaña *f* 1. capanna; 2. gregge *m*, mandria, numero di capi *m*
cabaret, cabaré *m* cabaret *inv*; night-club *inv*
cabe *prep/lit* presso, vicino a
cabece|ar *vi* tentennare/scuotere/scrollare il capo; *tras* beccheggiare; **~o** *m* scossa/tentennata di testa *f*; *tras* beccheggio; **~ra** *f* 1. testiera, testata; 2. posto d'onore *m*; 3. capezzale *m*; 4. *tip* testata; 5. *tele* sigla di una trasmissione; *medico de ~* medico di famiglia (della mutua)
cabecilla *m* capobanda; caporione, capoccia
cabell|era *f* chioma, capigliatura; *astr* chioma; *~ de indios* scalpo; **~o** *m* capello; capelli *mpl*, capigliatura *f*; *(gastr) ~ de ángel* = "ripieno per dolci a base di zucca"; **~udo** *adj* capelluto, *cuero ~* cuoio capelluto
puerta questa poltrona non passa dalla porta; *cabe la posibilidad de que llegue a tiempo* può darsi che arrivi in tempo; *no cabe en sí de gozo/de alegría* non sta in sé dalla gioia; *no caber (algo) en la cabeza (a alg)* non poter capire *(q qc)*/non riuscire a capire *(q qc)*; *no me cabe duda* non c'è dubbio; 2. spettare, toccare, *me cabe el honor de presentarte* ho/mi spetta l'onore di presentarti
cabestr|illo *m* 1. capestro, cavezza *f*; 2. *med* benda per appoggiare il braccio *f*; *llevar el brazo en ~* avere il braccio (legato) al collo; **~o** *m* capestro
cabeza *f* 1. testa, capo *m*; 2. *fig* testa, capocchia; *fig* capacità; *~ abajo/arriba* bocconi/supino; *~ de ajo* testa d'aglio; *~ cuadrada* testa quadra; *~ de chorlito* testa di rapa/di cavolo; *~ dura* testa dura; *~ de ganado* capo di bestiame; *~ hueca* testa vuota; *(geogr) ~ de partido* capoluogo; *(sport) ~ de serie* testa di serie; *(fig) ~ rapada* testa rasata; *~ de turco* testa di turco; *estar a la ~ de* essere in testa a/alla testa di; *en la ~ del tren* in testa al treno; *juego de ~* gioco di testa; *sin pies ni ~* senza né capo né coda; *(a. fig) agachar la ~* abbassare/chinare la testa; *(fig) calentarle la ~ a alguien* montare/riempire la testa a qc; *(fig) darse con la ~ en la pared* sbattere la testa/il capo contro il muro; *doler la ~* avere mal di testa; *ir de ~* ammattire, affannarsi; lambiccarsi il cervello; *(a. fig) ir con la ~ (bien) alta* andare/camminare a testa alta; *levantar ~* rifarsi (*económicamente*), rimettersi (*salud*); *metérsele una cosa (a alg) en la ~* mettersi/ficcarsi qualcosa in testa/in capo (a q); *no atreverse a levantar la ~* non azzardarsi a fiatare; *pasarle una cosa por la ~ (a alg)* passare (qc) per la testa/il capo (a q); *(fig) perder la ~* perdere la testa; *(fig) romperse la ~* scervellarsi; *(fig) sentar la ~* mettere la testa a partito/a posto; *(fig) subirse a la ~ (algo)* dare alla testa (qc), montarsi la testa; *tener la ~ llena de pájaros* avere dei grilli per il capo; *tener la ~ encima de los hombros* avere la testa sulle spalle; *tocar a tanto por ~* toccare un tanto a testa; *traer de ~* fare impazzire; 3. *tec* testata; *tec/fig* estremità (*viga*); *tec* testina (*grabación*); *~ atómica* testata atomica; *~ nuclear* testata nucleare; *(mil) ~ de puente* testa di ponte; 4. *~ de familia* capofamiglia; *(pol) ~ de lista* capolista
cabeza|da *f* colpo di testa *m*; scossa di testa; testata; *echar una ~adita* fare un pisolino; *dar ~s* sonnecchiare; **~l** *m* 1. guanciale; capezzale (*cama*); 2. *tec* testina *f*; **~zo** *m* testata *f*; *sport* colpo di testa
cabezo *m raro* collina *f*
cabezón *m* testone; *fig* testardo
cabezo|nada *f* 1. testardaggine, caparbietà; 2. colpo di testa *m*; **~ta** *adj/s* testardo, caparbio

Muestra de un diccionario español-italiano: Cesáreo Calvo Rigual / Anna Giordano: *Diccionario Italiano-Español / Español-Italiano*. Herder Barcelona 1995.

De gran importancia es el tratamiento de las unidades pluriverbales: sintagmas lexicalizados, colocaciones, fraseología[238] etc., que deberían aparecer siempre con la misma ordenación en los artículos del diccionario bilingüe para facilitar su localización. Las frases-ejemplo dicen a veces más sobre el uso contextual de una unidad léxica que una explicación metalingüística. En los diccionario bilingües los ejemplos en forma de frases completas aún no son muy frecuentes. Los ejemplos siguientes son tomados de un diccionario español-japonés (sin el texto japonés):[239]

> **balde** [...] *de balde*: Entró al cine de balde. *en balde*: Si te rechazan el proyecto, habrás trabajado en balde.
> **iceberg** [...] El barco chocó contra un iceberg [...]. Creo que este problema es sólo la punta de una iceberg.

Otro ejemplo de un diccionario español-inglés:[240]

> **colapso** *m* **(a)** (*Med*) collapse; **sufrió/le dio un ~** he collapsed **(b)** (*paralización*) standstill; **la huelga provocó un ~ en todo el país** the strike completely paralized the country o brought the country to a standstill.

Estos pocos casos prácticos demuestran la enorme utilidad de los ejemplos. En muchos casos, es preferible prescindir de formas abstractas, por ejemplo es mejor no poner: **acordar** [...] y luego *pronl.*(= pronominal), sino directamente: **~se**, no poner: **acabársele a alg la paciencia**, sino una frase: **se le acaba la paciencia**, no poner **segador** *m/f* [...] y cinco líneas después *f* 'máquina que siega', sino dedicar a **segadora** otra entrada.

Hay palabras que sólo se pueden traducir en una frase, expresión fija o fragmento de frase. Por ej. para el adjetivo alemán *vorbestraft* se puede dar un equivalente sólo en una frase: *X ist vorbestraft*: «X tiene antecedentes penales». Una mujer que impresiona a los hombres por su belleza, elegancia, etc. se llama en el lenguaje coloquial alemán «Klassefrau». La frase: *Sie ist eine Klassefrau* nos da una posibilidad de traducir la palabra: «Esta mujer tiene clase.»

En algunos diccionarios bilingües hay anexos: glosarios de abreviaturas y siglas, glosarios bilingües de nombres geográficos, gentilicios, nombres de pila, etc. Para facilitar el manejo de los diccionarios sería mejor incorporar todos estos anexos en el cuerpo del diccionario, lo que algunos editores no aceptan todavía.

La *lematización* plantea un problema en ciertos diccionarios bilingües: en éstos no se puede, como en los diccionarios monolingües, asignar un solo lema a palabras que se usan a la vez como sustantivos y como adjetivos. En italiano es posible, por ejemplo: **francese** *adj/s* francés. En francés es posible, pero no

---

238 Sobre fraseología en los diccionarios bilingües véase Schemann 1991.
239 Carlos Rubio-Hiroto Ueda: *Nuevo Diccionario Español-Japonés*. Kenkyusha. Tokio 1992.
240 Diccionario Oxford. Véase pág. 208.

con gentilicios ya que éstos se escriben con mayúscula cuando se usan como sustantivos:

francés, -esa 1. *adj* français, **2.** *m/f* Français(e) *m/f*; **el** ~ le français (langue).

La misma restricción existe en inglés. En alemán se tienen que separar siempre los adjetivos y los sustantivos puesto que estos últimos se escriben siempre con mayúscula.

De todos modos soy partidario de distinguir siempre los sustantivos de los adjetivos tratándolos en entradas o subentradas separadas como ya lo expuse a propósito de los diccionarios monolingües[241].

Ejemplo (español-inglés):
trabajador,-a 1. *adj* hard working, **2.** *m/f* worker.

3.4.2.6. *Gramática en el diccionario bilingüe*

Si las indicaciones gramaticales son importantes en un diccionario monolingüe, lo son aún más en un diccionario bilingüe especialmente cuando se trata de producir textos en una lengua extranjera o traducirlos a ésta.

En una excelente tesis doctoral, Mª Teresa Fuentes[242] ha tratado a fondo el problema de la gramática en diccionarios bilingües, referido a diccionarios alemán-español y pensando en el usuario germanohablante, pero su método es aplicable a cualquier otra combinación de lenguas en un diccionario bilingüe.

Como prácticamente todos los diccionarios bilingües -con muy pocas excepciones- son todavía bidireccionales, es indispensable ofrecer en ellos un máximum de indicaciones gramaticales tanto para la lengua de partida como para la lengua meta como ya se señaló en 3.4.2.1.

- Hay que indicar todos los cambios ortográficos de verbos y todas las irregularidades de conjugación, en muchos casos remitiendo a cuadros de conjugación que suelen ponerse en las primeras o en las últimas páginas del diccionario[243].

- Para el régimen preposicional, lo mejor es indicar la valencia de los verbos, por ejemplo:

esp. *recordar u/c (una cosa) a alg(uien)*
fr. *rappeler qch. à qn.*

---

[241] Véase pág. 171, núm. 9.

[242] Véase Fuentes 1996. Es de suponer que dicha tesis será publicada en español en un futuro no demasiado lejano. Sobre gramática en el diccionario bilingüe véase también Fuchs 1988.

[243] Como demostró Ma. T. Fuentes 1996, ningún diccionario bilingüe es totalmente consecuente en la aplicación de esta regla, unos más, otros menos.

inglés *to avail oneself of something*
alemán *jemanden an etwas erinnern*

- Fuentes 1996 sugiere recordar al usuario que los sustantivos femeninos que empiezan por *a* o *ha* acentuadas, requieren el artículo *el*, por ej. **arma** *f* (el) ...

- La indicación de la forma femenina de los sustantivos y adjetivos, en ciertas lenguas también la de la forma neutra.

- El plural de los sustantivos que presente cualquier irregularidad debería indicarse.

En algunas lenguas son necesarias más indicaciones, para ilustrar esto, pensemos en las formas de flexión de los sustantivos en alemán, por ejemplo:

Knabe *m* (-n, -n) muchacho *m*
Léase: *des Knaben* (genitivo) y *die Knaben* (plural)

El tratamiento de la gramática es uno de los criterios más importantes para juzgar la utilidad de un diccionario bilingüe.

3.4.2.7. *Instrucciones para el usuario*

Las instrucciones de uso son necesarias para cualquier diccionario, pero son particularmente importantes para el manejo de un diccionario bilingüe. Sólo leyendo bien las instrucciones, se podrá sacar todo el provecho de estas obras en las que los matices de significados y de equivalencias son de especial relevancia para entender, producir o traducir textos. Estas instrucciones deben ser formuladas de una manera muy clara y tener una presentación tipográfica grata que anime al usuario a leerlas. Algunos diccionarios no dan instrucciones como *Collins Pocket Diccionario español-alemán o Deutsch-Spanisch*. Compact Verlag, Munich 1986 y Grijalbo, Barcelona 1995 (reimpresión) o el *Diccionario Español-Alemán-Deutsch-Spanisch*. Ed. Rayuela. Valencia 1992, lo cual se explica, por lo menos en cuanto a este último, por su microestructura sencilla, que casi no necesita explicación.

3.4.2.8. *Algunos ejemplos de diccionarios bilingües*

Como en el caso de los diccionarios especializados es imposible ofrecer aquí una selección representativa de diccionarios bilingües, por eso vamos a comentar sólo algunos de ellos[244].

---

[244] En su tesis doctoral sobre diccionarios bilingües, Fuentes 1996 analiza 26 diccionarios alemán-español de diferente extensión (entre 120 y 1300 págs.) y de calidad desigual. Para la combinación inglés-español hay aún más diccionarios.

En cuanto a las **lenguas clásicas**, disponemos de dos obras de cierta extensión:

Para el **latín**: Santiago Segura Munguía: *Diccionario etimológico latino-español.* Madrid 1ª ed. 1985. Obra útil, aunque no comparable a los grandes diccionarios del latín publicados en Gran Bretaña, Francia y Alemania.

Para el **griego**: Francisco Rodríguez Adrados: *Diccionario griego-español.* Madrid. vol. I 1980; vol. II 1986; vol. III...[245]

Este diccionario es una obra extraordinaria, seguramente el mejor diccionario griego antiguo/lengua moderna que hay.

En cuanto a **lenguas modernas**, hay diccionarios muy extensos de **inglés**:

- *Oxford Spanish Dictionary. Spanish-English/English-Spanish.* Oxford University Press, Oxford-Nueva York-Madrid, 1994. Admitiendo que todos los diccionarios bilingües pueden tener algún punto flaco[246], hay que reconocer que este diccionario, el más extenso español-inglés e inglés-español tiene muchos méritos: una estructura clara y un amplio muestrario de ejemplos de aplicación en las dos lenguas. Es un tomo grueso de 1829 págs. que ofrece numerosas unidades léxicas del lenguaje coloquial, vulgar y jergal, americanismos, regionalismos peninsulares y canarios, tecnicismos, sintagmas lexicalizados, modismos, frases hechas, refranes, valencias verbales etc. Ver pág. 208.

- Colin Smith (dir.) *Collins Spanish-English/English-Spanish Dictionary.* Harper Collins, Glasgow y Grijalbo, Barcelona 3ª ed. 1992. (Parte español-inglés: 776 págs., inglés-español: 803 págs., en total 1684 págs. con varios anexos muy útiles). Tiene prácticamente todos los rasgos positivos del *Oxford Dictionary* (que es algo más extenso) y, lo mismo que éste, es muy recomendable para el usuario que necesite un diccionario muy completo.

Muy extensos son también:

Tana de Gámez: *Simon and Schuster's International Dictionary. English-Spanish/Spanish-English.* Simon and Schuster. New York. 1ª ed. 1973. No hemos podido averiguar si existe una edición posterior de esta obra cuya 1ª ed. está totalmente anticuada y no tiene una microestructura tan desarrollada como el *Oxford Dictionary* y el *Collins* grande, siendo, con todo, un buen diccionario, pero no actualizado. Parece que no se ha reeditado.

Otros diccionarios español e inglés de cierta extensión son:

- *Gran diccionario moderno Larousse. Inglés-Español/Español-Inglés.* Larousse. 1986, que también es un excelente diccionario y, por tanto, muy recomendable.

---

[245] Sobre esta obra, véanse Rodríguez Adrados 1986 y 1988.

[246] Por ej. errores tipográficos, falta de palabras actuales de uso frecuente, equivalentes insatisfactorios, etc.

credo 206 **creyente**

crédito inmediato instant credit
crédito pensión home income plan
crédito puente bridge loan (AmE), bridging loan (BrE)
2 (a) (credibilidad): **fuentes dignas de ~** reliable sources; **no di ~ a sus palabras** I didn't believe what he said, I doubted his words (frml); ***no dar ~ a sus ojos/oídos***: **no di ~ a mis ojos/oídos** I couldn't believe my eyes/ears **(b)** (prestigio, fama): **fracasos que han venido a empañar su buen ~** failures which have tarnished his reputation; **un médico que goza de mucho ~** a doctor of some *o* good standing
3 (Cin, TV) credit; **los ~s de la película** the movie *o* film credits
4 (Educ) credit

credo *m* **(a)** *tb* **C~** (oración) creed, Creed **(b)** (creencias) creed, beliefs (*pl*)

credulidad *f* credulity, gullibility

crédulo -la *adj* credulous, gullible

creencia *f* belief; **actué en la ~ de que** ... I acted in the belief that ...

creencial *adj*: **cuestiones ~es** questions of belief

creer [E13] *vi* **1 (a)** (Relig) to believe **(b)** (tener fe, confianza) **~ EN algo/algn** to believe IN sth/sb; **no creo en los fantasmas/el amor** I don't believe in ghosts/love; **él fue el único que creyó en nosotros** he was the only one who believed in us *o* who had any faith in us **(c)** (+ *me/te/le etc*) to believe; **¿y eso te dijo? ¡no te puedo ~!** he said that to you? I don't *o* can't believe it!; **tú me crees, ¿verdad?** you believe me, don't you?
2 (pensar, juzgar) to think; **¿estará en casa ahora? — no creo** will she be at home now? — I don't think so; **esto lo terminamos mañana — ¿tú crees?** we'll get this finished tomorrow — do you think so?; **ocurrió en 1965, según creo** I believe *o* understand it took place in 1965; **es más difícil de lo que parece, no creas** believe you me, it's harder than it looks; **esto ya pasaba antes, no crea usted** this used to happen before as well, you know
■ **~** *vt* **1** (dar por cierto) to believe; **¡quién lo hubiera creído!** who would have believed it?; **hay que verlo para ~lo** it has to be seen to be believed; **lo creas o no lo creas** *or* **aunque no lo creas** believe it or not; **si no lo veo no lo creo** if I hadn't seen it with my own eyes I wouldn't have believed it; **¿que si lo voy a aceptar? ¡ya lo creo!** am I going to accept it? of course I am! *o* (colloq) you bet!; **no (le) creas nada de lo que dice** don't believe a thing *o* a word he says; **es una historia de no ~** it's an unbelievable *o* incredible story; **¿tú puedes ~ que ni siquiera me saludó?** would *o* can you believe that he didn't even say hello to me?; **¡no lo puedo ~, nos han puesto otra multa!** I don't believe it, we've got another ticket!; **¿se puede ~ que a nadie se le haya ocurrido?** can you believe that nobody has thought of it before?
2 (pensar, juzgar) to think; **¿ya ha terminado la reunión? — creo que sí/creo que no** has the meeting finished yet? — I think so/I don't think so; **creo que va a llover** I think it's going to rain; **creo que es mi deber ayudarlo** I believe it's my duty to help him, I consider it my duty to help him; **quiero ~ que se lo agradeciste** I hope you thanked them; **no vayas a ~ que a mí me resultó fácil** don't get the impression that *o* don't think that it was easy for me; **se cree que el incendio fue provocado** the fire is thought to have been started deliberately; **les hizo ~ que estaba enfermo** he made them think he was ill; **creo que no va a poder resolverlo** I don't believe *o* think she'll be able to sort it out; **no creí necesario avisarte** I did not think it necessary to let you know; **no la creo capaz de semejante cosa** I do not think she is capable of such a thing; **¿me crees tan estúpida?** do you really think I'm that stupid?; **no ~ QUE + SUBJ**: **no creo que pueda resolverlo** I doubt if *o* I don't think I'll be able to solve it; **no creo/no puedo ~ que lo haya hecho sin ayuda** I don't/can't believe that he did it on his own; **no creo que llueva** I don't think it'll rain; **~ + INF**: **creí oír un ruido** I thought I heard a noise; **creo recordar que me dijiste que** ... I seem to remember you telling me that ...; **creo haberlo visto antes pero no estoy segura** I think I've seen it before but I'm not sure
■ **creerse** *v pron* **1** (dar por cierto, figurarse) **(a)** (*enf*) (con ingenuidad) to believe; **que no se crea que es tan fácil** he shouldn't think it's so easy; **se cree todo lo que le dicen** she believes everything she's told; **no me creo nada de ti** (Esp) I don't believe a thing *o* word you say **(b)** (con arrogancia) to think; **¿quién se ~á que es?** who does he think he is?; **¿qué se habrán creído?, ofrecernos esa miseria** what do they take us for, offering us such a pathetic amount?; **¿qué te crees, que soy tu criada?** what do you think I am? your maid or something?; **se lo cree mucho** *or* **se lo tiene muy creído** (Esp fam) he's very full of himself (colloq), he really fancies himself (BrE colloq); **¡que te crees tú eso!** *or* **¡que te lo has creído!** (Esp fam) you must be kidding *o* joking! (colloq)
2 (*refl*) **(a)** (considerarse): **no me creo capaz de hacerlo** I don't think I'm capable of doing it; **se cree el dueño del pueblo** he thinks he owns the whole village; **te crees muy listo ¿verdad?** you think you're really clever, don't you? **(b)** (CS fam) (estimarse superior) to think one is special (*o* great *etc*)
3 (Méx) (fiarse) **~se DE algn** to trust sb

creíble *adj* credible, believable

creíblemente *adv* credibly

creído -da *adj* **(a)** [SER] (engreído) conceited **(b)** [ESTAR] (confiado, convencido): **está ~ (de) que va a ganar** he's convinced *o* quite sure he's going to win, he's very confident of victory **(c)** [SER] (Arg) (crédulo) gullible

crema^{1} *adj inv* cream; **una camisa ~** *or* **una camisa (de) color ~** a cream-colored shirt, a cream shirt

crema^{2} *f* **1** (Coc) **(a)** (plato dulce) *type of custard o blancmange* **(b)** (esp AmL) (de la leche) cream; **~ batida** whipped cream; ***echarle*** *or* ***ponerle mucha ~ a sus tacos*** (Méx fam) to boast, blow one's own trumpet **(c)** (sopa) cream; **~ de espárragos** cream of asparagus (soup)
crema agria *or* **ácida** (AmL) sour *o* soured cream
crema catalana: *dessert similar to crème brûlée*
crema chantilly *or* **chantillí** (AmL) whipped cream (*with sugar, vanilla and egg white*)
crema de cacao crème de cacao
crema de menta crème de menthe
crema doble (AmL) double cream
crema líquida (AmL) single cream
crema pastelera crème pâtissière, confectioner's custard
2 la crema (lo mejor) the cream; **la ~ de la sociedad** the cream of society
3 (en cosmética) cream
crema antiarrugas anti-wrinkle cream
crema bronceadora suntan lotion *o* cream
crema capilar hair lotion
crema de afeitar shaving cream
crema de calzado (Esp) shoe cream
crema depilatoria hair-removing cream, depilatory cream
crema hidratante *or* **humectante** moisturizer, moisturizing cream
4 (Ling) dieresis*

cremá *f*: *ceremonial burning of the models at the end of the* **Fallas**

cremación *f* cremation

cremallera *f* **(a)** (Indum) zipper (AmE), zip (BrE) **(b)** (Mec, Tec) rack

cremar [A1] *vt* to cremate

crematística *f* (frml) chrematistics (frml)

crematístico -ca *adj* (frml) financial, chrematistic (frml)

crematorio^{1} **-ria** *adj* ⇒ **horno**

crematorio^{2} *m* crematorium

crémor *m*: *tb* **~ tártaro** cream of tartar

cremosidad *f* creaminess

cremoso -sa *adj* ‹*salsa*› creamy; ‹*queso*› soft, creamy

crenchas *fpl* (CS fam & pey) hair

creosota *f* creosote

crep *m* (*pl* **creps**) ⇒ **crepe** 1

crepa *f* (Méx) ⇒ **crepe** 1

crepar [A1] *vt* (Esp) to backcomb

crepe /krep/ *m or f* **1** (Coc) crepe, pancake (BrE)
2 crepe *m* ⇒ **crepé**

crepé *m* **1** (Tex) crepe; ⇒ **papel**
crepé de china crepe de Chine
2 (caucho) crepe

crepería *f* creperie, pancake restaurant

crepitación *f* crackling

crepitar [A1] *vi* to crackle

crepuscular *adj* (liter) twilight (*before n*); **luz ~** twilight

crepúsculo *m* (del anochecer) twilight; (del amanecer) dawn light; **en el ~ de su vida** in the twilight of his years (liter), in his twilight years (liter)

cresa *f* eggs (*pl*) (*of queen bee*)

crescendo *m* crescendo; **in ~**: **los aplausos fueron in ~** the applause got louder and louder *o* rose in a crescendo; **el desempleo va in ~** unemployment is rising steadily

Creso Croesus

crespo^{1} **-pa** *adj* (rizado) (AmL) curly; (muy rizado) frizzy

crespo^{2} *m* (AmL) curl; ***con los ~s hechos*** (Andes fam): **me dejaron con los ~s hechos** they let me down; **cancelaron la fiesta y nos quedamos con los ~s hechos** the party was called off and we were left all dressed up with nowhere to go

crespón *m* **(a)** (tela) crepe **(b)** (lazo) band

cresta *f* **1 (a)** (Zool) crest; (de gallo) comb **(b)** (de una ola) crest; ***estar en la ~ de la ola*** to be on *o* be riding the crest of a wave **(c)** (de un monte) crest
2 (Chi vulg) (uso expletivo): **¿dónde ~(s) dejé las llaves?** where the hell did I leave the keys? (colloq); **¡apúrate por la ~!** get a move on for goodness sake (colloq); **¡por la ~! otra vez me equivoqué** damn it! I've got(ten) it wrong again! (sl); ***¡a la ~!*** (Chi vulg): **¡ándate a la ~!** go to hell! (sl); **¡a la ~ con el trabajo!** to hell with work! (colloq); **con esta inflación todos nos vamos a ir a la ~** with inflation like this we're all going to be up shit creek (vulg); **dile que se vaya a la ~** tell him to go to hell (sl); ***más que la ~*** (Chi vulg): **me dolió más que la ~** it hurt like hell (colloq); **gana más que la ~** he earns a hell of a lot (colloq), he earns a goddamn (AmE) *o* (BrE) bloody fortune (sl); ***sacarle la ~ a algn*** (Chi vulg) to beat the shit out of sb (vulg); ***sacarse la ~*** (Chi vulg): **me caí y casi me saco la ~** I fell and nearly broke my neck *o* killed myself (colloq); **se sacó la ~ en motoneta** he smashed himself up in a motorbike accident (colloq)

crestería *f* cresting

crestomatía *f* anthology, collection of texts

creta *f* chalk

Creta *f* Crete

cretáceo^{1} **-cea** *adj* cretaceous

cretáceo^{2} *m*: **el ~** the Cretaceous

cretense *adj/mf* Cretan

cretinismo *m* cretinism

cretino^{1} **-na** *adj* **(a)** (Med) cretinous **(b)** (fam & pey) (estúpido) cretinous (pej), moronic (colloq & pej)

cretino^{2} **-na** *m,f* **(a)** (Med) cretin **(b)** (fam & pey) (estúpido) cretin (colloq & pej), moron (colloq & pej)

cretona *f* cretonne

cretoso -sa *adj* chalky

creyente^{1} *adj*: **es muy ~** she has a strong faith

Muestra de un diccionario bilingüe extenso: *Diccionario Oxford. Español-Inglés / Inglés-Español.* Oxford-Nueva York-Madrid, 1994.

- Emilio Martínez Amador: *Gran Diccionario Sopena Inglés-Español/Español-Inglés*. Sopena. 2 vols. Barcelona 1990 (no recomendable).

- *Gran Diccionario Español-Inglés/Inglés-Español*. Cuyás. 1 vol. Barcelona 1993.

En cuanto a **diccionarios español-francés/francés-español**, no había durante mucho tiempo -según mis colegas hispanistas franceses- un diccionario satisfactorio. La situación ha mejorado con la publicación de la obra siguiente:

- *Larousse. Diccionario general español-francés, francés-español.* Larousse Barcelona 1993. Véanse otros títulos en la pág. 293.

Otro diccionario extenso es:
-Emilio Martínez Amador: *Gran Diccionario Sopena. Francés-Español/Español-Francés*. Sopena. 2 vols. Barcelona 1991 (poco recomendable).
Como ya se comentó, hay bastantes diccionarios **alemán-español/español-alemán**. Los más extensos son:

- Rudolf Slaby/ Rudolf Grossmann/ Carlos Illig: *Wörterbuch der spanischen und deutschen Sprache. Diccionario de las lenguas española y alemana.* T.I. *Spanisch-Deutsch. Español-Alemán.* 4ª ed. ampliada y totalmente revisada por Carlos Illig 1994, T.II (1.297 págs.) 4ª ed. ampliada y totalmente revisada por Carlos Illig 1989 (1.319 págs.), ambos: Brandstetter. Wiesbaden y Herder Barcelona.

- Heinz Müller/ Günther Haensch: *Langenscheidts Handwörterbuch Spanisch. Spanisch-Deutsch/Deutsch-Spanisch.* Langenscheidt Berlín y Munich 1987 (reimpresión 1990) (parte español-alemán: 627 págs., parte alemán-español 607 págs., más la introducción y los anexos)[247].
Otro diccionario extenso, nada recomendable es[248]:

- Emilio Martínez Amador: *Gran Diccionario Sopena. 2 vols. Alemán-Español/Español-Alemán* «nueva edición» Sopena. Barcelona 1991 (alemán-español: 1.056 págs.; español-alemán: 1.038 págs.).
Estas tres obras han sido comparadas por varios autores, por ej. por Reinhold Werner[249] y, en cuanto a gramática, por M.ª Teresa Fuentes[250].
El *Gran Diccionario Sopena*, juzgando con objetividad, por las razones ya expuestas además por la falta de léxico actual (aunque se dan algunas palabras recientes), por el gran número de vocablos no usuales que trae y por muchos

247 Una nueva edición de este diccionario está en preparación.
248 Véase 2.3., pág. 27 (núm.3) y 28 (núm. 6).
249 Werner 1987 b. (En este artículo, el autor se refiere a Slaby-Grossmann I, 1975 y II, 1973; Müller-Haensch 1987; Martínez Amador 1981).
250 Fuentes 1996.

equivalentes nada fiables, junto a otros también numerosos inventados por el autor.

Slaby-Grossmann es el más extenso de los diccionarios recomendables y el más reciente. El diccionario de *Müller-Haensch* ha sido juzgado positivamente en cuanto a léxico de actualidad, lenguaje hablado y americanismos[251]. Los tres diccionarios, como prácticamente todos los demás, necesitan una renovación de su microestructura y una ampliación o un tratamiento más consecuente de la gramática[252], lo cual se puede aplicar prácticamente al conjunto de los diccionarios bilingües (con excepciones como *Oxford Dictionary Spanish* y el *Collins* grande)[253].

Otros diccionarios español/alemán menos extensos, pero con una selección representativa del léxico son:

- *Langenscheidts Taschenwörterbuch= Diccionario moderno Langenscheidt de los idiomas alemán y español.* Berlín-Munich-Viena-Zurich-Nueva York 1986-1989, refundición por Gisela Haberkamp de Antón, distribuido en España por Santillana, Madrid.
- Günther Haensch: *Diccionario español-alemán/alemán-español.* Herder, Barcelona y Klett, Stuttgart (=Pons Kompaktwörterbuch Spanisch), 1995.

Me parece que se puede afirmar, sin ser injusto, que por la selección del léxico, las indicaciones gramaticales y otros rasgos, estos dos diccionarios son mejores que otros más o menos de la misma extensión que se han publicado en España. Véase pág. 293.

En cuanto al italiano, los dos más extensos son:

- Ambruzzi: *Nuovo dizionario italiano-spagnolo,* 1949; 7.ª ed. 1973 (1289 págs.) e id.: *Nuovo dizionario spagnolo-italiano,* 1973 (1227 págs.) y Carbonell: *Dizionario fraseologico completo. Spagnolo-Italiano.* 1989, reimpresión 1995 (1922 págs.) y *Dizionario fraseologico completo. Italiano-Spagnolo* 1986. Estos se publicaron en los años 50 y ofrecen mucho vocabulario, pero no han sido renovados a fondo en cuanto al léxico registrado y a la metodología. Un diccionario nuevo es:

Cesáreo Calvo Rigual/Anna Giordano: *Diccionario italiano Herder. Italiano-Español/Español-Italiano.* Herder. Barcelona 1995. Registra mucho vocabulario actual, tiene una buena presentación tipográfica y, con sus 65.000 entradas, es un diccionario intermedio entre las grandes obras anticuadas y las más reducidas. Obra útil y recomendable. (Véase la muestra en la pág. 203).

3.4.2.9. *Observación final sobre los diccionarios bilingües*

Como hemos visto existen ya algunos buenos diccionarios del español en combinación con el inglés, francés, alemán e italiano junto a otros mediocres y

---

[251] Werner 1986 a.

[252] Fuentes 1996.

[253] Véase un artículo ejemplar del "Oxford" en la pág. 208.

hasta deficientes. Se puede afirmar que, dejando a un lado el diccionario griego, la mayoría de los buenos diccionarios bilingües se han publicado en otros países: Gran Bretaña, Estados Unidos, Francia, Alemania, etc. y no en España u otro pais hispánico[254]. Por esto algunas editoriales españolas se han aliado con editoriales extranjeras, por ejemplo, Grijalbo, Barcelona con Harper Collins, Glasgow; Santillana, Madrid con Langenscheidt, Berlín y Munich; Herder, Barcelona con Brandstetter, Wiesbaden (Alemania); Herder, Barcelona colabora también con Klett, y la Sociedad General Española de Librería (SGEL) con Oxford University Press, Stuttgart, etc.

Esperamos que lo expuesto sobre los diccionarios bilingües permita al lector hacerse una idea de lo que tiene que exigir de este género de obras tan necesarias en el mundo de hoy[255].

3.4.3. Los diccionarios generales multilingües[256]

Como ya destacamos en 3.3.3.6., existen hoy en día muchos diccionarios especializados multilingües que registran términos técnicos (en sentido amplio). Como los términos técnicos son, por lo general, unívocos y están bien delimitados, estos diccionarios pueden dar equivalentes exactos en varias lenguas. En los diccionarios bilingües se dan equivalentes de una unidad léxica en una lengua meta, en los diccionarios terminológicos plurilingües, en cambio, se puede pasar de cualquier término de una de las lenguas tenidas en cuenta al equivalente en cualquier otra lengua. Por ejemplo, el término *plataforma continental* (término de geología y de derecho internacional) tiene equivalentes exactos en otras lenguas:

Español	**Inglés**	**Francés**	**Alemán**
plataforma continental *f*	continental shelf	plateau continental, plate-forme *f* continentale, seuil *m* continental	Festlandsockel *m* Kontinentalsockel *m*

Debido a la intercambiabilidad de los términos, se puede buscar el equivalente del término español en la columna del francés o el equivalente del término inglés en alemán.

---

254 El ilustre lexicógrafo Manuel Seco afirma lo mismo con respecto a la totalidad de la producción lexicográfica española:«[...] la producción, en nuestros países, de este género de obras, a pesar de la importancia de la lengua española en el mundo, no es comparable ni en calidad ni en cantidad con la riquísima floración de que disfrutan otros idiomas.» [Seco 1987 a, pág. 10].

255 Para panoramas de conjunto de la lexicografía bilingüe del español, remitimos a los trabajos mencionados en la nota 13, cap. 2.

256 Sobre los diccionarios multilingües véase Haensch 1991 b.

La situación es totalmente diferente cuando no se registran términos técnicos u otras unidades léxicas claramente definidas y unívocas, sino palabras de la lengua general cuyo campo léxico es más difuso, está peor delimitado, o bien cuando se trata de palabras polisémicas (de varias acepciones). Veamos un ejemplo.

La palabra *plato* con la acepción 'recipiente redondo con una concavidad en medio, que se emplea en las mesas para servir los alimentos y comer en él', ya presenta problemas en cuanto a equivalentes

español	**inglés**	**francés**	**alemán**
significado 1. plato *m* (como ya definido)	plate (plato llano); dish (plato hondo)	assiette *f*	Teller *m*

Como se ve, en inglés hay dos equivalentes según se trate de un *plato llano (o liso)* o de un *plato hondo (plato sopero).*

Las cosas se complican cuando se pretende ofrecer los equivalentes de las otras acepciones de **plato** en las otras lenguas.

2. 'contenido de un plato'(«se comió tres platos de habas»).	plate, plateful	plat *m*	Teller *m*, Tellervoll *m*
3. 'alimento preparado que se sirve' («un plato sabroso»).	dish	mets *m*, plat *m*	Gericht *n*
4. Nombres de los distintos platos que se siguen en una comida: primer plato, segundo plato, etc.	course	plat *m*	Gang *m* (1.,2. Gang)
5. 'plato de una balanza (también platillo *m*)	pan, scale	plateau *m* (de la balance)	Wagschale *f*
6. 'plato de un tocadiscos'	turntable	platine *f*	Plattenteller *m*
7. 'plato de barro' (que se usa en el tiro al plato)	clay pigeon	disque *m* d'argile (antes: pigeon d'argile)	Tontaube *f*
8. en el español de América también: 'platillo que se pone debajo de una taza'	saucer	soucoupe *f*	Untertasse *f*

Este cuadro nos demuestra que las equivalencias funcionan sólo cuando la unidad léxica de la 1ª lengua, en este caso el español, está definida (o bien cuando una palabra es absolutamente monosémica y unívoca). En este caso se pueden poner los equivalentes de la voz española en las otras lenguas, pero como muchos de los equivalentes ingleses, franceses y alemanes de nuestro cuadro son, a su vez, polisémicos, no son intercambiables, porque sin referencia a la definición de la palabra española no se sabe qué acepción corresponde a qué equivalente. Si intentásemos dar un equivalente de cada una de las palabras inglesas, francesas y alemanas, de nuestro cuadro en las tres otras lenguas, se produciría un caos inextricable porque estas voces, a su vez, son polisémicas, por ejemplo *plat m* tiene varias otras acepciones en francés, *pan* significa en inglés también *sartén f*, *Gericht n* significa en alemán también 'tribunal', etc. Con este ejemplo quería demostrar la falta de sentido del diccionario general multilingüe[257].

Hay un diccionario que ha resuelto el problema de la polisemia de otra manera. Se trata de
- Enrique Fontanillo Merino: *Diccionario de las lenguas de España.* 1ª ed. Anaya. Madrid 1985 (castellano-catalán-gallego-vasco).

En esta obra no aparece el léxico en distintas columnas como en muchos de los diccionarios generales monolingües, sino en artículos con una numeración de las distintas acepciones, lo cual permite dar equivalentes exactos en las otras tres lenguas.

Ejemplo:

«**botón** *s.m.* **1** Pieza para abrochar o adornar los vestidos. **2** Yema de las plantas. **3** Capullo.
C(atalán) botó.
G(allego) 1 botón. 2-3 gromo, brocho, xérmolo, xoromelo. *OB(SERVACIÓN)* El último término referido a la patata y tojo.
V(asco) 1 botoín. **2** ernamuin, niniko, begi **3** pinpin.»
(op. cit. pág. 80).

Elaborado según este método, un diccionario multilingüe puede ser muy útil. También es posible elaborar un diccionario general multilingüe selectivo con dibujos por tratarse de objetos concretos que tienen equivalentes unívocos. Ejemplos:

- Richard Kerler: *Conozca y hable 5 idiomas a la vez.* Ediciones Aura. Barcelona 1972.
- G. Medina Zapater: *Diccionario ideográfico políglota.* Aguilar. Madrid 1960.

La mayoría de los diccionarios generales multilingües, en cambio, presentan el vocabulario en varias columnas, como por ejemplo:

---

257 Véase una muestra de un diccionario general monolingüe en la pág. 188 a.

nac

	↓	E = English	F = Français	D = Deutsch	I = Italiano	Es = Español
D	**Nacken**	nape, neck *neip, nek*	nuque, cou	———	nuca, collo	nuca, cuello
D	**nackt**	naked *nei-k(i)d*	nu	———	nudo	desnudo
Es	**nada**	nothing *nazin*	rien	nichts	niente	———
Es	**nadar**	swim, to *suim*	nager	schwimmen	nuotare	———
D	**Nadel**	needle *nih-dl*	aiguille	———	ago	aguja
Es	**nadie**	nobody *noubodi*	personne	niemand	nessuno	———
D	**Nagel**	nail *neil*	ongle	———	unghia	uña
D	**Nagel** (tech.)	nail *neil*	clou	———	chiodo	clavo
F	**nager**	swim, to *sou-im*	———	schwimmen	nuotare	nadar
D	**nah**	near, close *nih-er, klos*	près	———	vicino	cerca
D	**Nähe**	vicinity *wi-ssi-ni-ti*	voisinage	———	vicinanza	vecinidad
D	**nähen**	sew, to *sso(u)*	coudre	———	cucire	coser
D	**nähern, sich**	approach, to *a-pro(u)-tsch*	approcher, se	———	avvicinarsi a, accostare	acercarse, acercar
D	**Nähmaschine**	sewing machine *sso(u)-ing maschin*	machine à coudre	———	macchina da cucire	máquina de coser
D	**nähren**	nourish, to *na-risch*	nourrir	———	nutrire	nutrir
D	**Nahrung**	food *fuhd*	nourriture	———	cibo	alimento
D	**Naht**	seam *ssihm*	couture	———	cucitura	costura
E	**nail**	———	ongle *ohngl*	Nagel *nah-gel*	unghia *oon-ghee-ah*	uña *oon-yah*
E	**nail** (rivet)	———	clou *kloo*	Nagel *nah-gel*	chiodo *kee-oh-doh*	clavo *klah-voh*
F	**nain**	dwarf *dou-orf*	———	Zwerg	nano	enano
Es	**naipe**	playing card *pleing kard*	carte	Spielkarte	carta da gioco	———
F	**naissance**	birth *be(r)rth*	———	Geburt	nascita	nacimiento
F	**naître**	be born, to *bi born*	———	geboren werden	nascere	nacer
E	**naked**	———	nu *nü*	nackt *nakt*	nudo *noo-doh*	desnudo *des-noo-doh*
E	**name**	———	nom *nohn*	Name *nah-me(r)*	nome *noh-may*	nombre *nom-bray*
D	**Name**	name *neim*	nom	———	nome	nombre
E	**namely**	———	à savoir *ah sa-vwar*	nämlich *name-lish*	cioè *chee-oh-ay*	a saber *ah sah-bayr*
E	**namely** (that is)	———	c'est-à-dire *say-t-ah-deer*	zwar *tsvarr*	cioè *chee-oh-ay*	es decir *es day-theer*
D	**nämlich**	namely *neim-li*	à savoir	———	cioè	a saber
I	**nano**	dwarf *duorf*	nain	Zwerg	———	enano
E	**nape**	———	nuque *nük*	Nacken *nak-en*	nuca *noo-kah*	nuca *noo-kah*
E	**napkin**	———	serviette *ser-vyet*	Serviette *ser-vyet*	tovagliolo *toh-vahl-yoh-loh*	servilleta *ser-vee-yay-tah*
F	**nappe**	tablecloth *tè-b(e)l-kloth*	———	Tischtuch	tovaglia	mantel
Es	**naranja**	orange *orench*	orange	Orange	arancia	———
D	**Narbe**	scar *skar*	cicatrice	———	cicatrice	cicatriz
Es	**narcótico**	drug *drag*	stupéfiant	Narkotikum	stupefacente	———
I	**narice**	nostril *nos-tril*	narine	Nasenloch	———	ventana de la nariz
F	**narine**	nostril *no-stril*	———	Nasenloch	narice	ventana de la nariz
Es	**nariz**	nose *nous*	nez	Nase	naso	———

Diccionario general multilingüe: G. A. Orefice: *The Avon Five Language Dictionary*. Avon. Nueva York, 1974.

- Enzo La Stella T.: *Passe-Partout. Diccionario esencial en seis idiomas. Español-Italiano-English-Français-Deutsch-Portugues.* Ed. Omega. Barcelona 1995 (adaptación de un diccionario italiano: *Passe-Partout. Dizionario essenziale in sei lingue.* Ed. Hoepli. Milán 1995).

Esta obra no es nada fiable porque tiene equivalentes incorrectos, faltas de imprenta, etc. Por ejemplo, se dan como equivalentes del inglés *card, ticket, pass* (en una sola entrada), en español: *tarjeta*; en francés: *carte f,* y en alemán: *Ausweis m,* con lo cual el usuario está perdido porque todas estas palabras tienen, según el contexto, una serie de equivalentes muy diferentes, por ejemplo, en español: *tarjeta; billete,* América: *boleto* (tren), *pasaje* (avión), *entrada* (teatro, museo), *tíquet* (guardarropa, tinte), *resguardo* (equipaje), *carné, carnet* (socio de un club, D.N.I.), *pase m* (permiso), *abono* (bus), etc.

Otros diccionarios de este tipo, poco recomendables, son:

- Giuseppe Alberto Orefice: *The Avon Five Language Dictionary. Simultaneons English/French/Spanish/German/Italian.* Avon Books. Nueva York 1974 (Ver pág. 214).
- *Multi-Diccionario Alemán-Francés-Inglés-Español.* Nueva ed. 1990. Ediciones Nauta. Barcelona (no se encuentran, en este diccionario, palabras básicas de nuestra civilización actual como *televisor, ordenador, avión a reacción y tarjeta de crédito*).
- *ITER-SOPENA: Internacional. Diccionario en seis idiomas. Español-Inglés-Francés-Alemán-Italiano-Portugués.* Sopena. Barcelona 1984.

En conclusión se puede afirmar que, a excepción de los diccionarios que distinguen las distintas acepciones de una palabra con cifras[258] o los diccionarios pictóricos o visuales[259], en los que las unidades léxicas se refieren a una cosa concreta, los diccionarios generales multilingües no son recomendables.

3.5. LOS DICCIONARIOS DEL ESPAÑOL DE AMÉRICA[260]

El español de los 19 países hispánicos de América[261] tiene una increíble riqueza léxica. Su vocabulario no difiere sólo del español peninsular, sino también de un país hispanoamericano a otro, y naturalmente hay también muchos elementos panhispánicos. Este enorme caudal léxico está registrado sólo en parte en diccionarios generales de americanismos, diccionarios del español de un país, de una región o de una ciudad de Hispanoamérica y, por ende, no es de extrañar que los diccionarios generales monolingües del español ofrezcan sólo una selección restringida, a veces muy arbitraria, del vocabulario hispano-

258 Como se hace en el *Diccionario de las lenguas de España* arriba mencionado.

259 Ver 3.3.2.7. sobre los diccionarios pictóricos.

260 Para la elaboración de este capítulo he aprovechado una serie de trabajos míos publicados entre 1978 y 1994. Todos ellos figuran en la bibliografía de este libro, cap. 6.

261 El español de los Estados Unidos se trata en 3.3.3.2.3.

americano, lo cual ocurre también con el *Diccionario de la Real Academia Española* como ya se destacó en 3.4.1.4.2[262]. Frente a más de 300 millones de hispanohablantes en Hispanoamérica (y más de 30 millones en E.E.U.U.) hay 39 millones en España, muchos de los cuales tienen otra lengua materna: catalán, gallego y vasco, siendo el «castellano» su segunda lengua. Por esto el español de América tiene cada vez más peso en el mundo y la descripción completa de su léxico es una tarea urgente.

A pesar de que hay más de dos mil diccionarios, glosarios, vocabularios, etc. del español de América, en su mayoría del léxico de un área supranacional (Río de la Plata), de un país (Méjico, Perú), de áreas parciales de una país (léxico andino de Venezuela, léxico antioqueño de Colombia), de un sociolecto (jerga de delicuentes del Perú), de un tecnolecto (vocabulario jurídico argentino, nomenclatura de las plantas útiles de Colombia), apenas hay unos diez diccionarios generales de americanismos, es decir, que presentan una selección del vocabulario de todos los países hispanoamericanos.

Queda pues, un campo de trabajo muy amplio para la lexicografía del español de América.

3.5.1. La lexicografía del español de América desde el Descubrimiento hasta fines del siglo XVIII

Si tratamos, aunque sumariamente, los diccionarios del español de América anteriores al siglo XX, es porque muchos rasgos que caracterizan la lexicografía hispanoamericana del Descubrimiento hasta el siglo XIX, se encuentran hoy en día en ciertos diccionarios de americanismos, se nota especialmente el predominio de *exotismos* (cosas típicas del continente americano) frente a los *universalismos.*

En el siglo XVI el interés de los españoles se concentraba en las lenguas amerindias y aún no en el castellano de América.

Sabido es que ya Cristóbal Colón anotó las primeras palabras indígenas en su *Diario.* En las famosas *Décadas*[263] de Pedro Mártir de Anglería, escritas hacia fines del siglo XV, figura después de la 8ª Década un interesantísimo glosario de palabras amerindias (el autor las llamaba *Vocabula barbara*) cuyo significado explica no en castellano, sino en latín. Fueron sobre todo los misioneros españoles los que aprendieron y estudiaron las lenguas autóctonas y los que escribieron las primeras gramáticas y los primeros diccionarios sobre ellas.

La tradición de estas obras ha sido continuada hasta nuestros días, en gran parte, por sacerdotes católicos, y más tarde también por los investigadores del Instituto Lingüístico de Verano de los Estados Unidos y otros autores[264].

---

[262] Véase pág. 171.

[263] Petrus Martyr de Anglería: *Opera, Legatio babylonica de orbe novo decades octo. opus Epistolarum.* Graz (Austria) 1966. Véase una muestra en la pág. 90.

[264] Ya en el siglo XV, en 1499, José de Anchieta, S.J. publicó un *Diccionario de la lengua guaraní.*

Los primeros inventarios lexicográficos del español de América son glosarios que figuran como apéndice de obras históricas y geográficas y no publicaciones autónomas. Su finalidad es explicar al lector español las palabras americanas que no conoce.

Un primer glosario de este tipo fue redactado en el Perú por Pedro Fernández Castro de Andrade en 1608. Aunque contiene sólo 18 palabras, le corresponde la primicia de la lexicografía ya no de una lengua indígena, sino del español de América.[265] Tan sólo desde 1986 tenemos acceso a otro glosario ya más extenso: *Tabla para la inteligencia de algunos vocablos* que figura como anexo a una obra histórica: *Noticias Historiales*, redactada en 1627 por Fray Pedro Simón. Su autor distingue ya usos regionales (Colombia, Costa Atlántica de Colombia, Venezuela, Perú)[266].

A fines del siglo XVII, se publicó en Panamá otro glosario como anexo a un largo poema titulado *Alteraciones del Dariel* cuyo autor es Juan Francisco de Páramo y Cepeda[267].

Otro diccionario anterior al siglo XVIII es el *Diccionario de voces americanas* de Manuel José de Ayala, ahora accesible en la ed. de 1995 (Arco-Libros, Madrid)[268].

Muy pronto aparecen los primeros americanismos del español en diccionarios y vocabularios españoles publicados en Europa. Sabido es que la palabra *canoa*, mencionada como una de las primeras palabras indígenas en el *Diario de Colón*, figura ya en el *Vocabulario de romance latín* de Elio Antonio de Nebrija (publicado hacia 1495). Antes del siglo XIX, sin duda alguna, el primer diccionario de la Real Academia Española (1716-1739), el llamado *Diccionario de Autoridades*, es la obra lexicográfica que más americanismos contiene (unos 500)[269].

Hacia fines del siglo XVIII (1786-1789), el coronel español Antonio de Alcedo publicó, también como apéndice a un voluminoso diccionario geográfico-histórico[270], un glosario bastante extenso con el título: *Vocabulario de voces provinciales de la América usado en el Diccionario geográfico-histórico de ella y de los*

---

[265] Reproducido en: Miguel A. Ugarte Chamorro: *Las Descripciones Geográficas de Indias y un Primer Diccionario de Americanismos*. Universidad Nacional Mayor de San Marcos, Lima, s.a. [hacia 1965].

[266] *Fray Pedro Simón y su vocabulario de americanismos*, ed. facsímil de la «Tabla para la inteligencia de algunos vocablos» de las *Noticias historiales*, por Luis Carlos Mantilla Ruiz, Instituto Caro y Cuervo, Bogotá 1986.

[267] Ernesto Mejía Sánchez: «Un vocabulario de indigenismos americanos del siglo XVII»; en: *Anuario de Letras*, Univ. Autónoma de México, VIII, págs. 19-30, México 1970.

[268] Este libro, atribuido a Manuel José de Ayala, existía sólo como manuscrito redactado entre 1551 y 1577, hasta que esta valiosa contribución a la lexicografía temprana del español de América fue publicada por Arco-Libros.

[269] Sobre los americanismos en el *Diccionario de Autoridades*, véanse Bohórquez 1984, Werner 1983 a, y, sobre los del Diccionario de Covarrubias, el trabajo de Lope Blanch 1977.

[270] El título de la obra principal es: *Diccionario geográfico-histórico de las Indias occidentales o América*. Ed. moderna de C. Pérez Bustamante. Madrid. Véase una muestra de esta obra en la pág. 218. Otra ed. Fundación de Promoción Cultural de Venezuela. Caracas 1988.

CHALCHIHUITES CHARAPA 289

Chalchihuites

Piedra verde que se encuentra en las minas de plata del reino de Nueva Galicia, en la América septentrional, a la cual atribuyen la virtud de quitar el dolor de ciática. Los antiguos mexicanos estimaban mucho estas piedras, que varían en los colores, aunque la de más aprecio es la verde, de la cual hay un ara grande en la iglesia catedral de la Puebla de los Angeles.

Chalona

Carne de carneros y ovejas seca y curada al hielo, que se estima por el regalado gusto que adquiere; se hace mucho comercio de ella en las provincias de la Sierra y frías del reino del Perú, como la de Lampa y otras.

Chamarreta

Nombre que da la gente común al justillo con mangas en la América meridional, que regularmente es de bayeta.

Champán

Nombre provincial que dan en el Nuevo Reino de Granada a las embarcaciones con que navegan el Río Grande de la Magdalena desde Mompox a Honda; los hay muy grandes para conducir mucha carga y otros para alojar con comodidad a los pasajeros.

Changamé

Ave semejante al tordo, de su mismo tamaño y color pardo, su carne es muy dura y negra y sólo la comen escabechada los negros destinados al buceo de las perlas en las islas de la ensenada de Panamá, donde abundan mucho y causan daño en las sementeras de maíz.

Chapetón

Nombre que dan en la Amérlca meridional a los europeos recién llegados, como en la septentrional Cachupin.

Chapetonada

La primera enfermedad que padecen los europeos al llegar a América, causada de la mutación de clima, de alimentos y de las fatigas de la navegación; es rarísimo el que escapa de ella y muchos los que mueren.

Charaguaray

Madera exquisita y fuerte de la Guayana o Nueva Andalucía.

Charal o Mistlapic

Nombres sinónimos que dan en la Nueva España al pez pejerrey, de que hacen gran comercio.

Charapa

Especie de tortuga que abunda en los ríos y lagunas de la provincia del Marañón. Sólo se diferencia en que es pequeña y su carne muy gustosa y regalada, aunque algo dura; lo más apetecido son las tripas, que tienen un dedo de grueso

DICCIONARIO IV.- 19.

Achote *(Bixa Orellana).*

O con más propiedad *Achiote.* Semilla indígena de América, que la gente vulgar suele mezclar en el chocolate: se produce en la mitela diphyla, que es del género de la decandria digynia, cuyo cáliz consiste en cinco segmentos, la corola en otros tantos pétalos insertos en el cáliz, y la cápsula de dos válvulas iguales; entre los pequeños filamentos u hojas de este árbol pequeño está el fruto, que son unos granitos encarnados como el bermellón y de figura cónica, en un erizo blando de tres dedos de largo, del cual hacen pasta; se usa también para los condimentos en lugar de especia: abunda en la América Meridional y Septentrional, y se trae mucha cantidad a Europa para los tintes; es el Rocou de los franceses, y Urucú de los botánicos.

Ací *(Capsicum)*

Es el pimiento a quien dan este nombre en el Perú y en el reino de Tierra Firme; los hay de muchas especies, figuras y tamaños, distinguidos con los nombres de aznauchos, conguitos, pico de pájaro y otros, algunos de ellos de tan activo picante que no se puede sufrir; lo usan tanto en todos los condimentos que nada se come sin ají, y también los guardan adobados en vinagre; en diferentes partes es un ramo de comercio muy considerable, los más comunes nacen silvestres, y sin cultivo; en Nueva España se llama chile.

Chapetonada

La primera enfermedad que padecen los europeos al llegar a América, causada de la mutación de clima, de alimentos y de las fatigas de la navegación; es rarísimo el que escapa de ella y muchos los que mueren.

Guarapo

Bebida común en todo el reino de Tierra Firme y otras partes, que es el vino de los negros y gente común; se hace del zumo de la caña dulce puesto en agua y dejado fermentar; hay tanto consumo de él como de pulque en Nueva España: si está muy fuerte emborracha con facilidad; también se hace de maíz y es el que usan en el Perú.

Pampero

Viento recio y fuerte que sopla del poniente al SO., viene de hacia las Pampas de Buenos Aires y por eso tiene este nombre; es temible en el Río de la Plata, porque es una especie de huracán con el cual han naufragado muchas embarcaciones en la costa y bancos de aquel río.

Tamal

O Pastel de hoja: especie de pastel que se hace en la América meridional con masa de harina de maíz, en que ponen pichones, carne de cerdo, garbanzos, pimiento y otras cosas envueltas en muchas hojas; estas empanadas atadas las ponen a cocer en una olla, y es un desayuno general de todos, sumamente gustoso.

Antonio de Alcedo: *Diccionario geográfico histórico de las Indias Occidentales o América* [...], redactado entre 1786 y 1789. Edición moderna de C. Pérez Bustamante, Madrid, 1967.

nombres propios de plantas y animales. Este glosario distingue ya usos regionales del español de América y utiliza ya la nomenclatura botánica y zoológica creada pocos decenios antes por el naturalista sueco Carlos de Linneo (Linnaeus). Muchas de sus definiciones aún son válidas hoy en día.

Lo que más les llamaba la atención a los cronistas y lexicógrafos españoles del Nuevo Mundo eran las voces que designaban cosas americanas (para los europeos: *exotismos*): fauna, flora, accidentes geográficos, objetos de la cultura material, creencias y supersticiones, alimentos, bebidas, juegos etc. y mucho menos las unidades léxicas que designan cosas universales («*universalismos*») y que difieren del uso peninsular. Veremos, en lo que sigue, que esta tendencia «enciclopédica», esta marcada preferencia por los nombres de realidades específicamente americanas, desempeña todavía un papel importante en la lexicografía hispanoamericana actual.

3.5.2. Los diccionarios del español de América de 1800 a 1975

A comienzos del siglo XIX se sabía poco sobre el léxico de las distintas áreas americanas, cuya diferenciación no sólo del español peninsular, sino también de un área a otra, ya era bastante pronunciada mucho antes del siglo XIX, como se puede deducir de los vocabularios anteriores al siglo XIX. Este hecho fue confirmado por estudios posteriores como los de Peter Boyd-Bowman:[271]

- Peter Boyd-Bowman: *Léxico hispanoamericano del siglo XVI*. Londres. Támesis Series A, Monografías 16. 1971.
- Peter Boyd-Bowman: *Léxico hispanoamericano del siglo XVIII*. Madison 1982 I. [10 microfichas]; II. Notas [20 s.].
- Peter Boyd-Bowman: *Léxico hispanoamericano del siglo XVII*. Madison 1983 I. [8 microfichas]; II. Notas.

En América, donde en el siglo XIX no hay ningún diccionario que ofrezca una selección del léxico español de todos los países americanos, surgen dos tipos de diccionarios característicos de este siglo, el *Diccionario de provincialismos (o voces provinciales)* y el *Diccionario de barbarismos*. Los diccionarios de provincialismos recogen lo mismo que los diccionarios dialectales en España, las palabras propias de un área determinada de un país, de una región o de un área supranacional (como la del Río de la Plata). Por lo general, los autores de estos diccionarios no pretenden de ninguna manera cuestionar la posición dominante del español peninsular, frente al cual suelen adoptar más bien una postura bastante humilde, sino describir el léxico español de su tierra para completar los diccionarios existentes.

Para muchos de estos lexicógrafos, su mayor ilusión sería que las palabras registradas por ellos tuvieran acogida en el *Diccionario de la Real Academia*

---

[271] Véase también: Mariano Franco Figueroa: *Léxico hispanoamericano s. XVI-XVII en fuentes. América Central*. Tesis doctoral en microfichas. 1ª ed. 1991. Universidad de Sevilla.

Española. El hecho de que, a pesar de la emancipación política de las repúblicas hispanoamericanas, el modelo siga siendo durante mucho tiempo el español peninsular, lo demuestra la aparición de una serie de diccionarios, vocabularios y tratados con una finalidad normativa que pretenden corregir las incorrecciones o supuestas incorrecciones del español americano. Bien es verdad que hubo, que hay y que habrá siempre incorrecciones lingüísticas tanto en España como en América, pero en muchos casos los autores de estas obras consideran unidades léxicas, formas verbales o construcciones gramaticales del español de América consagradas por un uso colectivo prolongado, como barbarismos, que ellos pretenden eliminar y sustituir por las correspondientes voces peninsulares. Esta tendencia se manifiesta aún en la primera mitad del siglo XX.

Muchas veces los dos tipos de diccionarios, los de barbarismos y los de provincialismos, se han fundido en uno solo. Ejemplos:

- M.A. Román: *Diccionario de chilenismos y de otras voces y locuciones viciosas.* Santiago de Chile 1905-1918.
- Salomón Salazar García: *Diccionario de provincialismos y barbarismos centro-americanos.* 2ª ed. San Salvador 1910.

El primero de los diccionarios de provincialismos y uno de los mejores, es al *Diccionario provincial de las vozes de Cuba* de Esteban Pichardo (Matanzas, Cuba 1936, que tuvo reediciones en 1849, 1861 y 1975)[272]. Es un excelente diccionario que registra tanto exotismos como universalismos. Otros diccionarios de provincialismos fueron:

- Zorobabel Rodríguez: *Diccionario de chilenismos,* Santiago de Chile 1875.
- Juan de Arona (seudónimo de Pedro Paz Soldán y Unanué): *Diccionario de peruanismos.* Lima 1883.
- Carlos Gagini: *Diccionario de barbarismos y provincialismos de Costa Rica.* San José, Costa Rica 1892.
- Antonio Batres Jáuregui: *Vicios del lenguaje y provincialismos de Guatemala.* Guatemala 1892.
- Alberto Membreño: *Hondureñismos, Vocabulario de los provincialismos de Honduras,* Tegucigalpa; 1ª ed. 1895; 2ª ed. 1897[273].

Uno de los puristas más ortodoxos fue Camilo Ortúzar que pretende adecuar el español de América, ya bastante diferenciado del peninsular, al uso de éste:

- Camilo Ortúzar. *Diccionario manual de locuciones viciosas y de correcciones del lenguaje.* 2ª ed. Barcelona 1893.

Aún en el siglo XX, hay algunas obras que representan esta mezcla de diccionario de provincialismos y de diccionario corrector de supuestos barbarismos como por ejemplo: Rafael Uribe: *Diccionario abreviado de galicismos y correcciones del lenguaje.* Bogotá 1887. Es significativa la reimpresión de este diccionario en 1973 (Medellín).

---

272 Última reedición de la versión de 1875 de La Habana 1985.

273 Véase, sobre estos diccionarios Chuchuy 1994 a, y, sobre los de Centroamérica, la tesina de M.A. de Christiane Braun (Braun 1994).

Poco a poco se va imponiendo la idea de que las variantes del español de América tienen derecho a existir junto a las de España y esto se manifiesta hasta en los títulos de los diccionarios. La segunda edición del diccionario de costarriqueñismos de Carlos Gagini ya no se llama *Diccionario de barbarismos y provincialismos*, sino *Diccionario de costarriqueñismos*. San José 1919. (3ª ed. 1975, 4ª ed. 1979), con lo cual cambia también el espíritu de la obra.

A su vez, el gran lingüista chileno-alemán Rodolfo Lenz se burla de la pedantería y del purismo exagerado de los lexicógrafos del español de América en el siglo XIX. Es significativo su juicio: «Todos estos autores sustituyen el *Diccionario de la Real Academia Española* a la lengua aceptando como dogma de que lo que está en ese diccionario es *castellano*, lo que no está no lo es. La prueba de la verdad de esta aseveración no la da nadie, y difícil será darla»[274].

A fines del siglo XIX, se publicó el primer diccionario del español rioplatense:

- Daniel Granada: *Vocabulario rioplatense razonado*. Montevideo. 1ª ed. 1889; 2ª ed. 1890; 3ª ed. 1957[275].

En 1899 apareció como obra póstuma e incompleta (sólo letras A-G):

- Joaquín García Icazbalceta: *Vocabulario de mexicanismos, comprobado con ejemplos y comparado con los de otros países hispanoamericanos*. México 1899 Ed. facsímil. México 1975

A comienzos del siglo XX, se publicó otro diccionario de chilenismos:

- Aníbal Echeverría i Reyes: *Voces usadas en Chile*. Santiago de Chile 1900.

En el siglo XIX, la emancipación política de Hispanoamérica no dio lugar a una emancipación lingüística. Sólo en el siglo XX, la idea de la autonomía de las variantes del español americano poco a poco se ha ido abriendo paso, pero todos los diccionarios que describen el léxico hispanoamericano, en parte ya no con la idea de un purismo impositivo, lo hacen con referencia al español peninsular y, casi sin excepción, al diccionario académico, que sigue siendo el eje central de la lexicografía del español de América por lo menos hasta los años setenta de nuestro siglo.

El efecto del centralismo lexicográfico del DRAE fue reforzado hasta nuestros días por una concepción unilateral del español peninsular frente al de América, como ya se comentó en 3.4.1.4.2.

En Argentina, el nacionalismo político y la búsqueda de una identidad nacional en el siglo XIX, convirtieron al gaucho en una especie de símbolo nacional.

Por eso se van publicando las obras de la literatura gauchesca con glosarios así como los vocabularios y refraneros «criollos». Otros elementos de identificación nacional de los argentinos fueron, en el siglo XX, el tango y el lunfardo, no sólo lenguaje del hampa y más tarde lenguaje popular, sino también la lengua

---

[274] En la introducción a su *Diccionario etimológico de las voces chilenas derivadas de lenguas indígenas*. Santiago de Chile (1905-1910) reed. por Mario Ferreccio. Santiago de Chile s.a. [hacia 1980], pág. 8 de la edición moderna.

[275] Sobre Granada véase Kühl 1986.

del tango por excelencia. Esto explica el número relativamente elevado de diccionarios y vocabularios del lunfardo que se han publicado en Argentina hasta hoy. Ejemplo: José Gobello: *Nuevo diccionario de lunfardo*. Ed. Corregidor. Buenos Aires 1989.

Un diccionario típico del «criollismo» publicado a comienzos del siglo XX es:

- Ciro Bayo: *Vocabulario criollo-español sud-americano*. Madrid 1910 y del mismo autor: *Manual del lenguaje criollo de Centro y Sudamérica*. 1ª ed. Madrid 1931.

Ya desde el siglo XIX han ido apareciendo diccionarios de la más diversa índole: de indigenismos, de la jerga de delincuentes, de fauna y flora, etc.

La innovación importante del siglo XX es el *diccionario general de americanismos* que recoge una selección de unidades léxicas de todos los países hispanoamericanos o de la mayoría de ellos:

- Augusto Malaret: *Diccionario de americanismos*. 1ª ed. Mayagüez (Puerto Rico) 1925; 2ª ed. San Juan (P. Rico); 3 ª ed. Buenos Aires 1946. Es el primero y, al mismo tiempo, el mejor de los diccionarios generales de americanismos. El autor publicó suplementos a su diccionario, críticas del DRAE y muchos otros trabajos metalexicográficos[276].

- Francisco J. Santamaría: *Diccionario General de Americanismos*. 3 vols. 1ª ed. México 1942. Que sepamos, no hubo otra edición. La obra presenta un léxico abundante, especialmente de fauna y flora y da más información que Malaret, pero es menos sistemática en la presentación de los materiales léxicos y tiene disquisiciones etimológicas muy largas.

Evidentemente hoy en día la obra resulta en gran parte anticuada.

- Marcos A. Morínigo: *Diccionario manual de americanismos*. 1ª ed., Muchnik, Buenos Aires 1966; 2ª ed. Muchnik. Barcelona 1980; 3ª ed. Anaya y Muchnik, Madrid 1993 (ed. póstuma). La última edición presenta sólo modificaciones insignificantes frente a la primera.

La metodología es confusa: por un lado, se registran americanismos de uso, por otro lado, voces de origen americano que se usan también en España.

En la obra figuran como «americanismos» muchos anglicismos que se usan también en España desde hace mucho tiempo. La edición de 1993 tiene los mismos defectos que la edición de 1966. Poco recomendable.

- Alfredo Neves: *Diccionario de americanismos*. Buenos Aires 1973. La 2ª ed. de 1975 es una simple reimpresión. La obra que pudo aprovechar los materiales de otros diccionarios y vocabularios (por lo visto, sacó muchísimos materiales del diccionario de Santamaría —acortando las definiciones— y de unos cuantos vocabularios regionales argentinos), tiene ciertos defectos metodológicos, por ej. imprecisión en las marcas geográficas, muchos peninsularismos, falta de léxico moderno, pero es, con todo, un diccionario general de americanismos disponible y más o menos aprovechable.

---

276 Para una valoración de la obra de Malaret, véase López Morales 1983.

En España se publicaron en los años 80 otros tres diccionarios de americanismos de calidad muy inferior y sin originalidad con respecto a los cuatro diccionarios publicados en América:

- M.A. Arias de la Cruz: *Diccionario temático: Americanismos,* 1ª ed. Editorial Everest. León 1980, nueva ed. 1987, en realidad, se trata de una simple reimpresión. Este diccionario tiene entradas que se parecen o son idénticas a las de otros diccionarios generales del español, especialmente los de la misma editorial. Las marcas geográficas son, en parte, inexactas. Es una recopilación de léxico hispanoamericano ya registrado en España desde hace tiempo. Obra nada recomendable.

- *Americanismos. Diccionario ilustrado Sopena.* Sopena. Barcelona 1983. La obra ofrece entradas lingüísticas, mezcladas con otras enciclopédicas. Muchas de las entradas son idénticas a las del *Gran Sopena. Diccionario ilustrado de la lengua española,* 4ª ed. Madrid 1980, pero como demostró Reinhold Werner[277], la obra *Americanismos* de Sopena contiene menos americanismos que el mencionado diccionario general de la misma editorial. Una obra muy deficiente que no se puede recomendar.

- Jose Luis Pando de Villaroya: *Americanismos.* Autor-Editor. Madrid 1984. 2ª ed. (reimpr.) 1985. La obra no es otra cosa que un repertorio comentado de los americanismos que figuran en la ed. del *Diccionario de la Real Academia Española* de 1970. En cuanto a la valoración de éstos, es muy superior la obra de Ferreccio 1978.

Otro diccionario que se refiere a toda América es:

- Georg Friederici: *Amerikanistisches Wörterbuch.* Hamburgo 1960. Es un diccionario específico que ya se comentó en 3.3.3.9.

Aquí hay que citar también dos diccionarios bilingües que registran una selección del léxico de todos los países hispanoamericanos, el primero español/alemán, el segundo español/inglés.

- Maria Schwauss: *Lateinamerikanisches Sprachgut,* Teil 1: *Wörterbuch der regionalen Umgangssprache, Amerikaspanisch-Deutsch mit einer Liste der Indianerstämme,* Leipzig 1977, Teil 2: *Wörterbuch der Flora und Fauna in Lateinamerika, Amerikaspanisch-Deutsch,* Leipzig 1970. Esta obra, rica en materiales, está llena de errores y se ha de manejar con suma cautela. Poco recomendable.

- Brian Steel: *Diccionario de americanismos. ABC of Latin American Spanish.* SGEL. Madrid 1990. La obra registra una selección, por lo visto hecha más o menos al azar, de unidades léxicas del español de América, explicadas generalmente por sinónimos peninsulares, con sus equivalentes ingleses. Las fuentes son trabajos lexicológicos de otros autores, novelas, diccionarios y glosarios. La obra contiene algunas imprecisiones, especialmente en cuanto a marcas geográficas, pero en conjunto es útil[278].

---

[277] Werner 1996.

[278] Véanse mis observaciones en Haensch 1991 a, notas 30, 34 y 32.

3.5.3. Valoración de los diccionarios del español de América publicados hasta 1975

En cuanto al purismo de la mayoría de los lexicógrafos del español de América en el siglo XIX y de no pocos diccionaristas de la primera mitad del siglo XX, y a las imperfecciones metodológicas de sus obras, no podemos juzgar posturas y métodos de autores de otras épocas con criterios actuales. Sus trabajos son frutos de su época. Sin la contribución notable de muchas de las obras lexicográficas del siglo XIX y de la primera mitad del siglo XX, aún sabríamos menos del léxico hispanoamericano. Lo que no es aceptable es el hecho de que, pese a todos los progresos realizados tanto en la metalexicografía como en la práctica lexicográfica, se sigan publicando diccionarios con una metodología decimonónica a fines del siglo XX.

Desde el punto de la lexicografía actual, la mayoría de los diccionarios de americanismos publicados antes de 1975 tienen los defectos siguientes:

a) Gran parte de los diccionarios contienen *americanismos etimológicos*, muchos de los cuales han sido adoptados por el español peninsular y otras lenguas, mezclados con *americanismos de uso*, es decir unidades léxicas del español de América desconocidas o usadas diferentemente en España. Aquí es necesario distinguir tres tipos de diccionarios:

- *diccionarios etimológicos e históricos* que registren las unidades léxicas creadas en América. La adopción posterior de éstas por el español peninsular no interesa. Lo que cuenta es el origen americano.

- *diccionarios integrales* que registren todo el léxico de un área o país de Hispanoamérica o una selección representativa del mismo sin tener en cuenta si se usan o no en otras áreas hispanohablantes.

- *diccionarios descriptivos sincrónicos* que registren sólo unidades léxicas usadas actualmente en la América hispanohablante, pero desconocidas o usadas en otras condiciones en España. Como el único criterio de selección es aquí el uso actual, en América, de palabras españolas aún usadas en España en el siglo XVI y hoy ya no usuales, como *pollera* 'falda' o *pararse* 'levantarse', éstas son americanismos de uso desde el punto de vista del uso actual.

b) En general se da una clara preferencia a las unidades léxicas que sirven para denominar realidades típicamente americanas y que, por tanto, son exotismos para un europeo y se registran de un modo insuficiente las unidades léxicas que sirven para designar conceptos universales, tales como *neumático, piscina, bolígrafo, gemelos* (para los puños de la camisa), *altavoz, barrios de chabolas, vídeo,* etc., cuyos equivalentes hispanoamericanos serían de máximo interés, especialmente para los traductores.

c) uno de los defectos más frecuentes de los diccionarios del español americano es el hecho de que registren un número, a veces bastante elevado, de peninsularismos que según el método sincrónico-contrastivo no deberían figurar en ellos.

d) Se ha podido comprobar, mediante encuestas realizadas *in situ*, que un porcentaje elevado del léxico registrado por los diccionarios ya no es usual e incluso, en parte, desconocido por haber sido trasvasado indiscriminadamente de diccionarios más antiguos. En algunos casos, el uso de determinadas unidades léxicas trasvasadas queda reducido hoy en día al ambiente rural. Aquí se echa de menos una marcación clara de estas unidades como arcaísmos, palabras obsolescentes o vocabulario rural. En un diccionario sincrónico-descriptivo los arcaísmos se deberían suprimir.

e) Muchos diccionarios del español de América registran sólo palabras que no tienen equivalente en el español peninsular o que tienen otro significado o acepciones distintas en América, pero no tienen en cuenta las otras diferencias de uso (diferente connotación, género, frecuencia de uso, régimen preposicional, etc.).

f) La selección de las unidades léxicas para los diccionarios del español de América se hizo, en parte, de acuerdo con criterios muy restrictivos: un excesivo purismo lingüístico que impide que se registren palabras muy usuales hoy en día por considerarlas barbarismos o extranjerismos y una excesiva pudibundez que hace que muchas palabras tabuizadas, muy usuales y que representan incluso un peligro para el usuario, no se tengan en cuenta.

g) Los autores de muchos diccionarios nacionales y regionales del español de América eran aficionados, pero ni siquiera los lingüistas han aplicado siempre con rigor y consecuencia un método de descripción lexicográfica uniforme. A veces, los diccionarios son algo impresionistas y están llenos de anécdotas, lo cual puede divertir al usuario, pero rompe la uniformidad de la descripción lexicográfica. Ciertos diccionarios dan a veces etimologías, a veces no. En otros casos ofrecen citas de autores y otra documentación, pero no en todas las explicaciones. También se encuentran a veces en el mismo diccionario explicaciones puramente descriptivas junto a otras de carácter normativo. Se nota, pues, una falta de uniformidad metodológica.

h) Con mucha frecuencia se observa una gran imprecisión en el uso de las marcas diatópicas, y palabras que se usan sólo en Chile o en Méjico se caracterizan con la marca «América».

i) Algunos diccionarios, especialmente los de fauna y flora, indican, junto a los nombres populares de plantas y animales, los nombres científicos. Pero, en muchos casos, estos nombres están anticuados y zoólogos y botánicos usan ya una nomenclatura más moderna, lo cual produce un desfase entre la nomenclatura usada por ciertos lexicógrafos y la terminología científica de los especialistas.

Considerando el conjunto de la producción lexicográfica hispanoamericana se puede afirmar que los materiales léxicos disponibles sobre el español de América son muy desiguales tanto desde el punto de vista cuantitativo como desde el cualitativo. Para Argentina, Chile, Colombia, Cuba y México disponemos de materiales relativamente abundantes, para otros, por ej. Bolivia, Paraguay y ciertos países centroamericanos hay muy poca documentación y será necesario un gran esfuerzo para recoger el léxico actual de estos países.

3.5.4. La nueva lexicografía del español de América

Este término creado por Manuel Seco[279] indica que después de un largo período de inmovilismo en cuanto a metodología lexicográfica, algo se ha movido

---

279 Lo usa Seco 1995a.

en la lexicografía hispanoamericana en los últimos decenios. En primer lugar se ve claramente que hay dos métodos fundamentales para elaborar diccionarios del español de América:

a) El **método integral** aplicado por primera vez en la elaboración del Diccionario del Español de México (DEM), según el cual se registran todas las unidades léxicas usuales en un área (o, por lo menos, una selección muy abundante de ellas), sin tener en cuenta si se usan también en España o en otras áreas hispanoamericanas. Este método requiere un enorme despliegue de esfuerzos, pero es en sí absolutamente coherente y consecuente. Debería aplicarse a todos los países de habla española en América. En algunos de ellos ya se han iniciado proyectos de este tipo. Es de esperar que se cuente con los recursos económicos suficientes para elaborar este género de diccionarios en todos los países hispanoamericanos.

b) Según el **método diferencial-contrastivo** se recogen sólo unidades léxicas de uso exclusivo en Hispanoamérica o en un área hispanoamericana o bien unidades léxicas que se dan también en España, pero tienen en el español americano otras condiciones de uso: otra denotación, connotación, frecuencia, distinto uso contextual, distinto género o número, distinto régimen o construcción, etc. Este método lo han aplicado, aunque muy imperfectamente, los diccionarios de americanismos publicados antes de 1980. Su aplicación consecuente requiere la recolección de menos materiales de los que se tienen que registrar en un diccionario integral, pero su metodología es bastante compleja[280].

¿En qué consiste la nueva lexicografía del español de América? En primer lugar, se trabaja con una metodología más rigurosa que antes, adecuada a cada uno de los proyectos en vías de elaboración: control estricto del uso actual de las unidades léxicas que se registran, ordenación estandarizada de la microestructura y actualización de los materiales léxicos.

El primer proyecto innovador, el que prácticamente introdujo el «método integral» en la lexicografía del español de América, es el *Diccionario del Español de México (DEM)* en vías de elaboración en Ciudad de México bajo la dirección de Luis F. Lara[281]. Se basa en un gigantesco corpus informatizado. El equipo del

---

[280] Este método lo aplica el llamado «Proyecto de Augsburgo»: «Nuevo Diccionario de Americanismos» que se expondrá más adelante. Para este método son importantes las siguientes publicaciones:

Reinhold Werner: «Principios diferenciales y contrastivos en la lexicografía del español americano», en: *Encuentro internacional sobre el español de América. Presencia y destino. El español de América hacia el siglo XXI*, t.I, Santafé de Bogotá 1991, págs. 229-271.

Reinhold Werner: «¿Cómo explicar el significado de unidades léxicas en los diccionarios diferenciales?»; en: *Boletín de Filología* 34, Santiago de Chile 1993-1994, págs. 511-525.

Reinhold Werner: «¿Qué es un diccionario de americanismos?»; en: *Unidad y variación léxicas del español de América*, ed. por Gerd Wotjak y Klaus Zimmermann, Frankfurt 1994 (este artículo ofrece una bibliografía casi exhaustiva sobre problemas de la lexicografía del español americano).

[281] Sobre este proyecto véanse *Manual DEM* y Lara 1974, 1987, 1988 y 1992, Lara/Chande 1974 y Lara/Chande/Hidalgo 1979.

Diccionario del Español de México (DEM) ha publicado ya dos avances del futuro diccionario: *Diccionario fundamental del español de México*, dirigido por Luis Fernando Lara, 1ª ed. Ciudad de México, 1982, nueva ed. 1993 y *Diccionario básico del español de México*, dirigido también por Luis Fernando Lara, 1ª ed. Ciudad de México, 1982. Según nuestras informaciones, la microestructura de estas dos obras no corresponde a la del futuro *Diccionario del Español de México* (DEM), del que no ha salido hasta ahora ningún fascículo.

«Nuevo Diccionario de Americanismos» - «Proyecto de Augsburgo»

Desde 1976 se viene elaborando en la Cátedra de Lingüística Aplicada (Lenguas Románicas) de la Universidad de Augsburgo un *Nuevo Diccionario de Americanismos* (NDA) bajo la dirección de Günther Haensch y Reinhold Werner[282]. El objetivo concreto del «Proyecto de Augsburgo» es la redacción de una serie de diccionarios dedicados a las diferentes variantes nacionales del español americano (con sus variantes regionales), los cuales más tarde se podrán integrar en una obra de conjunto, en el *Nuevo diccionario de americanismos*. Se trata de describir el léxico del español de América del siglo XX dentro de los límites geográficos y políticos de cada uno de los diecinueve países hispanohablantes de América.

Principales características de los diccionarios del Proyecto de Augsburgo

- Cada obra es un *diccionario descriptivo*. Pretende reflejar la realidad del uso lingüístico del español americano en el siglo XX, sin restricciones normativas, puristas o de índole moral o estética.
- Es un *diccionario diferencial* con elementos contrastivos. Registra sólo elementos léxicos que presentan alguna diferencia frente al español peninsular: unidades léxicas que no se usan en España, se usan con acepciones diferentes o adicionales en el español de América o bien ofrecen alguna otra diferencia (uso gramatical, contextos específicos, etc.).
- Tiene una *ampliación sintagmática*. Ofrece abundante información no sólo sobre palabras sueltas, sino también sobre fraseología y usos contextuales específicos.
- Tiene una *componente paradigmática*. Indica, dónde los hay, los sinónimos del español peninsular y los del español del país cuyo léxico se describe.
- Para cada unidad léxica registrada explica las acepciones que le corresponden en el español del país en cuestión, indica categoría gramatical, régimen y construcción, etc., e informa sobre los diferentes tipos de marcación (diatópica, diacrónica, diastrática, diafásica).

---

282 Sobre el NDA se han publicado los siguientes trabajos: Araya 1982; Chuchuy 1988; Coello 1984; Echenique 1989; Grases 1988; Haensch 1978, 1980, 1983, 1984 c, 1984 d, 1984 e, 1986, 1987, 1988 b, 1988 c, 1990 b; Haensch/ Werner 1982 a, id. 1982 b, id. 1988, id. 1992; Steel 1982; Thiemer 1984; Werner 1978 a, 1978 b, 1979, 1991; Zierer 1987.

- Señala con marcas de contrastividad las diferencias entre el español peninsular y el español americano.

- Cada diccionario de la serie NDA contiene varios índices alfabéticos:

a) Un índice que permite llegar a los americanismos, partiendo de la voz usual en España con la respectiva acepción.

b) Índices de términos científicos de plantas y animales.

Hasta ahora se han publicado los diccionarios siguientes:

- Günther Haensch/ Reinhold Werner (coord.): *Nuevo Diccionario de Colombianismos.* Bogotá 1993.

- Günther Haensch/ Reinhold Werner (Dir.), coord. por Claudio Chuchuy y Laura Hlavacka: *Nuevo Diccionario de Argentinismos.* Bogotá 1993[283].

- Günther Haensch/ Reinhold Werner (Dir.). Autora: Ursula Kühl de Mones: *Nuevo Diccionario de Uruguayismos.* Bogotá 1993.

Estos tres diccionarios han sido publicados por el Instituto Caro y Cuervo de Bogotá[284].

Actualmente (primavera de 1996) se está revisando el cuarto de los diccionarios del NDA ya redactado, dedicado a Cuba, que estará listo para la imprenta a fines de 1996 y se está elaborando en la sede del Proyecto un nuevo diccionario del español de Bolivia.

Otros equipos trabajan en relación con el Proyecto de Augsburgo en nuevos diccionarios del español de Chile, Paraguay, Perú, Ecuador, Costa Rica, Nicaragua, El Salvador, Honduras y República Dominicana.

Las innovaciones metodológicas del Proyecto de Augsburgo expuestas en diversas publicaciones desde 1978, fueron seguidas con interés por algunos colegas hispanoamericanos y, en parte, comentadas con ellos. Sin duda alguna, han influido en tres diccionarios que se pueden incluir entre los de la «nueva lexicografía del español de América»:

- Félix Morales Pettorino et al.: *Diccionario ejemplificado de chilenismos.* 4 vols. Valparaíso 1984-1987.

- María Josefina Tejera: *Diccionario de venezolanismos.* 3 vols. Caracas 1993 (1ª ed., 1 tomo 1983).

- Rocío Núñez/ Francisco Javier Pérez: *Diccionario del habla culta de Venezuela. Venezolanismos, voces indígenas, nuevas acepciones.* Universidad Católica Andrés Bello. Caracas 1994 (esta obra ha aplicado varios principios del método del NDA, pero no todos).

---

283 Sobre esta obra véanse Chuchuy 1988 y 1994 a.

284 Para asegurar una distribución a nivel mundial de todos los diccionarios del español de América elaborados en la Universidad de Augsburgo, los futuros diccionarios (Cuba y Bolivia) y las nuevas versiones de los diccionarios dedicados a Colombia, Argentina y Uruguay serán publicados por la Editorial Gredos, Madrid.

M

ma *pcla* Ø **1** *coloq* Se usa para iniciar una exclamación. | **2** *coloq* Se usa para iniciar una oración en la que se contradice enfáticamente algo dicho por otro. * **¡~, sí!** Ø *coloq* ¡Pues, sí!

macá *m* Ø Se usa para referirse a varias especies de aves acuáticas. Se caracterizan por su pico recto y largo, por la casi ausencia de cola y por las patas con dedos palmeados. Miden entre 30 y 60 cm de largo. Vuelan poco, nadan con el cuello erguido y perpendicular a la superficie del agua, y se zambullen. Se alimentan de peces, crustáceos e insectos. Ponen hasta cuatro huevos y sus nidos son generalm. flotantes (Fam. Podicipedidae, *Podiceps* spp., *Podylimbus podiceps*).

macacito *m* Ø → **macá** de tamaño pequeño, de unos 20 cm de largo, de color gris claro uniforme con el pico amarillo. Es frecuente en → **bañados**, ríos y lagunas (Fam. Podicipedidae, *Podiceps dominicus*).

macaco, -a *sust/adj* ∩ **1** *rur* Ref. al caballo: indócil o arisco. | **2** *NEArg coloq desp* Brasileño.

macana *f* Ø **1** *coloq* Deformación de la verdad o exageración de la realidad [*E:* **bola, trola;** *E, Arg:* **cuento;** *Arg:* **bolazo, boleto, choclo, globo, guayaba, parva, pistola, verso**]. *Obs:* Es usual en aumentativo: **macanazo.** | **2** *coloq* Afirmación o dicho infundado o disparatado [*E:* **chorrada, trola;** *Arg:* **bolazo, parva**]. *Obs:* Es usual en aumentativo: **macanazo.** | **3** *coloq* Acción o situación que ocasiona complicaciones o perjuicios. | **4** *coloq* Objeto de poco valor, especialm. el que se regala a alguien [*E:* **tontada;** *E, Arg:* **bobada, tontería;** *Arg:* **opería, pavada, zoncera, zoncería**]. *Obs:* Es usual en diminutivo: **macanita.** * **¡qué ~!** Ø *coloq* Se usa para lamentarse por algo que genera un perjuicio o inconveniente.

macaneador, -a *sust/adj* Ø *coloq* Persona que miente para impresionar al interlocutor, para burlarse de él o para evitarse problemas [*E:* **cuentista, trolero, -a;** *Arg:* **bolacero, -a, boletero, -a, choclero, -a, contamusa, cuentamusas, cuentero, -a, globero, -a, macanero, -a, mulero, -a, papudo, -a, parvero, -a, verseador, -a, versero, -a**].

macanear *v* Ø **1** *tr coloq* Mentir a »alguien« para impresionarlo, burlarse de él o evitarse problemas [*Arg:* **bolacear, boletear, cuentear, choclear, papear, parvear, versear**]. | **2** *intr coloq* Mentir para impresionar al interlocutor, burlarse de él o evitarse problemas [*Arg:* **bolacear, boletear, cuentear, choclear, papear, parvear, versear**]. | **3** *intr coloq* Hacer algo de poco interés o valor. | **4** *intr coloq* Hacer o decir cosas intrascendentes o sin sentido [*E, Arg:* **bobear, tontear;** *Arg:* **opear, pavear, zoncear**].

macaneo *m* Ø *coloq* Acción de → **macanear.**

macanero, -a *sust/adj* Ø *coloq* Persona que miente para impresionar al interlocutor, para burlarse de él o para evitarse problemas [*E:* **cuentista, trolero, -a;** *Arg:* **bolacero, -a, boletero, -a, choclero, -a, contamusa, cuentamusas, cuentero, -a, globero, -a, macaneador, -a, mulero, -a, papudo, -a, parvero, -a, verseador, -a, versero, -a**].

¡macanudo! *interj* Ø *coloq* Se usa para expresar acuerdo o asentimiento ante una propuesta [*E, Arg:* **¡fenómeno!;** *Arg:* **¡al pelo!, ¡bárbaro!, ¡regio!**].

macanudo, -a *adj* Ø *coloq* Ref. a una persona: simpático, comprensible y solidario [*E:* **majo, -a;** *Arg:* **piola**].

macaquear *v* Ø **1** *intr rur* Mostrarse

Günther Haensch y Reinhold Werner (directores): *Nuevo Diccionario de Argentinismos*, Bogotá, 1993.

Desde 1993 se está realizando en Tokio una ambiciosa empresa lexicográfica, el *Proyecto Internacional: Español del Mundo*, llamado también *VARILEX*, dirigido por Hiroto Ueda y Toshihiro Takagaki. Su finalidad es recoger variedades léxicas del español en una serie de ciudades españolas y de todos los países hispanoamericanos. En este proyecto, totalmente informatizado, se recogen los materiales léxicos mediante cuestionarios que se mandan a los informantes. Debido a este sistema muy mecánico el conjunto del léxico necesitará un riguroso control antes de la publicación definitiva de la obra.

3.5.5. La lexicografía del español en los distintos países hispanoamericanos

a) Diccionarios del español de toda Hispanoamérica[285]

Junto a los diccionarios generales de americanismos ya comentados, existen otras obras lexicográficas específicas dedicadas al español de toda Hispanoamérica.

Algunas de ellas se han mencionado ya en otro lugar: las que registran léxico de obras literarias hispanoamericanas (3.3.8; pág. 78) y dos diccionarios de sinónimos (3.3.2.2.; pág. 52). Hay un diccionario dedicado a la fauna y flora hispanoamericanas:

- Augusto Malaret: *Lexicón de fauna y flora.* Instituto Caro y Cuervo, Bogotá 1961; 2ª ed. Comisión Permanente de la Asociación de Academias de la Lengua, Madrid 1970.

b) Diccionarios del español rioplatense[286]

- Daniel Granada[287]: *Vocabulario rioplatense razonado.* Montevideo 1899. Otras ed. 1890 y 1957 (nueva ed. en preparación Arcos-Libros Madrid).
- Juan Carlos Guarnieri: *Diccionario del lenguaje rioplatense.* Montevideo 1970 y 1979 (hay ediciones anteriores).

c) Argentina[288]

- Diego Abad de Santillán: *Diccionario de argentinismos de ayer y de hoy.* Buenos Aires 1976.

---

[285] Sobre este tema, véanse Chuchuy 1994 b (que comenta «diccionarios nacionales» del siglo XIX); Seco 1988 d (sobre el léxico hispanoamericano en el DRAE); Werner 1987 a (sobre proyectos de lexicografía hispanoamericana); id. 1990 a (sobre diccionarios del español de América en general); Wojski 1983 (sobre «americanismos») y Zimmermann 1994 (sobre diccionarios diastráticos).

[286] Es evidente que podemos indicar tan sólo algunos ejemplos de diccionarios para cada país o área supranacional de Hispanoamérica.

[287] Sobre esta obra, véase Kühl 1986.

[288] Sobre lexicografía argentina, véanse Chuchuy 1988, id. 1994 a y Granada 1946.

- Elvio Aroldo Ávila: *Cómo habla el santiagueño... y el argentino.* 2ª ed. Santiago del Estero 1991.
- Félix Coluccio: *Diccionario de voces y expresiones argentinas.* 3ª ed. Plus Ultra, Buenos Aires 1985.
- Tobías Garzón: *Diccionario argentino.* Barcelona 1910.
- Günther Haensch/Reinhold Werner (directores): *Nuevo Diccionario de Argentinismos*, coord. por Claudio Chuchuy y Laura Hlavačka. Bogotá 1993.
- *Registro del habla de los argentinos*, Academia Argentina de Letras. Buenos Aires 1994. (Registra los argentinismos del DRAE y algunos pocos más).
- Lisandro Segovia: *Argentinismos. Neologismos y barbarismos [...].* Buenos Aires 1911.
- José Vicente Solá: *Diccionario de regionalismos de Salta.* 3ª ed. Buenos Aires 1957.

Existe un diccionario español argentino-francés:

- Paul Verdevoye/Héctor Fernando Colla: *Léxico argentino-español-francés.* C.S.I.C. Madrid 1992. (Da definiciones de las unidades léxicas argentinas en español y sus equivalentes en francés).

d) **Uruguay**

- Günther Haensch/Reinhold Werner (directores): *Nuevo Diccionario de Uruguayismos*, coord. por Ursula Kühl de Mones. Bogotá 1993.

(Los diccionarios «rioplatenses» registran también léxico uruguayo).

e) **Paraguay**

No hay nada.

f) **Chile**[289]

- Academia Chilena: *Diccionario del habla chilena.* Santiago de Chile 1978.
- Aníbal Echeverría y Reyes: *Voces usadas en Chile.* Santiago de Chile 1900 (nueva ed. en preparación, Arcos-Libros Madrid).
- Jacobo Grass: *Diccionario de chilenismos.* 2ª ed. Pax, Santiago de Chile 1993.
- Félix Morales Pettorino et al.: *Diccionario ejemplificado de chilenismos y de otros usos diferenciales del español de Chile.* 4 tomos. Valparaíso 1984-1987. (Es el mejor de los diccionarios de chilenismos).
- Zorobabel Rodríguez: *Diccionario de chilenismos.* Santiago de Chile 1875. Ed. facsimilar Valparaíso 1979.

---

289 Para un panorama de la lexicografía chilena, véase Rabanales 1984.

- Manuel Antonio Román: *Diccionario de chilenismos y de otras voces viciosas.* 5 tomos. Santiago de Chile 1901-1918.
- Miguel Subercaseaux: *Diccionario de chilenismos.* 1ª ed. Santiago de Chile 1986.

g) **Bolivia**[290]

- Jorge Muñoz Reyes/Isabel Muñoz Reyes: *Diccionario de bolivianismos y semántica boliviana.* La Paz 1982.
- Nicolás Fernández Naranjo/Dora Gómez de Fernández: *Diccionario de bolivianismos.* La Paz 1964; 2ª ed. La Paz 1967; 3ª ed. (sólo el primer autor) La Paz 1975; 4ª ed. La Paz 1980.

h) **Perú**

- Juan Álvarez Vita: *Diccionario de peruanismos.* Lima 1990.
- Juan de Arona (seudónimo de Pedro Paz Soldán y Unanué): *Diccionario de peruanismos. Ensayo filológico.* Lima 1883. Otra ed. París 1938 y Lima 1975.
- Enrique Foley Gambetta: *Léxico del Perú. Diccionario de peruanismos, replana criolla, jerga del hampa, regionalismos y provincialismos del Perú.* Lima 1983-84 (sólo hasta la letra CH).
- Martha Hildebrandt: *Peruanismos.* Lima 1969. Nueva ed. Lima 1994.

i) **Ecuador**

- Pedro Fermín Cevallos: *Breve catálogo de errores en orden a la lengua i al lenguaje castellanos.* 5ª ed. Ambato 1880; 6ª ed. Quito 1904. Nueva ed.: Ambato 1985.
- María Jaramillo de Lubensky: *Diccionario de ecuatorianismos en la literatura.* Quito 1992.

j) **Colombia**

- Academia Colombiana: *Breve diccionario de colombianismos.* Bogotá 1970.
- Mario Alario di Filippo: *Léxicon de colombianismos.* 1ª ed. 1964; 2ª ed. 1983.
- Günther Haensch/Reinhold Werner (coord.): *Nuevo Diccionario de Colombianismos.* Bogotá 1993.
- Adolfo Sundheim: *Vocabulario costeño o lexicografía de la región septentrional de Colombia.* París 1922.

---

290 Sobre lexicografía boliviana, véanse Coello 1988 y 1989.

- Leonardo Tascón: *Diccionario de provincialismos y barbarismos del Valle del Cauca.* Bogotá 1935.
- Julio Tobón Betancourt: *Colombianismos y otras voces de uso general.* Medellín 1947; 2ª ed. Bogotá 1953; 3ª ed. Medellín 1962.
- Rafael Uribe: *Diccionario abreviado de gallicismos, provincialismos y correcciones del lenguaje.* 1ª ed. Bogotá 1887. reimpr. Medellín 1973.

Para Colombia disponemos además de un excelente atlas lingüístico (véase 3.3.2.10.) y una serie de valiosas monografías publicadas por el Instituto Caro y Cuervo de Bogotá.

k) **Venezuela**[291]

- Lisandro Alvarado: *Glosario del bajo español de Venezuela.* Caracas 1929.
- Lisandro Alvarado: *Obras completas.* (contiene: *Glosario del bajo español de Venezuela*), tomo II, Caracas 1984.
- Rocío Núñez/Javier Pérez: *Diccionario del habla actual de Venezuela. Venezolanismos, voces indígenas, nuevas acepciones.* Universidad Católica Andrés Bello. Caracas 1994.
- Francisco Tamayo: *Léxico popular venezolano.* Universidad Central. 2ª ed. Caracas 1992.
- María Josefina Tejera (coord.): *Diccionario de Venezolanismos.* 1ª ed. (un tomo) Caracas 1983; 2ª ed. (3 tomos) Caracas 1993.

l) **Centroamérica**[292]

- Salomón Salazar García: *Vicios y correcciones del idioma español.* Sonsonate 1907; 2ª ed.: *Diccionario de provincialismos y barbarismos centroamericanos [...].* San Salvador 1910.

m) **Panamá**

- Baltasar Isaza Calderón: *Panameñismos.* 1ª ed. en: *Boletín de la Academia Panameña de la Lengua*; 2ª ed. Bogotá 1964; 3ª ed. Panamá 1986.
- Angel Revillo: *Panameñismos.* Panamá 1976.

n) **Costa Rica**

- Carlos Gagini: *Diccionario de barbarismos y provincialismos de Costa Rica.* San José 1892; 2ª ed.: *Diccionario de costarriqueñismos.* San José 1919; 3ª ed. San José 1975.

---

291 Sobre lexicografía del español de Venezuela, véanse Arconada 1988; Núñez 1993; Pérez 1993 a y 1993 b y Tejera 1987 y 1988.

292 Sobre tres pioneros de la lexicografía del español de Centroamérica, véase Braun 1994.

- Miguel A. Quesada Pacheco: *Nuevo diccionario de costarriqueñismos.* San José 1991.

o) **Nicaragua**

- Carlos Alemán Ocampo et al.: *El español de Nicaragua y palabras y modismos de la lengua castellana, según se habla en Nicaragua* [1874] *de C. H. Berendt.* Managua 1992.
- Manuel Castrillo Gámez: *Vocabulario de voces nicaragüenses y artículos históricos.* Managua 1937; 2ª ed. 1966.
- Joaquín Rabella/Chantal Pallais: *Vocabulario popular nicaragüense.* Autores-editores: Managua 1994.

p) **Guatemala**

- Daniel Armas: *Diccionario de la expresión popular guatemalteca.* Piedra Santa. 3ª ed. 1982.
- José Luis Arriola: *Pequeño diccionario de voces guatemaltecas, ordenadas etimológicamente.* Guatemala 1941; 2ª ed. 1954.
- Antonio Batres Jauregui: *Vicios del lenguaje y provincialismos de Guatemala. Estudio filológico.* Guatemala 1892.
- Lisandro Sandoval: *Semántica guatemalense o diccionario de guatemaltequismos.* Guatemala 1941-42, 2 vols.

q) **El Salvador**

- Pedro Geoffrey Rivas: *El español que hablamos en El Salvador.* 1ª ed. San Salvador 1969; 2ª ed. 1979; 3ª ed. 1976; 4ª ed.: *La lengua salvadoreña* 1978; 5ª ed. 1982.

r) **Honduras**

- Alberto Membreño: *Hondureñismos. Vocabulario de los provincialismos de Honduras*[293]. Tegucigalpa 1895; 2ª ed. 1897; 3ª ed. México 1912; nueva ed.: Tegucigalpa 1982.

s) **México**

- Joaquín García Icazbalceta: *Diccionario de mexicanismos [...].* México 1899; Ed. facsímil México 1975.
- Luis Fernando Lara: *Diccionario fundamental del español de México.* México D.F. 1982, nueva ed. 1993.

---

293 Sobre Membreño, véase Herranz 1989.

- Luis Fernando Lara (dir.): *Diccionario básico del español de México.* El Colegio de México. México D.F. 1986.
- Félix Ramos i Duarte: *Diccionario de mejicanismos [...].* 1ª ed. México 1895; 2ª ed. México 1898.
- Francisco J. Santamaría: *Novísimo Icazbalceta. Diccionario de mejicanismos.* México 1954; nueva ed.: *Diccionario de mejicanismos.* México 1959, 1974 y 1978, 5.ª ed. 1992.

t) **República Dominicana**

- Carlos Esteban Deive: *Diccionario de dominicanismos.* Santo Domingo 1977.
- Emilio Rodríguez Demorizi: *Del Vocabulario Dominicano.* Santo Domingo 1983.

u) **Cuba**[294]

- José Miguel Macías: *Diccionario cubano, etimológico, crítico, razonado y comprensivo.* Veracruz 1885; reimpresión Coatepec 1888.
- Fernando Ortiz: *Un catauro de cubanismos* (primero en la *Revista Bimestre Cubana*). id.: *Nuevo catauro de cubanismos.* La Habana 1974. Reimpresión 1985.
- Esteban Pichardo: *Diccionario provincial de voces cubanas.* Matanzas 1836; 2ª ed. La Habana 1862; 3ª ed. 1875; nueva ed. 1953; 1976.
- Esteban Rodríguez Herrera: *Léxico Mayor de Cuba.* 2 vols. La Habana 1958-59.
- José Sánchez Boudy: *Diccionario de cubanismos más usuales. (Cómo habla el cubano).* Vols. 5 y 6. Universal Miami 1989.
- Argelio Santiestebán: *El habla popular cubana de hoy [...].* La Habana 1982; 2ª ed. 1985.
- Constantino Suárez: *Vocabulario cubano.* La Habana 1921.

En la ex-República Democrática Alemana se publicó un diccionario español cubano/alemán:

- Ulrich Florian/Fernando Martínez: *Wörterbuch Kubaspanisch-Deutsch [...].* Leipzig 1989.

v) **Puerto Rico**

- Augusto Malaret: *Diccionario de provincialismos de Puerto Rico.* San Juan 1917. id.: *Vocabulario de Puerto Rico* 1937. Reimpresiones Nueva York 1955 y 1965. (Nueva ed. en preparación Arcos-Libros Madrid).

---

294 Sobre lexicografía cubana, véanse Tristá 1989 y Werner 1994 b (sobre el diccionario de Pichardo).

Rubén del Rosario: *Vocabulario puertorriqueño.* Sharon 1965; 2ª ed. 1967; 3ª ed. Río Piedras 1980

3.6. OBSERVACIÓN FINAL SOBRE LA CLASIFICACIÓN TIPOLÓGICA

Hemos intentado ofrecer una tipología lo más completa posible de los diccionarios que existen para la lengua española o que deberían existir. Al examinar la clasificación adoptada por F. J. Hausmann[295], nos damos cuenta de que existen otros tipos de obras lexicográficas, pero, en cuanto al español, en muchos casos los materiales de éstos no llenarían un diccionario, sino que apenas darían para un glosario poco extenso que podría figurar como anexo en otras obras o aparecer en una publicación periódica. Se podría pensar, por ejemplo, en repertorios de onomatopeyas (que no deben ser muy numerosos)[296] o en inventarios de nombres colectivos como *gente, muchedumbre, rebaño, manada, zapaterío,* en listas de palabras truncadas como *cole, bici, ridi,* etc. Sobre este último tema existe un glosario reciente:
Alejandro Fajardo: «Truncamientos léxicos en español actual»; en: *Lebende Sprachen,* núm. 3/1990, págs. 132-133.

Seguramente se crearán nuevos tipos de diccionarios o, por lo menos, de repertorios lexicográficos en forma de vocabularios o glosarios.

---

295 Ver Hausmann 1989 i.

296 Existe una obra de este tipo en español: Vicente García de Diego: *Diccionario de voces naturales.* Aguilar. Madrid 1968.

4. LA CRÍTICA DE DICCIONARIOS

Ante el alud creciente de diccionarios de toda clase que se van publicando, unos excelentes o buenos, otros mediocres y hasta malos, una actitud crítica es más necesaria que nunca. Donde no hay crítica y sólo indiferencia, no hay siquiera un estímulo para mejorar estas obras de consulta. La crítica no tiene que ser ni puramente elogiosa ni malintencionada, sino objetiva.

Al escribir la reseña de un diccionario, uno se pregunta a veces según qué criterios se puede juzgar la obra en cuestión. En ciertas reseñas de diccionarios se nota incluso una falta de perspectiva en la evaluación equitativa de las virtudes y defectos de la obra en cuestión y se echan de menos criterios de evaluación importantes. Por esto presentamos un esquema que puede servir, así lo esperamos, como una especie de guía práctica para los autores de reseñas de diccionarios, vocabularios, glosarios y otros inventarios lexicográficos[1].

4.1. DATOS BIBLIOGRÁFICOS

Después de la indicación exacta del título de la obra (con los correspondientes datos bibliográficos) se señalarán el formato, número de páginas y, si cabe, número de entradas del diccionario que es objeto de reseña. Estos datos muy prosaicos son necesarios para que el futuro usuario de un diccionario pueda hacerse una idea del marco material dentro del cual se desarrolla el inventario lexicográfico. La indicación del precio, que para muchos es poco científica, no deja de tener una utilidad práctica.

4.2. CARACTERIZACIÓN TIPOLÓGICA

El paso siguiente será una descripción tipológica del diccionario. Los criterios tipológicos que enumeramos a continuación en muchos casos no vendrán

---

1 Para este capítulo se aprovechó mi artículo «La crítica de diccionarios» publicado en el *Boletín de la Academia Norteamericana de la Lengua Española*. Nueva York, núm. 6-7, 1985-86, págs. 53-62, con una serie de modificaciones y recortes.

al caso, teniendo en cuenta el carácter de la obra en cuestión. Por ejemplo, al tratarse de un vocabulario extraído de la obra de un escritor, de un diccionario técnico de índole monográfica (por ej. un glosario de términos meteorológicos), etc., no se podrán aplicar todos los criterios expuestos. Las preguntas que habrá que hacerse serán las siguientes:

- *¿Diccionario lingüístico o diccionario enciclopédico* o, en su caso[2], carácter mixto de la obra: *diccionario enciclopédico?*

- *Sistema lingüístico en que se basa la obra.* ¿Qué fuentes han servido de base par la elaboración del diccionario?, ¿una obra de un autor o su obra completa, el idiolecto del lexicógrafo, un corpus sacado de fuentes escritas (textos, cuestionarios) u orales (encuestas), o bien diccionarios monolingües (para la elaboración de diccionarios plurilingües)? ¿Se ofrece una bibliografía de las fuentes del diccionario?

- *¿Se indican el nombre del autor o de los autores, del director o coordinador, de los redactores, revisores del diccionario o se trata de una obra anónima?*

- *Número de lenguas* que se tienen en cuenta: *diccionario monolingüe, diccionario bilingüe, o diccionario multilingüe* (es decir de tres o más lenguas). Aquí habrá que hacer constar también si en las entradas dedicadas a plantas y animales se indica también el *nombre científico* de éstos.

- *Selección del vocabulario.*

- ¿Se trata de un «*diccionario general*» como el *Diccionario de la Lengua Española* de la Real Academia Española o el DGILE VOX, o de un diccionario que ofrece un subconjunto de unidades léxicas con una determinada marcación (geográfica, estilística, cronológica etc.)? Al tratarse de un diccionario que ofrece un *vocabulario parcial*, ¿a qué tipo corresponde según la tipología del capítulo 3.3.3.?

- ¿Se trata de un *diccionario con una finalidad específica* como las obras caracterizadas en 3.3.4.?

- *¿Diccionario normativo o diccionario descriptivo?* ¿Refleja el diccionario el ideal prescriptivo (normativo) de la lengua o bien la realidad del uso?

- *Clasificación de los materiales léxicos: ¿Diccionario semasiológico* («del significante al significado») u *onomasiológico* (del significado al significante)? ¿Otro tipo de clasificación que se combina con el anterior: *ordenación alfabética o por materias* (sistemática) o *diccionario inverso* o bien clasificación por *situa-*

2 A continuación seguimos a grandes rasgos la tipología del capítulo 3.

ciones de comunicación (guías de conversación, etc.) o también clasificación por *familias de palabras*? En el caso de un diccionario sistemático: ¿Tiene un índice alfabético? En el caso de un diccionario alfabético: ¿Se ha respetado estrictamente el orden alfabético?

4.3. EVALUACIÓN FORMAL (CUANTITATIVA Y CUALITATIVA) DEL DICCIONARIO

Una vez establecido el tipo de diccionario que se reseña, se analiza el contenido de éste según los siguientes criterios:

4.3.1. Descripción de la macroestructura del diccionario

- Prefacio

- Introducción (Aquí cabe preguntarse si las instrucciones son claras y suficientes para el usuario).

- Paradigmas de conjugación y, en su caso, de declinación.

- Evaluación de los símbolos y de las siglas que se usan en el diccionario y que suelen figurar en una lista al comienzo o al final del diccionario. ¿Son adecuadas y completas? ¿Se aplican sistemáticamente?

- Corpus del diccionario: el inventario léxico:

  a) ¿Hay anexos (por ejemplo, glosarios de siglas, unidades monetarias, citas latinas y de otras lenguas)?

  b) ¿Hay suplementos que completan el corpus del diccionario?: ¿como anexo al mismo? o bien ¿como publicación separada de publicación posterior?

4.3.2. Análisis de la microestructura del diccionario

a) *Lematización*

Aquí se plantean algunos problemas específicos

- *Lematización por homonimia*: en tal caso *junco* «planta» y *junco* «embarcación china» aparecen en dos entradas diferentes o *por polisemia*: en este caso habría un solo lema y una sola entrada para ambas palabras.

- ¿Se dan formas finitas del verbo o formas de nombres que difieren mucho de la forma-clave y que no son tan fácilmente identificables, por ej. *cupo (caber), lores (lord)* como lema propio y con remisión a la forma-clave?

b) *Ortografía*

- ¿Se dan variantes ortográficas?
Ejemplos: *hierba, yerba; cacahuete - cacahuate* (Méjico); *mejicano- mexicano.* ¿Aparecen las variantes como lemas autónomos con remisión al lema «principal» donde se explican? ¿Se indica la separación gráfica o fonética de sílabas? ¿Son correctas estas indicaciones?

c) *Indicaciones fonéticas*

La transcripción fonética importante para el francés, inglés, alemán, etc. no será necesaria para el español, a no ser que se trate de extranjerismos (por ejemplo, *jockey, jeep, dossier, somier*). Para otras lenguas se indican a veces con signos especiales sobre el lema o debajo de él:
- vocal larga o breve, abierta o cerrada.
- Acentuación de la palabra (el problema es importante para el italiano, inglés y alemán, por ej.).

d) *Indicaciones gramaticales*

- Categoría de la palabra (partes de la oración): adjetivo, adverbio, etc.
- Género de los sustantivos.
- Femenino de los nombres (sustantivos y adjetivos).
- Plural de los sustantivos, o, por lo menos, plurales irregulares.
- ¿Se indican comparativos y superlativos irregulares de adjetivos?
- ¿Se indica la posición del adjetivo cuando hay diferenciación del sentido: *un pobre hombre/ un hombre pobre?*
- En los verbos: si son transitivos, intransitivos, reflexivos, impersonales o defectivos.
- ¿Se dan formas de verbos irregulares en la misma entrada o se remite a un cuadro de conjugación?
- ¿Se indican valencias verbales? Por ejemplo: *entregar una cosa a alg., preocuparse por alguien/una cosa?*

e) *Indicaciones sobre el uso de las unidades léxicas*

En el caso de «diccionarios generales» habrá que preguntarse si los diferentes tipos de unidades léxicas «marcadas» aparecen con la correspondiente marca en el diccionario.

- ¿*Hay indicaciones sobre una especialidad* (campo, materia) a la que pertenece la unidad léxica, por ej. medicina, botánica, sociología, deportes, etc?
- *Elementos sintagmáticos*

¿Se dan colocaciones, unidades léxicas pluriverbales, fraseología, modismos, etc., y ejemplos de aplicación?

f) *¿Elementos paradigmáticos?*

- ¿Se dan sinónimos y palabras afines, antónimos, parónimos o se remite a ellos?
- *¿Se indica la etimología de la palabra?* En este caso: ¿se da sólo el étimo o hay más explicaciones? o ¿se indica sólo la procedencia de otra lengua sin dar el étimo? Ejemplo: *tomate* (náhuatl), *tapir* (tupí-guaraní). Esto ocurre a veces en los diccionarios generales.
- *¿Se indican* (en el caso de diccionarios generales monolingües) *familias de palabras* (aunque estas últimas no sirven de base para la ordenación de los materiales)?
- *Aplicación de criterios de evaluación.*

A primera vista parece que hay en 3. una repetición, por lo menos parcial, de los criterios enunciados en 2. El caso es que en 2. se señalan *tipos de diccionarios,* por ej. «diccionario de argot español», «diccionario de sinónimos», mientras que en 3. se pregunta si ciertos criterios de 2. se han tenido en cuenta en la elaboración de *diccionarios generales.* Un diccionario general de cierta extensión tendrá que dar también elementos jergales, tecnicismos, regionalismos, etc. y podrá dar también, en muchas de sus entradas, sinónimos.

4.4. EVALUACIÓN DEL CONTENIDO

Si los criterios enunciados en 2. sirven para la identificación del tipo de diccionario y los de 3. para la descripción de su macroestructura y microestructura (que dicen también algo sobre la calidad del diccionario que se reseña), los criterios de 4. sirven para juzgar el contenido de la obra. Los dos criterios fundamentales que habrá que aplicar aquí son:

a) - *La selección de entradas*

Teniendo en cuenta la finalidad y la extensión de un inventario lexicográfico, ¿hasta qué punto es acertada la selección de los materiales léxicos? ¿Ofrece las unidades léxicas que corresponden a la extensión de la obra? Un diccionario general monolingüe de 2.000 páginas no podrá omitir unidades léxicas de uso frecuente que, por otro lado, sólo en parte podrán figurar en un diccionario escolar de tamaño reducido. Un diccionario técnico deberá ceñirse al vocabulario técnico y no dar palabras de la lengua común. En otras palabras, el autor de la reseña tendrá que preguntarse si falta o sobra algo, teniendo en cuenta siempre la finalidad, el grupo de destino y la extensión del inventario léxico que se reseña.

b) - *La explicación de las unidades léxicas*

Aquí hay que distinguir dos casos:

- El *diccionario monolingüe* suele dar definiciones (mejor, explicaciones) en un metalenguaje que procede de la misma lengua. Aquí hay que preguntarse:
- ¿Es correcta y completa la explicación? ¿Se evitan definiciones que crean un círculo vicioso remitiendo de un lema a otro sin dar la explicación que se espera en ninguna de las dos entradas correspondientes? ¿Se dan «pistas perdidas»?
- ¿Se distinguen las diferentes acepciones de un lema mediante una subdivisión acertada de la entrada?

- El *diccionario plurilingüe*

En vez de explicaciones, se dan equivalentes (o, si queremos, sinónimos) de una unidad léxica en una o varias otras lenguas. Aquí hay que preguntarse: ¿Son correctos o exactos estos equivalentes? ¿Se destacan bien los casos en que una unidad léxica tiene sólo un equivalente aproximativo en otra lengua o se puede traducir tan sólo con una perífrasis o definición? Ejemplos: para la palabra francesa (de tipo familiar) *allumeuse* (f) no se puede dar simplemente como equivalente castellano : *calientapollas*. La denotación es la misma 'mujer que excita a los hombres sin entregarse a ellos', pero el equivalente castellano es francamente grosero (tabú). Cuando quiero explicar las palabras *fabada* y *paella* en un diccionario español-inglés, tendré que recurrir a una definición porque no hay un equivalente exacto en inglés, pero esta definición o explicación tendrá que diferenciarse claramente, también en la tipografía, de los equivalentes normales del tipo *ojo* = *eye*. El catalán *seny* se podría traducir al castellano por *sentido común*, pero esta traducción no da estos matices que tiene la palabra catalana: el «sens de la mesure», la ponderación del pro y el contra, la moderación temperamental etc. que se atribuyen a la palabra catalana y a los catalanes.

4.5. ILUSTRACIONES

Si el diccionario da ilustraciones: ¿son éstas adecuadas y unívocas? En otras palabras, ¿cumplen su finalidad como elemento complementario de explicación o son sólo decorativas?

4.6. TIPOGRAFÍA

- ¿Hay faltas de imprenta? ¿Son pocas o tantas que inducen al usuario al error?

- ¿Es de fácil lectura el diccionario? ¿Es demasiado pequeña la letra? ¿Se distinguen bien por la tipografía el lema, las distintas indicaciones fonéticas, ortográficas, gramaticales, de uso, etc. de la definición o explicación (en el caso de diccionarios bilingües: de los equivalentes en otra(s) lengua(s)? ¿Qué tipos de caracteres se han utilizado (negrita, redonda, cursiva, versalita, espaciado, etc.?

4.7. JUICIO CRÍTICO FINAL

Teniendo en cuenta todos los aspectos positivos y negativos del diccionario u otro inventario lexicográfico que se reseña: ¿se podrá recomendar sin o con restricciones o, por el contrario, se tendrá que rechazar?

Sobre todos los demás aspectos de la crítica de diccionarios con referencia a los países hispanohablantes remitimos al trabajo ya citado de María Teresa Fuentes Morán (Fuentes 1996). También son importantes para esta temática:

- Martha Ripfel: *Wörterbuchkritik. Eine empirische Analyse von Wörterbuchrezensionen.* Niemeyer. Lexicographica. Series Maior, 29. Tubinga 1989.
- Roger J. Steiner: «Guide-lines for Reviews of Bilingual Dictionaries»; en: *Dictionaries. Journal of the Dictionary Society of North America*, núm. 6., 1984, págs. 166-181.

Como ya lo destacamos (2.1., pág. 6), es absolutamente necesario que haya más críticas de diccionarios en los países hispanohablantes y sobre todo críticas objetivas que vayan al fondo de las cosas. Éstas podrían contribuir mucho a mejorar la calidad de los diccionarios y a orientar a los usuarios potenciales de diccionarios, pero también a los editores y a los libreros.

5. CONCLUSIONES

A lo largo de este libro hemos visto que en la lexicografía del español del siglo XX hay luces y sombras, logros y déficits.

Después de haber leído este libro, más de un lector pensará quizás que mi crítica de obras lexicográficas del español es, por lo menos en ciertos casos, bastante dura, quizás más dura que la de algunos de mis colegas españoles.[1] El caso es que mi condición de hispanista extranjero me da una gran independencia para juzgar la producción lexicográfica española y para valorarla en comparación con el nivel de la lexicografía de otros países. No he callado las deficiencias de muchos diccionarios ni ciertas prácticas abusivas de algunas editoriales que se pueden observar todavía, aunque cada vez menos, porque pensaba que, si este libro ha de tener alguna utilidad para el lector no experto en la materia, mi obligación era describirle la situación real de la lexicografía española con absoluta sinceridad y objetividad.

---

1 Para que el lector vea que en España hay también voces críticas en cuanto a la producción lexicográfica del español, cito el comentario de un lexicógrafo español, José Martínez de Sousa, que dice en su *Diccionario de lexicografía práctica* sobre la lexicografía española (bajo el título significativo «Un resumen desalentador») lo siguiente:

> «En el siglo XX se introducen en la lexicografía española algunas novedades en los tipos de diccionarios, como los ideológicos, los de uso y se afrontan trabajos serios para la confección de buenos diccionarios etimológicos. Sin embargo, los diccionarios españoles, en general, no pueden calificarse de excelentes, empezando por el de la Academia, pese a que éste cuenta con más de doscientos cincuenta años de antigüedad (desde 1739, fecha de publicación del sexto y último volumen del *Diccionario de autoridades*) y, teóricamente, con más de cuatrocientos autores (los académicos habidos hasta la fecha). Hay en nuestra lexicografía poca renovación y mucha copia; muchos aficionados y pocos profesionales de esta técnica, difícil entre las difíciles; demasidos diccionarios reprobables y pocos dignos de estima. Habría, pues, que empezar por cambiar las mentalidades, tanto las oficiales como las editoriales, para crear diccionarios reordenando y enriqueciendo con criterios de modernidad y cientificismo lo conseguido hasta aquí, con nuevas bases , nuevas técnicas y nuevos impulsos. La informatización de la lexicografía podría ayudar no poco en esta dirección, pero no debería olvidarse que detrás de los programas informáticos, al frente de su utilización y control está el hombre, protagonista imprescindible e impulsor insoslayable en el mundo de la cultura.» (pág. 248).

Veáse también un juicio crítico parecido de Manuel Seco en la nota 254, pág. 211.

Como se ha expuesto en este libro, dispone el español de muchos diccionarios para fines específicos: modismos, sinonimia, etimología, dialectos peninsulares, español de América, etc., pero los dos tipos que más necesita el usuario, el diccionario general monolingüe y el diccionario bilingüe, no ofrecen al usuario todo lo que necesita, a pesar de que ya podrían ofrecérselo perfectamente, teniendo en cuenta el estado actual de la metalexicografía.

Los diccionarios generales monolingües dan, casi siempre, informaciones suficientes sobre la ortografía y sobre el significado de las unidades léxicas más usuales, pero cuando se necesita más información, por ejemplo, sobre problemas gramaticales (formación del plural, régimen preposicional, etc.) y sobre usos contextuales o cuando se buscan palabras del léxico más reciente, son, por lo general, incompletos y toda esta información se encuentra tan sólo en unos pocos diccionarios generales monolingües, en los buenos diccionarios de dudas y dificultades y en los diccionarios de uso. Hay demasiados diccionarios monolingües mediocres, sin originalidad porque se alimentan esencialmente de la sustancia del Diccionario Académico.

En cuanto a la lexicografía bilingüe, si bien hay ya algunos buenos diccionarios, aún se producen demasiadas obras publicadas rutinariamente desde hace muchos decenios sin modificaciones relevantes, con una microestructura rudimentaria, con indicaciones insuficientes sobre gramática y usos contextuales y sin registrar suficientemente el léxico actual, especialmente el de la lengua hablada. En este aspecto, la lexicografía bilingüe en España va, en gran parte, a la zaga de la producción de otros países como ya hemos destacado.

¿Cómo se puede remediar esta situación? El único camino para mejorar la calidad de estos dos tipos de diccionarios que más se necesitan (y la de todos los demás), es educar al público, lo cual se puede lograr sólo a través de una reacción en cadena:

Los lexicógrafos y especialmente los metalexicógrafos responsables deberían escribir críticas objetivas de los diccionarios que van apareciendo, no sólo en revistas de lingüística y filología que el usuario «normal» no lee, sino en la prensa diaria y, ¿por qué no?, en revistas ilustradas y en publicaciones para profesores de bachillerato[2]. De esta manera, el público aprendería a distinguir los diccionarios buenos de los mediocres y de los malos. Los usuarios mejor informados, ya no comprarían las obras menos recomendables, lo cual haría reaccionar primero a los libreros, que no tardarían en informar a los editores. Estos últimos se verían constreñidos a hacer un serio esfuerzo para mejorar la calidad de sus obras lexicográficas y, a su vez, tendrían que ser más exigentes frente a los autores, directores y redactores de diccionarios. Si esta reacción en cadena se produjese, el primer beneficiario sería el usuario de diccionarios. Es inacep-

[2] El 13 de octubre de 1996 apareció por primera vez un análisis crítico de diccionarios en *La Revista* de *El Mundo* (págs. 92-94) bajo el título: «Herramientas de la lengua. Análisis comparativo de 15 diccionarios escolares». ¡Ojalá cunda este ejemplo!

table que una parte considerable de los diccionarios generales actualmente en venta estén en total desacuerdo con el estado actual de la ciencia metalexicográfica, que es capaz de ofrecer a los lexicógrafos y a los editores los métodos e instrumentos para producir diccionarios mejores.

Si ya no se usa el arado romano ni se trilla con caballerías en las eras, si ahora utilizamos el ordenador en todas las esferas de la vida, ¿por qué no se puede lograr un cambio de mentalidad del público, de los lexicógrafos y de los editores para que los diccionarios, instrumentos indispensables en todos los procesos de comunicación intralingüística e interlingüística, estén a la altura de los demás recursos de los que el hombre dispone a fines del siglo XX?

6. BIBLIOGRAFÍA DE PUBLICACIONES METALEXICOGRÁFICAS

Abend 1991= Heike Abend: «Das Reisewörterbuch»; en: *Wörterbücher.* t. III, 1991, págs. 2903-2908.

Acero 1985= Isabel Acero: «El Diccionario latino-español y el Vocabulario español-latino de Elio Antonio de Nebrija: Análisis comparativo»; en: *Anuario de Lingüística Hispánica.* 1/1985, págs. 11-21.

Actas 1988= *Actas del I Congreso Internacional de Historia de la Lengua Española*, M. Ariza, A. Salvador y A. Viudas (ed.), 2 vols. Arco Libros. Madrid 1988.

Actas Sevilla 1992= *Actas del Congreso de la Lengua Española. Sevilla 1992.* Instituto Cervantes. Madrid 1994.

Aicardo 1906= José Manuel Aicardo: *Palabras y acepciones castellanas omitidas en el Diccionario Académico.* Madrid 1906.

Ahumada 1987= Ignacio Ahumada Lara: «Contorno de la definición verbal y régimen lexemático: su indicación formal en la lexicografía hispánica»; en : *Amistad a lo largo. Estudios en memoria de Julio Fernández-Sevilla y Nicolás Marín López.* Universidad de Granada 1987, págs. 13-25.

Ahumada 1988= Ignacio Ahumada Lara: «Información gramatical implícita en la definición lexicográfica»; en: *Thesaurus* XIII, 1988, págs. 81-94.

Ahumada 1989= Ignacio Ahumada Lara: *Aspectos de lexicografía teórica. Aplicaciones al Diccionario de la Real Academia Española.* Universidad de Granada 1989.

Ahumada 1992= Ignacio Ahumada Lara: «J. Fernández-Sevilla y la lexicografía teórica española»; en: *Diccionarios españoles 1992*, págs. 15-33.

Al 1983 a= Bernard Al: «Principes d'organisation d'un dictionnaire bilingue»; en: *Lexique 2. Le dictionnaire, Actas del coloquio franco-neerlandés, 28-29 de abril de 1981, Lille.* Maison Descartes. Presses Universitaires de Lille y Amsterdam 1983, págs. 159-165.

Al 1983 b= Bernard Al y otros: *Lexicography: Principles and Practice* (ed. por R.K. Hartmann). Academic Press. Londres 1983.

Al-Kasimi 1977= Ali M. Al-Kasimi: *Linguistics and Bilingual Dictionaries.* Londres 1977.

Al-Kasimi 1983= Ali M. Al-Kasimi: «The interlingual translation dictionary»; en: Hartmann 1983.

Alcocer 1993= Augusto Alcocer Martínez: *Los americanismos peruanos en el diccionario académico.* Lima 1993.

Allué 1944= Miguel Allué Salvador: «Vida y hechos de Nebrija»; en: *Revista Nacional de Educación,* 41, 1944, págs. 44-46.

Alvar Ezquerra 1976= Manuel Alvar Ezquerra: *Proyecto de lexicografía española.* Planeta. Barcelona 1976.

Alvar Ezquerra 1980= Manuel Alvar Ezquerra: «¿Qué es un diccionario? Al hilo de unas definiciones académicas»; en: *Lingüística Española Actual,* 2, 1, 1980, págs. 103-118; reproducido en *Alvar Ezquerra 1993 b,* págs. 59-72.

Alvar Ezquerra 1981= Manuel Alvar Ezquerra: «Los diccionarios bilingües: su contenido»; en: *Lingüística Española Actual,* III/1, 1981, págs. 175-196; reproducido en *Alvar Ezquerra 1993 b,* págs. 145-164.

Alvar Ezquerra 1982 a= Manuel Alvar Ezquerra: *Lexicología y lexicografía. Guía Bibliográfica.* Salamanca 1982.

Alvar Ezquerra 1982 b= Manuel Alvar Ezquerra: *La Universidad y el diccionario.* Málaga, Universidad de Málaga, 1982; reprod. en *Alvar Ezquerra 1993 b,* págs. 191-214.

Alvar Ezquerra 1982 c= Manuel Alvar Ezquerra: «Diccionario y gramática»; en: *Lingüística Española Actual* IV/2, 1982, págs. 151-212; reprod. en *Alvar Ezquerra 1993 b,* págs. 87-143.

Alvar Ezquerra 1982 d= Manuel Alvar Ezquerra: «Función del diccionario en la enseñanza de la lengua»; en: *Revista de Bachillerato.* Cuaderno monográfico, 9, 1982, págs. 49-53.

Alvar Ezquerra 1983 a= Manuel Alvar Ezquerra: «Los prólogos del Diccionario académico: nomenclatura específica y microestructura»; en: *Revista de Filología Española,* 68, 1983, págs. 205-222; reprod. en *Alvar Ezquerra 1993 b,* págs. 215-239.

Alvar Ezquerra 1983 b= Manuel Alvar Ezquerra: «Lexicografía»; en: Humberto López Morales (coord.): *Panorama novísimo de la lingüística.* Playor. Madrid 1983; reproducido bajo el título: «La lexicografía en los últimos veinte años»; en: *Alvar Ezquerra 1993 b,* págs. 13-37.

Alvar Ezquerra 1984= Manuel Alvar Ezquerra: «Los diccionarios ideológicos del español»; en: *Libros* 24, 1984; págs. 14-18; reprod. en *Alvar Ezquerra 1993 b,* págs. 289-301.

Alvar Ezquerra 1985 a= Manuel Alvar Ezquerra: «Ante la vigésima edición del D.R.A.E.»; en: *Libros,* 42-43, 1985, págs. 3-10; reprod. en *Alvar Ezquerra 1993 b,* págs. 241-248.

Alvar Ezquerra 1985 b= Manuel Alvar Ezquerra: «El Diccionario de la Academia a través de sus prólogos»; en: *Philologica hispaniensia in honorem Manuel Alvar.* Madrid, II, 1985 págs. 33-44; reprod. en *Alvar Ezquerra 1993 b,* págs. 215-239.

Alvar Ezquerra 1985 c= Manuel Alvar Ezquerra: «El Diccionario de sinónimos de Tomás Iriarte»; en: *Serta gratulatoria in honorem Juan Régulo.* La Laguna, I, 1985, págs. 67-81.

Alvar Ezquerra 1986= Manuel Alvar Ezquerra: «Los regionalismos en los diccionarios y vocabularios regionales»; en: Manuel Alvar (ed.): *Lenguas peninsulares y proyección hispánica.* Madrid, 1986, págs. 175-197; reprod. en *Alvar Ezquerra 1993 b*, págs. 313-331.

Alvar Ezquerra 1987 a= Manuel Alvar Ezquerra: «La recepción de americanismos en los diccionarios generales de la lengua»; en: López Morales, H./ Vaquero, M. (eds.): *Actas del I Congreso Internacional sobre el español de América* (San Juan de Puerto Rico 1982), Madrid, 1987, págs. 209-218; reprod. en *Alvar Ezquerra 1993 b*, págs. 343-351.

Alvar Ezquerra 1987 b= Manuel Alvar Ezquerra: «Apuntes para la historia de las nomenclaturas del español»; en: *Actas del VII Congreso Internacional de Lingüística y Filología de América Latina (ALFAL). Homenaje a Pedro Henriquez Ureña. Santo Domingo, 1984*, vol. I, Santo Domingo, 1987, págs. 457-470; reprod. en *Alvar Ezquerra 1993 b*, págs. 277-287.

Alvar Ezquerra 1987 c= Manuel Alvar Ezquerra: «El primer diccionario automatizado del español contemporáneo»; en: *Lingüística Española Actual* 9, 1987, págs. 49-56; reprod. en *Alvar Ezquerra 1993 b*, págs. 303-307.

Alvar Ezquerra 1987 d= Manuel Alvar Ezquerra: «Enseñar, ¿con un diccionario?»; en: *Apuntes de Educación. Lengua y Literatura* 26. 1987, págs. 2-4; reprod. en: *Alvar Ezquerra 1993 b*, págs. 177-180.

Alvar Ezquerra 1988 a= Manuel Alvar Ezquerra: «La forme des dictionnaires a la lumière du signe linguistique»; en: *Cahiers de Lexicologie*, 52, 1, 1988, págs. 117-130.

Alvar Ezquerra 1988 b= Manuel Alvar Ezquerra: «Los aragonesismos en los primeros diccionarios académicos»; en: *Actas del I Simposio Internacional de Lingüística Aragonesa*, 1988; reprod. en *Alvar Ezquerra 1993 b*, págs. 333-341.

Alvar Ezquerra 1988 c= Manuel Alvar Ezquerra: «Una base de datos lexicográficos del español»; en: Zampolli, Antonio (ed.): *Computational Lexicology and Lexicography. Special Issue dedicated to Bernard Quemada.* Pisa 1988, págs. 33-41.

Alvar Ezquerra 1989 a= Manuel Alvar Ezquerra: «El diccionario, texto cerrado»; en: J. Borrego Nieto/ J.J. Gómez Asencio/ L. Santos Río (eds.): *Philologica II. Homenaje a D. Antonio Llorente*, Salamanca, Universidad, 1989, págs. 19-23; reprod. en *Alvar Ezquerra 1993 b*, págs. 73-77.

Alvar Ezquerra 1989 b= Manuel Alvar Ezquerra: «Panorama de la lexicographie espagnole»; en: *Cahiers de lexicologie* 55, 1989, págs. 79-100; versión española en *Alvar Ezquerra 1993 b*, págs. 39-54.

Alvar Ezquerra 1989 c= Manuel Alvar Ezquerra: «Un diccionario moderno del español: Vox»; en: *Leer*. Madrid, 26, 1989, págs. 58-59; una versión ampliada está en *Alvar Ezquerra 1993 b*, págs. 309-312.

Alvar Ezquerra 1990= Manuel Alvar Ezquerra: «La confección de diccionarios»; en: *Voz y Letra*, Madrid, I, 1990, págs. 47-76.

Alvar Ezquerra 1991= Manuel Alvar Ezquerra: «Desarrollos actuales en lexicografía automatizada del español»; en: Vidal Beneyto (ed.): *Las industrias de la lengua*, Madrid, Fundación Germán Sánchez Ruipérez, 1991, págs. 219-240.

Alvar Ezquerra 1992 a= Manuel Alvar Ezquerra: «Spanisch: Lexikographie. Lexicografía»; en: G. Holtus/ M. Metzeltin / Chr. Schmitt (eds.): *Lexikon der romanistischen Linguistik,* vol. VI, 1, Tubinga 1992, págs. 636-651.

Alvar Ezquerra 1992 b= Manuel Alvar Ezquerra: «Tradición en los diccionarios del español»; en: *Revista Española de Lingüística.* Madrid, 22, 1, 1992, págs. 1-23.

Alvar Ezquerra 1992 c= Manuel Alvar Ezquerra: «Diccionarios de lengua»; en: *Diccionarios españoles.* Madrid 1992, págs. 35-49.

Alvar Ezquerra 1992 d= Manuel Alvar Ezquerra: «El futuro de los diccionarios del español»; en: *Actas Sevilla 1992.*

Alvar Ezquerra 1992 e= Manuel Alvar Ezquerra: «Los diccionarios académicos y el problema de los neologismos»; en: Fundación Efe: *El neologismo necesario.* Madrid. Agencia EFE, págs. 51-70.

Alvar Ezquerra 1992 f= Manuel Alvar Ezquerra: Edición y prólogo de: José Joaquín de Mora: *Colección de sinónimos de la lengua castellana.* Visor Libros. Madrid 1992.

Alvar Ezquerra 1992 g= Manuel Alvar Ezquerra: «Nebrija, autor de diccionarios»; en: *Cuadernos de Historia Moderna 13.* Editorial Complutense, Madrid 1992, págs. 199-209.

Alvar Ezquerra 1993 a= Manuel Alvar Ezquerra: «Los diccionarios del español»; en: *Boletín Informativo.* Madrid. Fundación Juan March, 232, 1993, págs. 3-12.

Alvar Ezquerra 1993 b= Manuel Alvar Ezquerra: *Lexicografía descriptiva.* Biblograf. Barcelona 1993.

Alvar Ezquerra 1993 c= Manuel Alvar Ezquerra/ Ma. José Blanco Rodríguez/ Juan Manuel López Guzmán/ M. Fernando Pérez Lagos: «La gramática interna de los diccionarios VOX»; en: *Euralex '90,* págs. 427-435.

Alvar Ezquerra 1994= Manuel Alvar Ezquerra: «El largo viaje hasta el diccionario monolingüe»; en: *Voz y Letra. Revista de Filología* V/1, 1994, págs. 47-66.

Alvar Ezquerra 1995 a= Manuel Alvar Ezquerra: «Los diccionarios del español»; en: Manuel Seco/ Gregorio Salvador (coord.): *La lengua española, hoy.* Fundación Juan March. Madrid 1995, págs. 225-233.

Alvar Ezquerra 1995 b= Manuel Alvar Ezquerra: «Political Considerations on Spanish Dictionaries»; en: *Cultures, Ideologies and the Dictionary. Studies in Honor of Ladislav Zgusta*; en: *Lexicographica. Series Maior,* t. 64. Tubinga 1995, págs. 143-152.

Alvar Ezquerra 1995 c= Manuel Alvar Ezquerra: «Los diccionarios españoles en su historia»; en: *International Journal of Lexicography,* vol. 8, núm. 3. Oxford University Press 1995, págs. 174-201 (nueva versión de *Alvar Ezquerra 1992 b*).

Alvar López 1963 a= Manuel Alvar López: «Enciclopedias»; en: *Enciclopedia de la cultura española.* t. II, Madrid 1963, págs. 856-857.

Alvar López 1963 b= Manuel Alvar López: «La Lexicografía»; en: *Enciclopedia de la Cultura Española.* t. IV, Madrid 1963, págs. 38-40.

Alvar López 1992 a= Manuel Alvar López: «Lo esencial de un diccionario»; en: *Saber Leer*. Madrid, 54, 1992, págs. 8-9.

Alvar López 1992 b= Manuel Alvar López: «El caminar del diccionario académico»; en: *Euralex '90*. 1992, págs. 3-27.

Alvar/ Quilis 1984= Manuel Alvar/ Antonio Quilis: *Atlas Lingüístico de Hispanoamérica. Cuestionario*. Estudios introductorios de Manuel Alvar. Madrid, I, 1984.

Anglada 1990= Emilia Anglada Arboix/ María Bargallo: «Principios de lexicografía moderna en los diccionarios del siglo XIX»; en: *Actas II Congreso Internacional de Historia de la Lengua Española*. Sevilla 1990, págs. 955-962.

Anglada 1991= Emilia Anglada Arboix: «Lexicografía, metalexicografía, diccionario, discusión»; en: *Sintagma 3*, 1991, págs. 5-11.

Anglada 1992 a= Emilia Anglada Arboix: «Domaines scientifiques et techniques dans les dictionnaires de langue espagnole»; en: *Actes du XV Congrès International des Linguistes*, vol. II, Québec, 1992, págs. 117-120.

Anglada 1992 b= Emilia Anglada Arboix: «Diccionarios y vocabularios de especialidad»; en: *Anuari de Filología*, vol. XV, 3, Barcelona, 1992, págs. 9-24.

Anglada 1994= Emilia Anglada Arboix: «¿Que diuen els diccionaris?»; en: *Homenatge a Víctor Siurana*. La Paeria. Lleida, 1994, págs. 83-89.

Araya 1982= Guillermo Araya: «El diccionario de americanismos»; en: *Lingüística Española Actual* IV, 1982 y en: *Estudios lingüísticos en memoria de Gastón Carrillo-Herrera*, ed. por Leopoldo Sáez-Godoy. Bonn 1983.

Arconada 1988= María Arconada de Jouvenot/ Yves Jouvenot Maître: *Hacia un diccionario venezolano. Manual de lexicografía*. Maracaibo 1988.

Aspectos lexicogr. 1994= *Aspectos de lexicografía contemporánea* (coord. por Humberto Hernández). Biblograf (VOX). Barcelona 1994.

Atrián 1887= Miguel Atrián y Salas: *La crítica del Diccionario de la Academia*. Teruel 1887.

Ayala 1992= Marta Concepción Ayala Castro: «El concepto de nomenclatura»; en: *Euralex '90. Congreso Internacional Benalmádena 28 agosto-1 septiembre 1990*, págs. 437-444.

Ayto 1984= John R. Ayto: «The Vocabulary of Definition»; en: *Theoretische und praktische Probleme der Lexikographie* ed. por D. Götz y Th. Herbst. Hueber. Munich 1984, págs. 50-62.

Azorín Fernández 1988 a= Dolores Azorín Fernández: «El Suplemento al Tesoro de la Lengua Castellana o Española de Sebastián de Covarrubias y Orozco»; en: *Actas* 1988, vol.1, págs. 683-693.

Azorín Fernández 1988 b= Dolores Azorín Fernández: «Datos para la historia de la lexicografía española. A propósito de las ampliaciones y desarrollos del Tesoro de Covarrubias»; en: *Analecta Malacitana*, 11/1, 1988, págs. 117-124.

Azorín Fernández 1989= Dolores Azorín Fernández: «La labor lexicográfica de Sebastián de Covarrubias»; en: *Boletín de la Asociación Europea de Profesores de Español*, 36/37. Madrid 1989, págs. 81-90.

Azorín Fernández 1992= Dolores Azorín Fernández: «El diccionario general de la lengua frente a los vocabularios científicos y técnicos»; en: *Euralex '90*, págs. 445-453.

Baez Sanjosé, Valerio: «Algunos criterios lingüísticos seguidos en la elaboración de un diccionario multilingüe del español estándar»; en: *Actas Sevilla 1992*, págs. 293-306.

Baldinger 1952= Kurt Baldinger: «Die Gestaltung des wissenschaftlichen Wörterbuchs»; en: *Romanistisches Jahrbuch*, V, 1952, págs. 65-94.

Baldinger 1954= Kurt Baldinger: «Alphabetisch oder begrifflich gegliedertes Wörterbuch»; en: *Zeitschrift für romanische Philologie*, 76, 1954, págs. 521-536.

Baldinger 1971= Kurt Baldinger: «Semasiologie und Onomasiologie im zweisprachigen Wörterbuch»; en: *Interlinguistica: Sprachvergleich und Übersetzung. Festschrift zum 60. Geburtstag von Mario Wandruszka*. ed. por K.-R. Bausch/ H.-M. Gauger. Max Niemeyer. Tubinga 1971, págs. 384-396.

Baquero 1992= Rosario Baquero Mesa: «Notas en contribución a la historia de la lexicografía española monolingüe del siglo XIX»; en: *Euralex '90*, 1992, págs. 455-461.

Barbón 1969= José A. Barbón Rodríguez: «El primer diccionario académico y sus autoridades»; en: *Cuadernos de Filología*. Madrid, 3, 1969, págs. 9-21.

Bartholomew/ Schoenhals 1983= Doris A. Bartholomew/ Louise C. Schoenhals: *Bilingual Dictionaries for Indigenous Languages*. Summer Institute of Linguistics. México D.F. 1983.

Baunebjerg 1988= Gitte Baunebjerg Hansen: «Stand und Aufgaben der zweisprachigen Lexikographie. Nachlese zum Kopenhagener Werkstattgespräch 12.- 13. Mai 1986»; en: *Lexicographica* 4, 1988, págs. 186-202.

Baunebjerg 1990= Gitte Baunebjerg Hansen: *Artikelstruktur im zweisprachigen Wörterbuch. Überlegung zur Darbietung von Übersetzungsäquivalenten im Wörterbuchartikel*. Max Niemeyer. Tubinga 1990 (Lexicographica. Series Maior 35).

Bayliss 1959= Betty Bayliss: *Sebastián de Covarrubias. Suplemento al Tesoro de la Lengua Castellana. A critical edition of selections from the original manuscript*. Tesis doctoral Univ. of Illinois 1959 (también en microfichas).

Beaujot 1989= Jean-Pierre Beaujot: «Dictionnaires et idéologies»; en: *Wörterbücher*. t.I, 1989, págs. 79-87.

Belot 1984= A. Belot: «Sur les néologismes dans la vingtième édition du DRAE»; en: *Les Langues Néo-Latines*, 78, 1984, págs. 113-117.

Bergmann 1973= Rolf Bergmann: «Zur Abgrenzung von Homonymie und Polysemie im Neuhochdeutschen»; en: *Archiv für das Studium der neueren Sprachen und Literaturen*, t. CCX, 1973, págs. 22-40.

Bialik 1973= Gisela Bialik Hubermann: *Mil obras de lingüística española e hispanoamericana*. Madrid 1973.

Billone 1946= Vicente Atilio Billone: «Martí, un glosario de voces americanas»; en: *Humanitas*, t. 2, Tucumán/ Argentina, págs. 315-325. (Este glosario está reproducido en José Martí: *Obras completas*, 2 vols., La Habana 1946.)

Blecua Perdices, José Manuel: «Diccionario y enunciación»; en: *Jornadas de Filología. Profesor Francisco Marsá*. Barcelona. Universidad de Barcelona 1990, págs. 61-74.

Bogaards 1988= Paul Bogaards: «A propos de l'usage du dictionnaire de langue étrangère»; en: *Cahiers de Lexicologie*, t. II, 1988, págs. 131-152.

Bogaards 1990= Paul Bogaards: «Deux langues, quatre dictionnaires»; en: *Lexicographica*, 6, 1990, págs. 162-173.

Bohórquez 1984= Jesús Gútemberg Bohórquez C.: *Concepto de 'americanismo' en la historia del español. Punto de vista lexicológico y lexicográfico*. Publicaciones del Instituto Caro y Cuervo. Series minor XXIV. Bogotá 1984.

Bornäs 1986= Göran Bornäs: *Ordre alphabétique et classement méthodique du lexique*. Ed. Lars Lindvall. Lund 1986 (Etudes romanes de Lund, 40)

Bosque 1982= Ignacio Bosque: «Sobre la teoría de la definición lexicográfica»; en: *Verba*, 9, 1982, págs. 105-123.

Boulanger 1989= J.C. Boulanger: «La lexicographie de demain»; en: *Terminologie et Traduction*. Luxemburgo, 3, 1989, págs. 257-265.

Braj et alii 1995= Braj B. Kachru/ Henry Kahane: «Cultures, Ideologies und the Dictionary. Studies in Honor of Ladislav Zgusta»; en: *Lexicographica. Series Maior*, t. 64. Tubinga 1995.

Braun 1994= Christiane Braun: *Die Anfänge der Lexikographie des Spanischen Mittelamerikas: die Wörterbücher von A. Batres Jáuregui (1892), C. Gagini (1892 und 1919) und A. Membreño (1897)*. Tesina de M.A. inédita, Universidad de Augsburgo (Alemania) 1994 (accesible en la biblioteca universitaria de Augsburgo).

Burger 1989= Harald Burger: «Phraseologismen im allgemeinen einsprachigen Wörterbuch»; en: *Wörterbücher*. t.I, 1989, págs. 593-599.

Bustos T. 1983= Eugenio de Bustos Tovar: «Nebrija, primer lingüista español»; en: Víctor García de la Concha (ed.): *Nebrija y la introducción del Renacimiento en España. Actas de la III Academia Literaria Renacentista. Universidad de Salamanca; 9,10 y 11 de diciembre de 1981*. Ediciones Universidad de Salamanca 1983, págs. 205-222.

Cabré 1988= Ma. Teresa Cabré i Castellví: «El Termcat, Centre de Terminologia del Català»; en: *Anthropos*, Barcelona, 81, 1988, págs. IV-V.

Cabré 1992= Ma. Teresa Cabré i Castellví: *La terminologia. La teoria, els mètodes, les aplicacions*. Barcelona. Empúries 1992.

Cabré 1993 a= Ma. Teresa Cabré i Castellví: *La terminología: Teoría, metodología, aplicaciones. Prólogo de J. C. Sager. Traducción castellana de Carlos Tebé*. Antártida. Empùries 1993.

Cabré 1993 b= Ma. Teresa Cabré i Castellví: *De la innocència i perversió dels diccionaris. XXV* edició de les Festes Populars Pompeu Fabra. Universitat Pompeu Fabra, Barcelona 1993.

Calderón 1994= Miguel Calderón Campos: *Sobre la elaboración de diccionarios monolingües de producción. Las definiciones. Los ejemplos y las colocaciones léxicas*. Universidad de Granada 1994.

Calvo Pérez 1991= Julio Calvo Pérez: *Sebastián de Covarrubias o la fresca institución de las palabras*. Diputación de Cuenca 1991.

Calzolari 1977= N. Calzolari: «An empirical approach to circularity in dictionary definitions»; en: *Cahiers de Lexicologie*, t. XXXI, 1977, págs. 118-228.

Canellada 1988= María Josefa Canellada: «Problemas de los diccionarios»; en: *Nueva Revista de Filología Hispánica*, t. XXXVI, 1988, págs. 123-130.

Casares 1941 a= Julio Casares: «El Diccionario de la Academia califica de americanismos muchos vocablos que no lo son. Modificaciones que introdujo un auxiliar o corrector del Diccionario»; en: *Cervantes XVI*, 5-6, 1941, págs. 30-31.

Casares 1941 b= Julio Casares: *Nuevo concepto del diccionario de la lengua y otros problemas de lexicografía y gramática*. Espasa-Calpe. Madrid 1941.

Casares 1944= Julio Casares: *El idioma como instrumento y el diccionario como símbolo*. Madrid. Ministerio de Asuntos Exteriores 1944.

Casares 1947= Julio Casares: «El seminario de lexicografía. Su justificación y cometido»; en: *Boletín de la Real Academia Española*, t. XXVI, 1947, págs. 169-191.

Casares 1948= Julio Casares: «Ante el proyecto de un diccionario histórico»; en: *Boletín de la Real Academia Española*, t. XXVIII, 1948, págs. 177-224.

Casares 1950= Julio Casares: *Introducción a la lexicografía moderna*. CSIC. Madrid. 1ª ed. 1950; 3ª ed. 1992.

Casares 1951= Julio Casares: «Qué es lo moderno en lexicografía»; en: *Boletín de la Real Academia Española*, t. XXXI, 1951, págs. 7-21.

Casares 1961= Julio Casares: *Cosas del lenguaje. Etimología. Lexicología. Semántica*. Espasa-Calpe. Madrid 1961; 2ª ed. 1973.

Casares 1965= Julio Casares: *Novedades en el diccionario académico. «La Academia Española trabaja»*. Madrid, 2ª ed. 1965.

Castillo 1992= Carmen Castillo Peña: «La definición sinonímica y los círculos viciosos»; en: *Boletín de la Real Academia Española*, t. LXXII, sept.- dic. de 1992, págs. 463-566; t. LXXIII, enero-abril de 1993, págs. 133-213.

Català 1995= Aguas Vivas Català Gonzálvez/ Enriqueta García Pascual: *Ideología sexista y lenguaje*. Ed. Octaedro. Madrid 1995.

Celeyrette 1989 = Nicole Celeyrette-Pietri: «Le dictionnaire de rimes»; en: *Wörterbücher*. t.II, págs. 1125-1131.

Chapman 1948= R. W. Chapman: *Lexicography*. Oxford 1948.

Chuchuy 1988= Claudio Chuchuy: «Nuevo Diccionario de Argentinismos»; en: *Anales del Instituto de Lingüística*, Mendoza, t. XIV, 1988, págs. 173-179.

Chuchuy 1994 a= Claudio Chuchuy: *Los Diccionarios De Argentinismos. Estudio Metodológico De Tres Obras Lexicográficas Dedicadas A Una Variante Nacional Del Español Americano*. Hamburgo 1994.

Chuchuy 1994 b= Claudio Chuchuy: «Rasgos contrastivos y diferenciales en los diccionarios nacionales del español de América del siglo XIX»; en: *Unidad y variación léxicas del español de América*, Gerd Wotjak/ Klaus Zimmermann (eds.), Frankfurt 1994, págs. 83-103.

Cifuentes 1990= José Luis Cifuentes Honrubia: «Polisemia y lexicografía»; en: *Euralex '90*, págs. 265-272.

Coello 1984= Carlos Coello Vila: «Hacia una renovación y actualización de la lexicografía española e hispanoamericana»; en: *Anales de la Academia Boliviana de la Lengua*. La Paz (Bolivia) 1984, págs. 97-105.

Coello 1988= Carlos Coello Vila: «Panorama de la lexicografía boliviana»; en: *Anales de la Academia Boliviana de la Lengua*, 5, La Paz (Bolivia) 1988, págs. 23-54.

Coello 1989= Carlos Coello Vila: «Un Nuevo Diccionario de Bolivianismos»; en: *Presencia literaria*, La Paz (Bolivia) 1989.

Coello 1994= Carlos Coello Vila: *Evalucación y vigencia del vocabulario criollo-español sud-americano, de Ciro Bayo*. Universidad Mayor de San Andrés. La Paz (Bolivia) 1994.

Colin 1990= Jean-Paul Colin: «Le dictionnaire de difficultés»; en: *Wörterbücher*. t. II, 1990, págs. 1210-1217.

Collignon 1978= Lucien Collignon/ Michel Glatigny: *Les dictionnaires. Initiation à la lexicographie*. París. CEDIC 1978.

Collison, Robert L.: *A History of Foreign-Language Dictionaries*. Londres 1982.

Combet 1971= Louis Combet: *Recherches sur le «refranero» castillan*. París 1971.

Commelerán 1887= Francisco Commelerán: *El diccionario de la Lengua Castellana por la Academia Española*. Madrid. Pérez Dubrull 1887.

Cotarelo 1914= Emiliano Cotarelo y Mori: «La fundación de la Academia Española y su primer director don Juan Manuel F. Pacheco, marqués de Villena»; en: *Boletín de la Real Academia Española.* Año I, t. I, cuad. I, febr. 1914, págs. 4-138; cuad. II, abril 1914, págs. 89-127.

Cotarelo 1946= Armando Cotarelo: *Bosquejo histórico de la Real Academia Española.* Madrid. Magisterio Español 1946.

Cowie 1987= Anthony Paul Cowie (ed.): *The Dictionary and The Language Learner. Papers from the EURALEX Seminar at the University of Leeds.* 1-3 April 1985. Max Niemeyer. Tubinga 1987.

Cowie 1989= Anthony Paul Cowie: «Information on syntactic constructions in the general monolingual dictionary»; en: *Wörterbücher.* t. I, 1989, págs. 588-592.

Crespo 1992 a= Juan Crespo Hidalgo: «La vida y el pensamiento de Covarrubias como parte de la microestructura del manuscrito Suplemento al Tesoro de la lengua castellana o española»; en: *Boletín de la Real Academia Española,* 257, Madrid 1992, págs. 429-444.

Crespo 1992 b= Juan Crespo Hidalgo: «El arte diccionarista de Sebastián de Covarrubias»; en: *Estudios de Lingüística,* Universidad de Alicante, 8, 1992, págs. 99-132.

Cruz 1976= José Cruz Aufrère: *Tratado general de lexicografía castellana.* Cochabamba (Bolivia) 1976.

Cuervo 1874= Rufino Cuervo: «Observaciones sobre el Diccionario de la Real Academia Española (11ª ed.)»; en: *Anuario de la Academia Colombiana,* 1, 1874, págs. 276-284.

Darbelnet 1970= J. Darbelnet: «Dictionnaires bilingues et lexicologie différentielle»; en: *Langages 19,* París 1970, págs. 92-102.

De Kock 1987= Josse de Kock: «De la lematización»; en: *Lingüística Española Actual.* t. IX/2, 1987, págs. 255-256.

Díaz y Díaz, Manuel: *Las primeras glosas hispánicas.* Barcelona 1978.

Diccionarios españoles 1992= Ignacio Ahumada (ed.): *Diccionarios españoles. Contenido y aplicaciones.* Lecciones del I Seminario de Lexicografía Hispánica. Facultad de Humanidades. Jaén, 21 al 24 de enero de 1991. Jaén 1992.

Dodd 1994 a= W. Steven Dodd: «Tendencias en la lexicografía anglosajona: Los diccionarios monolingües para usuarios extranjeros»; en: *Aspectos lexicogr.* 1994, págs. 39-59.

Dodd 1994 b= W. Steven Dodd: «La lexicoinformática»; en: *Aspectos lexicogr.* 1994, págs. 121-137.

Doú Xuefu 1989= Doú Xuefu: «Neologismus und Neologismenwörterbuch»; en: Herbert Ernst Wiegand (dir.): *Wörterbücher in der Diskussion (I), Lexicographica.* Series Maior 27, Tubinga 1989, págs. 39-72.

Drysdale 1987= P.D. Drysdale: «The role of examples in a learner's dictionary»; en: Anthony Paul Cowie: *The Dictionary and The Language Learner.* Max Niemeyer. Tubinga 1987, págs. 213-223.

Dubois 1971= Jean y Claude Dubois: *Introduction à la lexicographie: le dictionnaire.* París 1971.

Duda/ Müller 1974= Walter Duda/ Bärbel Müller: «Zur Problematik eines aktiven deutsch-russischen Wörterbuches»; en: *Fremdsprachen,* núm. 18, 1974, págs. 175-180.

Duval 1991= Alain Duval: «L'équivalence dans le dictionnaire bilingue»; en: *Wörterbücher.* t. III, 1991, págs. 2817-2824.

Duval 1992= Alain Duval: «From the printed dictionary to the CD-ROM»; en: *Euralex '90,* 1992, págs. 79-88.

Echenique 1989= María Teresa Echenique Elizondo: «El Nuevo Diccionario de Americanismos (NDA). Proyecto y realidad de la Universidad de Augsburgo»; en: *Revista Española de Lingüística* XIX, 1989, págs. 121-123.

Espinosa 1982= María Luísa Espinosa Elerick: *Annotated Bibliography of Technical and Specialized Dictionaries in Spanish-Spanish with Comment.* Nueva York 1982.

Ettinger 1982= Stefan Ettinger: «Formación de palabras y fraseología en la lexicografía»; en: *Haensch 1982 a,* págs. 233-258.

Euralex '90= *Euralex '90. Proceedings. Actas del IV Congreso Internacional 1990.* Barcelona 1992.

Ezquerra 1977= Raimundo Ezquerra: «Los diccionarios de frecuencia en español»; en: *Boletín de la Asociación Europea de Profesores de Español,* 16, 1977, págs. 43-54.

Fabbri 1979= Maurizio Fabbri: *A Bibliography of Hispanic Dictionaries. Catalan, Galician, Spanish, Spanish in Latin America and the Philippines.* Imola (Italia) 1979.

Felber 1984 a= H. Felber/ H. Picht: *Métodos de terminografía y principios de investigación terminológica.* Madrid. CSIC 1984.

Felber 1984 b= H. Felber: *Terminology manual.* París. UNESCO 1984.

Felber 1989= H. Felber/ G. Budin: *Terminologie in Theorie und Praxis.* G. Narr. Tubinga 1989.

Fernández-Sevilla 1974 a= Julio Fernández-Sevilla: *Problemas de lexicografía actual.* Publicaciones del Instituto Caro y Cuervo. Series Minor, t. XIX. Bogotá 1974.

Fernández-Sevilla 1974 b= Julio Fernández-Sevilla: «Un maestro preferido. Elio Antonio de Nebrija»; en: *Thesaurus.* Instituto Caro y Cuervo. Bogotá, 29, 1974, págs. 1-33.

Fernández-Sevilla 1978= Julio Fernández-Sevilla: «Acerca de algunos aspectos de la información lexicográfica»; en: *Boletín de la Academia Puertorriqueña de la Lengua Española* 6:2, 1978, págs. 79-94.

Fernández-Sevilla 1985= Julio Fernández-Sevilla: «Paremiología y lexicografía. Algunas precisiones terminológicas y conceptuales»; en: *Philologica Hispaniensia in honorem Manuel Alvar*, vol. 2, 1985, págs. 191-203.

Ferreccio 1978= Mario Ferreccio: *El diccionario académico de americanismos. Pautas para un examen integral del Diccionario de la lengua española de la Real Academia Española*. Santiago de Chile, s.a. [1980].

Ferrer del Río 1871= A. Ferrer del Río: «Reseña histórica de la fundación, progresos y vicisitudes de la Real Academia Española»; en: *Memorias de la Real Academia Española II*, 1871.

Flórez 1963= Luis Flórez: «El español hablado en Colombia y su atlas lingüístico»; en: *Presente y futuro de la lengua española; en: Actas de la Asamblea de Filología del I Congreso de Instituciones Hispánicas*. Publicación de la Oficina Internacional de Información y Observación del Español (OFINES), Madrid 1963. vol. I, págs. 5-77.

Fontanillo 1983= Enrique Fontanillo Merino: *Como utilizar los diccionarios*. Madrid 1983.

Fontanillo 1984 a= Enrique Fontanillo Merino: «Informe sobre la situación actual de la lexicografía en España»; en: *Anthropos*. Barcelona, 44, 1984, págs. 43-47.

Fontanillo 1984 b= Enrique Fontanillo Merino: «Repaso selectivo a los diccionarios españoles»; en: *Libros* 25, 1984, págs. 5-8.

Fuchs 1988= Volker Fuchs: «Grammatische Angaben im zweisprachigen Wörterbuch»; en: *Theorie und Praxis 1988*, págs. 26-29.

Fuentes 1993= María Teresa Fuentes Morán: «Wörterbuchkritik im spanischen Sprachraum. Rezensionen in fünf Fachzeitschriften 1975-1990»; en: *Lexicographica 9*. Max Niemeyer. Tubinga 1993, págs. 36-57.

Fuentes 1996= María Teresa Fuentes Morán: *Die Grammatik des Spanischen in zweisprachigen Wörterbüchern des Sprachenpaares Spanisch-Deutsch für Deutschsprachige*. Tesis inédita. Universidad de Augsburgo 1996.

Gallina 1957= Annamaria Gallina: «Osservazioni sulla lessicografia italo-spagnola dei sec. XVI e XVII»; en: *Filologia Romanza 4*, 1957, págs. 398-435.

Gallina 1959= Annamaria Gallina: *Contributi alla storia della lessicografia italo-spagnola dei secoli XVI e XVII*. Florencia 1959.

Gallina 1991= Annamaria Gallina: «La lexicographie bilingue espagnol-italien, italien-espagnol»; en: *Wörterbücher*. t. III, 1991, págs. 2991-2997.

Garavito 1983= Julián Garavito: «Juan de Arona y su «Diccionario de peruanismos»»; en: *Boletín de la Asociación Europea de Profesores de Español*, 29, 1983, págs. 93-100.

García de Diego, Eduardo: *Glosarios latinos del monasterio de Silos*. Murcia 1933.

García Macho 1987= María Lourdes García Macho: «Algunas consideraciones en torno al *Vocabulario* y al *Diccionario* de Elio Antonio de Nebrija»; en: *Revista de Filología Española*, 67, 1987, págs. 89-105.

García Macho 1988= María Lourdes García Macho: «Estudio comparativo entre dos ediciones del «Diccionario latino-español» de Elio Antonio de Nebrija»; en: *Actas del I Congreso Internacional de Historia de la Lengua Española, Cáceres 1988*. Arco Libros. Madrid 1988, págs. 845-858.

García Macho 1992= María Lourdes García Macho/ Alonso de Santamaría: «Análisis contrastivo entre dos ediciones del «Vocabulario español-latino» de Elio Antonio de Nebrija»; en: Manuel Alvar (coord.): *Estudios Nebrissenses*. Madrid 1992, págs. 377-395.

García Macho 1993= María Lourdes García Macho: «Sobre los vocablos suprimidos en la edición de 1516 del «Vocabulario español-latino» de Nebrija»; en: *Anuario de Letras 31*, México 1993, págs. 35-159.

García Messeguer 1993= Álvaro García Messeguer: «Género y sexo en el nuevo Diccionario de la Real Academia»; en: *Política Científica*, 37, 1993, págs. 51-56.

García Padrón 1987= Dolores García Padrón: «Algunas ideas acerca de la descripción semántica y la definición lexicográfica»; en: *In Memoriam Inmaculada Corrales*, vol. I. Universidad de La Laguna. Secretariado de Publicaciones 1987, págs. 201-209.

García Yebra 1992= Valentín García Yebra: «Nueva edición del Diccionario de la Real Academia Española»; en: *Política Científia*, 34, 1992, págs. 58-61.

Gates 1990= Edward Gates: «The Training of Lexicographers»; en: *Wörterbücher*. t. I, 1989, págs. 94-97.

Geeraerts 1982= D. Geeraerts/ G. Janssens: *Wegwijs in woordenboeken. Een kritisch overzicht van de lexicografie van het Nederlands*. Assen 1982.

Geeraerts 1989= Dirk Geeraerts: «Principles of monolingual lexicography»; en: *Wörterbücher*. t. I, 1989, págs. 287-296.

Gemmingen 1982= Barbara von Gemmingen-Obstfelder: «*Limpia, fija y da esplendor:* Zur Frage des guten Sprachgebrauchs im «Diccionario de Autoridades»»; en: *Romania historica et Romania hodierna. Festschrift für Olaf Deutschmann*. Ed. P. Wunderlich/ W. Müller. Frankfurt. Berna 1982, págs. 61-75.

Gemmingen 1992= Barbara von Gemmingen-Obstfelder: «Le Tesoro de Covarrubias (1616) et la naissance du dictionnaire monolingue en Espagne»; en: *Actas del XIX Congreso Internacional de Lingüística y Filología Románica. Santiago de Compostela: (ed. por Ramón Lorenzo); II: Lexicoloxía*.

Gili Gaya 1947 a= Samuel Gili Gaya: «Sobre el *Diccionario de la Academia*»; en: *Revista de Filología Española*, t. XXXI, 1947, págs. 202-209.

Gili Gaya 1947 b= Samuel Gili Gaya: *Tesoro Lexicográfico, 1492-1726*, vol. 1, Madrid, CSIC 1947.

Gili Gaya 1951= Samuel Gili Gaya: «El primer diccionario español-francés»; en: *Clavileño* 12, 1951, págs. 36-37.

Gili Gaya 1963= Samuel Gili Gaya: «La lexicografía académica del siglo XVIII»; en: *Cuadernos de la Cátedra Feijoo número 14.* Facultad de Filosofía y Letras. Universidad de Oviedo 1963 (folleto).

Girardin 1979= Chantal Girardin: «Contenu, usage social et interdits dans le dictionnaire»; en: *Langue française* 43, 1979, págs. 84-99.

Gleason 1967= H. A. Gleason: «The Relation of Lexicon and Grammar»; en: *Householder* 1967, págs. 85-102.

Goebel 1995= Ulrich Goebel/ Ingrid Lemberg/ Oskar Reichmann: *Versteckte lexikographische Information.* Max Niemeyer. Tubinga 1995.

Goetz/ Herbst 1984= Dieter Goetz/ Thomas Herbst (ed.): *Theoretische und praktische Probleme der Lexikographie. 1. Augsburger Kolloquium.* Munich 1984.

Gold 1979= David L. Gold: «The ordering of lexemes in a dictionary»; en: *Papers of the Dictionary Society of North America,* ed. por B. Gillian Mitchell. University of Western Ontorio 1979, págs. 51-80.

Gómez Aguado, Enrique: *Francisco del Rosal (¿1537-1613?), lexicógrafo y humanista.* Madrid 1992.

González de la Calle 1945= Pedro Urbano González de la Calle: «Elio Antonio de Nebrija. Notas para un bosquejo biográfico»; en: *Thesaurus. Boletín del Instituto Caro y Cuervo,* 1, 1945, págs. 80-129.

González de la Calle 1952= Pedro Urbano González de la Calle: «Experiencias lexicográficas. Apuntes y notas»; en: *Thesaurus.* t. VII, 1, 2 y 3, 1951 y como separata 1952.

Gopegui, Belén: «Nuestros diccionarios son los peores»; en: *Leer.* Madrid, 26, 1989; 46, págs. 51-53.

Granada 1946= Daniel Granada: «Apuntamiento sobre lexicografía americana con especial aplicación al Río de la Plata de habla española y en especial del R. de la Plata»; en: *Boletín de la Academia Argentina de Letras.* t. XV, 1946, págs. 287-354.

Grases 1988= Pedro Grases: «El nuevo diccionario de americanismos», Prólogo a: Rocío Núñez/ Francisco Javier Pérez: *Glosario de términos de transporte terrestre usados en Venezuela.* Caracas 1988.

Gross 1981= Gaston Gross: «Lexicographie et grammaire»; en: *Cahiers de lexicologie,* 39, 1981/II, págs. 35-46.

Gross 1989= Gaston Gross: «Le dictionnaire et l'enseignement de la langue maternelle»; en: *Wörterbücher.* t. I, 1989, págs. 174-181.

Guerrero 1986= Gloria Guerrero Ramos: «Antigüedad y modernidad en Nebrija»; en: *Español Actual,* 45, 1986, págs. 27-58.

Guerrero 1988= Gloria Guerrero Ramos: «Actitud de Nebrija ante los arabismos y mozarabismos»; en: *Actas* 1988, vol. I, págs. 873-880.

Guerrero 1992= Gloria Guerrero Ramos: «La lexicografía bilingüe desde Nebrija a Oudin»; en: *Euralex '90*, 1992, págs. 463-471.

Gushina 1974= N. Gushina: «El Diccionario de Autoridades (1726-1739) y su importancia para la lexicografía hispánica»; en: *Ibero-Americana Pragensia* 8, 1974, págs. 59-67.

Gutiérrez 1992= Belén Gutiérrez: «Una nueva aportación a los estudios lingüísticos: un diccionario de dobletes del español»; en: *Actas del XIX Congreso Internacional de Lingüística y Filología Románicas, Santiago. Universidad de Santiago de Compostela*, 1989, publicadas por Ramón Lorenzo. II: *Lexicología e metalexicografía*. La Coruña, Fundación Pedro Barrié de la Maza, Conde de Fenosa, 1992, págs. 407-419.

Gutiérrez Cuadrado 1992= Juan Gutiérrez Cuadrado: «Gramática y diccionario»; en: *Actas Sevilla*. Sevilla 1992, págs. 637-656.

Gutiérrez M. 1988= Nila Gutiérrez Marrone: «El diccionario de la Real Academia Española y las Academias de la Lengua Española»; en: *Anales de la Academia Boliviana de la Lengua*; 1ª ed. 1988. La Paz (Bolivia) 1989, págs. 23-45.

Gutiérrez R. 1993= Bertha M. Gutiérrez Rodilla: «Los términos relacionados con la medicina en el "Diccionario de Autoridades"»; en: *Boletín de la Real Academia Española*, t. LXXIII, cuad. CCLX, sept.-dic. de 1993, págs. 463-512.

Haas 1967= Mary R. Haas: «What belongs in the Bilingual Dictionary»; en: *Householder* 1967, págs. 45-61.

Haensch 1978= Günther Haensch: «Zur Lexikographie des amerikanischen Spanisch. Heutiger Stand und Überblick über die Problematik»; en: *Referate der 1. wissenschaftlichen Tagung des Deutschen Hispanistenverbands Augsburg, 25. - 26.6.1977*, ed. por Günther Haensch y Reinhold Werner, Augsburg 1978, págs. 112-131.

Haensch 1980= Günther Haensch: «Algunas consideraciones sobre la problemática de los diccionarios de español de América»; en: *Lingüística Española Actual*, II, 2, 1980, págs. 375-384.

Haensch 1982 a= Günther Haensch/ Lothar Wolf/ Stefan Ettinger/ Reinhold Werner: *La lexicografía. De la lingüística teórica a la lexicografía práctica*. Biblioteca Románica Hispánica. Gredos. III, Manuales, 56. Madrid 1982.

Haensch 1982 b= Günther Haensch: «La lengua española y la lexicografía actual»; en: *Lingüística Española Actual* 4, 1982, págs. 239-252.

Haensch 1982 c= Günther Haensch: «La tipología de las obras lexicográficas»; en: *Haensch 1982 a*, págs. 163-187.

Haensch 1982 d= Günther Haensch: «Aspectos prácticos de la elaboración de diccionarios»; en: *Haensch 1982 a*, págs. 395-534.

Haensch 1983= Günther Haensch: «Un nuevo Diccionario de Americanismos (NDA) y la problemática de la lexicografía del español de América»; en: *Anuales del Instituto de Lingüística de la Universidad Nacional de Cuyo (Mendoza)*, t. XI, 1983, págs. 111-117.

Haensch 1984 a= Günther Haensch: «Lexikographie zwischen Theorie und Praxis - heute»; en: *Theoretische und praktische Probleme der Lexikographie* ed. por Dieter Götz y Thomas Herbst. Munich 1984, págs. 118-138.

Haensch 1984 b= Günther Haensch: «Lexikographie - gestern und heute»; en: *Bertelsmann Lexikothek Verlag. 30 Jahre Lexikon-Arbeit.* Gütersloh 1984, págs. 31-51.

Haensch 1984 c= Günther Haensch: «Neues Wörterbuch des amerikanischen Spanisch und Neues Wörterbuch des kolumbianischen Spanisch»; en: *Hispanorama. Mitteilungen des Deutschen Spanischlehrerverbandes*, 36, marzo de 1984, págs. 167-176.

Haensch 1984 d= Günther Haensch: «Nuevo diccionario de americanismos. Neues Wörterbuch des amerikanischen Spanisch»; en: *Wörterbücher der deutschen Romanistik*, ed. por la Deutsche Forschungsgemeinschaft, Acta humaniora, Weinheim 1984, págs. 93-104.

Haensch 1984 e= Günther Haensch: «Miseria y esplendor de la lexicografía hispanoamericana»; en: *Actas del VII Congreso de la Asociación de Lingüística y Filosofía de América Latina (ALFAL). Homenaje a Pedro Henríquez Ureña*, t. I, Santo Domingo (R. D.) 1984.

Haensch 1985= Günther Haensch: «La selección del material léxico para diccionarios descriptivos»; en: *Philologica hispaniensia in honorem Manuel Alvar*. II: *Lingüística*. Madrid. Gredos 1985, págs. 227-254.

Haensch 1985/ 86= Günther Haensch: «La crítica de diccionarios»; en: *Boletín de la Academia Norteamericana de La Lengua Española*, 67, 1985, págs. 53-62.

Haensch 1986= Günther Haensch: «La situación actual de la lexicografía del español de América»; en: *Revista de Filología Románica*, Madrid, IV, 1986, págs. 281-293.

Haensch 1987= Günther Haensch: «La lexicografía hispanoamericana entre la teoría y la práctica»; en: *Actas del I Congreso Internacional sobre el Español de América, San Juan de Puerto Rico del 4 al 9 de octubre de 1982.* San Juan 1987, págs. 555-577.

Haensch 1988 a= Günther Haensch: «Cop d'ull sobre uns quants diccionaris castellà-català»; en: *Estudis de llengua y literatura catalanes/ XVI: Miscelània Antoni M. Badia i Margarit*. Barcelona. Publicacions de l' Abadia de Montserrat 1988.

Haensch 1988 b= Günther Haensch: «Neues Wörterbuch des amerikanischen Spanisch - Das Großforschungsprojekt macht Fortschritte»; en: *Unipress. Zeitschrift der Universität Augsburg*, 3, 1988, págs. 37-40.

Haensch 1988 c= Günther Haensch: «Antécédents et situation actuelle de la lexicographie de l'espagnol d'Amérique»; en: *Revue québécoise de linguistique*, vol. 17, núm. 2, 1988, págs. 37-60.

Haensch 1989 a= Günther Haensch: «Zoónimos y fitónimos españoles y el problema de su descripción lexicográfica»; en: *Homenaje a Alonso Zamora Vicente*, t. II, Madrid 1989, págs. 157-169.

Haensch 1989 b= Günther Haensch: «Der Wortschatz des amerikanischen Spanisch und seine Erfassung in lexikographischen Inventaren»; en: *Iberoromania*, 30, Tubinga 1989, págs. 1-25.

Haensch 1990 a= Günther Haensch: «Spanische Lexikographie»; en: *Wörterbücher*. t. II, 1990, págs. 1738-1767.

Haensch 1990 b= Günther Haensch: «Das amerikanische Spanisch - wenig bekannt. Das Augsburger Großforschungsprojekt 'Neues Wörterbuch des amerikanischen Spanisch' will hier Abhilfe schaffen»; en: *Der Hochschullehrer*, 1, Bonn, enero de 1990, págs. 22-24.

Haensch 1990 c= Günther Haensch: «El término 'americanismo' en la práctica lexicográfica»; en: Academia Costarricense de la Lengua: *Memoria del Noveno Congreso de la Asociación de Academias de la Lengua Española. San José de Costa Rica del 8 al 15 de octubre de 1989*. San José 1990, págs. 197-200.

Haensch 1991 a= Günther Haensch: «La lexicografía del español de América en el umbral del siglo XXI»; en: *Presencia y destino. El español de América hacia el siglo XXI*, t. I, Instituto Caro y Cuervo, Bogotá 1991, págs. 41-77.

Haensch 1991 b= Günther Haensch: «Die mehrsprachigen Wörterbücher und ihre Probleme»; en: *Wörterbücher*. t. III, 1991, págs. 2909-2938.

Haensch 1991 c= Günther Haensch: «Die zweisprachige Fachlexikographie und ihre Probleme»; en: *Wörterbücher*. t. II, 1991, págs. 2937-2948.

Haensch 1994 a= Günther Haensch: «¿Qué puede aprender la lexicografía monolingüe de la bilingüe?»; en: *Boletín de Filología*, t. XXXIV. Universidad de Chile. Santiago de Chile 1994, págs. 227-256.

Haensch 1994 b= Günther Haensch: «Dos siglos de lexicografía del español de América: lo que se ha hecho y lo que queda por hacer»; en: *Unidad y variación léxica del español de América*, Gerd Wotjak/ Klaus Zimmermann (eds.), Frankfurt 1994, págs. 39-81.

Haensch/ Werner 1970= Günther Haensch/ Reinhold Werner: «Consideraciones sobre la elaboración de regionalismos (especialmente del español de América)»; en: *Boletín de Filología* XXI, Santiago de Chile 1970, págs. 351-363.

Haensch/ Werner 1982 a= Günther Haensch/ Reinhold Werner: «Un nuevo diccionario de americanismos»; en: *Boletín de la Asociación Europea de Profesores de Español*, XIV, 25, Madrid 1982, págs. 102-105.

Haensch/ Werner 1982 b= Günther Haensch/ Reinhold Werner: «Noticias sobre un nuevo diccionario de americanismos»; en: *Yelmo*, 52 y 53, Madrid 1982, págs. 26-27.

Haensch/ Werner 1988= Günther Haensch/ Reinhold Werner: *Nuevo Diccionario de Americanismos*. Tomo I: *Nuevo Diccionario de Colombianismos. Información metodológica y muestra editorial*. Instituto Caro y Cuervo. Bogotá 1988.

Haensch/ Werner 1992= Günther Haensch/ Reinhold Werner: «Nuevo Diccionario de Americanismos. Un proyecto hispanoamericano con sede principal en Alemania»; en: *Diálogo Científico*. vol 1, núm. 2/1992. Tubinga.

Hampares 1976= K. J. Hampares: «Sexism in Spanish Lexicography?»; en: *Hispania*, 59, 1976, págs. 100-109.

Hannon 1990= Suzanne Hannon: «La concordance»; en: *Wörterbücher*. t. II, 1990, págs. 1562-1567.

Harrell 1967= Richard S. Harrell: «Some Notes on Bilingual Lexicography»; en: *Householder 1967*, págs. 51-61.

Hartmann 1983= Reinhard R. K. Hartmann (ed.): *Lexicography: Principles and Practice*. Academic Press. Londres 1983.

Hartmann 1989= Reinhard R. K. Hartmann: «The Dictionary as an Aid to Foreign Language Teaching»; en: *Wörterbücher*. t. I, 1989, págs. 181-189.

Hartmann 1990= Reinhard R. K. Hartmann: «Sociology of the Dictionary User: Hypotheses and Empirical Studies»; en: *Wörterbücher*. t. I, 1990, págs. 102-112.

Hausmann 1974= Franz Josef Hausmann: «Was ist und was soll ein Lernwörterbuch?»; en: *Zeitschrift für französische Sprache und Literatur*, t. LXXXIV, 2, 1974, págs. 97-129.

Hausmann 1983 a= Franz Josef Hausmann: «Wörterbücher und Wortschatzlernen Spanisch»; en: *Linguistik und Didaktik*, 45/46, 1983, págs. 71-78.

Hausmann 1983 b= Franz Josef Hausmann: «Neue spanische Wörterbücher»; en: *Hispanorama*, 35, 1983, págs. 156-161.

Hausmann 1984= Franz Josef Hausmann: ««Der Diccionario muy copioso» des Nicolas Mez (1676). Ein frühes spanisch-deutsches Wörterbuch»; en: *Navicula Tubingensis. Studia in honorem Antonii Tovar*. Tubinga 1984, págs. 167-171.

Hausmann 1986= Franz Josef Hausmann: «Romanistische Wörterbuchforschung und Gesellschaft. Das Beispiel der Wörterbuchkriminalität»; en: *Romanistik. Arbeitsfelder und berufliche Praxis*. Tubinga 1986, págs. 73-83.

Hausmann 1987= Franz Josef Hausmann: «Wörterbuchkriminalität. Lexikographie zwischen Markt und Wissenschaft»; en: *Lexicologie* 1987, págs. 7-17.

Hausmann 1988= Franz Josef Hausmann: «Grundprobleme des zweisprachigen Wörterbuches»; en: K. Hyldgaard/ A. Zetterstein (coord.); *Symposium on Lexicography III. Proceedings of the Third International Symposium on Lexicography May 14-16, 1986. Copenhague*. Niemeyer. Tubinga 1988 (Lexicographica. Series Maior 19), págs. 137-154.

Hausmann 1989 a= Franz Josef Hausmann: «Die gesellschaftlichen Aufgaben der Lexikographie in Geschichte und Gegenwart»; en: *Wörterbücher*. t. I, 1989, págs. 1-18.

Hausmann 1989 b= Franz Josef Hausmann: «Das Definitionswörterbuch»; en: *Wörterbücher*. t. I, 1989, págs. 981-988.

Hausmann 1989 c= Franz Josef Hausmann: «Pour une histoire de la métalexicographie»; en: *Wörterbücher*. t. I, 1989, págs. 216-224.

Hausmann 1989 d= Franz Josef Hausmann/ Herbert Ernst Wiegand: «Component Parts and Structures of General Monolingual Dictionaries: A Survey»; en: *Wörterbücher.* t. I, 1989, págs. 328-359.

Hausmann 1989 e= Franz Josef Hausmann: «Dictionary Criminality»; en: *Wörterbücher.* t. I, 1989, págs. 97-101.

Hausmann 1989 f= Franz Josef Hausmann: «Pour une histoire de la métalexicographie»; en: *Wörterbücher.* t. I, 1989, págs. 216-224.

Hausmann 1989 g= Franz Josef Hausmann: «Les homonymes et les paronymes dans le dictionnaire monolingue»; en: *Wörterbücher.* t. I, 1989, págs. 640-641.

Hausmann 1989 h= Franz Josef Hausmann: «Die Markierung im allgemeinen einsprachigen Wörterbuch: eine Übersicht»; en: *Wörterbücher.* t. I, 1989, págs. 649-657.

Hausmann 1989 i= Franz Josef Hausmann: «Wörterbuchtypologie»; en: *Wörterbücher.* t. I, 1989, págs. 986-980.

Hausmann 1989 j= Franz Josef Hausmann: «Le dictionnaire de collocations»; en: *Wörterbücher.* t. I, 1989, págs. 1010-1018.

Hausmann 1989 k= Franz Josef Hausmann: «Das Zitatenwörterbuch»; en: *Wörterbücher.* t. I, 1989, págs. 1044-1049.

Hausmann 1989 l= Franz Josef Hausmann: «Das Satzwörterbuch»; en: *Wörterbücher.* t. I, 1989, págs. 1050-1053.

Hausmann 1989 m= Franz Josef Hausmann: «Weitere syntagmatische Spezialwörterbücher»; en: *Wörterbücher.* t. I, 1989, págs. 1054-1056.

Hausmann 1990= Franz Josef Hausmann: «Le dictionnaire analogique»; en: *Wörterbücher.* t. II, 1990, págs. 1094-1099.

Hausmann 1991= Franz Josef Hausmann: «Die zweisprachige Lexikographie Spanisch-Deutsch, Deutsch-Spanisch»; en: *Wörterbücher.* t. III, 1991, págs. 2987-2991.

Hausmann/ Werner 1991= Franz Josef Hausmann/ Reinhold Werner: «Spezifische Bauteile und Strukturen zweisprachiger Wörterbücher»; en: *Wörterbücher.* t. III, 1991, págs. 2729-2769 (con una bibliografía muy completa sobre la lexicografía bilingüe).

Hausmann/ Honig 1982= Franz Josef Hausmann/ Winfried Honig: «A propos Alpha 8. Steht das Wörterbuch am Scheideweg zwischen Buch und Wörterbuch?»; en: *Linguistik und Didaktik,* 49/50, 1982, págs. 108-112.

Heid 1992= Ulrich Heid: «Monolingual, bilingual, 'interlingual' description. Some remarks on a new method for the production of bilingual dictionaries»; en: *Euralex '90,* págs. 167-184.

Herbst 1986= Thomas Herbst: «Defining With a Controlled Defining Vocabulary in Foreign Learner's Dictionaries»; en: *Lexicographica,* 2, 1986, págs. 101-119.

Herbst 1990= Thomas Herbst: «Dictionaries for Foreign Language Teaching: English»; en: *Wörterbücher.* t. II, 1990, págs. 1379-1385.

Hernández 1989 a= Humberto Hernández: «Literatura y diccionario»; en: *El País* (Madrid y Barcelona 9/5/1989), Educación 2.

Hernández 1989 b= Humberto Hernández: *Los diccionarios de orientación escolar. Contribución a la lexicografía monolingüe del español.* Lexicographica. Tubinga 1989.

Hernández 1989-1990= Humberto Hernández: «Semántica, lexicografía y cuestiones conexas»; en: *Revista de Filología de la Universidad de La Laguna,* 8-9, 1989-90, págs. 175-182.

Hernández 1990 a= Humberto Hernández: «¿Son escolares los diccionarios escolares?»; en: *Apuntes de Educación,* 39, 1990, págs. 10-12.

Hernández 1990 b= Humberto Hernández: «Hacia un modelo de diccionario monolingüe del español para usuarios extranjeros»; en: *Actas del Primer Congreso Nacional de ASELE. Granada, 29 de noviembre a 2 de diciembre de 1989,* ed. por Rafael Fente, J. Andrés de Molina y Antonio Martínez. Granada 1990, págs. 159-166.

Hernández 1992= Humberto Hernández: «Los diccionarios de uso del último decenio (1980-1990): estudio crítico»; en: *Euralex '90,* 1992, págs. 473-480.

Hernández 1993= Humberto Hernández: «De la teoría lexicográfica al uso del diccionario»; en: *Actas del Tercer Congreso Nacional de ASELE. El español como lengua extranjera: De la teoría al aula.* Málaga 1993, págs. 189-200.

Hernández 1993-94= Humberto Hernández: «El despegue de la lexicografía escolar»; en: *Alacena,* Madrid, 18, Invierno 93-94, págs. 34-35.

Hernández 1994 a= Humberto Hernández: «Diccionarios enciclopédicos»; en: *Aspectos lexicogr. 1994,* págs. 61-70.

Hernández 1994 b= Humberto Hernández: «El diccionario entre la semántica y las necesidades de los usuarios»; en: *Aspectos lexicogr. 1994,* págs. 107-118.

Hernández 1995 a= Humberto Hernández: «Un diccionario elemental»; en: *Alacena,* Madrid, 21, Invierno 1995, págs. 14-15.

Hernández 1995 b= Humberto Hernández: «Imaginario. Diccionario en imágenes para niños» (reseña); en: *International Journal of Lexicography,* Oxford, vol. 8, núm. 2, verano de 1995, págs. 155-161.

Hernández 1996 (?)= Humberto Hernández: «El nacimiento de la lexicografía monolingüe española para usuarios extranjeros»; en: *VII Congreso Internacional de ASELE.* León 5, 6 y 7 de octubre de 1995 (inédito, aparecerá en las Actas de dicho Congreso).

Herranz 1989= Atanasio Herranz: «Alberto Membreño y la lexicografía en Honduras»; en: *Nueva Revista de Filología Hispánica,* t. XXXVII, 1, México 1989, págs. 95-108.

Hill 1921= John M. Hill: *Index verborum Covarrubias Orozco: Tesoro de la Lengua Castellana o Española. Madrid 1674-1673*. Bloomington 1921.

Hill 1957= John M. Hill: *«Universal Vocabulario» de Alfonso de Palencia. Registro de voces españolas internas*. Madrid 1957.

Householder 1967= Fred Householder/ Sol Saporta (coord.): *Problems in Lexicography*. La Haya-Bloomington. Indiana University 1967 (1ª ed. Bloomington 1962; 3ª ed. 1975).

Hupka 1989 a= Werner Hupka: *Wort und Bild. Die Illustrationen in Wörterbüchern und Enzyklopädien*. Lexicographica Series Maior 22, Tubinga 1989.

Hupka 1989 b= Werner Hupka: «Das enzyklopädische Wörterbuch»; en: *Wörterbücher*. t. I, 1989, págs. 988-999.

Ilson 1987= R. Ilson: «Illustrations in Dictionaries»; en: Anthony Paul Cowie: *The Dictionary and the Language Learner*. Max Niemeyer. Tubinga 1987, págs. 193-212.

IRANOR 1983= Instituto Español de Normalización: *Símbolos lexicográficos especialmente utilizados en los vocabularios sistemáticos con definiciones*. Instituto Español de Normalización (IRANOR). Madrid 1983.

Jackson 1985= H. Jackson: «Grammar in the Dictionary»; en: R. Ilson (director): *Dictionaries, Lexicography and Language Learning*. Pergamon Press. Oxford 1985, págs. 53-59.

Janucci 1967= Jaimes E. Janucci: «Meaning Discrimination in Bilingual Dictionaries»; en: *Householder 1967*.

Jehle 1990= Günter Jehle: *Das englische und französische Lernerwörterbuch in der Rezension. Theorie und Praxis der Wörterbuchkritik*. Max Niemeyer. Tubinga 1990 (Lexicographica. Series Maior 30).

Kalverkämper 1990= Hartwig Kalverkämper: «Das Fachwörterbuch für den Laien»; en: *Wörterbücher*. t. II, págs. 1512-1523.

Karl 1982= Ilse Karl: *Linguistische Probleme der zweisprachigen Lexikographie. Eine Nachlese praktischer Wörterbucharbeit*. Berlín 1982 (Linguistische Studien, Reihe A, Arbeitsbereiche 96).

Kipfer 1984 a= Barbara Ann Kipfer: «Methods of ordering senses within entries»; en: R.R.K. Hartmann (director): *Lexeter '83. Proceedings*. Max Niemeyer. Tubinga 1984, págs. 101-109.

Kipfer 1984 b= Barbara Ann Kipfer: *Workbook on Lexicography. A Course for Dictionary Users with a Glossary of English Lexicographical Terms*. University of Exeter. Exeter 1984.

Kromann 1984 a= Hans-Peder Kromann/ Theis Riiber/ Paul Rosbach: «'Active' and 'passive' bilingual dictionaries: The Scerba concept reconsidered»; en: *Lexeter '83. Proceedings. Papers from the International Conference on Lexicography at Exeter, 9-12 September, 1983*, ed. por R. R. K. Hartmann. Tubinga 1984. Lexicographica. Series Maior 1, págs. 207-215.

Kromann 1984 b= Hans-Peder Kromann/ Theis Riiber/ Paul Rosbach: «Überlegungen zu Grundfragen der zweisprachigen Lexikographie»; en: *Germanistische Linguistik*, 3-6/1984, págs. 159-238.

Kromann/ Riiber/ Rosbach 1991= Hans-Peder Kromann/ Theis Riiber/ Paul Rosbach: «Principles of Bilingual Lexicography»; en: *Wörterbücher*. t. III, 1991, págs. 2711-2728.

Kühl 1986= Ursula Kühl de Mones: *Los inicios de la lexicografía del español del Uruguay. El Vocabulario Rioplatense Razonado por Daniel Granada (1889-1890)*. Tubinga 1986.

Kühl 1993-94= Ursula Kühl de Mones: «Presencia de la marca Uruguay en la vigésima y vigésima primera edición del Diccionario de la Real Academia Española»; en: *Homenaje a Félix Morales Pettorino. Nueva Revista del Pacífico*, 38-39. Valparaíso. Mayo de 1995, págs. 83-92.

Kühn 1979= Peter Kühn: *Der Grundwortschatz. Bestimmung und Systematisierung*. Reihe Germanistische Linguistik 17. Tubinga 1979.

Kühn 1990= Peter Kühn: «Typologie der Wörterbücher nach Benutzungsmöglichkeiten»; en: *Wörterbücher*. t. I, 1990, págs. 94-97.

Lagane 1990= René Lagane: «Les dictionnaires scolaires: enseignement de la langue maternelle»; en: *Wörterbücher*. t.II, 1990, págs. 1368-1378.

Landau 1984= Sidney I. Landau: *Dictionaries. The Art and Craft of Lexicography*. The Scribner Press. Nueva York 1984.

Lapesa 1957= Rafael Lapesa: «Le dictionnaire historique de la langue espagnole»; en: *Lexicologie et lexicogra-phie françaises et romanes*. Estrasburgo 1957, París 1961, págs. 21-27; versión española en *Lapesa 1992*.

Lapesa 1964= Rafael Lapesa: «Los diccionarios de la Academia»; en: *Boletín de la Real Academia Española*, t. XLIV, 1964, págs. 425-430; reprod. en: *Lapesa 1992*.

Lapesa 1992= Rafael Lapesa: *Léxico e Historia*. t. II, Istmo, Madrid 1992.

Lara 1974= Luis Fernando Lara: «La elaboración del Diccionario del español de México»; en: *XIV Congresso Internazionale di Linguistica e Filologia Romanza*. Napoli 1974.

Lara 1987= Luis Fernando Lara: «Características del 'Corpus del español mexicano contemporáneo'»; en: *Actas del I Congreso Internacional sobre el español de América, San Juan, Puerto Rico, del 4 al 9 de octubre de 1982*. Academia Puertorriqueña de la Lengua, ed. por Humberto López Morales y María Vaquero, San Juan 1987, págs. 579-586.

Lara 1988= Luis Fernando Lara: «La question de la norme dans le «Diccionario del Español de México»»; en: *Problèmes de Lexicographie en Amérique*, 1988, págs. 61-93.

Lara 1989= Luis Fernando Lara: «Dictionnaire de langue, encyclopédie et dictionnaire encyclopédique»; en: *Wörterbücher*. t. I, 1989, págs. 280-287.

Lara 1990= Luis Fernando Lara: «Lagunas y debilidades de la lexicografía hispánica»; en Luis F. Lara (ed.): *Dimensiones de la lexicografía*. México. El Colegio de México, págs. 233-237.

Lara 1991= Luis Fernando Lara: «Regional Dictionaries: A Lexicographical Proposal for the Third World»; en: *Actes de 5e Congrès de/ Proceedings of the 5th Congress of l'Association internationale de linguistique appliquée. Montréal août/ August 1978*, Jean Guy Savard, Larne Laforge (eds.), Québec 1981, págs. 313-321.

Lara 1992= Luis Fernando Lara: «Teoría y método en el diccionario del español de México»; en: *Actas Sevilla 1992*, págs. 660-665.

Lara/ Chande 1974= L. F. Lara/ R. H. Chande: «Base estadística del diccionario del Español de México»; en: *Nueva Revista de Filología Hispánica*, 23, México 1974, pág. 260.

Lara/ Chande/ Hidalgo 1979= L. F. Lara/ R. H. Chande/ M. I. García Hidalgo: *Investigaciones lingüísticas en lexicografía*. México 1979.

Lázaro Carreter 1972= Fernando Lázaro Carreter: *Crónica del Diccionario de autoridades (1713-1740). Discurso leído en el acto de su recepción en la Real Academia Española*, Madrid, 1972; reprod. con el título de «El primer diccionario de la Academia» en *Estudios de lingüística*. Barcelona. Grijalbo 1980, págs. 83-148.

Lázaro Carreter 1973= Fernando Lázaro Carreter: «Pistas perdidas en el diccionario»; en: *Boletín de la Real Academia Española*, 53, 1973, págs. 249-259.

Lázaro Carreter 1980 a= Fernando Lázaro Carreter: «El primer diccionario de la Academia»; en: *Estudios de lingüística*. Crítica. Barcelona 1980, págs. 249-259.

Lázaro Carreter 1980 b= Fernando Lázaro Carreter: «Transformaciones nominales y diccionario»; en: *Revista Española de Lingüística* 1/2, 1971, págs. 371-379 (también en: *Estudios de lingüística*. Barcelona. Crítica 1980, págs. 73-81).

Lenz 1980= Werner Lenz: *Kleine Geschichte großer Wörterbücher*. Lexikothek. Gütersloh, última ed. 1980.

Lépinette 1989= Brigitte Lépinette: «*Contribution à l'étude du «Tesoro de la lengua española o castellana»* (1611) de S. de Covarrubias»; en: *Historiographica lingüistica*. Amsterdam, t. XVI, 3, 1989, págs. 257-311.

Lépinette 1990= Brigitte Lépinette: «La lexicographie franco-espagnole avant le «Tesoro de las lenguas» de César Oudin (1606)»; en: *Travaux de linguistique et de philologie 28*. Estrasburgo-Nancy, págs. 317-342.

Lépinette 1991= Brigitte Lépinette: «Etude du Tesoro de las dos lenguas (París 1607) de César Oudin»; en: *Iberoromania*, 33, 1991, págs. 28-57.

Lépinette/ Civera 1994= Brigitte Lépinette/ Pilar Civera: «A propos du multilinguisme dans les dictionnaires monolingues de la Renaissance»; en: *Cahiers de Lexicologie*, 64, 1994, págs. 59-73.

Lindemann 1985= Margarete Lindemann: «Le «Vocabularius Nebrissensis» latin-français et les débuts de la lexicographie française»; en: *Actes du IVe Colloque International sur le Moyen Français, publiés par Anthonij Dees.* Rodopi. Amsterdam 1985, págs. 55-86.

Lindemann 1987= Margarete Lindemann: «Die Beschreibung der spanischen Wörter im ersten spanisch-lateinischen Wörterbuch (Nebrija ca. 1495)»; en: *Zeitschrift für romanische Philologie 103.* Max Niemeyer. Tubinga 1987, págs. 500-506.

Link 1990= Elisabeth Link: «Das Wörterbuch der Wortbildungsmittel»; en: *Wörterbücher.* t. II, 1990, págs. 1223-1230.

Lope Blanch 1977= Juan Manuel Lope Blanch: «Los indioamericanismos léxicos en el Tesoro de Covarrubias»; en: *Nueva Revista de Filología Hispánica,* 26, México 1977, págs. 296-315.

Lope Blanch 1993= Juan Manuel Lope Blanch: «Nebrija 500 años después»; en: *Boletín de la Institución Libre de Enseñanza.* II época, 16, abril 1993, págs. 35-40.

López García 1991= Angel López García: «Sinonimia intralingüística y sinonimia interlingüística»; en: *Actas del Primer Coloquio Internacional de Traductología* (2,3,4 de mayo de 1989) ed. por B. Lépinette/ M.A. Olivares Pardo/ E. Sopeña Balordi. Universitat de València. 1991, págs. 41-45.

López Morales 1983= Humberto López Morales: *Augusto Malaret. Diccionarista.* San Juan (Puerto Rico) 1983.

Lorente 1992= Mercè Lorente Casafont: «Funció lexicogràfica i contacte de llengües: els diccionaris de barbarismes»; en: *Actes del Novè Col.loqui Internacional de Llengua i Literatura Catalanes,*Alicante/ Elche, 9-14 de septiembre de 1991, vol. III, Barcelona, Publicacions de l'Abadia de Montserrat 1992, págs. 269-281.

Lorenzo, Emilio: «Samuel Johnson, lexicógrafo»; en: *ABC,* Madrid, (23-12-1984), VIII.

Lötzsch 1991= Ronald Lötzsch: «Die Komposita im zweisprachigen Wörterbuch»; en: *Wörterbücher.* t. III, 1991, págs. 2779-2782.

Mac Donald 1974= Gerald J. Mac Donald: «Antonio de Nebrija the lexicographer»; en: *Kentucky Romance Quartely,* 21, 1974, págs. 295-308.

Mac Hale 1934= Carlos F. Mac Hale: *El libro mayor del idioma. Lucubraciones críticas sobre el diccionario oficial de la lengua española.* Madrid. Sánchez de Ocaña 1934.

Mac Hale 1947= Carlos F. Mac Hale: «Los Americanismos y el Diccionario Oficial»; en: *Boletín de la Academia Chilena de la Lengua IX,* 1947, págs. 263-273.

Mac Hale 1958= Carlos F. Mac Hale: *Fe de erratas del Diccionario oficial. Eutrapelia lexicográfica dedicada a la Academia Española.* Barcelona. Talleres Ariel 1958.

Malkiel 1959/60= Yakov Malkiel: «Distinctive Features in Lexicography. A Typological Approach to Dictionaries Exemplified with Spanish»; en: *Romance Philology,* 12, 1959, págs. 366-399, 13, 1960, págs. 111-155.

Malkiel 1967= Yakov Malkiel: «A Typological Classification of Dictionaries on the Basis of Distinctive Features»; en: *Householder* 1967, págs. 3-24.

Malkiel 1972= Yakov Malkiel: *Linguistics and Philology in Spanish America. A Survey (1925-1970)*. La Haya-París 1972.

Malkiel 1991= Yakov Malkiel: «Das etymologische Wörterbuch von Informanten- und Korpussprachen»; en: *Wörterbücher*. t. III, 1991, 1323-1334.

Manley 1983= James Manley: «The Bilingual Dictionary: Problems of Normativity, Selection and Semantic Classification»; en: *Symposium on Lexicography. Proceedings of the Symposium on Lexicography. September 1-2, 1982, Copenhague*. Georg Olms Verlag. Hildesheim 1983, págs. 119-125.

Manual DEM: *Diccionario del Español de México. Manual de información para los miembros del Consejo Consultativo*, mimeografiado, [México], s.a.

Marcos Marín 1975= Francisco Marcos Marín: «Problemas de redacción de los diccionarios históricos»; en: *Verba*, II, 1975, págs. 181-188.

Marcos Marín 1976= Francisco Marcos Marín: «Un nuevo método lexicográfico: el diccionario del español de México»; en: *Mundo Hispánico*, 334, 1976, págs. 70-72.

Marello 1989= Carla Marello: *Dizionari bilingui con schede sui dizionari italiani per francese, inglese, spagnolo, tedesco*. Fenomeni Linguistici. Bologna 1989.

Martin R. 1989= Robert Martin: «L'exemple lexicographique dans le dictionnaire monolingue»; en: *Wörterbücher*. t. I, 1990, págs. 599-607.

Martín Mingorance 1994 a= Leocadio Martín Mingorance: «La lexicografía onomasiológica»; en: *Aspectos lexicogr. 1994*, págs. 15-27.

Martín Mingorance 1994 b= Leocadio Martín Mingorance: «La lexicografía de valencias»; en: *Aspectos lexicogr. 1994*, págs. 29-37.

Martin 1990= Willy Martin: «The frequency dictionary»; en: *Wörterbücher*. t. II, 1990, págs. 1314-1322.

Martín Zorraquino 1989= María Antonia Martín Zorraquino: «Una lexicógrafa aragonesa: Dª María Moliner»; en: G. Holtus/ G. Lüdi/ M. Metzeltin (eds.): *La Corona de Aragón y las lenguas románicas. Miscelánea de homenaje para Germán Colón*. G. Narr. Tubinga 1989, págs. 423-434.

Martínez 1958= Fernando Antonio Martínez: «Diccionario de construcción y régimen de Cuervo»; en: *Thesaurus*, t. XIII, 1958, págs. 1-10.

Martínez 1947= Fernando Antonio Martínez: «Contribución a una teoría de la lexicografía española»; en: *Boletín del Instituto Caro y Cuervo*, III, 1, 1947, págs. 61-116.

Martínez 1968= Fernando Antonio Martínez: «Lexicography»; en: *Ibero-American and Caribbean Linguistics, (Current Trends in Linguistics)*, ed. por Th. A. Sebeck. La Haya-París 1968, págs. 84-105.

Martínez Marín 1992= Juan Martínez Marín: «Los diccionarios escolares del español: lo que son y lo que deberían ser»; en: *Diccionarios españoles*, 1992, págs. 51-70.

Martínez de Sousa 1964= José Martínez de Sousa: «¿Limpia, fija y da esplendor?»; en: *El País*. Madrid. 4/11/1984, pág. 8.

Martínez de Sousa 1995= José Martínez de Sousa: *Diccionario de lexicografía práctica VOX*. Biblograf. Barcelona 1995.

Massariello 1983= G. Massariello Merzagora: *La lessicografia*. Zanichelli. Bolonia 1983.

Mederos 1994= Humberto Mederos: «A propósito de la definición lexicográfica»; en: *Aspectos lexicogr. 1994*, págs. 95-106.

Medina 1991= Antonio M. Medina Guerra: «Modernidad del *Universal vocabulario* de Alfonso Fernández de Palencia»; en: *Estudios de Lingüística*, Universidad de Alicante, 7, 1991, págs. 45-60.

Menéndez Pidal, Ramón: «El diccionario que deseamos»; en: *Vox. Diccionario general ilustrado de la lengua española*. Biblograf. Barcelona 1945, ^{2}1953, ^{3}1973, ^{4}1987, XVII-XXVII; reprod. en: *Estudios de lingüística*. Madrid 1961, págs. 93-147.

Messelaar 1985= P.A. Messelaar: «Polysémie et homonymie chez les lexicographes. Plaidoyer pour plus de systématisation»; en: *Cahiers de Lexicologie*, t. XLVI, 1985, págs. 45-56.

Messelaar 1988= P.A. Messelaar: «Les marques *familier* et *populaire* envisagées des points de vue lexicologique et lexicographique»; en: *Cahiers de Lexicologie*, t. LII, 1988, págs. 91-106.

Migliorini 1961= Bruno Migliorini: *Che, cos'è un vocabulario?*. Roma 1946; 3^{a} ed. 1961.

Montes 1991= José Joaquin Montes Giraldo: «La clasificación semántica y el diccionario de construcción y régimen de Cuervo»; en: *Thesaurus*, t. XLVI, 1, 1991, págs. 1-15.

Morales/ Quiroz 1978= Félix Morales Pettorino/ Oscar Quiroz Mejías: «Nuestro diccionario de chilenismos»; en: *Alpha III*, 3, 1978, págs. 1-12.

Morales/ Quiroz 1983 a= Félix Morales Pettorino/ Oscar Quiroz Mejías: *Diccionario ejemplificado de chilenismos y de otros usos diferenciales en el español de Chile. Estudio preliminar*. Santiago de Chile 1983.

Morales/ Quiroz 1983 b= Félix Morales Pettorino/ Oscar Quiroz Mejías: «El tratamiento de los artículos en el DECH»; en: *Nueva Revista del Pacífico*, 23, 1983, págs. 5-40.

Mormile 1993= Mario Mormile: *Storia dei dizionari bilingui italo-francesi. La lessicografia italo-francese dalle origini al 1900 con un Repertorio bibliografico cronologico di tutte le opere lessicografiche italiano-francese e francese-italiano pubblicate. (= Biblioteca della ricerca. Traduttologia; 4.)*. Fasano. Schena 1993.

Muller 1965= Charles Muller: «Un dictionnaire de fréquence de l'espagnol moderne»; en: *Zeitschrift für romanische Philologie*, 81, 1965, págs. 476-483.

Müller 1980= Bodo Müller: «El proyecto de un diccionario del español medieval (DEM) y el estado de la investigación en el campo del léxico del español antiguo»; en: *Cahiers de Linguistique Hispanique Médiévale*. París, 5, 1980, págs. 175-194.

Navarro Correa 1972= Manuel Navarro Correa: *En torno a un atlas lingüístico venezolano. VI Congreso de Asociaciones de las Academias de la Lengua Española. Caracas 1972.* Universidad de Carabobo 1972.

Neubert 1992= Albrecht Neubert: «Fact and Fiction of the Bilingual Dictionary»; en: *Euralex '90*, págs. 899-905.

Niederehe 1984= Hans-Josef Niederehe: «Das Universal Vocabulario des Alfonso Fernández de Palencia (1490) und seine Quelle»; en: *Historiographica lingüística*. 11, 1984, págs. 39-54.

Niederehe 1986 a= Hans-Josef Niederehe: «Das Universal Vocabulario des Alfonso Fernández de Palencia (1490) und seine Quelle»; en: Antonio Quilis/ Hans-Josef Niederehe (ed.): *The History of Linguistics in Spain*. Amsterdam-Filadelfia 1986, págs. 39-54.

Niederehe 1986 b= Hans-Josef Niederehe: «La lexicographie espagnole jusqu'a Covarrubias»; en: *Histoire Épistémologie. Langage 8,* 1, págs. 9-19.

Niederehe 1986 c= Hans-Josef Niederehe: «La lessicografia spagnola dagli inizi fino a Covarrubias»; en: *Schifanoia 2,* págs. 101-106.

Niederehe 1987 a= Hans-Josef Niederehe: «Les dictionnaires franco-espagnols jusqu'en 1800. Histoire. Epistémologie»; en: *Langage* 9/2, 1987, págs. 13-26.

Niederehe 1987 b= Hans-Josef Niederehe: «La lexicografía española desde los principios hasta el año 1599»; en: H. Sarsleff/ L. Kelly/ H. J. Niederehe (coord.): *Papers in the History of Linguistics. Proceedings of the Third International Conference on the History of the Language Sciences. Princeton, August 1984*. Amsterdam-Filadelfia 1987, págs. 19-23.

Niederehe 1988= Hans-Josef Niederehe: «Les dictionnaires bilingues français-espagnol et espagnol-français au XVIIIe siècle»; en: *Travaux de Linguistique et de Philologie*. Estrasburgo, 26, 1989, págs. 33-47.

Niederehe 1995= Hans-Josef Niederehe: *Bibliografía de la lingüística, la gramática y la lexicografía del español (DICRES) desde los comienzos hasta el año 1600. Amsterdam Studies in the Theorie and History of Linguistic Science,* vol. 76. Amsterdam-Filadelfia 1995.

Núñez 1993= Rocío Nuñez: «Diccionario del habla actual de Venezuela»; en: *Boletín Universitario de Letras,* Caracas, vol. I, 1993, págs. 335-341.

Obregón 1967= Hugo Obregón Muñoz: «Nota en torno a la elaboración de un diccionario del español estándar de Venezuela»; en: *Anuario de Lingüística Hispánica,* 3, 1967, págs. 143-159.

Olarte 1984= Laura Olarte Stampa/ Antonio M. Garrido Moraga: «Diccionario y enseñanza (aproximación a los diccionarios más usados en los niveles educativos)»; en: *Español Actual,* 41, 1984, págs. 21-28.

Olmedo 1952= Felix G. Olmedo: *Nebrija (1441-1522).* Madrid 1952.

Opitz 1990 a= Kurt Opitz: «The technical dictionary for the expert»; en: *Wörterbücher.* t. II, 1990, págs. 1505-1512.

Opitz 1990 b= Kurt Opitz: «Formen und Probleme der Datenerhebung III: Fachwörterbücher»; en: *Wörterbücher.* t. II, 1990, págs. 1625-1631.

Osselton 1970= N.E. Osselton: «Some Problems of Obsolescence in Bilingual Dictionaries»; en: R.R.K. Hartmann, *Dictionaries and the Users.* Exeter 1979, págs. 120-126.

Palma 1963= Ricardo Palma: *Dos mil setecientas voces que hacen falta en el Diccionario.* Lima 1903.

Pascual/ Olaguíbel 1992= José Antonio Pascual/ María del Carmen Olaguíbel: «Diccionario e Ideología»; en: *Diccionarios españoles.* 1992, págs. 71-89.

Pérez F. J. 1993 a= Francisco Javier Pérez Hernández: «Para una historia de la metalexicografía en Venezuela»; en: *Boletín Universitario de Letras,* Caracas, vol. I, 1993, págs. 343-356.

Pérez F. J. 1993 b= Francisco Javier Pérez Hernández: «Cinco siglos de lexicografía del español en Venezuela»; en: *Revista Montalbán,* 24, 1993, págs. 119-166.

Petrecca Francisco: «La transparencia lexicográfica»; en: *Boletín de la Real Academia Española,* t. LXV, 1985, págs. 311-318.

Picht 1985= H. Picht/ J. Draskau: *Terminology: An Introduction.* Guilford. Universidad de Surrey 1985.

Picoche 1970= Jacqeline Picoche: «Problèmes des dictionnaires étymologiques»; en: *Cahiers de Lexicologie,* 16, 1, 1970, págs. 53-62.

Poirier 1989= Claude Poirier: «Les différents supports du dictionnaire: livre, microfiche, dictionnaire électronique»; en: *Wörterbücher.* t. I, 1989, págs. 322.

Porto Dapena 1975= José Álvaro Porto Dapena: «Las entradas del diccionario de Cuervo»; en: *Thesaurus,* t. XXX, 1975, págs. 113-152.

Porto Dapena 1980= José Álvaro Porto Dapena: *Elementos de lexicografía. El Diccionario de Construcción y Régimen de R. J. Cuervo.* Instituto Caro y Cuervo. Bogotá 1980.

Porto Dapena 1988= José Álvaro Porto Dapena: «Notas lexicográficas: la información sintáctica en los diccionarios comunes»; en: *Lingüística Española Actual,* 10, 1988, págs. 133-151.

Pottier 1965= Bernard Pottier: «La définition sémantique dans les dictionnaires»; en: *Travaux de Linguistique et de Littérature.* 3, 1, 1965, págs. 33-39.

Pottier 1983= Bernard Pottier: «Sémantique et syntaxe dans le Diccionario Histórico de la Lengua Española»; en: *Serta Philologica F. Lázaro Carreter.* Madrid. Ed. Cátedra 1983, págs. 505-510.

Powers 1982= Michael Powers: «El sentido de las palabras en los diccionarios bilingües»; en: *Yelmo,* 52/53, 1982, pág. 28.

Pratt 1984= Chris Pratt: «El diccionario de la Academia y el María Moliner»; en: *Libros,* 23, págs. 3-7.

Prieto 1979= Raúl Prieto: *Nueva Madre Academia. Crítica sicolíptica-lexicográfica en prosa.* México 1977.

Prieto 1985= Raúl Prieto: *¡Vuelva la Real Madre Academia!* México 1985.

Püschel 1989= Ulrich Püschel: «Evaluative Markierungen im allgemeinen einsprachigen Wörterbuch»; en: *Wörterbücher.* t. I, 1989, págs. 693-699.

Quemada 1972= Bernard Quemada: «Lexicology and Lexicography»; en: *Current Trends in Linguistics* (ed. Th. A. Sebeck), vol. 9. Mouton. La Haya-París 1972, págs. 395-475.

Quick 1972= Randolph Quick: «The Social Impact of Dictionaries of the UK»; en: R. I. Mac David/ A. R. Duckert (ed.): *Lexicography on English.* Nueva York. Academy of Sciences. Nueva ed: «The Image of the Dictionary»; en: *The Linguist and the English Language.* Londres 1972.

Quijano 1940= A. Quijano: *El segundo centenario del Diccionario de Autoridades.* México D.F. 1940.

Quilis, Antonio/Casado-Fresnillo, Celia: *Atlas Lingüístico del Ecuador (ALEcu).* 1992.

Rabanales 1984= Ambrosio Rabanales: «Überblick über die chilenische Lexikographie»; en: *Theoretische und praktische Probleme der Lexikographie. 1. Augsburger Kolloquium,* ed. por D. Götz y Th. Herbst, Munich 1984, págs. 234-250.

Rafel 1988= Joaquim Rafel Fontanals: «El Corpus textual informatitzat de la llengua catalana y el Diccionari del català contemporani. Un projecte de l'Institut d' Estudis Catalans»; en: *Anthropos,* Barcelona, 81, 1988, págs. V-VII.

Reig 1972= Carola Reig Salvá: *Vicente Salvá, un valenciano de prestigio internacional.* Valencia 1972.

Reiner 1990= Erwin Reiner: «Le dictionnaire de doublets»; en: *Wörterbücher.* t. II, 1990, págs. 1241-1245.

Restrepo 1945= Félix Restrepo: «La continuación del Diccionario de construcción y régimen de la lengua castellana»; en: *Thesaurus,* I, 1945, págs. 429-432.

Rétif 1975= André Rétif: *Pierre Larousse et son oeuvre (1817-1875).* París 1975.

Rey 1965= Alain Rey: «A propos de la définition lexicographique»; en: *Cahiers de lexicologie,* 6, 1965, págs. 67-80.

Rey 1982= Alain Rey: *Encyclopédies et dictionnaires.* París. Presses Universitaires de France 1982. (Trad. esp.: *Enciclopedias y diccionarios.* Fondo de Cultura Económica. México 1988).

Rey-Debove 1967= Josette Rey-Debove: «La définition lexicographique; bases d'une typologie formelle»; en: *Travaux de Linguistique et de Littérature*. Estrasburgo. V, 1, 1967, págs. 141-159.

Rey-Debove 1970= Josette Rey-Debove: «Typologie génétique des dictionnaires», en: *Langages 19*. 3, 1970, págs. 3-34.

Rey-Debove 1971= Josette Rey-Debove: *Étude linguistique et sémiotique des dictionnaires français contemporains*. La Haya-París 1971.

Rey-Debove 1985= Josette Rey-Debove: «Léxico y diccionario»; en: Bernard Portier (dir.): *El lenguaje (Diccionario de lingüística)*. ed. Bilbao. Mensajero 1985, págs. 84-113.

Rey-Debove 1991= Josette Rey-Debove: «La lexicographic moderne»; en: *Travaux de Linguistique*, 23, págs. 141-159.

Rézeau 1990= Pierre Rézeau: «Le dictionnaire dialectal: l'exemple français»; en: *Wörterbücher*. t. II, 1990, págs. 1467-1475.

Rickert 1960= Heinrich Rickert: *Teoría de la definición*. 1888, ²1915; Tubinga, 3ª ed. J.C.B. Mohr, 1929; México, Universidad Nacional Autónoma de México, 1960.

Ripfel 1989= Martha Ripfel: *Wörterbuchkritik. Eine empirische Analyse von Wörterbuchrezensionen*. Max Niemeyer. Tubinga 1989 (Lexicographica. Series Maior 29).

Ripfel/ Wiegand 1988= Martha Ripfel/ Herbert Ernst Wiegand: «Wörterbuchbenutzungsforschung. Ein kritischer Bericht»; en: *Studien zur neuhochdeutschen Lexikographie. VI*, t. 2 (ed. por H. E. Wiegand). Hildesheim-Zurich-Nueva York 1988.

Roberts 1992= Roda P. Roberts: «Organization of Information in a bilingual dictionary»; en: *Euralex '90*, págs. 220-301.

Rodríguez Adrados 1978= Francisco Rodríguez Adrados: «Syntaxe et dictionnaire»; en: *Proceedings of the Twelfth International Congress of Linguists*. Innsbruck 1978, págs. 337-341.

Rodríguez Adrados 1986= Francisco Rodríguez Adrados: «*The Greek-Spanish Dictionary and Lexicographic Science*»; en: *Lexicographics* 2, 1986, págs. 8-32.

Rodríguez Adrados 1988= Francisco Rodríguez Adrados; «El más extenso diccionario que traduce el griego a una lengua moderna»; en: *Política Científica*, 12, 1988, págs. 35-38.

Rodríguez Marín 1922= Francisco Rodríguez Marín: *Dos mil quinientas voces castellanas y bien autorizadas que piden lugar en nuestro léxico*. Madrid 1922.

Rodríguez y Martin 1885= Sebastián Rodríguez y Martín: *Rectificaciones e innovaciones que la Real Academia Española de la Lengua ha introducido en la duodécima edición del diccionario*. Madrid. Manuel de los Ríos 1885.

Rodríguez del Pozo 1989= Jesús Rodríguez del Pozo: *Antonio de Nebrija: el hombre y su obra*. (= Conocer Lebrija; 1.) Lebrija: Ayuntamiento, 1989.

Rohlfs 1957= Gerhard Rohlfs: *Manual de filología hispánica. Guía bibliográfica, crítica y metódica*. Bogotá 1957.

Rojo, Guillermo: «Problemas lingüísticos e informáticos en los diccionarios de construcción y régimen»; en: *Actas Sevilla 1992*, págs. 307-315.

Romera Castillo 1984= José Romera Castillo: «Autoridades medievales del Tesoro de Covarrubias»; en: *Anuario de Letras*, 12, 1984, págs. 251-260.

Rondeau 1984= G. Rondeau: *Introduction à la terminologie*. Quebec. Gaëtan Morin. 2ª ed. 1984.

Rosell 1978= Avenir Rosell: «El 'Diccionario' de los Bermúdez»; en: *Boletín de la Academia Nacional de Letras*, Montevideo, Segunda época VI, 1978, págs. 13-38.

Saavedra 1985= Marietta Saavedra: «Tres diccionarios monolingües del español»; en: *Bielefelder Beiträge zur Sprachlehrforschung. Wörterbücher und ihre Didaktik*. 14, 1 y 2. 1985, págs. 181-215.

Sáez Godoy 1986= Leopoldo Sáez Godoy: «Hacia una clasificación conceptual del léxico: Roget, Dornseiff, Casares, Hallig-Wartburg»; en: *Cuadernos de Filología*, 1, 1968, págs. 59-76.

Sager 1993= J. Sager: *Curso práctico sobre el tratamiento de la terminología*, (trad. Laura Chumillas Moya). Madrid. Fundación Germán Sánchez Ruipérez/ Pirámide 1993.

Salas 1964= Alberto Salas: «Los diccionarios académicos y el estado actual de la lexicografía»; en: *Boletín de Filología* 12, 1964, págs. 265-283.

Salvador 1980= Gregorio Salvador: «Lexicografía y geografía lingüistica»; en: *Revista Española de Lingüística*, 10-1, 1980, págs. 138-144.

Salvador 1985 a= Gregorio Salvador: «Sí hay sinónimos»; en: *Semántica y lexicología del español*. Madrid. Paraninfo 1985, págs. 51-66.

Salvador 1985 b= Gregorio Salvador: *Semántica y lexicografía del español*. Madrid. Paraninfo 1985.

Salvador 1988= Gregorio Salvador: «Don Ramón Menéndez Pidal y el Diccionario»; en: *Boletín de la Real Academia Española*, LXVIII, cuad. CCXLV, págs. 369-373.

Salvador 1990= Gregorio Salvador: «El diccionario y la gente»; en: *Jornadas de Filología. Profesor Francisco Marsá*. Barcelona. Universidad de Barcelona 1990, págs. 193-207.

Salvador 1991= Gregorio Salvador: «El ALEANR y los aragonesismos en el DRAE»; en: J. Ma. Euguita Utrilla (ed.): *Actas del I Curso de Geografía Lingüística de Aragón*. Institución Fernando el Católico. Zaragoza 1991, págs. 241-251.

Salvador 1994= Gregorio Salvador: «EL DRAE»; en: *Actas del Congreso de la Lengua Española*. Sevilla 1994, págs. 657-659.

Salvador Rosa 1985= Aurora Salvador Rosa: «Las localizaciones geográficas en el Diccionario de Autoridades»; en: *Lingüística Española Actual,* 7, 1985, págs. 103-139.

Sánchez L. 1987= A. Sánchez Lerena/ Ma. F. Páez Ortiz: «Estructura sintáctica de la definición lexicográfica»; en: *Analecta Malacitana,* 10, 1, 1987, págs. 153-163.

Sandru Olteanu 1984= Tudora Sandru Olteanu: «Real Academia Española, *Diccionario de la lengua española,* 20ª edición, Madrid, 1984; 2 tomos, 1416 pp.»; en: *Anuario de Letras,* México, t. XXVIII, 1990, págs. 369-377.

Santos Río 1994= Luis Santos Río: «Lexicografía elemental: un aspecto del diccionario académico»; en: *II Encuentro de Lingüistas y Filólogos de España y de México (Salamanca 25-30 de noviembre 1991).* Salamanca. Ediciones Universidad de Salamanca 1994, págs. 165-204.

Scerba 1940= L.V. Scerba: «Opyt obsiej teorii leksikografii» (Ensayo de una teoría lexicográfica general); en: *Leksikograficesky sbornik,* 3, Moscú 1940, págs. 89-117.

Schaeder 1981= Burkhard Schaeder: *Lexikographie als Praxis und Theorie.* Tubinga 1981.

Schaeder 1994= Burkhard Schaeder/ Henning Bergenholtz (ed.): *Fachlexikographie. Fachwissen und seine Repräsentation in Wörterbüchern.* G. Narr. Tubinga 1994 (Forum für Fachsprachen-Forschung. Ed. por Hartwig Kalverkämper, Band 23).

Schemann 1989= Hans Schemann: «Das phraseologische Wörterbuch»; en: *Wörterbücher.* t. I, 1989, págs. 1019-1032.

Schemann 1991= Hans Schemann: «Die Phraseologie im zweisprachigen Wörterbuch»; en: *Wörterbücher.* t. III, 1991, págs. 2789-2794.

Schlipf 1956-59= Wolfgang Schlipf: «Einige Bemerkungen zur Entwicklungsgeschichte des spanischen Wörterbuches in Deutschland»; en: *Boletín de Filología.* Santiago de Chile, t. IX, 1956-57, págs. 189-234; t. X, 1958, págs. 303-401; t. XI, 1959, págs. 87-132.

Schnorr 1986= Veronika Schnorr: «Translation Equivalent and/ or Explanation? The Perennial Problem of Equivalence»; en: *Lexicographica,* 2, 1986, págs. 53-60.

Schoenhals 1982= Louise Schoenhals: «Towards a valid linguistic check of bilingual dictionaries»; en: *Notes on Linguistics 24.* The Summer Institute of Linguistics. Dallas 1982, págs. 15-20.

Schütz 1990= Günther Schütz: «Cuervos Wörterbuch als herausragendes Werk der hispanischen Lexikographie»; en: *Wörterbücher.* t. II, 1990, págs. 1767-1770.

Seco 1971= Manuel Seco: «El primer diccionario sincrónico del español: características y estado actual de los trabajos»; en: *Revista Española de Lingüística.* 9, 2, jun.-dic. 1979, págs. 395-412.

Seco 1978= Manuel Seco: «Problemas formales de la definición lexicográfica»; en: *Estudios ofrecidos a Emilio Alarcos Llorach (con motivo de sus XXV años de docencia en la Universidad de Oviedo).* 2, Oviedo 1978, págs. 217-239; recogido en los *Estudios de lexicografía española,* págs. 15-34.

Seco 1979 a= Manuel Seco: «El 'contorno' en la definición lexicográfica»; en: *Homenaje a Samuel Gile Gaya* (in memoriam). Biblograf. Barcelona 1979.

Seco 1979 b= Manuel Seco: «Medio siglo de lexicografía española»; en: *Revista de Bachillerato*, 10, págs. 2-7.

Seco 1980= Manuel Seco: «*Las palabras en el tiempo: los diccionarios históricos. Discurso de ingreso en la Real Academia Española, leído el 23 de noviembre de 1980.* Madrid. Real Academia Española 1980; reprod. en 1987.

Seco 1981= Manuel Seco: «María Moliner: una obra, no un nombre»; en: *El País,* Madrid, 29.5.81, pág. 36.

Seco 1982 a= Manuel Seco: «Un lexicógrafo de la generación de Cervantes (Notas sobre el «Tesoro» de Covarrubias»); en: *Instituto de Bachillerato Cervantes, Miscelánea en su cincuentenario 1931-1981.* Madrid 1982, págs. 229-243.

Seco 1982 b= Manuel Seco: «Cuervo y la lexicografía histórica»; en: *Thesaurus. Boletín del Instituto Caro y Cuervo.* Bogotá, 37, 1982, págs. 647-652, reproducido en: *Seco 1987 a.*

Seco 1983= Manuel Seco: «La definición lexicográfica subjetiva: el Diccionario de Domínguez»; en: *Serta Philologica F. Lázaro Carreter, I, Cátedra.* Madrid 1983, págs. 587-596.

Seco 1984= Manuel Seco: «Diccionario de autoridades»; en: *La Gaceta del Libro.* Madrid, 10, 1984, pág. 22.

Seco 1985= Manuel Seco: «Un lexicógrafo romántico: Ramón Joaquín Domínguez»; en: *Philologica Hispanienses in honorem Manuel Alvar,* t. I. Madrid. Gredos 1985, pág. 619-629.

Seco 1986= Manuel Seco: «Autoridades literarias en el «Tesoro» de Covarrubias»; en: *Homenaje a Pedro Saínz Rodríguez,* vol. 2, Madrid 1986, págs. 609-622. También en: *Seco 1987 a.*

Seco 1987 a= Manuel Seco: *Estudios de lexicografía española.* Madrid 1987.

Seco 1987 b= Manuel Seco: «La travesía de las palabras»; en: *Saber Leer.* Madrid 1987, págs. 6-7.

Seco 1987 c= Manuel Seco: «El nacimiento de la lexicografía moderna no académica»; en: *Seco 1987 a.*

Seco 1988 a= Manuel Seco: «El problema de la diacronía en los diccionarios generales»; en: *Revista de Dialectología y Tradiciones Populares,* t. XLIII, 1988, págs. 559-567.

Seco 1988 b= Manuel Seco: «Covarrubias en la Academia»; en: *Anuales Cervantinos,* 25/26, 1988, págs. 387-398.

Seco 1988 c= Manuel Seco: «El Diccionario histórico español»; en: *Política Científica,* 13, julio de 1988, págs. 44-46.

Seco 1988 d= Manuel Seco: «El léxico hispanoamericano en los diccionarios de la Academia Española»; en: *Boletín de la Real Academia Española*, t. XVIII, Madrid 1988, págs. 85-989.

Seco 1989 a= Manuel Seco: «El español de Chile, el diccionario de la Academia y la unidad de la lengua»; en: *Estudios en honor de Yolando Pino Saavedra*, 1989, págs. 367-377.

Seco 1989 b= Manuel Seco: Prólogo a: Rocío Núñez/ Francisco Javier Pérez: *Glosario de términos de transporte marítimo usados en Venezuela*. Caracas 1989.

Seco 1991 a= Manuel Seco: «Diccionarios: la realidad y el deseo»; en: *Saber Leer*, 47, 1991, págs. 6-7.

Seco 1991 b= Manuel Seco: «Introducción»; en: *Diccionario de la Lengua Castellana reducido a un tomo para su más fácil uso.* Edición facsímil. Madrid 1991, págs. III-XII.

Seco 1992 a= Manuel Seco: «Sobre el método colegiado en lexicografía»; en: *Estudios de literatura y lingüística españoles en honor de Luis López Molina*. Hispánica Helvética 4, 1992, págs. 563-574.

Seco 1992 b= Manuel Seco: «Los diccionarios históricos»; en: *Diccionarios españoles*, 1992, págs. 91-107.

Seco 1993= Manuel Seco: «La otra voz de la Academia Española: notas sobre el Diccionario manual»; en: *Hispanic Studies in honour of F. W. Horlroft*. Oxford 1993.

Seco 1995 a= Manuel Seco: «Lexicografía del español en el fin de siglo»; en: *Donaire*, 4, marzo de 1995, págs. 67-74.

Seco 1995 b= Manuel Seco: «El diccionario histórico de la lengua española»; en: *International Journal of Lexicography*, vol. 8, núm. 3. Oxford University Press 1995, págs. 203-219.

Seibicke 1985= Wolfgang Seibicke: «Deutsche Schimpfwörterbücher»; en: *Lexicographica* I, 1985, págs. 125-133.

Serís 1964= Homero Serís: *Bibliografía de la lingüística española.* Bogotá 1964.

Sinclair 1987= J. M. Sinclair: «Grammar in the Dictionary»; en: J. M. Sinclair (ed.): *Looking Up. An account of the COBUILD Project in lexical computing*. Collins ELT. Londres-Glasgow 1987, págs. 104-115.

Smolik 1969= W. Smolik: «Aktives Wörterbuch Deutsch-Russisch»; en: *Nachrichten für Sprachmittler*, 3, 1969, págs. 11-13.

Steel 1971= Brian Steel: «Contrasting Approaches to Spanish Lexicography»; en: *Hispania*, 54, 1971, págs. 46-53.

Steel 1975= Brian Steel: «Checklists of Basic Americanisms and Castellanisms»; en: *Hispania* 58, 1975, págs. 910-921.

Steel 1982= Brian Steel: «Algunos apuntes para un nuevo diccionario de Americanismos»; en: *Estudios sobre el léxico del español en América*, ed. por Matthias Perl, Leipzig 1982, págs. 176-197.

Steiner 1970= Roger J. Steiner: *Two Centuries of Spanish and English Bilingual Lexicography* (1590-1800). La Haya-París 1970.

Steiner 1976= Roger J. Steiner: «Neologisms and Scientific Words in Bilingual Lexicography: Ten Problems»; en: *Lebende Sprachen 21*, 4, 1976, págs. 145-150.

Steiner 1984= Roger J. Steiner: «Guide-lines for Reviews of Bilingual Dictionaries»; en: *Dictionaries. Journal of the Dictionary Society of North America*, 6, 1984, págs. 166-181.

Steiner 1991= Roger J. Steiner: «Bilingual Lexicography: English-Spanish and Spanish-English»; en: *Wörterbücher*. t. III, 1991, págs. 2949-2956.

Stindlová 1960= Jitka Stindlová: «Sur le classement inverse des mots et sur ce qu'on appelle «Dictionnaire inverse»»; en: *Cahiers de Lexicologie*, 2, 1960, págs. 79-86.

Subirats Rüggeberg, Carlos: «Sistema de diccionarios electrónicos del español»; en: *Actas Sevilla 1992*, págs. 316-330.

Svensén 1993= Bo Svensén: *Practical Lexicography. Principles and Methods of Dictionary-Making*. Oxford University Press. Oxford-Nueva York 1993.

Swanson 1962= Donald Swanson: «Recommendations on the Selection of Entries for a Bilingual Dictionary»; en: *Householder 1962*, págs. 63-77.

Tejera 1987= María Josefina Tejera: «Los testimonios como elementos básicos del Diccionario de Venezolanismos»; en: *Thesaurus*, t. XLII, Bogotá 1987.

Tejera 1988= María Josefina Tejera: «Rosenblat y una historia de diccionario»; en: *Cultura Universitaria* 109, 1988, págs. 43-46.

Terry 1974= Edward D. Terry: «Spanish Lexicography and the Real Academia Española: A Sketch»; en: *Hispania*, 57, 1974, págs. 958-964.

Teso 1987= Enrique del Teso Martín: «En torno a la definición lexicográfica»; en: *Contextos*, t. V, 10, 1987, págs. 29-56.

Theorie und Praxis 1988= *Theorie und Praxis der ein- und mehrsprachigen romanischen Lexikographie*. Núm. especial de la Wissenschaftliche Zeitschrift der Ernst-Moritz-Arndt-Universität Greifswald. Gesellschafts-wissenschaftliche Reihe. t. XXXVII. 1988/2.

Thiele 1988= Johannes Thiele: «Les phraséologismes dans les dictionnaires bilingues»; en: *Theorie und Praxis 1988*, págs. 49-51.

Thiemer 1984= Eberhard Thiemer: «Diccionarios de americanismos. - Criterios, proyectos y problemas»; en: *Fremdsprachen. Zeitschrift für Dolmetscher, Übersetzer und Sprachkundige*, 28, 2, Leipzig 1984, págs. 100-106.

Tollenaere 1960= Felicien de Tollenaere: «*Alfabetische of Ideologische Lexicografie*»; en: *Cahiers de Lexicologie*, 2, 1960, págs. 19-29.

Toro 1909= Miguel de Toro y Gisbert: *Enmiendas al Diccionario de la Academia*. París 1909.

Tristá 1989= Antonia María Tristá: «Breve ojeada a la lexicografía en Cuba»; en: *Anuario L/L*, La Habana (Cuba), 20, 1989, págs. 133-140.

Trujillo 1988= Ramón Trujillo: *Introducción en la semántica española*. Madrid 1988.

Val 1993= José F. Val Alvaro: *Ideas gramaticales en el «Diccionario de Autoridades»*. Arco-Libros. Madrid 1993.

Valbuena 1887= Antonio de Valbuena: *La fe de erratas del nuevo Dicionario de la Academia*. Madrid 1887, (2 vols.; nueva ed. 1889-1893, 5 vols.).

Verd 1993= G. M. Verd: «Sobre los diccionarios inversos, y los españoles en particular»; en: *Letras de Deusto*, vol. 23, 58, marzo-abril 1993, págs. 85-115.

Verdonk 1991= Robert A. Verdonk: «La lexicographie bilingue espagnol-français, français-espagnol»; en: *Wörterbücher*. t. III, 1991, págs. 2976-2987.

Vergara 1926= G. M. Vergara: *Cuatro mil palabras no incluídas en el Diccionario de la Acad. Esp. (15 ed.)*, Madrid 1926.

Viñaza 1893= Antoine Viñaza: Cipriano Muñoz y Manzano, Conde de la Viñaza: *Biblioteca histórica de la filología castellana*. Madrid 1893 (Repertorio bibliográfico importante, va de 1490 a fines del siglo XIX).

Vocabulari de la terminologia: Universitat de Barcelona, Servei de la Llengua Catalana: *Vocabulari de la terminologia*. Barcelona 1991.

Voigt 1981= Walter Voigt: «Wörterbücher; Wörterbuchprobleme: Ein Werkstattgespräch»; en: *Wort und Sprache; Beiträge zu Problemen der Lexikographie und Sprachpraxis veröffentlicht zum 125-jährigen Bestehen des Langenscheidt-Verlages*. Berlín-Munich-Viena-Zurich 1981, págs. 24-33.

Walter 1990= Henriette Walter: «Le dictionnaire de prononciation»; en: *Wörterbücher*. t. II, 1990, págs. 1304-1311.

Weinberg 1976= Felix Weinberg: «Un olvidado vocabulario americanista de 1853»; en: *Thesaurus* 31, Bogotá 1976, págs. 442-480.

Weinreich 1970= Uriel Weinreich: «La définition lexicographique»; en: *Langages 19*, 3, 1970, págs. 69-86.

Wellmann 1996= Hans Wellmann: «Grammatik im Wörterbuch»; en: *Das Wörterbuch Deutsch als Fremdsprache in der Diskussion*. ed. por I. Barz y M. Schröder. Heidelberg 1996, vol. 12 de la serie Sprache, Literatur und Geschichte. Studien zur Linguistik/Germanistik.

Werner 1978 a= Reinhold Werner: «Zur Lexikographie des amerikanischen Spanisch. Vorschläge für ein neues Amerikanismenwörterbuch»; en: *Referate der 1. wissenschaftlichen Tagung des Deutschen Hispanistenverbands Augsburg* 25.-26.2.1977, ed. por Günther Haensch y Reinhold Werner, Augsburg 1978, págs. 132-157.

Werner 1978 b= Reinhold Werner: «Reseña de Ferreccio 1978»; en: *Lebende Sprachen*, 24, 1979, pág. 186.

Werner 1979= Reinhold Werner: «Zum Stand der Lexikographie des amerikanischen Spanisch»; en: *Ibero-Amerikanisches Archiv*, Neue Folge 5, Berlín 1979, págs. 121-160.

Werner 1980 a= Reinhold Werner: «Ein technisches Detail der Stilebenenkennzeichnung im zweisprachigen Wörterbuch»; en: *Lebende Sprachen 25*, 4, 1980, págs. 154-158.

Werner 1980 b= Reinhold Werner: «Reseña de Lenz 1980»; en: *Hispanorama*, 26, 1980, pág. 164.

Werner 1981= Reinhold Werner: «Umgangssprache im zweisprachigen Wörterbuch: lexikographische Probleme, aufgezeigt an zwei spanisch-deutschen Wörterbüchern»; en: *Zielsprache Spanisch* 1/2, 1981, págs. 69-75.

Werner 1982 a= Reinhold Werner: «La definición lexicográfica»; en: *Haensch 1982 a*, págs. 259-328.

Werner 1982 b= Reinhold Werner: «Das Bild im Wörterbuch. Funktionen der Illustration in spanischen Wörterbüchern»; en: *Linguistik und Didaktik*, 49/50, 1982.

Werner 1982 c= Reinhold Werner: «Zur Reihenfolge der Definitionen bzw. Übersetzungsäquivalente im Wörterbuchartikel (mit besonderer Berücksichtigung spanischer Beispiele)»; en: *Lebende Sprachen 27*, 4, 1982, págs. 150-156.

Werner 1982 d= Reinhold Werner: «La unidad léxica y el lema»; en: *Haensch 1982 a*, págs. 188-229.

Werner 1983 a= Reinhold Werner: «Die Amerikanismen im «Diccionario de Autoridades»»; en: *Iberoamérica. Historia-sociedad-literatura. Homenaje a Gustav Siebenmann*, Editores: Manuel López Abiada-Titus Heydenreich, Munich 1983 (Lateinamerika-Studien Band 13/II), págs. 1075-1082.

Werner 1983 b= Reinhold Werner: «Einige Gedanken zur Illustration spanischer Wörterbücher»; en: *Hispanorama*, 35, 1983, págs. 162-180.

Werner 1984 a= Reinhold Werner: «Die Amerikanismen im Handwörterbuch der Real Academia Española»; en: *Spanien und Lateinamerika. Beiträge zu Sprache, Literatur, Kultur. Homenaje a Anton Bemmerlein*. ed. por C. Segoviano/ J. M. Navarro. Nuremberg 1984; págs. 530-551.

Werner 1984 b= Reinhold Werner: «Semasiologische und enzyklopädische Definition im Wörterbuch»; en: *Theoretische und praktische Probleme der Lexikographie. 11. Augsburger Kolloquium*, ed. por Götz/ Herbst, Munich 1984, págs. 382-407.

Werner 1984 c= Reinhold Werner: «Ein nicht genügend ernstgenommener Wörterbuchtyp: das Reisewörterbuch. Mit Bemerkungen zu Reisewörterbüchern des Spanischen für Deutschsprachige»; en: *Hispanorama,* 38, 1984, págs. 153-162.

Werner 1986 a= Reinhold Werner: «Zum Stand der zweisprachigen Lexikographie Deutsch-Spanisch, Spanisch-Deutsch»; en: *Lexicographica 2,* 1986, págs. 127-161.

Werner 1986 b= Reinhold Werner: «Die Anordnung der Definitionen in allgemeinen einsprachigen Wörterbüchern des Spanischen»; en: *Hispanorama,* 44, 1986, págs. 165-172.

Werner 1987 a= Reinhold Werner: «Laufende lexikographische Projekte zum Spanischen einzelner amerikanischer Länder»; en: *Hispanorama,* 45, 1987, págs. 170-172.

Werner 1987 b= Reinhold Werner: «Ein vergleichender Test dreier Wörterbücher Spanisch-Deutsch/ Deutsch-Spanisch»; en: *Hispanorama,* 47, 1987, págs. 159-171; 49, 1988, págs. 152-167 y 50, 1988, págs. 167-175.

Werner 1988= Reinhold Werner: «Reseña de Schwauss 1986»; en: *Lebende Sprachen,* 33, 1988, págs. 43-44.

Werner 1989= Reinhold Werner: «Probleme der Anordnung der Definitionen im allgemeinen einsprachigen Wörterbuch»; en: *Wörterbücher.* t. I, 1989, págs. 917-930.

Werner 1990 a= Reinhold Werner: «*Amerikanismenwörterbücher des Spanischen und Wörterbücher des Spanischen Amerikas. Spezifische Probleme der Auswahl und Darbietung lexikographischer Information.* Tesis de oposición a cátedra inédita. Erlangen 1990.

Werner 1990 b= Reinhold Werner: reseña de H.E. Wiegand (coord.): «Studien zur neuhochdeutschen Lexikographie. vols V y VI»; en: *Lexicographica,* 6/1990, págs. 267-284.

Werner 1991= Reinhold Werner: «Principios diferenciales y contrastivos en la lexicografía del español americano»; en: *Encuentro internacional sobre el español de América. Presencia y destino. El español de América hacia el siglo XXI,* t. I, *Santafé de Bogotá 1991,* págs. 229-271.

Werner 1992= Reinhold Werner: «¿Qué son los equivalentes en el diccionario bilingüe?»; en: *Estudios de lexicología y metalexicografía del español actual,* ed. por Gerd Wotjak. Max Niemeyer. Tubinga 1992 (Lexicographica. Series Maior 47), págs. 99-107.

Werner 1993-94= Reinhold Werner: «¿Cómo explicar el significado de unidades léxicas en los diccionarios diferenciales?»; en: *Boletín de Filología* 34, Santiago de Chile 1993-1994, págs. 511-525.

Werner 1994 a= Reinhold Werner: «¿Qué es un diccionario de americanismos?»; en: *Unidad y variación léxicas del español de América,* Gerd Wotjak/ Klaus Zimmermann (eds.), Frankfurt 1994, págs. 9-38.

Werner 1994 b= Reinhold Werner: «El diccionario de Esteban Pichardo»; en: *Lengua y cultura en el Caribe hispánico. Actas de una sección del Congreso de la Asociación de*

Hispanistas Alemanes celebrado en Augsburgo, 4-7 de marzo de 1993. Jens Lüdtke y Matthias Perl (eds.), Tubinga 1994, págs. 109-129.

Werner 1996= Reinhold Werner: «Neuere Wörterbücher des Spanischen in Amerika: Was ist neu an ihnen?»; en: *Lebende Sprachen*, 3, 1996, págs. 98-112.

Wiegand 1984= Herbert Ernst Wiegand: «On the structure and contents of a general theory of Lexicography», en: R. R. C. Hartmann (ed.): *Lexeter '88. Proceedings. Papers from the International Conference of Lexicography at Exeter, September 1983*, Tubinga 1984, págs. 9-12.

Wiegand 1985= Herbert Ernst Wiegand: «Fragen zur Grammatik in Wörterbuchbenutzungsprotokollen. Ein Beitrag zur empirischen Erforschung einsprachiger Wörterbücher»; en H. Bergenholtz/ J. Mugdan (ed.): *Lexikographie und Grammatik. Akten des Essener Kolloquiums zur Grammatik im Wörterbuch 28.-30.6.1984*. Tubinga 1985 (Lexicographica. Series Maior).

Wiegand 1989 a= Herbert Ernst Wiegand: «Der Begriff der Mikrostruktur: Geschichte, Probleme, Perspektiven»; en: *Wörterbücher*. t. I, 1989, págs. 409-462.

Wiegand 1989 b= Herbert Ernst Wiegand: «Arten von Mikrostrukturen im allgemeinen einsprachigen Wörterbuch»; en: *Wörterbücher*. t. I, 1989, págs. 462-501.

Wiegand 1989 c= Herbert Ernst Wiegand: «Die lexikographische Definition im allgemeinen einsprachigen Wörterbuch»; en: *Wörterbücher*. t. I, 1989, págs. 530-588.

Wojski 1983= Zygmunt Wojski: «En torno al problema de los 'americanismos'»; en: *Acta Universitatis Wratislaviensis* 620, Wroclaw 1983, págs. 89-93.

Wolf, Heinz-Jürgen: *Glosas Emilianenses*. Hamburg 1991.

Wolski 1989= Werner Wolski: «Das Lemma und die verschiedenen Lemmatypen»; en: *Wörterbücher*. t. I, 1989, págs. 360-371.

Woolridge 1975= Terence Russon Woolridge: «Le dictionnaire des mots croisés»; en: *Cahiers de lexicologie*, 26, 1975, págs. 3-14.

Wörterbücher= Franz-Josef Hausmann/ Oskar Reichmann/ Herbert Ernst Wiegand/ Ladislav Zgusta: *Wörterbücher. Dictionaries. Dictionnaires. Ein internationales Handbuch zur Lexikographie. An International Encyclopedia of Lexicography. Encyclopédie internationale de lexicographie*. De Gruyter. Berlín-Nueva York 1989-1991.

Wotjak 1988= Gerd Wotjak: «Wie könnte ein optimaler Wörterbuchartikel aussehen?»; en: *Theorie und Praxis 1988*, págs. 18-22.

Wotjak 1992= Gerd Wotjak (ed.): *Estudios de lexicología y metalexicografía del español actual*. Tubinga 1992.

Wüster 1979= Eugen Wüster: *Einführung in die allgemeine Terminologielehre und terminologische Lexikographie. Teil 1: Textteil*, ed. por L. Bauer. Viena-Nueva York 1979.

Zamboni 1988= A. Zamboni: *La etimología*. Gredos. Madrid 1988.

Zaunmüller 1958= Wolfram Zaunmüller: *Bibliographisches Handbuch der Sprachwörterbücher.* Stuttgart 1958 (con breves caracterizaciones de las obras citadas).

Zgusta 1971= Ladislav Zgusta: *Manual of Lexicography.* La Haya-París 1971.

Zgusta 1980= Ladislav Zgusta (ed.): *Theory and Method in Lexicography. Western and Non-Western Perspectives.* Columbia. South Carolina 1980.

Zgusta 1988= Ladislav Zgusta: *Lexicography Today. An Annotated Bibliography of the Theory of Lexicography.* Max Niemeyer. Tubinga 1988 (Lexicographica. Series Maior 18).

Zierer 1987= Ernesto Zierer: «El Nuevo Diccionario de Americanismos: proyecto de la Universidad de Augsburgo (República Federal de Alemania), y el Instituto Caro y Cuervo, Bogotá (Colombia)»; en: *Lenguaje y Ciencias.* Universidad Nacional de Trujillo, Perú, vol. 27, núms. 1-2, junio de 1987, págs. 47-54.

Zimmermann 1994= Klaus Zimmermann: «Diccionarios diastráticos en Hispanoamérica: Entre la descripción científica y el diletantismo»; en: *Unidad y variación léxicas del español de América,* Gerd Wotjak/ Klaus Zimmermann (eds.), Frankfurt 1994, págs. 105-132.

Zöfgen 1989= Ekkehard Zöfgen: «Das Konstruktionswörterbuch»; en: *Wörterbücher.* t. I, 1989, págs. 1000-1010.

Zöfgen 1994= Ekkehard Zöfgen: *Lernwörterbücher in Theorie und Praxis. Ein Beitrag zur Metalexikographie mit besonderer Berücksichtigung des Französischen.* Max Niemeyer. Tubinga 1994 (Lexicographica, Series Maior 59).

ANEXO I:
CONSEJOS PRÁCTICOS

Nos parece útil dar algunos consejos al lector que desea adquirir un diccionario[1].

1. Fíjese bien en el *año de publicación* del diccionario que le interesa, para no comprar una obra anticuada. Esta indicación suele figurar, después de la página titular, en la «página de derechos». En algunos diccionarios más antiguos, que no señalan el año de publicación en la parte introductoria del diccionario, este dato figura en la última página en una frase como «este libro fue impreso en Talleres X en tal fecha». A veces se puede deducir la fecha de la primera publicación de un diccionario de la fórmula del copyright.

Como en 1994 la *ch* y la *ll* dejaron de ser letras independientes, se pueden identificar fácilmente los diccionarios españoles publicados antes de esta reforma.

2. Compruebe si los diccionarios que le interesan indican los nombres del autor, o del director (o coordinador) y de los redactores. Las obras anónimas, si bien pueden ser de buena calidad, son de antemano un poco sospechosas.

3. Pregúntese para qué necesita el diccionario. Si es para un viaje al extranjero, un diccionario general bilingüe no demasiado extenso o un diccionario turístico (véase 3.3.4.10.) será suficiente. Si es para traducir de otra lengua al español o viceversa, o bien para enseñar o aprender cualquier lengua, el diccionario habrá de tener cierta extensión, si no, Vd. no encontrará lo que busque. En caso de duda, decídase a favor de un diccionario extenso, de lo contrario, después de utilizar uno demasiado reducido quizá se dé cuenta de que no le sirve y acabará comprando otra obra más completa.

4. En el capítulo 4 *La crítica de diccionarios* encuentra una serie de indicaciones que permiten juzgar un diccionario. Tratándose de un diccionario general (monolingüe o bilingüe), puede preguntarse lo siguiente:

a. ¿Presentación grata o de difícil lectura (letra demasiado pequeña, ordenación de acepciones confusa)?

b. ¿Está actualizado el diccionario? Esto se puede comprobar buscando algunas palabras-clave de nuestra civilización moderna[2].

---

[1] Cuando Vd. no encuentre en los diccionarios la información, a veces muy específica, que busque, recuerda que muchos materiales léxicos interesantes están registrados en forma de glosarios publicados en revistas, actas de congresos u otras obras colectivas. Esto ocurre, por ejemplo, con el léxico de las distintas jergas, los gentilicios recientes, los indigenismos del español de América, ciertos dialectalismos peninsulares y canarios, abreviaturas y siglas, etc. y sobre todo con glosarios de terminología técnico-científica. En muchos casos podrá encontrar estas publicaciones en una biblioteca pública o universitaria.

[2] Véase, por ejemplo, el cuadro de la pág. 211. Incluso se pueden buscar palabras más recientes como *barranquismo*, *código de barras*, *freno antibloqueo*, *teléfono móvil*, etc.

c. ¿Se dan las indicaciones gramaticales necesarias: femenino y plural de los nombres, régimen preposicional, conjugación de verbos irregulares?

d. ¿Se dan ejemplos de aplicación?

ANEXO II: A LOS LECTORES DEL LIBRO

Como hispanista y lexicógrafo alemán (residente en Alemania) he escrito este libro en español, con el cual pretendo ofrecer al usuario un máximum de informaciones sobre los diccionarios del español del siglo XX. A pesar de que hice varios viajes a España para completar mi documentación y pedí informaciones a más de cincuenta editoriales españolas y a varios colegas españoles, es posible y muy probable que se me haya escapado algún que otro diccionario importante, que no haya citado la última edición de todas las obras mencionadas y que aparezcan otros errores.

Por eso agradecería mucho a mis lectores que me escriban si les parece que los datos contenidos en la obra se pueden completar o mejorar en algún aspecto. Cuéntenme también sus experiencias personales -positivas o negativas- con los diccionarios que están utilizando. Si este libro ha de tener otras ediciones, se podría -con su ayuda- completar la información bibliográfica y mejorar la valoración crítica de los distintos diccionarios comentados.

De esta manera podrían sacar aún más provecho de la obra: los libreros y usuarios de diccionarios para su orientación y los autores y editores de diccionarios, si lo desean, para mejorar los diccionarios existentes o para publicar aquellos tipos de diccionarios que aún faltan para el español.

Pueden escribirme a Ediciones Universidad de Salamanca, apartado 325, 37080 **Salamanca**, Fax 923-262579 o directamente a mi dirección en Alemania: Prof. Dr. Günther Haensch, Universität Augsburg, Universitätsstr. 10, D-86135 **Augsburg** (Alemania).

Gracias de antemano

El autor

ANEXO III: IMFORMACIONES COMPLEMENTARIAS

Habiendo concluido la redacción de este libro en febrero de 1996, aún he podido tener en cuenta -muy sumariamente- nuevas informaciones que considero de interés para el usuario.

2.3. Posibilidades y limitaciones materiales de la lexicografía

pág. 20: Para la lexicografía española del siglo XVIII es interesante la obra: Félix San Vicente: *Bibliografía de la lexicografía española del siglo XVIII.* Piovan Editore. Abano Terme 1995.

pág. 24: En la Universidad Rovira i Virgili, Tarragona, existe un programa de doctorado (1996-1997) *Teoría del léxico y técnica lexicográfica* (Departamento de Filologías Románicas).

3.3.1.3. Diccionarios de locuciones y modismos

pág. 64: Hay que añadir: Gregorio Doval: *Del hecho al dicho.* Ediciones del Prado. Madrid 1996.

3.3.1.4. Diccionarios de refranes

pág. 64: Añádase: José Bergua: *Refranero Español.* Clásicos Castellanos. Ediciones Ibéricas. Madrid 1992.

3.3.1.5. Diccionarios de citas

pág. 66: De publicación reciente es: Josep Ma. Albaigès/M. Dolors Hipólito: *Un siglo de citas.* Planeta. Barcelona 1996 (clasificación por temas).

3.3.2.2. Diccionarios de sinónimos

pág. 74: Hay que añadir: David Ortega Cavero: *Thesaurus. Gran Sopena de Sinónimos y Asociación de Ideas.* Sopena 1996 (corresponde al tipo de diccionario ideológico, acumulativo).

3.3.3.5. Diccionarios de extranjerismos

pág. 100: Hay que añadir: Gregorio Doval: *Diccionario de extranjerismos.* Ediciones del Prado. Madrid 1996.

3.3.4.7. Diccionarios didácticos

pág. 134: Hay que señalar que el otoño de 1996 se publicaron dos nuevos diccionarios escolares:

- *Diccionario escolar de la Real Academia Española con apéndices gramatical y ortográfico*. Espasa-Calpe. Madrid 1996.
- Juan Gutiérrez Cuadrado (cood.): *Diccionario Salamanca de la lengua española*. Santillana Madrid y Universidad de Salamanca 1996 (destinado a estudiantes extranjeros de español).

3.4.1.4. Los diccionarios académicos

pág. 169: En la 21ª edición del Diccionario de la Real Academia se introdujo, por fin, la marca diatópica *Esp* = **España,** pero ésta sólo se ha tenido en cuenta en 12 casos entre las letras "B" y "C".

pág. 185. En otoño de 1996 se publicaron otros diccionarios generales; María Antonia Martí: *Gran Diccionario de la lengua española*. Larousse-Planeta 1996.

- Concepción Maldonado Gómez: *Clave. Diccionario de uso del español actual*, con un prólogo de Gabriel García Márquez. Sm Madrid 1996.

3.4.2.8. Algunos ejemplos de diccionarios bilingües

pág. 209: Entre los diccionarios español/francés hay que citar también:

- *Espasa. Harrap's Diccionario español-francés/français-espagnol*. Espasa-Calpe 1993, y
- *Le Robert et Collins: Dictionnaire français-espagnol/espagnol-français*. Harper Collins, Le Robert y Grijalbo. Barcelona 1994.

pág. 210: En septiembre de 1996 se publicó un nuevo diccionario español-alemán/alemán-español, en dos tomos, de tamaño intermedio entre los diccionarios "de bolsillo" y los diccionarios muy extensos.

- Verónica Abrego-Hartmann et al.: *PONS-Globalwörterbuch:* Teil 1. Spanisch-Deutsch (1104 págs.) Teil 2. Deutsch-Spanisch (1065 págs.). Klett. Stuttgart 1996.

ESTE LIBRO SE TERMINÓ DE IMPRIMIR EN LOS TALLERES
DE EUROPA ARTES GRÁFICAS, S.A., EL DÍA 19 DE
FEBRERO DE 1997, QUINIENTOS VEINTICUATRO
AÑOS DESPUÉS DEL NACIMIENTO DE
COPÉRNICO, QUE ORDENÓ EL
MOVIMIENTO DE LOS PLANETAS
COMO LOS DICCIONARIOS
DEBEN ORDENAR LOS DE LAS PALABRAS:
CON IMAGINACIÓN Y SENTIDO COMÚN